上外国际管理丛书

Cultivating Borderless Management Talents

培育无国界管理人才

上海外国语大学国际工商管理学科30年探索与实践

范　徵　主编

企业管理出版社

图书在版编目（CIP）数据

培育无国界管理人才：上海外国语大学国际工商管理学科30年探索与实践/范徵主编. —北京：企业管理出版社，2015.6
ISBN 978-7-5164-1061-5

Ⅰ. ①培… Ⅱ. ①范… Ⅲ. ①高等学校—工商行政管理—人才培养—上海市—文集 Ⅳ. ①F203.9-53

中国版本图书馆CIP数据核字（2015）第107537号

书　　名：培育无国界管理人才：上海外国语大学国际工商管理学科30年探索与实践
作　　者：范　徵
责任编辑：丁　锋
书　　号：ISBN 978-7-5164-1061-5
出版发行：企业管理出版社
地　　址：北京市海淀区紫竹院南路17号　　邮编：100048
网　　址：http://www.emph.cn
电　　话：总编室（010）68701719　发行部（010）68701816
　　　　　编辑部（010）68414643
电子信箱：80147@sina.com
印　　刷：北京天正元印务有限公司
经　　销：新华书店
规　　格：170毫米×240毫米　16开本　23印张　388千字
版　　次：2015年6月第1版　2015年6月第1次印刷
定　　价：50.00元

培育无国界管理人才

上海外国语大学国际工商管理学科 30 年探索与实践

编审委员会

主　编　范　徽

副主编　徐　永　王风华　郑晓薇　潘　聪

编　委（按姓氏拼音顺序）

曹姝婧　陈传兴　陈　蕾　韩耀军

胡　洁　纪华强　李　茜　李　妍

潘美芹　曲　政　尚珊珊　苏宗伟

汪　波　王慧璞　王望妮　王维平

王　颖　吴昀桥　夏嫒嫒　肖俊杰

杨　晨　张宝楠　张　鹏　张文洁

张　昕　赵　衍　郑晓薇　朱吉庆

校党委书记姜锋陪同联合国副秘书长吴红波到访学院

校党委书记姜锋陪同中国国际教育交流协会会长、教育部原副部长章新胜到访学院

校长曹德明陪同北京外国语大学校长韩震到访学院

2009年7月校党委书记吴友富、校长曹德明为MBA中心揭牌

维新力特资本管理公司董事长、工商管理专业 93 届校友卫哲
率嘉御基金投资人向学院捐赠

校友卫哲、魏蔚（原麦肯锡合伙人）以 1 元人民币年薪受聘 MBA 特聘教授

学院两年一度主办“跨文化管理国际学术研讨会”

学院两年一度主办“上海公共关系国际论坛”

学院每年举办“世界管理论坛暨东方管理论坛”，
东方管理学派创始人苏东水教授每次莅临并发表主旨演讲

学院承办“中国大学生公共关系策划大赛”，
中国原驻美大使、中国国际公共关系协会李道豫会长参加颁奖典礼

学院会同上海携程旅行网举办学术研讨会，
全国政协副主席厉无畏出席

学院举办 2008 年上海管理科学学会年会
上海市政协副主席、中欧国际工商管理学院院长朱晓明等出席

学院每年举办 MBA 校企合作答谢会，上海市政协副主席周汉民到会演讲

学院与上海纺织控股集团签署“全球时尚管理实习基地”协议

学院承办"中国管理案例共享国际论坛"，
加拿大毅伟商学院案例库主任 Beamish 教授与会

学院承办 HULT 全球创业大赛，范徵院长向冠军组颁奖

外国留学生深入学院与学生同班学习

学院学生赴英国牛津大学交流

管理学子赴瑞士参加被誉为小达沃斯的“圣加仑国际管理论坛”

管理学子获 SIFE 中国赛区冠军，应邀参加全球未来领导人航海活动

俄罗斯公关协会会长、俄罗斯商务部原副部长纳乌莫夫到访学院

商务部原副部长张祥在学院讲座后接受客座教授证书

校友会管理分会成立

国际工商管理学院教学楼

丛书前言

上海外国语大学(Shanghai International Studies University,SISU),简称“上外”,是教育部直属并与上海市共建、进入国家“211 工程”建设的全国重点大学。秉承“格高志远、学贯中外”的校训精神,培养了一大批外交官和国际企业家,蜚声海内外。现已发展成一所培养高端国际型特色外语人才的涉及文、教、经、管、法五大学科的多科性、国际化、高水平特色大学。

上外国际工商管理学院(以下简称“上外管院”)以“无国界的世界,无国界的管理”(Borderless World, Borderless Management)为愿景,肩负“培养复合型的国际工商管理创新人才,并为企业、政府等组织的国际化经营、管理和治理提供智力支持”的使命,努力培养和提供拥有全球视野、人文情怀、外语特长、实践能力,并能够畅达进行跨文化沟通的高端无国界的管理人才和服务。上外管理学科自 1985 年创办 30 年来的发展,体现出鲜明的基于“无国界管理”理念的“复合型”“国际化”和“创新性”的办学特色。

一、学生、教学与“复合型”

30 年来,上外管院创新出以培养“管理 + 外语”复合型、高端国际工商管理创新人才为目标的管理学教学模式。上外管理学科的专业和方向涉及本、硕、博三个层次,横跨工商管理、管理科学与工程、公共管理三个一级学科,初步奠定了未来上外管理学科发展的坚实基础。

上外管理学科源自 1985 年创办的“工商管理”专业(1985 年,原名“外事管理”,1993 年曾更名“国际企业管理”,1999 年又更名为“工商管理”),随后开设了“会计学”(1989 年,原名“国际会计”)、“信息管理与信息系统”(2001 年)、“公共关系学”(2006 年)等管理类本科专业;并分别于 1998 年、2009 年和 2011 年获得了“企业管理二级学科硕士点”“工商管理硕士(MBA)”和“工商管理一级学科硕士点”学位授予权。该一级学科被列入“上海外国语大学重点学科”“上海市一流学科(B类)建设规划”,其下还设有“技术经济及管理”“公共关系学”等二级学科硕士点。MBA下设整合营销与公共关系、跨国经营与跨文化管理、全球时尚与奢侈品管理、国际金融与财务管理、综合工商管理等方向。自2006年起,管理学科的部分教授借助上外的“国际关系”博士学位授予权点开始招收“国际公共管理与公共关系/跨文化沟通、治理与管理方向”的博士研究生。

全院现有在校生1300人,其中本科生近600人,攻读学术学位的研究生60人,专业学位(MBA)研究生600人,博士方向学生5人,国际生40余人。学院采取复合型的教学模式:本科专业课程覆盖国内外相关专业的全部核心课程;英语水平要求达到上外英语专业的毕业水平,即专业英语8级。MBA的“全球时尚与奢侈品管理方向”要求学生掌握与目标品牌相关的“第三语言”。学院相当多的专业课程采用原版教材进行双语或全英语授课,拥有上海市全英示范课程7门。上外管院“复合型”的办学特色使得其培养的毕业生尤其适应以外语作为工作语言的跨文化商务环境的需要,有的已成为世界500强中国公司最年轻的CEO。

如此的教学模式获得了社会各界的高度认可:学院随学校常年招生,分数在上海名列前五;常年就业排行榜在美国盖洛普排名中名列全国前五。学院常年就业率名列全校前茅。与上财大合作的“国际会计”项目获得国家教学成果二等奖。2004年在教育部的整体评估中获得“优秀”。相关专家在全面考核上外经管类教学状况并走访用人单位后认为:该学科培养的人才符合需求、方案符合定位、结果符合计划。2014年,工商管理专业毕业五年后薪资排行榜名列上海第一。在此基础上,这一教学模式近期又向培养专业研究生方向延伸。2009年,上外管理学科在全国116所申办院校中以第一名的成绩获得MBA学位点;2011年在上海市17所申办院校(工商管理与应用经济学大类)中又以第一名的成绩获得工商管理一级学科硕士学位授权点,打造源于东方的新一代高端无国界管理人才。

二、创新、实践与“无国界”

30年来,学院坚持以“管理·创新·实践”为院训,特别注重学生的创新精神与实践能力的培养,以全球创新实践为抓手强化了学科的无国界特色。

近年来，上外管理学子在全球创新实践方面的竞赛中频频亮相，并屡屡获奖。累计300余人次参加“圣加仑国际管理论坛（ISC）”“全球赛扶创业大赛（SIFE）”“艾赛克国际学生实习（AIESEC）”“哈佛双极年会”和“模拟联合国”等活动，多项获中国赛区冠军。学院还汇编了《管理从身边走向世界:学生创新实践成果集》（100万字，6版），受到教育部工商管理、公共管理教育指导委员会领导、教育部副部长、联合国副秘书长的高度评价。

上外管院无国界的办学理念和优秀的办学环境也吸引了来自世界各国的留学生。学院大力推进国际化战略，积极拓展国际交流，与欧美等国家的多所高校和研究机构建立了各种形式的学术交流、教学合作、学生互换、教师互访项目，每年都有教师和学生被派出交流。学院本科生、硕士生学生海外交流比例分别超过30%和40%，MBA学生国际游学比例（含个人结合工作岗位的全球行动学习）达到80%。

上外管院注重院企合作，定期举办“CIB高管论坛”、雪梨堂、MBA Mentor-Mentee项目等，邀请国内外知名企业家举办讲座。学院还成立上海外国语大学校友会管理分会，在麦可思—上外2013届大学毕业生社会需求与培养质量调查中，满意度最高的院系是国际工商管理学院（100%）。与多家知名企业签署专业实习基地，成为许多国际知名公司、跨国银行的人才储备首选单位。《国际工商管理学生创新实践能力培养》获“上海市教学成果奖”及英国创业教育协会颁发的“NECG中国赛区最佳案例”。

三、师资、研究与“国际化”

30年来，上外管院形成了聚焦于全球化、跨文化和国际战略管理等若干前沿性科学研究方向。“国际整合营销与公共关系”“跨国经营与跨文化管理”以及目前正在打造的“全球时尚与奢侈品管理”等研究方向，不仅紧贴了我国经济快速发展过程中不断创新的管理实践，也有意识地对接了国家和上海地区的经济社会发展战略。

学院现有60名全职教研人员，其中教授6人、副教授20人，境外全职教授1名，另外聘有境内外企业导师及兼职教授50余名。拥有博士学位者达80%，90%的教师都具有国外学习或工作的经历。学院多人入选国务院特殊津贴、曙光学者、东方学者、浦江计划等各类人才计划，多名教师在国家知名学术协会中任正副会长、秘书长、学术委员会主任并担任核心期刊的编委。学院为“教育部工商管理类专业教学指导委员会委员”“上海市工商管理专业学位(MBA)教育指导委员会副主任”“教育部公共管理类新设专业教育指导分委员会主任”“全国公关专业院长(系主任)联席会议委员会主任”单位。

上外管院设有“东方管理与跨文化研究中心”“中外公共关系研究中心”“神经管理与多语种信息管理研究中心”等研究机构。已形成一些在国内外具有学术影响力的专业和研究方向:公共关系学科建设在全国处于领先地位,与上海市公共关系协会合办的“上海公关国际论坛”两年一届,目前已经举办 6 次;跨文化管理研究方向为境内学术高地,主办的“跨文化管理国际学术研讨会”两年一届,目前已经举办 3 次,跨文化管理大师 Hofstede 父子欣然与会;与上海纺织(控股)集团联合成立的“上海时尚研究院”正在筹备两年一度的“上海时尚论坛”。

学院教师积累了一批优秀的学术专著、论文和咨询报告,形成了多个高质量的学术研究团队:《中国公共关系专业标准》《中国公共关系发展报告》(中英文版)、《全球跨文化管理研究报告》(中英文版)被誉为业界专业标准和权威报告。目前学院教师共承担国家社科基金、国家自科基金、教育部人文社科项目、上海市哲学社会科学规划项目、中欧高教合作研究项目(欧盟赞助)、美国富布莱特基金项目等 30 余项。《区域国别管理》《基于世界文明体系的全球管理模式》《基于大数据和神经管理学的企业跨国经营智能服务平台》等项目的系统研究已经启动。

学院还创刊了国内公共关系学科首部学术期刊《公共关系学报》和《跨文化管理研究》杂志,并会同交大、同济、中欧国际工商学院成为上海市管理科学学会机关刊物《上海管理科学》杂志的承办单位。多篇案例获得“全国百篇优秀管理案例”并入选“加拿大毅伟商学院案例库”。

目前呈现在大家面前的《上外国际管理丛书》,汇聚了我院教师在国际管理学领域的最新研究成果。有专著、编著和译著;有中文论著,也有英文论著;有理论论述、论文汇编,也有案例分析。我们希望通过丛书的方式,加强与国内外学术同行的交流、分享与合作。2014 年,上外管院正式成为 AACSB(国际精英商学院协会)会员学院。学院将继续努力,将上外管院建设成为特色鲜明、具有一定全球知名度和美誉度的国际型商学院。

本书为纪念上海外国语大学管理学科创办 30 周年而编。主要收录了上海外国语大学对复合型国际工商管理创新人才——高端无国界管理人才的经验总结、获奖成果和部分近期在上外举办高管论坛内容。附件中还收录了上海外国语大学管理学科大事记及相关专业介绍和相关名录等。本书可为相关复合型国际工商管理创新人才培养模式方面提供参考和借鉴。

本书的主要创新点:“复合型创新人才培养模式五阶段论”“基于冰河知识体系的无国界管理人才素质特征评价指标体系”“基于大学核心职能的无国界管理人才培养创新平台构架”。国际工商管理人才创新实践能力培养的“三维立体总设计方案”“公共关系学专业教学指南”等。

范　徽

上海外国语大学国际工商管理学院院长

上海市工商管理专业学位(MBA)教育指导委员会副主任

教育部工商管理类专业教学指导委员会委员

目　录

第一篇　研究报告

基于无国界管理理念，培养复合型国际工商管理创新人才

第二篇　专业标准

公共关系学专业教学标准研究与实施

第三篇 教学成果

第四篇 高管论坛

第五篇 大事记

第六篇 附录

Contents

PART VI APPENDIXES

第一篇
研 究 报 告
Research Report

基于无国界管理理念
培养复合型国际工商管理创新人才①
BORDERLESS MANAGEMENT：
CULTIVATING INTERDISCIPLINARY INNOVATIVE
TALENTS OF BUSINESS ADMINISTRATION

① 本文的主体内容为上海高校本科重点教学改革项目(2012)课题研究报告。课题组长为范徵,副组长为王风华、郑晓薇、苏宗伟,成员有陈传兴、徐永、杜娟、邹春勇、张文洁、黄玮、王颖、王维平等。

世界工商管理教育已有130余年。现代意义的大学商业教育是从1881年宾夕法尼亚沃顿(Wharton)商学院开始的,即美国工业化开始后21年。原因很明确,他们认为,驾驭美国商业的人才应该“职业化”。以后达特茅斯(Dartmouth)首先试验了商科硕士,1908年,哈佛(Harvard)工商管理研究生院成立,同时开设了工商管理硕士(MBA)课程。1931年,斯隆(Sloan)在麻省理工创立了斯隆管理学院,开始尝试对中级管理者进行为期12个月的管理综合培训,它的目标非常明确,把专业人才培养成首席执行官(CEO),或者提拔中级管理者直接进入顶层。

现代意义下的中国工商管理教育是改革开放的产物,历经30余年。1979年,国家经委举办“企业管理培训干部研究生班”,标志着中国企业管理培训的开始。随后教育部于1984年首先批准清华大学、武汉大学、上海交通大学、天津大学率先成立或恢复管理学院或经济管理学院。1986年国家自然科学基金会成立并设立管理科学部,为管理学研究提供经费保障。1990年,新中国管理学教育的新形式——MBA教育获得国务院学位委员会的批准,9所大学开始试办MBA,至今已达238所。

上海外国语大学工商管理教育的起步基本与全国同步。自1985年起,上外陆续开办了“工商管理”“会计学”“信息管理与信息系统”“公共关系学”等管理类本科专业;“企业管理”硕士点、“工商管理”硕士点(MBA)也分别于1998年和2009年获得。期间,自2006年起,在国际关系博士点招收“国际公共管理与公共关系/跨文化沟通、治理与管理方向”的博士研究生。30年来,上外管理学科培养了大批具备国际视野及沟通能力、拥有现代管理知识与专业水准、富有创新精神与实践能力的学生,尤其适应以外语作为工作语言的跨文化商务环境的需要,有的已成为世界500强中国公司最年轻的CEO。

本课题将系统总结近年来上外复合型国际工商管理创新人才培养模式的理论与实践,并系统设计复合型国际工商管理创新人才培养的理论思考和培养模式,从国际商学院的核心理念出发,提出了上海外国语大学国际工商管理学院(CIB)的使命、愿景和院训;归纳了无国界管理人才的素质特征及其评价体系;构建了无国界管理人才培养的创新平台及其建设举措;系统设计了复合型国际工商管理特色人才及其创新实践能力的培养方案。最后,还对上外管院复合型国际工商管理创新人才培养的办学绩效进行了回顾与展望。对于同类院校培养复合型国际工商管理创新人才具有一定实践参考价值。

第1章　总论

1.1　国内外研究现状述评

1.1.1　研究现状

综观国内外学者对高等院校复合型国际工商管理创新人才培养模式这一问题的研究，已有的文献遵循或形成了三个主要的研究方向：

(1)研究范式 I

在一般教育学尤其是一般教育管理的逻辑框架内，讨论复合型人才的一般特征、人才培养模式框架、管理制度、实施保障等。徐体高(2004)通过对我国现行高校人才培养模式的不足分析，提出复合型人才是具有有机交织的多种能力的人才，一是指社会科学与自然科学之间以及多种专业的复合；二是指智力因素和非智力因素的复合。复合型人才培养模式的框架应包括复合型人才的培养目标、培养制度、培养过程和培养评价四个方面。娄延常(2004)认为，学科门类、层次的多样性决定跨学科人才的培养模式的多样性，指出目前我国基本上有五种跨学科培养模式：主辅修复合型、二元复合型、多元复合型、通识性跨学科型、学际型。Holley(2009)区分了复合型(interdisciplinarity)、多科型(multidisciplinarity)以及跨学科(crossdisciplinarity)之间的区别，定义复合型为“将两个或多个学科或既有专业领域的知识或思维方式加以整合，产生单学科方式所不能产生的认知进步”，指出复合型高等教育需要高层管理者支持、合作式领导、灵活的愿景、员工发展、可见措施等方面对教育管理实施变革。ASHE高等教育报告(2009a)认为，复合型人才培养的成功经验应包括：组织保障与办公空间保障、以学生为中心的教学方法、注重问题学习法、多种复合型学习经历、参加复杂项目、注重合作性学习而掌握非特定知识、组合使用独立学习/实习/体验式学习、敦促学生应用知识参与解决社会问题。

ASHE 高等教育报告(2009b)考察了复合型学习体验的形成、复合型培养的成果、以及复合型培养的评价。Ivanitskaya et al. (2002) 运用结构模型讨论了复合型学习的过程与结果。

基于这一研究范式的文献,为我们考查高等院校复合型国际工商管理创新人才培养模式提供了一个教育学分析基础,具有重要的指导价值,但其不足之处是,各类文献研究的视角并不相同,影响了研究结果在特定专业人才培养模式设计和实施上的参考价值。有必要整合各类文献的研究视角,与复合型国际工商管理创新人才等特定专业人才的培养模式进行有效衔接。

(2)研究范式 II

在特定专业及其教育管理的逻辑框架内,讨论某一类别复合型人才的培养模式问题。廖嗣德、赵风雨(2004)考查了复合型教育人才的知识、能力及素质要求,把复合型教育人才的培养模式概括为主辅修制教育模式、"一本一专"双学历教育模式、辅修/双学位模式、大文/大理教育模式、"大学 + 师范"培养模式等五种,提出复合型教育人才的培养途径可包括课程体系建设、创办新型综合性专业、强化职业技能训练、开展特长教育、加强实践环节等。张红燕、易立新(2000)分析了知识经济条件下理工院校复合型英语高级人才培养的对策,指出外语类复合型人才应以语言能力的培养为模式核心,以应用能力的培养为实现手段,以创新能力的培养为内在动力,通过跨校或跨系的主辅修制实施培养。杨平(2000)将我国各外语院校复合型人才培养模式分为两类:一是语言类,学生主修一门外语,辅助其他专业知识;二是专业类,学生主修一门专业,兼修外语。该文将复合型外语人才的培养模式具体分为外语专业型、复合专业型、专业方向型、双外语型、辅修制等五类。

基于这一研究范式的文献,大多以改进某一类别复合型人才培养模式为指向,较为注重从特定类型复合型人才的要求出发设计和实施培养模式,其中外语院校复合型人才培养模式的研究对复合型国际工商管理创新人才培养模式的研究更是具有较强的针对性,但其不足之处是,随着当今世界转变为"平坦的世界",复合型国际工商管理创新人才的培养重心正从"重外语轻专业"转变为"外语与专业并重"或"重专业轻外语",现有文献大都缺乏对这一现实环境的把握。

(3)研究范式 III

运用个案分析方法,基于深度案例分析,揭示个案中复合型人才培养模式的经验与教训。孙玉华(2003)探讨了大连外国语大学对复合型外语人才的培养模式，提出了“外语+专业倾向”“外语+外语”“外语+专业（国内高校）”“本校与国外高校联姻”“外语+职业资格证书”等五种教育实践模式。马庆林（2002）考查了西北政法学院法律外语系在培养“英语+法律”复合型人才方面的实践，以调查报告的形式介绍了该系的教学规划、课程设置、教学方法与教学手段、师资队伍建设以及毕业生就业状况。李荣、郭群（2001）从指导思想、学生来源、入学标准、课程设置、师资配备、管理制度等方面介绍了大连理工大学实行“专业+英语”双学士学位的办学模式，并采用问卷调查和专访收集了学生的反馈，表明“专业+英语”是培养复合型人才的一条有效途径。梁丽、吕良、樊葳葳（2006）对华中科技大学“英语—通信”双学位培养模式进行了研究，采用考试成绩统计、问卷调查、求职和考研情况统计、抽样采访等方法检验了该模式的实践效果。研究表明，该复合型人才培养的模式虽然在课程设置等方面存在有待改进的地方，但基本是成功的，学生具有较高的专业素养和人文素质，在社会上的竞争力较强，受到用人单位的欢迎。张新民（2012）出版了《国际化管理学精英人才培养模式研究》，就对外经贸大学的人才培养的探索和实践进行了系统总结。

基于这一研究范式的文献，为我们认识复合型人才的培养模式提供了大量的第一手数据资料，具有重要的学术价值，但这一范式之下的研究大都还停留在现象描述上，尚需要进行系统的研究，并上升到理论的高度。

1.1.2　对现有研究的评价

现有三大范式的研究分别从一般和个别的角度讨论了复合型人才的培养模式问题，为我们考察高等院校复合型国际工商管理创新人才培养模式提供了教育学分析基础、实施模式、以及实施范例，具有重要的借鉴价值。

然而，无论是基于一般教育的逻辑框架，还是基于特定专业及其教育管理的逻辑框架，抑或是深度个案研究，现有的研究均局限于静态的研究，缺乏对本专业现实环境的动态把握。具体表现在：

（1）缺乏对过去的把握。即现有研究对复合型人才的培养模式设计缺乏与专业发展历史及现状之间的关联性。只有准确把握专业建设中获得的成就和出现的问题，才能对人才培养模式中的薄弱环节做出改变，设计出较之现有模式更为优化的人才培养模式。因此，设计复合型人才培养模式，需要客观评价既有培养模式的优劣。

(2)缺乏对现在的把握。即现有研究对复合型人才的培养模式设计缺乏与本专业国内外现有培养模式之间的关联性。只有了解开设本专业的国内外院校的现有培养模式设计,才能明确自身的专业定位与培养目标,设计出符合本校条件的具有高度竞争力的人才培养模式。因此,设计复合型人才培养模式,需要广泛收集国内外兄弟院校的建设现状,总结其经验与教训。

(3)缺乏对未来的把握。即现有研究对复合型人才的培养模式设计缺乏与国家与国际发展趋势之间的关联性。只有了解国内外政治、经济、文化、技术等方面的发展趋势,才能明确社会对相关专业的人才需求特征,设计出符合未来社会需要的人才培养模式。因此,设计复合型人才培养模式,需要密切关注国家与国际的相关发展趋势,找到对专业发展产生重大影响的因素,开发针对性的解决方案。当今世界转变为"平坦的世界"、中国向创新型国家迈进,这些因素无疑将对复合型工商管理人才培养模式产生重大影响。

1.2 研究问题与主要研究内容

上海外国语大学国际工商管理学院工商管理本科专业已具有30年的发展历史,其复合型国际工商管理创新人才培养模式已取得了丰硕的成果。本课题拟总结上海外国语大学复合型国际工商管理创新人才培养模式的建设经验,为同类院校培养复合型国际工商管理创新人才提供借鉴。

基于现有研究的贡献与缺陷,本研究以总结上海外国语大学复合型国际工商管理创新人才培养模式的建设经验为研究问题。在具体研究内容上,考虑到现有研究所具有的缺陷,本研究设计如下三方面的研究内容:

(1)国内与国外高等院校工商管理本科专业培养模式的现状与评价——回答上海外国语大学工商管理本科专业以培养复合型国际工商管理创新人才为专业定位的理由。内容分为两部分,其中国内部分,阐述我国工商管理本科专业四个时期的发展历程,提出了学科培养目标与要求,总结所取得的成绩,以及面临的主要问题;国际部分以美国商学院排名前50位的大学中的30所设有本科工商管理专业的大学为研究对象,分析美国高校工商管理本科在专业、课程设置及教学方面的特色。

(2)上海外国语大学工商管理本科专业人才培养模式的发展历史与

培养绩效——回答上海外国语大学工商管理本科专业人才培养模式的优势与主要问题。本部分考察上海外国语大学工商管理专业的历史沿革，并结合实地调研的数据，分析人才培养方面的优势和主要问题。

(3)上海外国语大学工商管理本科专业人才培养模式的具体设计——基于对“平坦的世界”和创新型国家建设的认同与追求，在工商管理本科专业的人才培养模式设计中突出地以“复合型”“国际化”“创新型”为关键词，围绕这三个关键词分别开展人才培养模式的具体设计，以建设上海外国语大学工商管理本科专业的鲜明特色。

1.3　本课题研究过程

首先，对国内高校现有的工商管理本科专业进行全面调研。主要包括：①文献研究，如对各个院校培养计划进行收集、研究；②调查研究，如通过发放问卷、亲自走访，了解工商管理专业的社会需求和毕业生就业情况，查明存在的问题，提出进一步发展的对策与建议。

其次，开展对国外发达国家工商管理专业教育状况的调研。主要包括：①文献研究，如对有关工商管理教育研究文献分析；②调查研究，以2012年美国商学院排名前50位的大学为样本进行调查，了解这些大学在本科工商管理专业方面的课程设置、培养目标以及教学方式与特色等现状，同时对亚非拉地区大学本科工商管理专业培养目标与专业进行分析，收集其人才培养、专业教学的资料。揭示国外发达国家工商管理专业教育发展的历史和现状，发展的主要特点，以及可借鉴的经验和启示。

第三，采用分工又合作办法，邀请在工商管理专业教学第一线的教师，并依据各人专长，分别承担“国内外高校工商管理本科专业培养模式现状研究”“学院工商管理本科专业培养模式主要问题及分析”及“学院工商管理本科专业复合型、国际化和创新实践的培养模式”中各具体部分的研究工作。整体上又有学院领导、资深教授统筹与把关，从而保证其研究成果能更加贴近工商管理教学和专业人才培养实践，更能满足教学实践的需要，同时又能高屋建瓴，具有顶层设计的高度和前瞻战略的眼光。

第四，发挥全院工商管理专业教师的智慧，群策群力不断修改与完善，精益求精，谋求共识。在完成“学院工商管理本科专业复合型、国际化和创新实践的培养模式”研究的基础上，本课题组织召开国内工商管理专业专家的论证会，广泛听取意见，对研究报告初稿进行修改。广泛征求学界、业界意见，反复论证修改。只有争取更大的共识，才有利于研究成果的实践与推广。

1.4 研究的结论与创新点

1.4.1 本课题的主要结论

(1)在美国商学院排名前50位的研究型大学中,有30所大学设有本科工商管理专业。他们注重任课教师的实践能力,鼓励教师到企业从事顾问类等兼职工作,通过实地考察发现教学案例,并在教学中着力培养学生的开放意识、创新能力和商业道德。工商管理的学科灵魂是“企业家精神”,企业家精神的核心是“创新”,创新的核心是“实践”。

(2)我国绝大多数院校(包括50%的985院校)设有工商管理本科专业。有的不从高中毕业生中直接招生,而是从本科高年级学生中招生。我国工商管理本科专业的发展目前处于差异化提高期。这个时期的工商管理本科专业院校竞争很激烈,要想在竞争中取胜,就必须发挥各个院校的核心优势,创造差异化的培养模式。

(3)商学院的使命是培养多层次的作为“第四生产要素”的企业家和创业者。基于经济全球化、管理无国界的理念,上外国际工商管理学院开发出“无国界的世界、无国界的管理”的发展愿景,肩负“培养复合型的国际工商管理创新人才,并为企业、政府等组织的国际化经营、管理和治理提供智力支持”的独特使命。上外管理学科自1985年创办30年来的发展,体现出鲜明的“复合型”“国际化”和“创新性”的办学特色。

(4)上外工商管理本科专业,以“国际商务”为方向,旨在培养精通英语、掌握国际工商管理的基本理论与方法、具有扎实的英语语言基础和运用能力、能适应跨国公司等各类国际企业经营管理需要的复合型高级专门人才。该专业采取复合型的教学模式:本科专业课程覆盖国内外相关专业的全部核心课程;英语水平要求达到我校英语专业的毕业水平,即专业英语8级。基于“复合型创新人才教学模式五阶段论模型”模式近期又向培养专业研究生方向延伸,打造“源于东方的新一代高端无国界管理MBA人才”。

(5)“基于冰河知识体系的无国界管理人才素质模型”显示,无国界管理人才是“语言知识”与“专业知识”的统一体:掌握国际核心业务专长并在国际事务或全球产业链上创造价值;出色的以外国语为基础的跨文化沟通能力;深厚的基于本国文化底蕴的全球视野、人文情怀;国际化的理念、思维与行为方式——构成无国界管理人才的核心竞争力。

(6)“基于大学核心职能的无国界MBA人才培养创新平台”显示，无国界MBA人才培养的创新平台是“知识创造”(知识输入)和“知识传播”(知识输出)的统一体；是知识载体及其行为、环境间的和谐互动。具体体现为“发展知识—科研方面国际化创新平台”(研究、实践无国界)；“人才培养—教学方面国际化创新平台”(游学无国界)；“办学主体—师生方面国际化创新平台”(生源无国界、职业生涯无国界、师资无国界)；“管理—支持方面国际化创新平台”(活动无国界、管理无国界)。

(7)基于管理类专业创新实践性要求的学科特点，上外国际工商管理学院提出“管理 · 创新 · 实践”的院训和核心价值观，建立了创新实践能力培养“三维立体”总设计方案：①创新实践教育“四年贯穿计划”；②创新实践教育“年度行动方案”；③创新实践教育“十一配套平台”。

(8)兼具“复合型、国际化、创新性”特色的上外国际工商管理专业获得了良好办学绩效和社会声誉：该专业毕业生尤其适应以外语作为工作语言的跨文化商务环境的需要，有的已成为世界500强中国公司最年轻的CEO。该专业随学校常年招生分数在上海名列前五；常年就业排行榜在美国盖洛普排名中名列全国前五。该专业常年就业率在全校名列前茅。麦可思—中国2013届大学毕业生社会需求与培养质量调查中，满意度最高的院系是国际工商管理学院(100%)。该学科带头人为“教育部工商管理类专业教学指导委员会委员”“上海市工商管理专业学位教育指导委员会副主任”，《国际工商管理学生创新实践能力培养》获“上海市教学成果奖”及英国创业教育协会颁发的“NCGE中国赛区最佳案例”。2014年，上外管院正式成为AACSB(国际精英商学院协会)会员学院。

1.4.2 本课题的创新点

(1)关于复合型国际工商管理创新人才培养的理念与理论创新。开发“基于冰河知识体系的无国界管理人才素质特征评价指标体系”用作学生的评价体系；开发“基于大学核心职能的国际型人才培养创新平台构架”，并用作学院工作的评价体系。

(2)关于复合型国际工商管理创新人才培养的实践创新。创新出以培养国际化、外语复合型“高端”人才为目标的“外语+专业”管理学教学模式；系统提出上海外国语大学国际工商管理学院的关于复合型国际工商管理创新人才“五阶段培养模式”及评价体系；系统设计了国际工商管理人才创新实践能力培养的“三维立体总设计方案”。

(3)关于复合型国际工商管理创新人才的培养绩效创新。上外管理学科“国际化”的办学特色使得其培养的毕业生大都具备国际视野及沟通能力,拥有现代管理知识与专业水准,富有创新精神与实践能力,尤其适应以外语作为工作语言的跨文化商务环境的需要,有的已成为世界500强中国公司最年轻的CEO。

第2章　国外高校工商管理本科专业培养模式现状研究

为了对比国内外大学工商管理本科专业的培养目标与专业特色，我们以2012年美国商学院排名前50位的大学为样本进行调查，了解这些大学在本科工商管理专业方面的课程设置，培养目标以及教学方式与特色等现状。通过调查，在商学院排名前50位的大学中，有30所大学设有本科工商管理专业，分别归属于商学院或者研究生院。详见表2-1。

表2-1　2012年美国商学院排名前五十位大学本科工商管理专业设置情况

2012排名	商学院名称（英文）	学院名称（中文）	大学名称（英文）	大学名称（中文）	有无本科工商管理专业
1	Booth School of Business	布斯商学院	University of Chicago	芝加哥大学	无
2	Harvard Business School	哈佛商学院	Harvard University	哈佛大学	无
3	The Wharton School	沃顿商学院	University of Pennsylvania	宾夕法尼亚大学	有
4	Stanford Graduate School of Business	斯坦福大学商学院	Stanford University	斯坦福大学	无
5	Kellogg School of Management	凯洛格商学院	Northwestern University	西北大学	无
6	Fuqua School of Business	福库商学院	Duke University	杜克大学	无
7	Johnson Graduate School of Management	约翰森商学院	Cornell University	康乃尔大学	有
8	Ross School of Business	罗斯商学院	University of Michigan, Ann Arbor	密西根大学安娜堡分校	有
9	Sloan School of Management	斯隆商学院	Massachusetts Institute of Technology	麻省理工学院	无
10	Darden School of Business	丹顿商学院	University of Virginia	弗吉尼亚大学	有

续表

2012排名	商学院名称（英文）	学院名称（中文）	大学名称（英文）	大学名称（中文）	有无本科工商管理专业
11	Tepper School of Business	泰普尔商学院	Carnegie Mellon University	卡内基美隆大学	有
12	Tuck School of Business	塔克商学院	Dartmouth College	达特茅斯学院	无
13	Haas School of Business	哈斯商学院	University of California, Berkeley	加州大学伯克利分校	有
14	Columbia Business School	哥伦比亚大学商学院	Columbia University	哥伦比亚大学	无
15	Kelley School of Business	凯莱商学院	Indiana University	印地安那大学伯明顿分校	有
16	Stern School of Business	斯特恩商学院	New York University	纽约大学	有
17	Kenan – Flagler Business School	克南 – 弗拉格勒学院	University of North Carolina, Chapel Hill	北卡罗来纳大学教堂山分校	无
18	Anderson School of Management	安德森管理学院	University of California, Los Angeles	加州大学洛杉机分校	有
19	McCombs School of Business	麦库姆斯商学院	University of Texas, Austin	德克萨斯大学奥斯汀分校	无
20	Mendoza College of Business	门多萨商学院	University of Notre Dame	诺特丹大学（圣母大学）	有
21	Yale School of Management	耶鲁管理学院	Yale University	耶鲁大学	无
22	Goizueta Business School	戈伊祖塔商学院	Emory University	埃默里大学	有
23	College of Management	佐治亚理工管理学院	Georgia Institute of Technology	佐治亚理工学院	有
24	Smith School of Business	史密斯商学院	University of Maryland	马里兰大学帕克分校	有
25	Owen Graduate School of Management	欧文管理学院	Vanderbilt University	范德堡大学	无
26	Mays Business School	迈斯商学院	Texas A & M University	德州农工大学	无
27	Fisher College of Business	菲舍尔商学院	The Ohio State University	俄亥俄州立大学	无

续表

2012排名	商学院名称（英文）	学院名称（中文）	大学名称（英文）	大学名称（中文）	有无本科工商管理专业
28	Marshall School of Business	马歇尔商学院	University of Southern California	南加州大学	有
29	Cox School of Business	科克斯商学院	Southern Methodist University	南卫理公会大学	有
30	McDonough School of Business	麦克多诺商学院	Georgetown University	乔治城大学	有
31	Olin Business School	奥林商学院	Washington University in St. Louis	华盛顿大学圣路易斯分校	有
32	Marriott School of Management	万豪酒店管理学院	Brigham Young University	杨百翰大学	有
33	Carlson School of Management	卡尔森管理学院	University of Minnesota	明尼苏达大学	有
34	School of Business	威斯康星大学麦迪逊分校商学院	University of Wisconsin - Madison	威斯康星大学麦迪逊分校	有
35	Broad Graduate School of Management	密歇根州立大学商学院	Michigan State University	密歇根州立大学	有
36	Jones Graduate School of Business	琼斯商学院	Rice University	莱斯大学	无
37	Foster School of Business	福斯特商学院	University of Washington	华盛顿大学	有
38	Smeal College of Business	斯米尔商学院	The Pennsylvania State University	宾州州立大学	无
39	School of Management	波士顿大学管理学院	Boston University	波士顿大学	有
40	College of Business	伊利诺伊大学厄本那—香槟分校商学院	University of Illinois, Urbana - Champaign	伊利诺伊大学厄本那—香槟分校	无
41	Krannert School of Management	克兰纳特管理学院	Purdue University	普渡大学西拉法叶校区	有
42	Olin Graduate School of Business	奥林工商管理研究生院	Babson College	巴布森学院	有
43	Paul Merage School of Business	保罗玛内基商学院	University of California, Irvine	加州大学欧文分校	有
44	School of Business	商学院	Wake Forest University	维克森林大学	有

续表

2012排名	商学院名称（英文）	学院名称（中文）	大学名称（英文）	大学名称（中文）	有无本科工商管理专业
45	Thunderbird School of Global Management	雷鸟商学院	Thunderbird School of Global Management	雷鸟商学院	无
46	Neeley School of Business	尼利商学院	Texas Christian University	德克萨斯基督教大学	无
47	Carroll School of Management	卡罗尔管理学院	Boston College	波士顿学院	有
48	Hough Graduate School of Business	霍夫商学院	University of Florida	佛罗里达大学	有
49	Carey School of Business	凯瑞商学院	Arizona State University	亚利桑那州立大学	有
50	Simon Graduate School of Business	西蒙商学院	University of Rochester	罗切斯特大学	无

2.1 美国高校工商管理本科专业培养模式现状

2.1.1 美国大学工商管理本科专业的特点

(1)较强的科学性和系统性。美国高校商学院管理类工商管理本科教育课程体系的设置已经发展得非常成熟,并具有较强的科学性和系统性。从工商管理本科教育课程体系设置到 MBA 和 DMA 的教育课程体系,都有整套的理论体系和实践体系。

(2)较强的应用性和实践性。工商管理本科教育课程体系的设置与 MBA 和 DMA 有着明显的差别。其本科教育课程体系的设置主要是围绕着商业经济管理的应用性以及市场需求而设定的,具有较强的实践性。

(3)较强的职业发展规划。美国高校工商管理本科专业的设置普遍比较关注学生的职业发展规划。从学生入学起就介入学生的职业发展规划，对学生进行职业发展素质教育，并且对学生进行职业倾向测试，通过网络技术的应用为学生提供职业发展平台各类信息。

2.1.2 美国大学工商管理本科专业课程设置特色

(1)在课程设置的总量方面:美国高校的总学分在 120 ~ 128 学分,折算成学时数约 1700 ~ 2200 学时,课程总量约 32 门。

(2)在课程设置的结构方面:美国大学专业课设置比例一般在 35% 左右,选修课所占的比例较大,平均达到 50% 。此外,美国大学也更加重视综合课程的整合。

(3)在课程设置的特色方面:美国大学在专业课程的设置方面比较自由,出现了职业化和非职业化的两极分化,大多数本科设置都没有特定的“专业”概念,而是存在一个“集中领域”,在此范围内进行课程的选修。总的来说,美国大学的课程设置呈现“树状型”。

2.1.3　美国大学工商管理本科专业课堂教学特色

(1)案例教学的广泛应用。美国大学的工商管理专业培养的是未来的企业管理者,因此,更加注重学习能力、创新能力和对不可预见的突发事件的解决能力。案例教学是最为普遍的教学方式。

(2)课堂表现积极踊跃。美国工商管理专业的案例教学过程中,大多数学生表现踊跃,积极发言,气氛活跃,讨论激烈。案例教学 50% 的成绩来自课堂参与,在课堂上,学生必须充满自信地发言,提出独到的见解,即使反驳老师的观点,也都会受到鼓励。

(3)教学目的清晰,环节丰富。美国的案例教学一般分成四个环节:案例准备、案例讲解、案例分析和案例报告。这四大环节使得案例教学具有严密性、科学性和完整性的特点。

2.1.4　美国大学工商管理本科专业考核与实践特色

(1)考核方面:美国工商管理专业本科生每门课程的成绩构成是多方面的,如案例讨论、课后作业、出勤情况、平时测验、期末测试都占有一定的比例。一般最后测试只占 50% 左右,另外每门课程一般要有 3 ~ 5 次的期中考核。

(2)实践方面:美国的工商管理专业学生有更多时间参加实践活动。学校鼓励学生们利用业余时间,参加各类项目或各类志愿者活动,使学生积累公司、机构或社区等方面的管理经验。另外还有一些企业提供项目,让学生参与,真正做到理论联系实践。大四学生都有一些带薪实习的机会,学校和企业会有专人定期指导学生,使学生在真实的企业环境中体验商业经营过程,综合应用所学知识。整个过程有完善的评价体系,分别从商业计划程序的表达与悟性能力、企业家精神、工作态度、产品知识、素质和效率、语言表达沟通技术、主动性和领导能力、团队精神等方面评价学生的综合职业能力。

2.2 欧洲大学本科工商管理专业培养目标与特色分析

欧洲的教育体制不同于美国,但也采用学分制,以教学考试大纲的形式,完成专业学分的研修与选修。工商管理专业在欧洲高校的本科设置并不多,在英国主要有世界顶尖的高等学府:牛津大学、伦敦政治经济学院、华威大学商学院、巴斯大学管理学院、阿斯顿、曼彻斯特大学、斯特拉斯克莱德、兰卡斯特、杜伦、城市、雷丁。

荷兰的工商管理专业以国际商务管理而闻名,例如:蒂尔堡大学、格洛宁根大学、鹿特丹大学和依拉丝姆斯大学。

法国的10所最佳高等商校是:巴黎高等商业学院(HEC)、ESSEC高等商校、ESCP高等商校、EMLYON高等商校、北方高等商学院(EDHEC)、南特高等商学院(AUDENCIA NANTES)、兰斯高等商学院(ESC REIMS)、法国格勒诺布尔高等商学院(ESC GRENOBLE)、法国鲁昂高等商学院(ESC ROUEN)、南锡高等商学院(ICN NANCY)。

总的来说,欧洲高校工商管理专业在本科阶段的设置并不普遍,主要集中在一些商学院或者高等商科学校。其培养目标和专业特色主要是:

(1)欧洲高校的招生淘汰率比较高,筛选制度严格,就业率高。欧洲高校的商科专业尤其是名校的申请人数呈现逐年增加的趋势,各高校建立了严格的筛选和评审制度,淘汰率较高。例如,法国排名前十的高校,工商管理专业的淘汰率基本在60%以上,甚至达到87%。同时,严格的筛选确保了生源质量,在校期间,50%左右的学生未毕业就已经找到工作,其中20%左右的学生可以在国外找到工作。

(2)多语种授课,英语授课的课程比重逐步增加。法国、北欧等高校工商管理专业并不是都采用英语授课,例如,法国的高等商校一般20%左右的课程采用英语授课,但现在用英文讲授的课程比重在逐步增加。总体来看,在欧洲,除了英国,其他国家的工商管理专业都是多语种授课。

(3)课程设置贴近市场需求,注重实践学习。在欧洲,各校的商科专业分类严谨,课程设置越来越注重市场需求,针对性很强。一是随着全球经济对工商界的影响,各校开设了方向课程以培养训练全球化人才。二是一些学院设置了专门项目管理课程。如IT产业管理、电子工程管理、科技管理以及旅游管理等。部分学校的该方向课程由管理系与其他系/院合办。同时,各个学校很重视学生的实践能力,在课程设置时,就对实习有着明确的时间要求,一般都要求在六个月以上,督促学生提高实践能力。

(4)师资力量。任课的教授多是来自世界商业战线的精英,他们只有一部分时间在校任教,但能在传授知识的同时与学生们交流实战经验。这样不但丰富了学生的学习素材,增强了课程趣味,更为学生就业提供了条件。

2.3　亚非拉地区大学本科工商管理专业培养目标与特色分析

日本几乎所有的大学都开设工商管理类专业,比较好的是一桥大学、东京大学、京都大学、名古屋大学、筑波大学。最好的早稻田大学,在金融领域是世界领先的;其次,庆应义塾大学、明治大学、法政大学、龙谷大学的同类专业也是不错的。工商管理在韩国大学专业设置中被称作经营学,绝大部分的学校都开设该专业,如首尔国立大学、高丽大学、延世大学。

南非知名大学里都设置了工商管理专业,如开普敦大学、金山大学、斯坦林布什大学、斯坦林布什商学院大学、勒陀利亚大学、西开普大学。

在拉丁美洲,工商管理专业也成为各个大学的热门专业,诸如巴西圣保罗大学、里约热内卢天主教大学、墨西哥国立自治大学、智利大学、阿根廷国立科尔多瓦大学。

总的来说,亚非拉高校工商管理专业在本科阶段的设置成为热点,其培养目标和专业特色主要是:

(1)注重对学生实际工作能力的培养。突出实践性、综合性和应用性,毕业生适应面广、就业率较高。

(2)在课程层次设置上,其课程体系由专业基础与实践课程、专业训练课程两部分组成,其中专业基础课程的学习时间占比重较高,学生学到的专业知识和接受专业熏陶时间明显多于我国学生。

(3)逐步与欧美接轨。亚非拉高校的工商管理专业相对欧美起步较晚,但是随着工商管理专业成为热点,亚非拉高校无论是专业设置还是培养体系逐步与欧美高校专业接轨,并结合本国实际,服务于本国市场。

2.4　国外大学本科工商管理专业培养目标与专业特色总结

根据对美国、欧洲以及亚非拉地区院校的调查,在所选的样本院校中,大约50%的院校保留着工商管理专业的本科设置,其培养目标、专业特色及教学风格等各有所长，值得我们学习和借鉴；而另有50%左右的院校已经没有工商管理本科专业的设置了，但是所属院校仍然有相关学科的设置与培养模式。下面将作简要总结。

2.4.1 保留工商管理本科专业院校的培养模式及专业特色分析

（1）课程设置重实践。国外大学，尤其是欧美大学工商管理本科教育起步早，历史悠久，积累了较为丰富的教学和科研资源。伴随着市场经济的发展，现在美国高校商学院管理类工商管理本科教育课程体系的设置日趋成熟，并具有较强的科学性和系统性，从工商管理本科教育课程体系的设置上看，都有整套的理论体系和实践体系。在工商管理本科教育课程体系的设置上更加注重商业经济管理的应用性，其本科教育课程体系的设置主要是围绕着商业经济管理的应用性以及市场需求而设定的。同时，从学生入学起就介入学生的职业发展规划，对学生进行职业发展素质教育，并且对学生进行职业倾向测试，进行一对一的职业发展辅导和构建强大的现代技术网络支撑平台，为学生提供职业发展平台各类信息。工商管理本科教学的整个过程中，始终是围绕着课程而展开。课程教学是实现培养目标的基本途径，课程设置和一系列教学环节是组成教学计划的主体。课程设置的合理性、适用性、前瞻性在很大程度上决定着工商管理教学质量的高低，从而影响到人才培养的质量。

（2）国外工商管理本科专业培养目标清晰。培养目标是大学根据社会人才需求情况在一定的专业人才培养理念的指导下制定的人才培养方向和目的。在美国，大学本科培养的是一种“毛坯”，高级专门人才是研究生教育的目标和任务；在日本，大学工商管理类专业培养的本科生是当“未来商界领导人”；在中国香港，大学的培养目标是“主管级、经理级的未来人才”。国外大学的培养目标在阐述形式上没有统一格式，有的单列陈述，有的在专业介绍中陈述，但都比较具体、指导性强。学生能根据目标的说明了解就业去向，设计学习计划。例如，美国巴尔的摩大学工商管理科学学士（BS in Business Administration Program）市场营销专业的目标是“毕业生能设计和管理一些创新和销售公司产品和服务的项目，而这些项目都是面向顾客的”。市场营销工作职位包括广告和促销经理、会计主管、市场分析员、营销主管和公共关系经理。市场营销专业培养计划通过课程和学生亲自参与的案例研究活动将理论学习和实际应用融合在一起。

（3）注重师资，教学方法特色化。国外工商管理教育注重实践能力强的教师。就工商管理教育来讲，美国师资选拔标准注重学术水平，必须有 Ph. D.（博士）学位，有研究成果，同时更强调管理经验，即有综合性实际工作能力，既是大学教授，同时又是咨询公司的专家，或在金融机构、公司里任职等。为了培养理想的师资队伍，不少管理学院与工商界保持密切联系，鼓励教师经常到企业从事顾问工作，通过实地考察发现教学案例。

国外工商管理本科生的教学强调学生的开放意识、创新能力和商业道德，强调一般的管理实践技能，教学过程更多地体现知识传授的重要性。科学合理地设置课程，系统化同时体现自身特色。即不同层次专业人才的培养应该有不同的教学计划，这些教学计划是相互联系的并构成一个完整的课程体系。工商管理本科专业人才培养目标要追求人才规格的个性化，在教学计划中设置更多的选修课程，甚至鼓励学生跨学科门类选修课程，对本科生应注重培养学生理论与实践相结合的能力。

2.4.2　未保留工商管理本科专业院校的主要原因解析

（1）院校培养目标趋于研究型。在本项目所调查的排名院校中，大约有 50% 的院校没有工商管理本科专业的设置。通过进一步的分析，调查发现，这些院校多为研究型大学或学院，虽然没有工商管理专业的本科设置，但是基本上都有工商管理硕士（MBA）的培养项目，也有管理类或经济类硕士研究生培养项目，用以培养综合能力更强，更具有专业性以及更加符合市场需要的经济管理人才。

（2）工商管理专业设置缺乏，但课程设置完善。还有一些院校，虽然没有设置工商管理本科专业，但是在相应的商学院、经济学院或者管理学院内均有对应的经济类、管理类课程的设置。此类课程设计完善，内容丰富，均为工商管理专业的相关课程，课程选择面向全校学生进行，方便其他学科的同学根据自身的兴趣进行选择。

（3）工商管理专业下属的二级学科设置完善。调查还发现，在那些没有工商管理本科专业设置的院校中，基本上都有二级学科的专业设置，例如市场营销、财务管理、会计、战略管理、人力资源管理等，这些相关专业进行了本科学位的设置，并且也有非常完善的培养计划，甚至一些院校在培养专业人才，例如市场营销人才、财务管理人才方面闻名全球。这些专业的培养目标与课程设置都非常成熟，所修课程均属于经济管理或商科类课程。

第3章　国内高等院校工商管理本科专业培养模式现状研究

工商管理专业属于第十二大学科门类（根据国务院学位委员会第二十八次会议审议批准新修订后的《学位授予和人才培养学科目录（2011年）》分为学科门类13类）“管理学”所属的五个一级学科之一。从1998年开始随着管理学学科从经济学学科中独立出来，工商管理专业正式列入教育部本科专业目录。工商管理类专业是以社会微观经济组织为研究对象，系统研究人类经济管理活动的基本原理、普遍规律、一般方法和技术的一个管理学学科。广义的工商管理专业也叫工商管理类专业，主要包括工商管理、市场营销、会计学、财务管理、人力资源管理、旅游管理等。时至今日，全国共有500余所本科院校设立了工商管理专业。工商管理专业是一个应用性很强的专业，具有较为广阔的就业市场。

3.1　我国工商管理本科专业的设立与发展

十一届三中全会确定了经济改革开放的政策，为之服务的高等教育事业迎来了前所未有的发展机遇。各大院校在文革期间被砍去的经济学和管理学专业得以恢复。加上国外发达国家工商管理专业教育蓬勃发展的影响和我国经济改革进程对工商管理专业人才的渴求，催生了我国工商管理专业的设立。最早设立工商管理本科专业的本科院校主要有对外经济贸易大学、中国人民大学和南开大学。对外经济贸易大学于1983年设立了工商管理本科专业，其工商管理教育引进西方工商管理教育体系，与美国的哈佛商学院和马里兰大学、法国巴黎第一大学等的管理学院以及摩托罗拉、西门子、爱立信、普华永道等国际著名跨国公司保持着密切合作关系，独具国际化特色。中国人民大学也是改革开放后最早设立工商管理专业的本科院校，追溯历史已有五十多年，其专业培养方向就是依靠先进的教学设施、科学的教学方法、完备的教学环节、广泛的社会实践，全面提高学生的政治素质和业务素质，为现代工商企业培养理论基础扎实、适应性强、实践能力突出的高级综合管理人才。其专业要求学生全面掌握企业战略、人力资源管理、物流管理、财务管理等方面的理论知识；注重管理、沟通等方面的技能训练。同时该专业注重管理者的素质和能力开发，包括决策能力、公关能力、咨询诊断能力、组织指挥能力、涉外经营能力等。1958年，南开大学因院系调整，经济管理学科被撤并。改革开放后的1980年，管理学系恢复重建，随后陆续设立了多个工商管理类专业。2005年该校的工商管理本科专业被学校确定为重点建设专业，并于2008年入选全国首批"工商管理第二类特色专业建设点"。其专业培养目标是塑造一批在国际化竞争环境中从事工商业实践和研究的具有全面知识结构和综合素质与能力的、在企业中从事企业基础管理与组织设计、战略策划、创业及创新、运营管理、项目管理、知识管理及物流管理等若干重点工作的知识密集性和综合性工作的高级专业人才，同时培养能够进一步从事工商管理科研工作的研究人才。鸟瞰我国工商管理本科专业的发展历程，我们可以把它大致划分为四个时期，如图3-1所示。

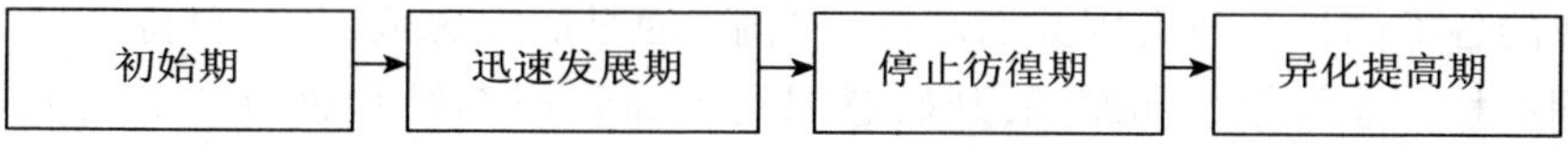

图3-1　我国工商管理本科专业的发展历程

（1）第一个时期为初始期，时间从1980年到1992年。一些涉外密切的高校和一部分具有管理学历史沉淀的大学开始涉足工商管理本科专业，这个时期就是照搬国外发达国家的教学模式和课程体系，其专业的社会影响力不是很大。

（2）第二个时期是工商管理专业的迅速发展期，时间从1993年至2006年。在这个时间，经济市场化改革全面推开，同时伴随我国"入世"。这个时期民营经济、外资、国企被彻底激活、企业总量呈几何级数增加，对各种工商管理人才的现实与潜在需求迅速裂变。工商管理专业的人才培养贴近企业实际需求。从1998年到2002年连续5年在全国人才需求榜上工商管理专业位居前五名，年需求量15～20万人，工商管理本科专业的毕业生一次就业率就在90%以上。现实需求量大，潜在需求量更大，这大大地推动了工商管理专业的迅速发展，全国各类高校纷纷成立工商管理专业。

(3)第三个时期为停止彷徨期,时间从 2007 年至 2008 年。大家都知道北京大学一直没有设立工商管理本科专业,这也表明他们对设立工商管理本科专业的一种意见。2007 年,一些知名高校的校长建议应该取消工商管理本科专业,其中比较有代表性的观点有两类:一类是要将管理学教学全部交给 MBA 硕士教育和高级企业管理人员进修的 EMBA,即"工商管理高级论"观点;另一类是强调大力发展"会计""营销""物流"等"实用型"专业,从而取代"大而全""万金油"似的工商管理本科专业,即"工商管理无用论"观点。这些言论引发了一场要不要设立工商管理本科专业的大讨论,可以说这是我国工商管理本科专业的冰河期。

(4)第四个时期是异化提高期,时间从 2009 年至今。所谓异化就是追求差异化,追求各自的办学特色,提高就是不盲目照搬西方的培养模式和课程体系,而是强调结合实际、结合本土经济建设办学。我国的工商管理本科专业经过飞速发展后险些被取消,在强大的社会需求的压迫下,工商管理本科专业最终没有被取消,反而被教育部提升为一级学科,2008 年教育部批准了南开大学、天津大学、中国人民大学、东北财经大学、中山大学、汕头大学等六所高校建设工商管理特色专业。但具有工商管理专业的各类高校并没有因此而冲昏了头脑,而是居安思危,理性对待工商管理本科专业的教育和发展,开始意识到工商管理本科专业的办学是否能够成功,取决于是否能够满足社会的需求,没有差异化和特色的工商管理本科专业教育是难以满足社会需求的,也是没有前途的。

3.2 培养目标专业要求

教育部高等学校工商管理类学科专业教学指导委员会,在系列调研和充分研讨的基础上,于 2010 年推出了《全国普通高等院校本科工商管理类专业育人指南》。2014 年又推出了《工商管理类本科专业教学质量国家标准》(讨论稿)。"育人指南"和"国家标准"对全国普通高等院校本科工商管理类专业的培养目标、课程设置和教学体系进行了规范和指导。

工商管理类本科专业培养践行社会主义核心价值观,具有较强的社会责任感、公共意识和创新精神,适应国家经济建设需要,具备人文精神与科学素养,掌握现代经济管理理论及管理方法,具有国际视野、本土情怀、创新意识、团队精神和沟通技能,能够在企事业单位、行政部门等组织从事经济管理工作的应用型、复合型、创新型专业人才。各高校应根据自身办学条件和目标定位选定人才培养的类型、模式和特色。

3.2.1　学制与学位

工商管理类专业的基本学制为四年，各专业可在四年制基础上实行弹性学制，但修业年限不少于三年，不超过六年。学生完成相关专业培养方案规定的课程和学分要求，考核合格，准予毕业。符合规定条件的，授予管理学学士学位。

3.2.2　知识要求

(1)基础性知识。学生需熟练掌握高等数学、统计学、经济学等基础学科的理论和方法。

(2)专业性知识。学生需系统掌握管理学、组织行为学、会计学、财务管理学、市场营销学、技术创新学等工商管理类专业理论知识与方法，掌握本学科的理论前沿及发展动态。

(3)通识性知识。学生需选修哲学、社会学、心理学、科学技术、语言文学、健康艺术、职业发展等方面的通识类知识。

3.2.3　能力要求

工商管理类专业学生的能力结构包括知识获取能力、知识应用能力以及创新与组织领导能力三个方面。

(1)知识获取能力。能够运用科学的方法，通过课堂、文献、网络、实习实践等渠道获取知识；善于学习和吸收他人知识，并构建自己的知识体系。

(2)知识应用能力。能够应用管理理论和方法分析并解决理论与实践问题。

(3)创新与组织领导能力。具有一定的探索性、批判性思维能力，能够组织或领导群体在变化和不确定环境下进行理论与实践创新。

3.2.4　素质要求

工商管理类专业学生的素质结构包括思想道德素质、专业素质、文化素质和身心素质四个方面。

(1)思想道德素质。努力学习掌握马列主义、毛泽东思想和邓小平理论，树立辩证唯物主义和历史唯物主义观；拥护党的领导和社会主义制度，具有较强的形势分析和判断能力；具有良好的道德修养和社会责任感、积极向上的人生理想、符合社会进步要求的价值观念和爱国主义的崇高情感。

(2)专业素质。具有国际视野，系统掌握工商管理类专业基础知识，了解专业理论发展前沿,能够运用管理学理论和方法,系统分析、解决组织的管理问题。

(3)文化素质。具有较高的审美情趣、文化品位、人文素养;具有时代精神和较强的人际交往能力;积极乐观地生活,充满责任感地工作。

(4)身心素质。具有健康的体魄和心理素质,具备稳定、向上、坚强、恒久的情感力、意志力和人格魅力。

3.2.5 课程体系

工商管理类专业课程体系包括理论教学和实践教学。理论教学课程体系包括公共基础课、学科基础课、专业必修课、专业选修课和通选课;实践教学课程体系包括案例分析、实验和实训课程、实习及毕业论文。

本学科各专业培养方案总学分应控制在140至160学分。其中理论教学学分比重应不高于85%。

(1)课堂教学

工商管理类专业核心课程包括管理学、战略管理、会计学、财务管理学、组织行为学、市场营销学、创业管理、公司治理8门核心课程。工商管理类专业需要根据自身办学定位与特色,参照专业核心课程,设置专业必修课程与学分。同时,可以根据专业必修课程体系,自主设置专业选修课程体系与学分修读要求,根据需要设置课程模块(课程组)供学生选择性修读。同时,注重学生均衡知识结构的形成,合理设置通选课。专业选修课及通选课的比重应大于25%。提倡高校间课程资源共享,充分利用网络资源为学生自主学习提供优质课程与便利条件。鼓励开发跨学科、跨专业的新兴交叉课程。课堂教学方式除了运用课堂讲授方式外,还应广泛采用以培养学生能力和提升学生素质为主的其他教学方式,如研讨式教学、问题导向与解决式教学、文献综述、研究报告、组织讨论和主持会议、口头报告与演讲、自查与互查作业等。

(2)实践教学

工商管理类专业须在课程体系中设置实践教学内容。实践教学体系包括案例分析、实训课程、实习和毕业论文。实践教学学分应大于总学分的15%。

A. 案例分析:工商管理类各专业应当充分使用案例分析这种开放式、互动式的教学方式。要经过事先周密的策划和准备,要使用特定的案例并指导学生提前阅读,要组织学生开展充分讨论,形成反复的互动与交流。要把案例资料与管理理论结合起来,指导学生理解管理实践的复杂环境,感悟管理者的工作,培养管理能力和创新意识。

B. 实训课程:工商管理类专业教学需要建立充分可用的实验室、实践教育基地、实训基地,开发实验和实训课程。实验和实训课程要按照由基础到高级、由单项到综合、由感性认识到体验创新的方式进行。在实施方式上,应该做到既可以结合相应的课程教学来开设,也可以单独作为一项训练来实施,以保证实验教学的灵活与方便。

C. 实习:工商管理类各专业应切实组织学生实习。实习可分为认知实习和专业实习。认知实习是指组织低年级学生获取各自专业领域的感性知识,巩固所学理论。专业实习是指组织高年级学生在完成大部分专业课教学任务的基础上,进行实际操作练习,使学生了解各自领域管理活动的主要内容和基本规则,运用专业知识对现实问题进行综合性的研究,并试图提出解决方案。

D. 社会实践:工商管理类各专业应根据培养目标组织社会实践。社会实践包括社会调查、勤工助学、公益活动和创业实践等。鼓励高校积极开展创业实践,丰富学生的创新创业知识和体验,提升学生的创新精神和创业能力。

E. 毕业论文:工商管理类专业应加强毕业论文实践性导向,体现工商管理类专业人才培养的目标要求。鼓励学生采取学术论文、案例分析、毕业设计、调研报告等多种体裁形式完成毕业论文。

3.2.6 师资队伍

(1)师资队伍规模与结构。工商管理类专业应建立一支年龄结构、知识结构合理的师资队伍,有一批具有较高学术水平、教学经验、实践经验的教师担任主干课程的主讲教师和实验技术人员。专业课任课教师不少于8 人。应从各自领域聘请有实践经验的人员担任部分教学任务。

(2)师资教育背景与水平要求。工商管理类各专业师资水平与结构应与各专业办学目标、特色相适应。工商管理类专业80%以上的教师需获得管理学相关的学位,其中具有博士学位教师比例应达到30%以上。任课教师要有高尚的职业道德,较强的教学能力、科研能力和实践能力,为学生学习和成长提供有效指导。

3.2.7 教学条件

(1)信息资源要求。开设工商管理类专业的学校,需要有充足的信息资源。图书馆和院系资料室具有一定数量与专业有关的图书、刊物、音像资料和数字化资源，并具有检索这些信息资源的工具。

（2）教学设施要求。开设工商管理类专业的学校，需要完备的教学设施，建有专业实验室。专业实验室固定资产总额应达到200万元或生均1万元，实验室面积应达到100平方米或生均1平方米，为每位学生提供有线或无线网络接入条件。工商管理类专业需要建立稳定的校内和校外实习基地，每100名学生至少建设2个实习基地。学校应通过多种途径加强与企事业单位、国家机关和社会团体等的密切合作，聘请有实践经验的企业家和管理者参与教学和指导。

（3）教学经费要求。教学经费应满足学生实验、实习、设备更新、教学研究、教学管理等工作需求。教学经费的使用应向教学一线倾斜，不得用于非教学用途。教学经费最低保障标准及增长应符合国家相关规定。

3.3 取得的成绩与面临的问题

3.3.1 取得的成绩

我国的工商管理本科专业从20世纪80年代初成立以来，经过快速发展，也经历过严冬，最后上升到异化提高的全过程。其间取得的成绩是有目共睹的。

（1）工商管理本科专业教育为我国经济市场化改革和对外开放政策提供了强大的智力支持。目前全国工商管理本科专业的在校学生大约有50万之多，能够基本上满足社会对工商管理人才的需要。尤其是各类涉外国际工商管理人才的培养，具备扎实的基本理论知识和实践能力，加上扎实的英语语言基础和运用能力，使得他们能满足跨国公司等各类国际企业对经营管理复合型高级工商管理人才的需要。我国工商管理本科专业教育得到了社会的基本肯定。

（2）我国工商管理本科专业的发展经历了从无到有、从小到大的一个完整的发展周期，目前处于差异化提高的阶段。在20世纪80年代初，我国只有少数几个高校有工商管理本科专业，发展到目前近500个高校开设工商管理专业。办学理念、培养模式及课程体系也从最初的照搬西方，到目前的追求差异化，追求各自的办学特色。

3.3.2 面临的问题

我国的工商管理专业相比国外起步比较晚，学科建设和专业教育都缺乏经验。我国的工商管理专业教育是从照搬国外的工商管理专业课程体系开始的，表现在国内高校工商管理专业在课程设置体系与设置内容上的大同小异，并且课程设置的层次比较模糊，缺乏鲜明的特色。另外，对我国工商管理专业教育的系统研究资料还比较缺乏，人才需求市场与教育市场的脱节，不可避免地造成了工商管理专业培养的尴尬局面。具体来说，存在的主要问题是：

(1)课程的设置以及划分非常不合理。工商管理既属于一级学科的范畴，又属于二级学科，课程包括市场营销、人力资源以及财务管理等许多领域，但没有处于核心地位的主线课程，这样就导致了培养能力和目标非常模糊。目前我国的工商管理课程存在划分过细的情况，导致了一些课程之间存在重复和重叠的现象，根本无法体现专业特色。这样的课程设置会导致学生形成单一的知识结构，无法适应社会发展的需要。而对于主干课程采取平行设置的方式，使得主干课程之间缺乏整体性和连续性，违背了科学的教学方式，不利于学生认知能力的递进。这样的课程设置模式最终导致学生只能低层次掌握知识，不能满足工商管理教育的要求。

(2)国内工商管理专业培养目标模糊化、理想化。国内高校基本上将工商管理专业定位于高级管理人才，由于企业管理职能的明确化，“高级管理人才”已经非常模糊，无法使学生对未来的就业有明确的预期。同时，由于“高级管理人才”带有理想化色彩，加上硕士与博士人才众多，本科似乎很难定位于高级管理人才。

(3)“同质化”现象严重。国内对不同层次工商管理专业人才培养模式的差异性缺乏明确的认识，造成工商管理专业人才培养“同质化”现象。不仅是培养目标上没有明确区别，而且主要核心课程体系与教学内容上也存在雷同现象。

(4)专业课缺乏独立教学的倾向。比如，同样的“财务管理”课程，在会计学专业与工商管理专业应该有不同的教学方法与内容，区别就在于两者的专业培养目标根本不同。但多数学校“财务管理”课程对不同的专业都是趋同的。

(5)注重理论教学而轻视社会实践。目前存在的工商管理专业都有非常完备的课程体系，但是这些课程体系往往侧重于理论的教授。教师在平时的上课过程中也是对系统、完整的理论知识进行讲授，一般不涉及理论知识在现实生活中的应用。造成这种现象的原因是多方面的：一是受到传统教学模式的深刻影响，有些教师的教学理念仍然比较落后；二是缺乏改革的动力，没有充分掌握一些有效培养学生实践能力的教学方法。此外，虽然有一些老师已经认识到了目前存在的问题，但由于缺乏相关的实践训练，没有足够的实践经验和知识，所以课程只能停留在理论教学的层次。这样，教育出来的学生大都感觉学的知识在工作中没什么作用，不能满足社会的需要，也就丧失了学习的积极性。工商管理课程的这种体系既不利于学生自身的发展，也不利于社会的进步。

(6)在教学方法上仍以传统的教授为主，方法十分单一。当前的教学硬件设备虽然有了很大进步，但是教师的上课方式并没有从根本上得到提升，“一张嘴、一本教材加一个U盘”，是当前课堂上普遍存在的现象。教学方法没有创新，教师系统讲授仍是现在课堂的主要模式。虽然许多教师有意识地在教学过程中增加了提问的次数，以提高学生自主思考的能力，但是就总体而言，教学的方法十分落后和单一，没有充分认识到发挥学生主观能动性的作用，学生始终处于被动接受的地位，无法调动其学习的积极性。“牵着鼻子走”，即听讲加记笔记仍是课堂的主要模式，学生缺乏主动思考的能力，导致了不活跃的课堂气氛，这样既达不到理想的听课效果，也不能充分施展学生的才能和智慧。不可否认，系统讲授的方法能够透彻地讲授理论知识，但是其存在的问题是学生将知识记住后却不知如何运用，这不符合工商管理课程的设置目标和培养目标，也不能满足当今社会发展的需要。

(7)市场需求与教学目标相互矛盾。由于将单一的学生就业率作为衡量教学成效的指标，忽视了工商管理人才的成长环境与时间要求，这种“立竿见影”的教学考核与工商管理专业培养目标本身是背道而驰的。如何从中国的实际出发克服这种矛盾，成为工商管理教育必须面对的现实。

3.4 国内工商管理本科专业学科建设总结

(1)高校工商管理本科专业很普及。纵观我国高校，绝大多数院校都设有工商管理本科专业，特别是中小型院校几乎都有工商管理本科专业。但中小型院校工商管理专业都是照搬西方办学模式和课程体系，没有适合中国国情的培养目标和自己的办学特色。所以，这类院校的工商管理本科专业已经沦为鸡肋，招生和就业都出现了困难。当然，一些技术类的中小型院校的工商管理本科专业，由于和专业技术复合，培养出来的工商管理本科专业毕业生还是很有特色，深受社会欢迎的。

(2)一半 985 院校没有工商管理本科专业。与中小型高校情况不同,我国 985 院校却有一半院校没有工商管理本科专业。主要原因是一些有 MBA 设置的高校认为工商管理本科专业与 MBA 有些重叠,认为工商管理本科专业没必要设立。一些具有工商管理本科专业的 985 院校,比如上海交通大学,他们的办学理念也不同于普通院校工商管理专业,他们不从高中毕业生中直接招生,而是从本科高年级学生中招生。复旦大学的工商管理专业教育模式和上海交通大学有些许相似,复旦大学前 2 年级实行通识教育,三年级才分专业。

(3)深化我校工商管理本科专业教育的外语特色。当前,我国工商管理本科专业的发展正处于第四个时期,即差异化提高期。这个时期的工商管理本科专业院校竞争很激烈,要想在竞争中取得优势,就必须发挥各个院校的核心优势,不能拘泥于教育部的大纲要求。纵观复旦大学、上海交通大学这类综合性大学,他们工商管理本科专业的培养模式就是前 2 年级实行通识教育,充分发挥综合性大学底蕴深厚的特长。而一些专业技术特长的一些院校,比如纺织类院校,他们的工商管理本科专业的培养模式融入了专业技术特色,从而创造出差异化的培养模式。其他院校工商管理本科专业的培养模式对我校工商管理本科专业的学科建设有很好的启示。

我校是外国语类大学,外语是我校的特长,我校工商管理本科专业必须坚持外语特长。不管风云如何变化,我校工商管理本科专业教育都不可以丢掉外语特长这个核心优势,相反,更应该加强我校外语核心资源的利用,争取多种语言与专业的复合。如果我校工商管理本科专业的毕业生能会 3 种或者 5 种语言,将会受到社会的广泛欢迎。西方发达国家中央银行在招聘职员时,都要求应聘者必须会 5 种以上的语言和深厚的专业知识。另外,综合性大学的通识教育也给我校工商管理本科专业的学科建设有所启迪,那就是不可忽视素质教育,应该在加强外语特色的前提下,适当开设一些通识教育课程。

另外,开设其他语种的工商管理专业双学位势在必行。“一带一路”上都是小语种国家,迫切需要培养此类人才。我校有 25 个语言类专业,如果能够发挥我校的外语优势,我校的工商管理本科专业一定能培养出社会紧缺的高端工商管理人才。如果我校工商管理本科专业的招生计划纳入语言类高考招生,工商管理本科专业的学生从语言类专业 3 年级的学生中挑选,这样,1 年级、2 年级的语言专业课程学习加高年级的工商管理专业课程学习,这种复合培养模式可以塑造出绝佳的顶尖复合人才。

第4章 上外国际工商管理学院理念与工商管理本科专业设计

4.1 背景:无国界的世界、无国界的管理

当今的世界是全球化了的“平坦的世界”。500年前,哥伦布周游世界一圈后,回来向国王报告说“地球是圆的”;2005年,著名的纽约时报记者弗里德曼周游世界一周后,发现与美国软件业同步的印度软件业,还有在呼叫中心、医疗读片等领域,印度几乎外包了美国的所有业务。于是,回来后撰写了一本畅销书——《世界是平的》(*The World Is Flat*)。

作为全球化3.0的平坦世界是个人电脑、光缆、工作软件流程的综合产物,尤其体现为外包(Outsourcing)的方式(Friedman, 2005)。外包使得世界各地的人可以同时共同完成同一件事情。平坦的世界即是平坦的无国界世界。无国界平坦世界之于以往全球化1.0、2.0的主要区别在于:前两者的全球化主体主要是国家和公司,而作为全球化3.0的无国界平坦世界,主要特征是个人的全球化参与,而且是被各种各样的人所驱动。

管理大师大前研一早在其经典著作《无国界的世界》(*The Borderless World*)中指出:“在无国界的世界中,关联经济体已站在经济舞台上的绝对中心……我首先是一个世界公民,需要用语言、智慧和思维方式上的即战力在无国界的世界里创造全球财富……”(Ohmae,1999)。无国界世界下需要培养“复合型人才(Synthesizer)”(Friedman, 2005);需要具备三大“即战力”(大前研一,2006):①语言力:一口流利外语,轻松立足无国界经济圈;②商务力:培养金钱概念,积极投资晋升经管高手;③问题解决力:训练逻辑思考,成为企业最需要的人才。

世界经济日益成为紧密联系的整体,伴随着经济全球化时代的如火如荼,我国最近提出的新丝绸“一带一路”发展战略,对接国家战略。我

们必须具有全球化的视角，有舍我其谁的气概，推进无国界的管理，不断用动力和知识推动自己，从而作为全球性的选手参与市场竞争。因此，建立一套观察与思考都国际化的价值系统，培养具有全球化视野、思维和心智模式的无国界管理人才，是进入当今“无国界的世界、无国界的管理”领域的必经之路。

4.2　上外国际工商管理学院的使命与愿景

一个组织的经营理念涵盖了一个组织关于图 4-1 所示的三个层面的基本命题：①我们组织提供的产品与服务是什么（What to do）？即组织的“使命陈述”（Mission）；②我们的组织为什么提出上述这个使命（Why to do）？亦即组织的“愿景宣言”（Vision）；③我们如何实现这个使命与愿景（How to do）？这就涉及组织的“核心价值观”（Value）。

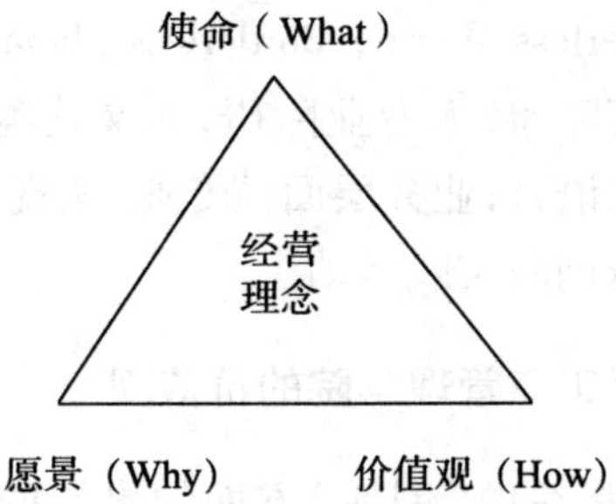

图 4-1　经营理念三角轴

4.2.1　上外国际工商管理学院的使命

大学商学院（或管理学院）的使命陈述可以很简单：培养多层次的作为“第四生产要素”的企业家和创业者；或更简单：“我们培养学生获得高质量的 MBA 学位”（Lipton，2004）。MBA 是商学院的第一产品。

管理学院不仅要传播知识、培养人才，更要发展知识、创造知识，贡献出有价值的管理思想理念和方法技术。管理学的学科灵魂是“企业家精神”（Entrepreneurship）。这就要求管理学院的老师要去钻研如何培养创新和企业家能力；要求管理学院毕业的学生应该能够为社会创造就业岗位，而不仅仅是去挤占社会的就业岗位。他们中应该涌现出更多的企业家和创业者。

上海外国语大学国际工商管理学院肩负的使命是“培养复合型的国际工商管理创新人才,并为国际企业、政府等组织的国际化经营、管理和治理提供智力支持”。我们所提供的,应该是拥有全球视野、人文情怀、外语特长、实践能力,并能够畅达进行跨文化沟通的管理人才或服务。

4.2.2 上外国际工商管理学院的愿景

大学商学院的通用愿景宣言是:“我们的毕业生将有推动和改善他们所在组织及社区的能力和动力,他们对他人、组织过程以及他们自身所处的这个社会的影响将是深远而积极的”(Lipton,2004)。

当今的世界是全球化了的“平坦的世界”,上海外国语大学国际工商管理学院的学生对今后社会产生的积极影响应该首先体现在对平坦世界下“无国界管理”的推动。

对此,上海外国语大学国际工商管理学院的愿景是“无国界的世界,无国界的管理”(Borderless World, Borderless Management)。我们力争实现三个无障碍:无语言障碍,无专业障碍,无文化障碍——在交流层面会外语,并提倡掌握第三语言;业务层面懂专业,实现校企无障碍对接;合作层面通文化,投身全球创新实践活动。

4.2.3 上外国际工商管理学院的价值观

企业家和创业者是在做“创新”方面的事情的。著名经济学家熊彼特(Schumpeter, 1912)在其著名的《经济发展理论》(*Theory of Economic Development*)中就曾提出,企业家和创业者做五件事:①采纳一种“新”产品(或改良的原有产品);②使用一种“新”的生产方式,比如改手工生产方式为机械生产方式;③开辟一个“新”市场,比如从国内市场走向国际市场;④找到一种“新”的原料(或半成品)来源,比如使用低碳材料生产产品;⑤创建一种“新”的产业组织,比如新兴的商业模式等。

法国诺贝尔奖获得者贝尔纳说:“创造力是没法教的,必须在实践中让学生动手,有机会把自己的创新思想付诸实施。”管理学是一门实践性很强的学科。没有实践,管理学便无处谈起。管理大师德鲁克(Drucker, 2002)的《创新与企业家精神》(*Innovation and Entrepreneurship*)更是明确指出,“企业家精神既不是科学,也不是艺术,而是一种实践”。德鲁克一生著作等身,有人问他,如果只读一本他的著作,应该选哪一本,他的建议便是《管理实践》(*The Practice of Management*)。

所以,"管理·创新·实践"是管理学院学生可以选择的唯一正确的学习路径,也是管理学院教师唯一正确的教书路径。国际商学院更需要注重对国际产学研合作的关注。对此,上海外国语大学国际工商管理学院的核心价值观是"全球化、无国界的管理、创新、实践"。

综上所述,上海外国语大学国际工商管理学院的使命、愿景、价值观,可以概述为三个关键词,即是:"复合型"(做什么?)"国际化"(为什么?)"创新性"(如何做?)。后面关于国际工商管理人才素质特征及其评价体系的构建,关于国际工商管理人才培养创新平台及其建设举措的设想,关于复合型无国界管理特色人才及其创新实践能力培养方案的设计等,均是围绕着这三个关键词而具体展开的。

4.3　关于无国界管理人才的素质特征及其评价体系

追溯国内外关于无国界管理人才的界定及其培养途径论述的相关文献,可以发现:①国内外关于无国界管理人才的界定及其培养途径论述的相关文献,主要集中在关于国际型人才的论述。基本是基于全球化 1.0、2.0 范畴讨论的。②仁者见仁,智者见智,林林总总,莫衷一是,官产学各路专家的视角存有差异。③基本采用的是罗列式的思辨方式,缺乏一种富有普遍逻辑的框架性表述。为什么这几条是无国界管理人才的特征?为什么那几条是培养无国界管理人才的途径?其间关系又是什么?等,缺乏逻辑交代。本文旨在已有研究基础上,探索无国界人才素质特征和无国界人才培养途径的逻辑构架及其评价体系。

中国人民大学劳动人事学院彭剑锋教授(2005)从专家角度列出了国际型人才必备的四个基本能力:第一,国际型人才应当具有全球视野、全球胸怀;第二,具有跟国际对接、交流、沟通的能力;第三,具有适应在国外生存和发展,即跨文化的生存能力;第四,也是对国际型人才最核心的要求:解决问题,创造价值。北京市人力资源研究中心(2006)认为,所谓国际型人才,指的是具有国际化的理念及跨文化体验,通晓国际惯例与规则,具有国际交往能力,掌握国际核心业务专长并能够满足企业和相关组织开展国际化业务的现实需要的人才。中国人力资源开发杂志社社长潘金云(2006)认为,国际型人才指的是,拥有全球化视野、思维模式,随时学习新知识、新技术,具备创新能力和国际竞争能力,熟悉国际规则,具有国际运作能力,拥有良好的跨文化沟通能力,具有海外留学、工作的经历和经验的人才。北京市委副书记杜德印(2006)在“首都国际型人才发展论坛”上的致词中总结道,国际型人才是拥有深厚的民族文化底蕴,广阔的国际视野和全球化的思维方式,通晓国际惯例和规则,拥有跨文化交流实践能力(专业能力、技术能力、合作能力、创新能力)的人才。中华英才网董事长徐新(2005)认为,从资本的角度来讲,国际型人才就是你到国际市场把一个问题搞定。神州数码(中国)公司副总裁王平生(2005)认为,国际型人才,第一个,要有文化特征,除本国语之外,至少应当会讲一门外语。第二个特征,是应当能适应当地国家生活习俗,例如中国的国际型人才到了西方要学会用刀叉吃饭,到印度、巴基斯坦或者是阿拉伯国家又要学会当地的风俗习惯。第三个特征,也是企业选用国际型人才最看重的,即一个国际型人才应该是在国内、国外都能为不同企业创造价值的人。

以上分别选取了官产学等方面的代表人士对国际型人才的观点。可以看出,相对一致的界定因素有:拥有国际化的视野,掌握国际规则,具有跨文化体验等;存有分歧的界定因素有:较高的外语水平,拥有海外经验,在国际市场创造价值等。产生分歧的主要原因在于个人思考的角度的差异。无国界管理人才的素质特征要求应该拥有其一定富有逻辑性的框架结构。从全球化3.0无国界平坦世界及基于知识资本的能力结构理论的视角出发,我们提出如下关于无国界管理人才的素质特征构架。

现代知识管理理论认为,核心能力源于知识资本(范徵,2007)。个人各方面非生理性素质源于其所拥有的知识资本存量。这里的知识资本是一个广义的概念,指的是相对于生理等物质性以外的非物质性资本方面,它呈现出一定的结构。从认识论的角度,基于知识的复杂性分析,著名管理大师迈克尔·普拉尼(Polanyi,1966)将知识分为:显性知识与隐性知识。显性知识(explicit knowledge)指那种能用正规的语言明确表达,可以用语言或机器编码,压缩成几个简单的符号,易于在人与人之间进行传递的知识;隐性知识(tacit knowledge)是指那些根植于个人经历中的个人知识,包含个人信仰、观点、本能和价值观等无形因素。

范徵(2007)借用弗洛伊德的用语,将知识分为三种表现形式:超我知识(superego knowledge)、自我知识(ego knowledge)、本我知识(id knowledge)。超我知识相当于显性知识;本我知识相当于隐性知识;自我知识指的是若显若隐的知识,Nonaka(2005)认为,若显若隐知识(如流程、结构、关系等知识)与核心能力的联系更为密切。基于此,本文构筑了基于冰山知识体系的无国界管理人才素质结构(见图4-2)及其评价指标体系(见表 4-1)。图 4-2 中,横轴为知识的横断范畴分类,无国界管理人才是“语言知识”与“专业知识”的统一体;纵轴为知识的显隐程度分类,无国界管理人才是本我、自我与超我知识的统一体。“基于冰河知识体系的无国界管理人才素质结构”拥有以下四方面特征:

超我知识	掌握国际核心业务专长并在国际事务或全球产业链上创造价值	出色的以外国语为基础的跨文化沟通能力
自我知识	深厚的基于本国文化底蕴的全球情怀、国际视野	
本我知识	国际化的理念、思维与行为方式	
	专业知识	语言知识

图 4-2　基于冰河知识体系的国际型人才素质模型

注:借用冰河的三层比喻知识的三层:超我知识层,即积雪层,为说得出、道得明的显性知识;本我知识层(河水层)为说不出、道不明的隐性知识;自我知识层(冰冻层),则介于期间,若隐若现。

表 4-1　基于冰河知识体系的国际型人才素质特征评价指标体系

类别	评价指标	评价方法
出色的以外国语为基础的跨文化沟通能力	外语掌握程度	外语考级的等级及分数
	运用外语从事本专业工作或对外交流能力	情景模拟表现
	海外实习、学习、考察经历与经验	海外经历报告
深厚的基于本国文化底蕴的全球情怀、国际视野	本土文化经典阅读量	必读书目及其抽查口试成绩
	世界文化经典阅读量	必读书目及其抽查口试成绩
	国际职业道德与诚信人格考量	360 度考量分值
国际化的理念、思维与行为方式	思考全球化、行动地方化能力	案例分析报告
	国际通用学习方法、研究方法掌握情况	学术论文
	国际惯例和规则通晓情况	案例讨论表现
掌握国际核心业务专长并在国际事务或全球产业链上创造价值	本专业的国际化知识掌握情况	本专业学习成绩
	创新实践能力	创新学分①获得情况
	合作能力	团队合作单面镜测试分数

注:①创新学分,指学生参加各类国内外创新实践活动,并取得一定成绩后(如获奖、获得风险投资等),则给予一定学分的认可。

（1）无国界管理人才的显性超我素质特征之一：掌握国际核心业务专长并在国际事务或全球产业链上创造价值。从用户角度考察，无国界管理人才显然是指那些能够在国际事务或全球产业链上创造价值的人，这种人才可以分布在国际组织、涉外企事业单位或部门等各类用人单位中。跨国价值创造是无国界管理人才素质的根本显现。所谓价值创造性，指的是对某一事物的所有权给该事物的所有者带来的效用的衡量。对此，无国界管理人才必须拥有以下三种子能力：①系统的本专业或跨专业的国际化知识，并掌握本专业领域的核心业务专长；②富有一定的创新精神与实践能力，创造性地将知识化为行动成果以创造价值；③国际合作与整合能力。在平坦的世界中，任何国际的政府间或非政府组织、全球产业链都有赖于国际团队、联盟成员的成功合作。

（2）无国界管理人才的显性超我素质特征之二：练就出色的以外国语为基础的跨文化沟通能力。以外国语为基础的跨文化沟通能力，是无国界管理人才区别于其他一般传统人才的又一根本性的标志之一。只有具备了这种技能，无国界管理人才才能娴熟地获取国际性的知识、进行国际性的交往，这是国际化3.0个人驱动的显著特征，国家、公司驱动可以另外依靠外语人才，而个人驱动的全球化只有靠自己。以外国语为基础的跨文化沟通能力的三个子能力要求是：①精通一门以上外语，应具备较强的听、说、读、写、译的语言能力和语言应用能力；②能够运用外语作为工作语言从事本专业的工作和对外交流；③跨文化交际能力。真正实用的无国界管理人才是对不同的文化背景都有所了解的人。能与外国人和谐相处，尊重外国的风俗和宗教信仰，了解和熟悉其他文化中的合作方和竞争对手，才能成为真正意义上的无国界管理人才。因此，无国界管理人才必须拥有海外学习、实习、考察的经历和经验。

（3）无国界管理人才若显若隐自我素质特征：拥有深厚的基于本国文化底蕴的全球情怀、国际视野。若显若隐的自我知识是个人或组织在工作和学习过程中不断积累的经验和技能，不易被编码和模仿。随着中国在国际舞台发挥的作用不断扩大，中国迫切需要一大批既要有深厚的本国文化底蕴，又能对其他国家的文化有深入了解的无国界管理人才。民族性与世界性的统一是任何形式无国界管理人才的重要的自我特征。匮乏国际性的民族性是狭隘的，同样，缺失民族性的国际性是也迷惘的。“人文精神”的实质是一种根植于内心的素养，一种无需他人提醒的自觉，一种以承认约束为前提的自由，一种能设身处地为他人着想的善良。无国界管理人才必须拥有全球人文情怀与国际视野。为此必须:①通晓本土文化,熟读本国人文经典;②通晓世界文化,熟读世界人文经典;③具备国际职业道德与诚信人格。这些都有赖于业余或课堂外的自我修炼。

(4)无国界管理人才的隐性本我素质特征:具备国际化的理念、思维与行为方式。隐性本我知识难以被编码,它是比自我知识更深层次的内容,它是知识主体在长期学习和工作过程中逐渐形成的潜在知识(如心智模式等)。是一种不可言传而只能意会的知识,也可能是一种与生俱来的天生的才能,不易被模仿和转移,只能通过长期的潜移默化的形式实现在知识主体间的影响。国际化理念、思维与行为方式的根本要点是:①思考全球、行动地方化,建立国家敏感性与利用全球资源整合性之间的平衡;②运用全球通用的学习、研究等方面的方法语言,进行工作;③通晓一般和本专业领域有关的非成文国际惯例和规则。

上述 4 条恰好又构成了无国界管理人才的核心能力。所谓核心能力,必须具备四个必要条件(范徵,2007):①从用户角度考察的价值创造性,即掌握国际核心业务专长并在国际事务或全球产业链上创造价值;②从竞争者角度考察的难以模仿的差异性,即拥有深厚的基于本国文化底蕴的全球情怀、国际视野;③基于过去考察的累积性的自学习性,即出色的以外国语为基础的跨文化沟通能力;④从未来成长角度考察的可延展性,即国际化的理念、思维与行为方式。

4.4　学院工商管理专业(国际商务方向)培养方案

4.4.1　学院概况及专业

上海外国语大学作为中国教育部直属并与上海市共建、进入"211 工程"的全国重点大学,为顺应社会对既精通外语又通晓国际商务惯例的复合型人才的需求,在国际化工商管理人才的培养上已走过了近 30 年的历程。

上外管院国际工商管理创新人才的培养以"无国界的世界,无国界的管理"为愿景,力争实现三个无障碍:无语言障碍,无专业障碍,无文化障碍,自 1985 年开办管理专业教育以来,培养了大批具备全球视野、人文情怀、外语特长、实践能力,能够畅达进行跨文化沟通,拥有现代管理意识与专业水准，富有创新精神与实践能力的学生，有的校友已成长为世界 500 强跨国公司中国总部最年轻的 CEO。

学院目前设有工商管理、信息管理与信息系统、公共关系学三个本科专业，以及工商管理一级学科硕士点、企业管理、技术经济及管理二级学科硕士点及 MBA 学位点各一个。本科三个专业均为专业和英语双修的复合型专业。企业管理硕士点下设市场营销与公共关系、人力资源与跨文化管理、国际金融与财务管理、跨国经营与战略管理、全球时尚奢侈品管理等研究方向。另外，学校还设有"国际公共管理与公共关系/跨文化沟通、治理与管理"博士研究方向。

工商管理专业成立于 1985 年，前身为外事管理专业，1993 年经调整改为国际企业管理专业，1999 年按教育部专业目录，更名为工商管理专业，专业方向为国际商务。企业管理硕士点和工商管理硕士点（MBA）设在本专业。2010 年工商管理学科被列为校级重点学科，2011 年入围上海市一流学科建设规划。

4.4.2 工商管理专业本科（国际商务方向）培养方案

（1）培养目标及培养要求

本专业旨在培养精通英语、掌握国际工商管理的基本理论与方法、具有扎实的英语语言基础和运用能力、能适应跨国公司等各类国际企业经营管理需要的复合型高级专门人才。同时也为学生今后攻读相关专业的硕士研究生学位打好基础。培养要求：

A. 掌握管理学、经济学和国际商务的基本理论、基本技能和应用方法；

B. 视野广阔，知识面较宽，具有向国际工商管理相关领域扩展渗透的能力；

C. 熟悉我国企业管理的有关方针、政策和法规以及国际企业管理的惯例与规则；

D. 了解当代企业财务管理或国际商务的基本状况、发展趋势和理论前沿；

E. 具有一定的创新精神和实践能力；

F. 掌握英语听、说、读、写、译等语言技能，具有较强的中英文表达能力、跨文化沟通能力，能熟练地以英语作为工作语言进行交流；

G. 掌握信息检索、科学研究的基本方法，具有初步科学研究和实际工作能力。

(2)主干课程

管理学、市场营销学、运营管理、会计学、公司理财、组织行为学、人力资源管理、管理信息系统、项目管理、创业管理、跨国公司管理、国际贸易理论、企业战略管理、经济法等。

(3)授予学位及学分要求

工商管理专业本科生在学期间必须完成教学计划规定的 160 学分方能毕业。达到学位要求者授予管理学学士学位。其中各类课程修读要求如表 4-2 所示。

表 4-2　工商管理专业学分结构

课程类别		应修学分数	占应修总学分数%	占应修总学分数%
通识教育课程	通识教育必修课程	29	18.12	26.25
	通识教育选修课程	13	8.13	
专业教育课程	专业基础课程(必修)	24	15.00	65.00
	专业核心课程(必修)	25	16.88	
	英语基础课程(必修)	36	22.50	
	专业方向课程(选修)	19	13.12	
社会实践与社会调查(必修)		2	1.25	8.75
专业实习(必修)		4	2.50	
毕业实习(必修)		4	2.50	
毕业论文(设计)(必修)		4	2.50	
合计		160	100	100

(4)课程设置

A. 通识教育课程:学生应在下列通识教育课程中修满 42 学分,如表 4-3 所示。

表 4-3　工商管理专业通识教育学分

课程类别	课程名称	学分	周学时	开课学期	应修学分
通识教育必修课程	毛泽东思想和中国特色社会主义理论体系概论	6	3	1－2	18
	思想道德修养与法律基础	3	3	1/2	
	中国近现代史纲要	2	2	1/2	
	马克思主义基本原理	3	3	3/4	
	当代世界经济与政治	2	2	3/4	
	形势与政策	2	2	1－6	
	体育	4	2	1－4	4
	计算机应用基础	3	4	1	3
	媒体信息处理	2	3	2	2
	数据库基础与动态网页制作	2	3	2	
	语言学概论	2	2	此类课程可在 2－6 学期修读	2
	现代汉语	2	2		
	中国现代文学	2	2		
	中国古代文学	2	2		
通识教育选修课程	A. 人文科学	13 学分			
	B. 社会科学				
	C. 自然科学				

B. 专业教育课程。学生应在下列专业教育课程中修满 104 学分，如表 4-4 所示。

表 4-4　工商管理专业专业教育学分

课程类别	课程名称	学分	周学时	开课学期	应修学分
专业基础课程	管理学	3	3	1	24
	高等数学	8	4	1－2	
	会计学	3	3	2	
	概率论与数理统计	2	2	3	
	微观经济学	3	3	3	
	宏观经济学	3	3	4	
	统计学	2	2	4	

续表

课程类别	课程名称	学分	周学时	开课学期	应修学分
专业核心课程	公司理财	3	3	4	25
	市场营销学	3	3	5	
	组织行为学	2	2	3	
	经济法	2	2	1	
	人力资源管理	3	3	4	
	运营管理	2	2	6	
	管理信息系统	2	2	6	
	创业管理	2	2	5	
	项目管理	2	2	7	
	企业战略管理	2	2	7	
	跨国公司管理	2	2	8	
英语基础课程	基础英语	20	6/4	1－4	36
	英语视听说	4	1	1－4	
	英语阅读	2	1	1－2	
	英语语法与写作	2	2	1－4	
	高级英语	8	4	5－6	
专业方向课程	国际贸易理论	2	2	1－8	19
	国际金融学	2	2		
	国际经济法	2	2		
	东方管理与东西方管理比较	2	2		
	跨文化管理	2	2	此类课程在第 1－8 学期内开设	
	国际商业文化	2	2		
	跨文化商务交流	2	2		
	国际市场营销	2	2		
	公司治理	2	2		
	领导学	2	2		
	绩效管理	2	2		
	国际投资学	2	2		
	证券投资学	2	2		

续表

课程类别	课程名称	学分	周学时	开课学期	应修学分
	CI 战略	2	2		
	公关礼仪	2	2		
	审计学	2	2		
	公共关系学	2	2		
	广告学	2	2		
	计算机多媒体技术	2	2		
	电子商务	2	2		
	企业资源规划	2	2		
	文献检索与论文写作	2	2		
	管理学名著选读	2	2		
	奢侈品营销	2	2		
	整合营销传播	2	2		
	创新实践课程	2	2		
	外教专授课	2	2		
	管理学前沿讲座(8 次)	1			

C 实践教育环节。学生应在下列实践教育课程中修满 14 学分,如表 4-5 所示。

表 4-5　工商管理专业实践教育学分

课程类别	课程名称	学分	学时	实施时间
实践教育环节	社会实践与社会调查	2	2 - 4 周	第 2 - 3 学期暑期
	专业实习	4		第 4 - 7 学期及暑期
	毕业实习	4		第 7 - 8 学期
	毕业论文(设计)	4	5 - 6 周	第 7 - 8 学期

第5章　上外工商管理本科专业国际化教育创新平台

5.1　关于无国界管理人才培养的创新平台构架及其评价

目前,国内外关于无国界管理人才培养途径的的相关文献也主要集中在关于国际型人才培养途径的论述。国外专家有诸多研究成果可资借鉴。加拿大教育学学者Knight(2003)的研究成果比较著名和全面,认为国际型人才培养的过程,即为将国际的、跨文化的、全球的维度整合到高校的教学、研究和服务等功能之中的过程。涉及的方面有学生交换项目、外语学习、国际化的课程设置、地区性的研究、留学生、出国工作/学习、教学过程、联合学位项目、跨文化培训、教师交流、客座教授、合作召开研讨会、合作研究项目、国际研究协定、研究成果交流等。日本广岛大学教育研究所教授喜多村和之(1986)认为,衡量大学国际化的标准有三方面:通用性(本国文化、教育被国际接受);交流性(国际学者交流、交换);开放性(对不同文化人和组织的国民待遇)等。作为国际型人才培养典范的中国香港大学也有诸多成果。香港城市大学对外联络合作处处长朱国斌(2007)认为,大学国际化包括师资国际化;国际纽带和学术交流(多渠道筹募资金推动国际往来、参加国际高等教育论坛和会议、校际访问);教学活动国际化(包括暑期班);学生群体国际化;适合国际化校园的管理理念和方法;支持国际化的先进设施等。我国内地的国际型人才培养实践经验有同济大学国际教育评估与专业资格研究所顾问、教授毕家驹(2007)的经验总结,包括管理方面(按世界各国大学之通例办学);教育方面(培养全球化世界中的优秀人才)、研究方面(与世界上的科学家进行平等交流)、教学方面(易读性:各国大学互相读懂对方教育文件,可比性:彼此能将学分等教育的量进行比较,相容性:彼此能对教育的质进行评价、推行认证制度,透明性:彼此公开教育消息、开放招生)等。同时归纳出10项特征：开辟国际化的教学点；建立国际化的师资队伍；形成国际化的学生群体；按世界各国大学之通例进行管理；引入符合全球化需要的专业、教学计划、课程设置、教学方法和手段；注重多文化熏陶；要求学生掌握多种语言，其中英语是必需的；学习期间，学生获得在国外学习和生活的经历；颁发国际公认或互认的证书、文凭和学位；要优选合作对象，精选导致双赢的合作项目等。著名的中国人事科学研究院研究员王通迅（2006）也总结出了大学培养国际型人才的10大任务：制定符合本校实际的大学生培养计划；进行多方面的学生培养方面的国际合作；创造条件派学生参加短期的海外实习项目考察；与国际名校建立广泛的联系，包括建立双项的学位，以及学分转移项目；指导研究生参加高水平的国际会议，鼓励学生参加国际间的专业竞赛；吸引国外师资来本校任职、讲学；有计划地选派骨干教师出国学习深造；与国外高校共同举办高层次的国际会议、培训班以及研修班；有计划地开发一批英文课程，使用原版教材；对有能力参加国际会议，但缺少经费的教师、学生给与资助等。

对此，北京大学教育学院常务副院长陈学飞（2007）综合了这些研究，认为大学培养国际型人才大致涉及以下四大范畴：活动方法（课程改革、人员交流、技术援助、合作研究）；能力方法（新技能、态度、知识）；精神气质方法（跨文化、国际观点、首创性）；过程方法（将国际的维度融入高校的各项功能）。并提出自己的关于大学国际型人才培养观点：国际化的教育观念；国际化的培养目标；国际化的课程；教师、学生人员的国际交流；国际学术交流和合作研究；一些资源的国际共享等等。

综上所述，关于国际型人才培养途径的论述，各种说法各有各的道理，同样缺乏一种显然的、基于大学普遍逻辑的框架性体系表述。我们认为，大学培养无国界管理人才是一个系统工程，从某种角度上说，相对现有传统的大学体系是革命性的教育改革，需要在原来的大学体系内构建一个创新平台。这个创新平台的构筑的出发点应该根植于大学的核心职能体系。

大学是一个知识型的组织，所谓知识型组织（knowledge organization），指的是生产和销售知识的组织（Sveiby，1987）。该知识体的投入物有作为生产、传播知识载体的教师和学生，以及各种各类的无形知识、有形设施、经费等资源；该知识体的产出物是学术成果与教育、知识服务和交流，也即大学本质功能的三个体现，即培养人才、发展科学、服务社会。其间，通过了一个知识体的转换过程，即平时我们常说的教学、科研、管理和支持过程。该知识体所创造的知识性产品具有以下特点：没有标准；富有创造性；高度依赖于个人；解决复杂问题。由此我们可以得到一个大学知识体核心职能图解，并导出“基于大学核心职能的无国界管理人才培养创新平台”构架体系（见图 5-1）及其评价指标体系（见表 5-1）。图 5-1 中，横轴为知识输入与知识输出的动态范畴分类，无国界管理人才培养的创新平台是“知识创造”（知识输入）和“知识传播”（知识输出）的统一体；纵轴为知识载体及其行为、环境构架，无国界管理人才培养的创新平台追求的是知识载体及其行为、环境间的和谐互动。

行为	发展知识—科研方面 国际化创新平台	人才培养—教学方面 国际化创新平台
载体	办学主体—师生方面国际化创新平台	
环境	管理—支持方面国际化创新平台	
	知识输入	知识输出

图 5-1　基于大学核心职能的无国界管理人才培养创新平台构架

表 5-1　基于大学核心职能的国际型人才培养创新平台评价指标体系

类别	评价指标	说明
人才培养—教学方面	开发高层次、复合型、国际化的人才培养项目	项目数及其有效性
	现有专业的国际化培养方案再设计	方案数及其有效性
	派遣学生参加短期的海外实习项目考察的制度与数量	协议数、交流数
	与国际名校建立的学分认可项目的数量与实施情况	协议数、获得数
	使用原版教材，英文课程、双语教材的开发数量和质量	数量、学生满意度
	开拓学生国际知识视野的通识课程开设情况	数量、学生满意度
	中外人文经典名著本校学生必读书目阅读情况	数量、口试成绩水平
	创新学分设立情况	学分额、获得数
发展科学—科研方面	鼓励学生参加国际间的专业竞赛情况	资助额、获奖数
	指导研究生进行科学研究，参加高水平的国际会议情况	资助额、发表数
	支持教师参加各类国际学术会议情况	资助额、发表数
	与国外高校合办高层次的国际会议、学术期刊、培训班以及研修班情况	合作数量
	国际合作进行科学研究、获得国际研究基金情况	合作数额、基金额
	师生国外学术期刊发表学术论文、获得论文检索奖励情况	数量、奖励水平

续表

类别	评价指标	说明
办学主体—师生方面	吸引国外师资来本校任职、讲学情况	数量、效果
	选派骨干教师出国学习深造情况	数量、效果
	学生来源国际化情况	留学生数比例
	毕业生就业国际化	留学及涉外单位、部门就业数量、用户满意度
管理—支持方面	资源的国际共享情况	种类数、各类数量
	按照国际惯例多渠道筹募资金筹措效果、产学研合作	筹款数、项目数
	支持国际化的先进设施情况	符合国际标准的图书馆、办公、教学实验设施
	教育质量保障和认证体系的国际化情况	获得国际认证项目数
	适合国际化校园的管理理念、方法与校园文化情况	行政支持学科建设的学科带头人满意度

(1)人才培养—教学方面的无国界创新平台基础。人才培养—教学方面的无国界创新平台基础要求:①开发高层次、复合型、国际化的人才培养项目;②现有专业的国际化培养方案再设计,以“X + 外语”教学为培养模式,增加国际化方面的课程,努力向双学位过渡;③创造条件派学生参加短期的海外实习项目考察;④与国际名校建立广泛的联系,包括建立双项的学位,以及学分转移项目;⑤有计划地开发一批英文课程,使用原版教材,编写双语教材;⑥同时开列包含中外人文经典名著的本专业学生必读书目;⑦开设开拓学生国际知识视野的通识课程,涉及人文、科学、文化等方面;⑧设立创新学分,授与那些获得创新实践成果的学生等。

(2)发展科学—科研方面的无国界创新平台基础。发展科学—科研方面的无国界创新平台基础要求:①鼓励学生参加国际间的专业竞赛并给与支持与资助;②指导研究生进行科学研究,参加高水平的国际会议,并给与资助;③全力支持教师参加各类国际学术会议并发表学术论文;④与国外高校合办高层次的国际会议、学术期刊、培训班以及研修班;⑤国际合作进行科学研究、获得国际研究基金;⑥奖励师生在国外学术期刊发表学术论文、获得论文检索等。

(3)办学主体—师生方面的无国界创新平台基础。办学主体—师生方面的无国界创新平台基础要求:①吸引国外师资来本校任职、讲学;②有计划地选派骨干教师出国学习深造;③学生来源国际化,留学生数占在校生数达到一定比例;④毕业生就业国际化,面向国际组织、涉外企事业单位或部门等各类用人单位。

(4)管理—支持方面的无国界创新平台基础。管理—支持方面的无国界创新平台基础要求:①一些资源的国际共享,如网络资源、实践基地、课程外包等;②按照国际惯例多渠道筹募资金,如校友会或通过向社会提供服务获得产学研合作资金来源等;③支持国际化的先进设施,如图书馆、教师办公条件、教学设施等;④教育质量保障和认证体系的国际化;⑤适合国际化校园的管理理念、方法和校园文化等,其核心内含是:学校以教师为本;教师以学生为本;共创创新型成果;共育国际化人才。

5.2　人才培养—教学方面国际化创新平台

5.2.1　双语、全英语教学

为了更好地实施教育国际化和国际化人才培养,上外管院已经开设了管理学、人力资源管理、传播学、市场营销学、公共关系学概论、宏观经济学、跨国公司管理、品牌管理、公关礼仪、跨文化管理等10门全英语课程;开设了会计学、管理会计、公司理财、东方管理与东西方管理比较、管理学名著选读、CI战略、运营管理、概率论与数理统计、计算机网络、电子商务基础等10门双语课程。

上外管院管理学、人力资源管理、组织行为学、品牌管理、跨国公司管理、公共关系学、传播学等7门专业课程被列为"上海市全英示范课程"。上述20门全英和双语教学课程均采用国外优秀原版教材进行教学。

5.2.2　国际游学

学院大力推进国际化战略,积极拓展国际交流,与欧美等国家的多所高校和研究机构建立了各种形式的学术交流、教学合作、学生互换、教师互访项目,每年都有教师和学生被派出交流。

近年来,上外管院数百名学生赴新加坡、加拿大、日本、英国、美国、乌克兰、印度、菲律宾、新西兰、中国香港参加学习交流活动。更多学生赴瑞士、美国、德国、日本、土耳其、印度、挪威、俄罗斯、波兰、保加利亚、印度尼西亚等参加国际研讨会和国际交流活动。

学院本科生、硕士生学生海外交流比例分别超过30%和40%,MBA学生国际游学比例(含个人结合工作岗位的全球行动学习)达到80%。

5.2.3 双学位

为了适应经济全球化和我国对外经济发展的需要,从1984年起上外管院先后相继开设了工商管理专业的“英语+专业”的复合型专业,通过强化基础英语教学,专业课双语或全英语教学,通过专业课程的基本概念、基本知识、基本理论和基本技能的系统学习,培养学生成为既懂外语又懂专业的复合型人才。近5年,上外管院学生的专业英语四级考试通过率高达95%;专业英语八级考试通过率高达85%;98%获得管理学学士学位。

本院从2009级开始,工商管理、公共关系和信息系统与管理三个专业实行语言文学和管理学本科双学位培养模式。基本程序是,学生志愿申报,学院审核,教务处批准。参加双学位项目的学生必须在本科四年中完成语言文学专业和本专业规定的课程和通过毕业论文,符合条件者可以获得文学学士和管理学学士双学位。

5.3 发展知识—科研方面国际化创新平台

5.3.1 师资力量与研究平台

学院现有60名全职教研人员,其中教授6人、副教授20人,境外全职教授1名,另外聘有境内外企业导师及兼职教授50余名。拥有博士学位者达80%,90%的教师都具有国外学习或工作的经历。

学院多人入选国务院特殊津贴、曙光学者、浦江计划等各类人才计划,多名教师在国家知名学术协会中任正副会长、秘书长、学术委员会主任并担任核心期刊的编委。学院为“教育部工商管理类专业教学指导委员会委员”“上海市工商管理专业学位教育指导委员会副主任”“教育部公共管理类其他专业教育指导分委员会主任”“全国公关专业院长(系主任)联席会议委员会主任”单位。

上外管院设有“东方管理与跨文化研究中心”“中外公共关系研究中心”“神经管理与多语种信息管理研究中心”等研究机构。已形成一些在国内外具有学术影响力的专业和研究方向:公共关系学科建设在全国处于领先地位,与上海市公共关系协会合办的“上海公关国际论坛”两年一届,目前已经举办 6 次;跨文化管理研究方向为境内学术高地,主办的“跨文化管理国际学术研讨会”两年一届,目前已经举办 3 次;与上海纺织(控股)集团联合成立的“上海时尚研究院”正在筹备两年一度的“上海时尚论坛”。

5.3.2　特色研究方向

30 年来,上外管院形成了聚焦于全球化、跨文化和国际战略管理等若干前沿性科学研究方向。“国际整合营销与公共关系”“跨国经营与跨文化管理”以及目前正在打造的“全球时尚与奢侈品管理”等研究方向,不仅紧贴了我国经济快速发展过程中不断创新的管理实践,也有意识地对接了国家和上海地区的经济社会发展战略。

(1)公共关系学科建设在全国处于领先地位,目前已形成全国唯一的“本科—硕士—博士”一体化的培养体系。学科带头人、校原党委书记吴友富教授被推举为中国公关协会副会长、上海公共关系学会副会长兼学术委员会主任;学院被评为全国公共关系教育 20 年成就突出贡献单位。创设了“全国公关专业院长(系主任)联席会议委员会”;协同上海公共关系协会连续举办 3 届“上海公关国际论坛”;作为评委会主任单位,主持 7 届“上海优秀公关案例”评选并公开出版《上海优秀公关案例集》7 部;创刊了国内首部《公共关系学报》学术期刊,组织编写了近百万字的《中国公共关系 20 年发展报告》,被誉为国内外首部关于中国公共关系发展的最系统权威的中英文版本式的研究报告。

(2)跨文化管理研究方向特色显著。在企业管理硕士点设立的跨文化管理方向,为国内目前屈指可数的。举办“跨文化管理国际学术研讨会”3 次,与复旦等一起协办中国管理研究国际学会(IACMR)年会 1 次,会同世界管理协会联盟多次成功承办世界管理大会和世界管理论坛;与交大、同济、中欧一起承办上海管理科学学会机关刊物《上海管理科学》,主持其中跨文化管理栏目;《多语种国际工商管理案例库》建设初具规模,与 MBA 教指委中国案例共享中心合作,已有 5 篇英文案例进入加拿大毅伟商学院案例库。

5.3.3　研究成果

学院教师积累了一批优秀的学术专著、论文和咨询报告,形成了多个高质量的学术研究团队:《中国公共关系专业标准》《中国公共关系发展报告》(中英文版)《全球跨文化管理研究报告》被誉为业界专业标准和权威报告。目前学院教师共承担国家社科基金、国家自科基金、教育部人文社科项目、上海市哲学社会科学规划项目、中欧高教合作研究项目(欧盟赞助)、美国富布莱特基金项目等30余项。《区域国别管理》《基于世界文明体系的全球管理模式》《基于大数据和神经管理学的企业跨国经营智能服务平台》等项目的系统研究已经启动。

学院还创刊了国内公共关系学科首部学术期刊《公共关系学报》和《跨文化管理研究》杂志,并会同交大、同济、中欧国际工商学院成为上海市管理科学学会机关刊物《上海管理科学》杂志的承办单位。

5.4 办学主体—师生方面国际化创新平台

5.4.1 师资队伍国际化

学院90%的教师都具有国外学习或工作的经历。常年有外教参与学院教学和科研活动。近来,有来自18个国家或地区超过百人次的教师、教授、企业高管在上外管院任教,上外管院师资无国界人次比例也超过了30%。

教师是实施教育国际化与国际化人才培养的主力军,打造一支教育国际化和国际化人才培养的师资队伍已成当务之急。因此,上外管院将采取如下措施:

(1)充实师资力量,改善师资队伍结构。加大宣传力度,扩宽招聘渠道,有计划、有步骤地引进优秀人才,以充实师资队伍力量;采取优惠政策聘用高学历、高职称教师,加大力度引进获得外国大学博士学位的教师担任全英语教学工作,以改善师资队伍结构。

(2)引入"海外系主任",培育国际化师资队伍。采取多种形式增加教师出国访问、进修的人数,有计划地选派教师到国外进修、访问、讲学,重点选派优秀青年教师出国留学,攻读博士学位。

(3)建立一支稳定的外籍教师队伍。广开招聘渠道,积极聘用外籍教师担任外语教学和专业课程教学或开设学术讲座;配备青年教师担任外籍教师的助手,加强与外籍教师的联系与沟通,使青年教师尽快熟悉教学内容,吸收先进的教学理念与方法,为将来承担该课程的教学做好准备。

(4)加强青年教师教学能力的培养。采取"老带新"的做法,安排教学经验丰富的中老年教师担任青年教师的导师,指导青年教师编写教案、课程教学大纲,传授教学经验;举办教学示范课,组织教师听课,交流教学经验,取长补短;组织开展教研室活动,开展评教创优活动,提高教师的教学能力与水平。

5.4.2　生源国际化

上外管院无国界的办学理念和优秀的办学环境也吸引了来自世界各国的留学生入院就读工商管理专业。五年来,包含 MBA 在内,共计招收培养学生 904 人(其中全日制 94 人),有来自 20 多个国家或地区的留学生、交换生 288 人(其中全日制 17 人)加入了上外管院的学习。上外国际工商管理生源无国界比例已达 20 ~30% ,一般认为 10% 的国际学生即是一个标志。

5.5　管理—支持方面国际化创新平台

学院非常注重管理—支持方面国际化创新平台建设,相关成果获上海外国语大学教学成果一等奖(《国际工商管理学院教学环境与学术氛围综合建设》)。主要方面如下:

(1)除了安排管理类专业人力、营销、财务管理方面的核心课程外,教务处规定的社会调查、社会实践、毕业实习环节,学院都非常重视。学院专门安排了三个专业的三个系主任专门负责落实此三件事,并在《CIB 教师学术手册》《CIB 本科生学术手册》中制订了专门的实施细则,学生和指导老师们都知晓明确。

(2)在学校和教育部基金的支持下,学院还建设了 4 个设施、装潢均与国际接轨并与全校分享的专业实验室(案例分析、PR、ERP、管理决策),提高学生的操作能力。

(3)学院平时要求教师注重案例教学,目前已有进入全国百篇优秀案例、中国案例共享中心案例、加拿大毅伟商学院案例共 15 篇。

(4)针对普遍存在的“网络浅阅读”现象,学院开设了《管理学经典文献选读》课程,鼓励学生阅读经典,参与“校长杯阅读大赛”。与管理大师直接对话,沉淀、提升自己。要求学生从一门课、一本书中,不仅了解该课(书)的知识、知识体系、相关技术和工具,还要学习、领悟作者的思维模式、方法论和思维哲学。

(5)基于管理学科的特点,学院提出了“管理 · 创新 · 实践”的院训。相关方面的成果获得了“上海市教学成果奖”。学院每年举办“管理周”

活动,目前已成功举办 7 届。

(6)鼓励学生参加各类国内外创新实践活动。学生参加并获得全球 SIFE 竞赛、全国挑战杯、大学生创业比赛、公关策划大赛、ERP 竞赛、CIMA 管理会计挑战赛等全球和国家级比赛,多项获冠军。多名教师应邀担任指导教师,期末学院考核都给予单项奖奖励。

(7)邀请卓越校友持续开设"CIB 高管论坛",目前进行到 30 余讲。邀请 MBA 职业生涯课专业教师、国际 JA 组织、在职工作的 MBA 学生担任本科生的 mentor-Mentee 项目导师,指导学生的职业生涯发展。学院还专门引进了两位企业导师师资,专门指导学生的创新实践。

(8)规范教学环境,提供激发创新的学术氛围。现代心理学研究揭示,创新、创造是人的基本潜能,而身心自由则是创新潜能得以实现的基本条件。身心自由的获得来源于宽松、自由的环境,只有在这种环境中的个体才敢于标新立异和创新。我们姑且把这种环境称之为创新环境。牛津、剑桥的诺贝尔获奖者的共同感叹是,他们的创意灵感均来自于每天下午免费的午茶。学院近年来在规范教学环境、提供激发创新的学术氛围方面花了些工夫。《管理必读 100 种》的原著封面已在二教楼 1 –2 层楼面走廊全部裱框上墙,学院公共场所的交流空间已被有效打造,受到师生们好评。向教师提供免费现磨咖啡,目前已延伸到鼓励学生自己开设咖啡馆,为学生自己服务。

(9)准备开设本科生创新班。打算在本科生中选拔 10 名左右的优秀学生参加老师的课题研究。对于优秀的本科生,吸引他们参加考研,争取在国际一流刊物发表论文,对他们进入国内外一流学校读研至关重要。

(10)提前开设并改革 Academic Writing 课程。原来的论文写作课程在大四开设,时间比较晚。某些课程的学生论文存在抄袭现象,缺乏学术规范。提前并改革该课程是当务之急。

有一位哲人(Yeats)曾经说过:"学生不是一个需要添满的罐子,而是一颗需要点燃的火种。"(Education is not the filling of a bucket, but the lighting of a fire!)只要我们坚持"以学生为中心"的国际化的办学理念,一切为了学生、为了学生的一切,全面提升学生知识、能力、素养和智慧,我们的卓越产品就会供不应求,我们的专业、学科、学院、学校的声誉就会越来越好。

第6章　上外工商管理本科专业复合型的培养模式

所谓模式(Pattern),其实质就是解决某一类问题的方法论,将解决某类问题的方法总结归纳上升到理论高度,即为模式。模式有助于制订一个优良的设计方案,提出解决问题的最佳方案,达到事半功倍的效果。

“语言＋专业”的复合型人才培养模式是中国特色高等教育的必然要求和必然组成部分。虽然汉语是实际上使用人口最多的语言种类,但在目前国际交往中它还是一种弱势语言,因为国际主流媒体、出版物、会议都是非汉语的。而我们的改革开放要求我们学习西方的技术、科学和先进文化,这就要求我们在进行专业教学的同时,注重外语的教学。

由此便可理解,虽然语言学院在欧美地位非常低,然而在东方国家(如日本、韩国和中国)还存有单体的外国语学院、外国语大学,其深层原因即在此。如果哪一天,随着中国综合国力的提升,汉语便会逐渐由劣势语言变为强势语言,届时,西方社会中就会涌现出将汉语作为第二语言的外国语学院或大学,孔子学院就是一个很好的例证。

上外国际工商管理学院目前所致力于培养的是一种复合型的国际化工商管理人才。目前已培养出世界500强中国公司CEO。原百安居中国公司CEO,阿里巴巴网络有限公司CEO、现维新力特资本管理公司董事长——上外93届管理专业校友卫哲曾在学院成立25周年纪念文集《无国界管理》中的“母校为我打开通往世界之窗”一文中写道:“我个人的成长要感谢于母校管理专业的设立,尽管25年前的课程以今天的眼光来看还显肤浅和稚嫩,但外国的语言和文化为我们打开了学习西方百年管理精华之窗,离开学校我一直激励自己坚持开着这扇窗看世界企业管理!”——语言、文化与专业融合的卓越效果可见一斑。

上外工商管理复合型专业的发展经历了五个发展阶段(见图6-1)。所采取的复合型教学模式是:专业课程覆盖国内外相关专业的全部核心课程;英语水平要求达到上外英语专业的毕业水平,即专业英语 8 级。如表 6-1 所示。本科生相当多的专业课程采用原版教材进行双语或全英语授课。

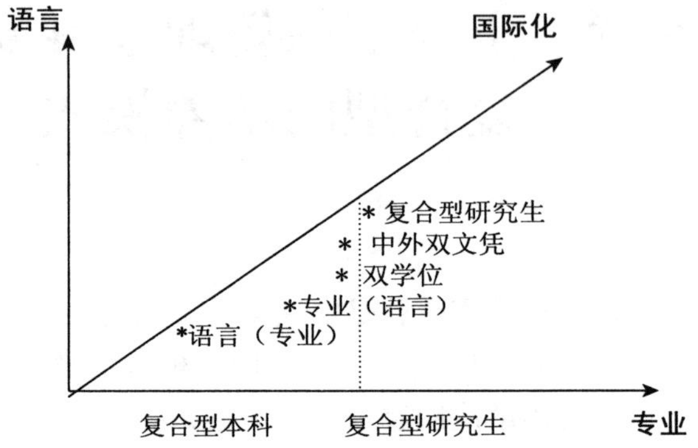

图 6-1　复合型专业的发展历程

表 6-1　复合型的教学模式

课程类别		应修学分数	占应修总学分数%	占应修总学分数%
通识教育课程	通识教育必修课程	29	18.13	25.63
	通识教育选修课程	12	7.50	
专业教育课程	专业基础课程(必修)	24	15.00	39.37
	专业核心课程(必修)	27	16.88	
	专业方向课程(选修)	12	7.50	
	英语基础课程(必修)	36	22.50	28.75
	英语基础课程(选修)	10	6.25	
社会实践与社会调查(必修)		2	1.25	6.25
专业实习与毕业实习(必修)		4	2.50	
毕业论文(设计)(必修)		4	2.50	
合计		160	100	100

6.1　语言(专业方向)阶段

1985 年以前,经贸管理类专业最早在英语系、对外汉语系的英语专业或对外汉语专业进行孵化,如“英语(经贸管理、商务英语方向)”,毕业学生获“文学学士”“文学硕士”学位,而不是“管理学学士”或“管理学硕士”学位。当时还没有成立独立的管理系,只是一个经贸管理教研室,或商务英语教研室等。

6.2　专业(语言类别)阶段

1985 年,管理类专业(工商管理)获得了“管理学学士”的授予权,便从相关语言院系中分立出来,成立了“经贸系”(1988 年)、“国际经贸管理学院”(1993 年)。这时的招生简章上显示的是“工商管理(英语)”,表明该专业是工商管理专业与英语专业的复合,要求学生学习管理类相关专业的核心课,毕业后获得“管理学学士”学位,并要求达到专业英语 8 级。

6.3　双学位阶段

学生将同时获得“管理学学士”和“英语语言文学学士”两个学位。这是复合型专业教学的较成熟阶段。

从 2009 年开始试行的是“管理 + 英语”双学位,今后应探索试点“外语 + 管理”双学位。

6.4　中外双文凭、本硕连读阶段

这是目前正在开始的阶段,管理类专业的学生将同时获得上海外国语大学的毕业文凭、学位,以及国外相关大学、专业的本科或硕士毕业文凭。目前还有一些学生在美国肯特州立大学就读本硕连读,同时获得上外学士学位和肯特州立大学硕士学位。

6.5 复合型研究生阶段

本科的复合型发展到上述(6.4)便终结。目前正在探索复合型管理类研究生的新培养模式——“源于东方的新一代无国界管理 MBA”培养方案正在被提出,并已获得良好社会口碑,2014 年被评为“中国最具品牌影响力 MBA 院校”。

上外 MBA 拥有以下三方面特色:第一,理念创新。致力于培养源自于东方的新一代复合型“无国界管理”人才。第二,上外 MBA 设置了 4 个与上海乃至全国 MBA 院校相互补的特色专业方向:“国际整合营销与公共关系”“跨国经营与跨文化管理”“全球时尚与奢侈品管理”和“综合国际工商管理”。第三,外语特色。针对外语好的生源,实行全英语教学;针对外语较弱的生源,开设“外语引航课程”,帮助提升其外语水平。相关专业方向(如全球时尚与奢侈品管理方向)还将开设第二外语(法语、意大利语、西班牙语等)。上海外国语大学 MBA 无国界管理人才的培养模式概括如下:

(1)一个理念:无国界管理。致力于培养“源自于东方的新一代无国界管理人才”。

(2)二项驱动:愿景和使命。上海外国语大学国际工商管理学院的愿景(Vision)是“无国界的世界,无国界的管理”。愿景引领使命,上海外国语大学国际工商管理学院肩负的使命(Mission)是“培养复合型的国际工商管理创新人才,并为国际企业、政府等组织的国际化经营、管理和治理提供智力支持”。源自于东方的新一代“无国界管理”人才,是其愿景、使命的最终标志性产品。

(3)实现三个无障碍:无语言障碍,无专业障碍,无文化障碍。在交流层面会外语,并提倡掌握第三语言;业务层面懂专业,实现校企无障碍对接;合作层面通文化,投身全球创新实践活动。

(4)四个互补方向。上外 MBA 设置了 4 个与上海乃至全国 MBA 院校互补的专业方向:“国际整合营销与公共关系”“跨国经营与跨文化管理”、“国际金融与财务管理”和“全球时尚与奢侈品管理”。

(5)五方面人才特征。上外 MBA 所提供的,应该是拥有全球视野、人文情怀、外语特长、管理能力,并能够畅达进行跨文化沟通的高端管理人才。这就是源于东方的无国界管理人才的五方面素质特征。

第7章　上外工商管理本科专业创新实践的培养模式

法国诺贝尔奖获得者贝尔纳说:“创造力是没法教的,必须在实践中让学生动手,有机会把自己的创新思想付诸实施。”实践是认识的基础,是获取知识的源泉,是检验真理的标准。实践出真知,实践出人才。管理类专业的学科要求更加注重对学生进行创新实践能力方面的培养。对此管理学院要先行一步。工商管理类专业与其他自然学科的专业不同,由于工商管理类专业人才培养的宗旨是满足工商企业对经营管理人才的需求,其毕业生也大多从事企业实际管理工作,因此,此类专业的实践特点更加明显。对于工商管理类的专业教学而言,虽然通过理论教学可以促进学生对实践技能的掌握,但理论学习仅仅是技能掌握的前提,真正的技能必须在实训过程中通过实践强化才能掌握。因此,工商管理类创新人才的培养就必须重视教学模式中的实践环节。没有实践环节的训练与提高,也就不可能产生真正意义上的创新。

基于管理类专业创新实践性要求的学科特点,创新实践教育被写入上外管院“管理学科十一五、十二五发展规划”,列入管理类专业的正式教育环节。学院建立了创新实践能力培养“三维立体”总设计方案如图7-1所示:①创新实践教育“四年贯穿计划”;②创新实践教育“年度行动方案”;③创新实践教育“十一配套平台”。

7.1　创新实践教育“四年贯穿计划”

从大一的开学典礼入学教育、平时专业课程安排,到大四毕业典礼等环节,学院都围绕创新实践教育的核心,鼓励学生学习企业家精神,形成创新实践教育“四年贯穿计划”如表7-1所示。

学院设立创新实践学分,授予那些参与创新实践课程、从事创新实践活动并获得成果的学生;设立学生“创新实践成就奖”,对参与创新实践

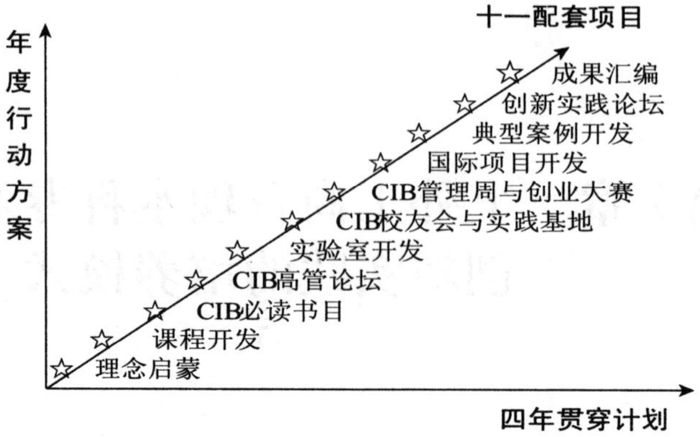

图 7-1　创新实践能力培养“三维立体”总设计方案

表 7-1　创新实践教育“四年贯穿计划”

阶段	环节	内容
大一学年	入学教育、开学典礼	○创新实践管理学科特点介绍 ○颁发《CIB 本科生学术手册》告知项目与网站
	《管理学》入门课程	○“中小企业与创业”章节 ○案例分析指导、实战，企业参观
	“CIB 高管论坛”生力军	○学习申报的创新实践榜样
大二学年	《管理经典文献选读》课程	○阅读经典，积累基础 ○读书报告大赛
	“CIB 管理周”生力军	○组织策划管理周 ○ CIB 高管论坛忠实听众
大三学年	《创业管理》课程	○创业计划书撰写
	“创业计划大赛”生力军 “模拟大赛” 生力军	○创业计划大赛 ○战略、运营模拟大赛
大四学年	《战略管理》课程	○职业生涯战略撰写
	暑期毕业实习(3 个月) “艾塞克”国际实习生力军	○国际创新实践项目
	毕业分配	○职业生涯指导
	毕业典礼	○企业家精神再认

活动表现优秀的学生进行表彰。

其中，《创业管理》课程教会学生撰写创业计划书；《战略管理》课程，要求学生运用所学的知识，结合自身的实际，交出“自身职业生涯计划”。

创业设想往往成为其中的亮点内容。一些学生珍视其为“大学阶段最有价值的一份作业”，甚至在毕业后至今还保存着这份人生计划书。

在这过程中，大一学生是“CIB 高管论坛”生力军；大二学生是“CIB 管理周”生力军；大三学生是“创业计划大赛”生力军和“模拟大赛”生力军；大四学生是“艾塞克”等国际实习项目生力军。

7.2　创新实践“年度行动方案”

每学年从 9 月至次年 8 月，以创新精神与实践能力为主题的培养工作已形成系列行动方案，如表 7-2 所示。

表 7-2　学生创新精神与实践能力方面行动方案

时间	环节	内容
9 月份	大一入学教育、开学典礼	○学科特点、网站
10 月份	管理学等课程	○企业参观、案例分析指导
11 月份	管理周 CIB 高管论坛	○去年创新实践成果表彰 ○创业经验分享
12 月份	圣加仑论文大赛征文	○圣加仑大赛点评、交流
1 月份	SIFE 实践大赛征文	○ SIFE 实践大赛指导
2 月份	AIESEC 国际暑期实习	○创新精神实践能力讲座、咨询
3 月份	创业管理课程	○创业计划书
4 月份	中国大学生公关策划大赛征文	○策划书撰写指导
5 月份	创业计划大赛	○创业大赛实战指导
6 月份	毕业典礼	○企业家精神再认
7 月份	校友会管理分会理事会	○实践基地契约
8 月份	AIESEC 国际暑期实习	○创新精神实践能力讲座、咨询

尤其是每年 11 月，已连续多年组织“创业大赛”和以创新实践为主题的“管理周”活动。其宗旨是通过实战、论坛、讲座、交流会等一系列丰富多彩的活动促进学生与政府官员、商界精英、学术权威以及身边杰出校友、同学间的交流与沟通，从而解放思想、开阔眼界，激发创新实践灵感。

7.3 十一配套平台

为了有效实施创新实践教育"四年贯穿计划"和"年度行动方案",学院还探索建设了创新实践教育"十一配套平台"如表7-3所示。

表7-3 学生创新精神与实践能力方面十一配套平台

项目	项目	内容
1	创新实践理念启蒙	○入学教育与毕业典礼
2	创新实践教育进课堂	○创新实践课程开发,学分
3	创新实践阅读积淀	○颁布CIB必读书目
4	学习创新实践榜样	○ CIB高管论坛
5	创新实践实验室开发	○案例分析教室与公共关系专业实验室
6	创新实践基地建设	○ CIB校友会、企业导师与实习基地
7	创新实践精神激发	○举办CIB管理周与创业大赛、模拟大赛
8	国际创新实践项目开发	○从瑞士圣加伦、赛扶到艾塞克国际实习
9	成功创新实践案例开发	○上外学生创业典型案例研究
10	创新实践教育研讨	○管理学院院长论坛与国际创新实践论坛
11	汇编创新实践成果与指导手册	○《CIB学术手册》《管理从身边走向世界》

(1)创新实践理念启蒙:入学教育与毕业典礼。国际工商管理学院的一年级"开学典礼"、历年管理周开闭幕式以及四年级的"毕业典礼",院长致辞中均对管理学科对创新实践的内在要求作理念启蒙、强化和再认。

告知学生,管理学院毕业的学生获得的学位是"管理学学士"学位,管理学学科的灵魂即是"企业家精神"(Entrepreneurship)。管理学院毕业的学生应该能够为社会创造就业岗位,而不仅仅是去挤占社会的就业岗位。要求他们中间今后应该涌现出更多的企业家和创业者。告知他们,"管理—创新—实践",是管理学院学生唯一正确的学习路径。

(2)创新实践教育进课堂:创新实践课程开发。学院的创新实践教育没有仅仅停留在第二课堂,还开发了创新实践相关课程——《创业管理》《研究方法》《文献检索与论文写作》《管理学文献选读》等,计算学分,学习创新实践方法:学会创业计划书的撰写、学会企业研究方法、学会管理文献检索、养成经典阅读习惯。

学院打算,今后还将开设专门的《创新班》,对经过评审通过的项目团队的成果经检验后,可以获得相应的创新实践学分。

(3)创新实践阅读积淀:颁布CIB必读书目。为落实创新实践能力中对阅读专业经典方面的要求,贯彻“学高志远,学贯中外”的校训理念,鼓励同学们积极阅读专业经典著作,管理学院教授在征询国内外专家意见的基础上,制订了《管理专业必读书目99种》。不仅颁布书目,学院资料室还组织了采购(中外文版本),组织读书交流、读后感演讲。

(4)学习创新实践榜样:CIB高管论坛。在校友及企业客座教授的奉献参与下,学院开发了“CIB高管论坛”,开发管理实务系列专题课程,聘请具有实战经验的企业高管,尤其是杰出校友为学生开设讲座,激励学生的创新实践活动。目前论坛已持续进行了50场,并将PPT汇编成册,收到很好的效果。总课时为20学时,学生经修习和撰写报告后可获得2个学分。CIB高管论坛前20场如表7-4所示。

表7-4　CIB高管论坛前20场一览

序号	姓名	职务	论坛名称
第1讲	卫　哲	阿里巴巴网络有限公司CEO 原百安居(中国)公司CEO	毕业十年当总裁
第2讲	沈　聿	时纵文化传媒有限公司执行主编	形象成就前程
第3讲	丁　昕	上海爱建纺织品公司副总经理	企业选人标准
第4讲	高　航	汇华企业管理咨询有限公司总经理	员工与企业的和谐发展
第5讲	彭　钢	上海易江信息技术有限公司CEO	互联网技术与新商业模式
第6讲	王　磊	上海罗氏制药有限公司部门经理	FMCG行业知识
第7讲	朱　忻	澳新银行项目总监	纵谈跨国银行并购
第8讲	张心宏 张　骏	上海信诺传播公司副总裁、副总经理	事件管理与公共关系
第9讲	范　敏	上海携程旅行网CEO	携程创业积极发展
第10讲	曹秀华	上海信诺传播公司CEO	活动传播的力量从创新开始
第11讲	郑荣禄	中国太平人寿保险有限公司董事、总经理、复旦大学经济学博士	中国寿险业发展的回顾与前瞻
第12讲	吴广清	上海之源人力资源咨询有限公司总经理	职业生涯管理
第13讲	褚　文	奥美公关公司中国合伙人	职业公关素养
第14讲	蔡开凡	上海猜凡机械有限公司创始人、董事长	沃顿学子畅谈创业

续表

序号	姓名	职务	论坛名称
第 15 讲	王文浩	上海对外经济科学研究中心副主任、霍尼韦尔国际公司上海企业管理顾问,兼任亚洲创影投资基金执行董事	从好创意到好企业
第 16 讲	徐建南	上海深度物流公司总经理	国际物流的营销与运营管理
第 17 讲	朱艳艳	上海视点公共关系有限公司董事长兼总经理	还原人生的"魔方"
第 18 讲	徐浩然	IBF 中国个人品牌委员会秘书长、远东控股集团高级副总裁	塑造个人品牌展现自我魅力
第 19 讲	童继生	上海建工集团总公司副总裁	东方管理思想在国际经济活动中的应用
第 20 讲	艾弥尔	法国桦榭菲力帕契媒体集团中国区董事总经理	Why should anyone be managed by you?

(5)创新实践实验室开发:案例分析教室与公共关系专业实验室。为加强学生创新实践学习的可操作性,学院业已建立,并正在着手建立一些专业实验室。目前已建立的有案例分析教室、公共关系专业实验室。ERP 实验室、战略模拟实验室一期竣工并开始投入使用,国际工商管理案例库也已初具规模。如表 7-5 所示。

表 7-5　实验室基础数据表

实验室名称	使用面积	实验室简介与主要功能	主要设备描述
案例分析教室	200 平方米(已建)	为管理类课程案例分析提供场所和设备	规范化的马蹄形案例分析教室(80 座)
公共关系学专业实验室	150 平方米(已建)	为公共关系专业学生的公共演讲、情景模拟及相关赛事提供场所和设备	带有多维摄像跟踪探头的多功能教室
ERP 实验室	100 平方米(已建)	为运营管理课程提供实战场所和设备	含有沙盘、单面镜的实战教室
战略模拟网络实验室	100 平方米(已建)	为战略管理提供模拟场所和设备	拥有模拟软件并全球网络连接的实战教室
国际工商管理案例库	50 平方米(在建)	为国际工商管理相关课程的教学提供案例支撑	文本案例库、电子案例库

(6)创新实践基地建设:CIB 校友会、企业导师与实习基地。上海外国语大学校友会管理分会成立于 2006 年 6 月 18 日,是由上海外国语大学管理类专业毕业、或非管理类专业毕业但目前从事各行各业管理工作的毕业生和其他来自海内外的交换学生自愿参加而组成的民间社团组织,由国际工商管理学院发起并具体组织管理。原阿里巴巴网络有限公司 CEO、上外管理专业 93 届毕业生卫哲任理事长。

管理学院与上海纺织控股、百安居、外经集团、爱建公司、太平洋保险等几十个理事单位签署实习基地协议。另外,学院还通过聘请客座教授等,聘请企业、机构等高管兼任学生创新实践导师。目前学院成为许多国际知名的跨国公司、跨国银行的人才储备首选单位。

(7)创新实践精神激发:举办 CIB 管理周与创业大赛、模拟大赛。每年 11 月已连续多年组织“创业大赛”和以创新实践为主题的“管理周”活动。其宗旨是通过实战、论坛、讲座、交流会等一系列丰富多彩的活动促进学生与政府官员、商界精英、学术权威以及身边杰出校友、同学间的交流与沟通,从而解放思想、开阔眼界,激发创新实践灵感。

无论是学术讲座,还是宣讲会;无论是交流会,还是闭幕式,每一场都有着它独具一格的魅力,每一场都有着它无可比拟的闪光点。每一场讲座的座无虚席,每一场讲座的精彩画面,台上主讲嘉宾们的生动演讲,台下同学们的专心听讲;台下同学们的积极思维,高质量的提问,台上主讲嘉宾们的精彩回答,这一切都在所有参与者的脑海中留下了深深的印记。

(8)国际创新实践项目开发:从瑞士圣加仑、赛扶到艾塞克国际实习。学院学生开发、参与的创新实践品牌活动如表 7-6 所示。

表 7-6　学院学生开发、参与的创新实践品牌活动一览

序号	项目名称	项目简介	参与情况
1	瑞士圣加仑国际管理论坛(ISC)	素有“小达沃斯”之称。ISC 为享有良好声誉的国际学生组织,旨在鼓励各国学生撰写以创新管理为主题的学术论文,加强对话,评委均为世界知名企业的 CEO。	30 余人次携创新实践论文赴会
2	全球学生实践成果 SIFE 大赛(Students In Free Enterprises, SIFE)	SIFE 为享有良好声誉的国际学生组织,旨在鼓励各国学生利用所学知识投入实践,改善当地生活。每年全球 40 多国家,1600 支队伍参赛,评委均为世界知名企业的 CEO。	*Rainbow over the Field* 项目,通过上外学生创业、引入荷兰先进农产品使某农村致富,获中国赛区冠军并赴巴塞罗那参加总决赛,获得

续表

序号	项目名称	项目简介	参与情况
			SIFE 精神大奖。目前已累计 20 余人次参加“全球 SIFE 大赛”。
3	全球未来领导人活动(CFL)	未来领导精英项目面向全球未来优秀的领导者,搭建精英间的交流平台。通过与国际知名学府交流、亲身领略发达的教育、经济及人文精神,透视全球未来的发展。通过与哈佛、牛津、剑桥等世界知名学府会议、课程交流,以及美国国家广播公司 NBC、英特尔、微软等优秀企业知名人士的访问学习,加强项目成员对于领导力的正确理解,拓展国际视野,提高跨文化交际能力,寻找宏图的契机,并提升人生的高度。	上外管院 SIFE 队长田耕等 3 位同学,经过层层选拔,凭借在国际非盈利组织中的突出贡献、过硬的英文功底以及在 SIFE 团队中优秀的领导才能,在众多选手中脱颖而出,成为大中华区入围者中的上海代表,前往欧洲参加“全球未来领导人活动”。
4	模拟联合国活动	由来自全世界 40 个国家各精英高校的 2100 多位代表,分别作为 190 个国家的代表参加“模拟联合国”。	上外管院目前累计 20 余人次出席模拟联合国活动,并获奖。
5	哈佛论坛(Harvard Project for Asian and International Relations)简称“HPAIR”	是由哈佛大学所主办的系列论坛。其中“哈佛双极年会”,全称“哈佛亚洲与国际关系年会”,该会议是将亚洲与世界这两者的关系作为大会的主题进行讨论,故称“哈佛双极年会”。	上外管院目前累计 20 余人次出席哈佛论坛,并获奖。
6	AIESEC 国际学生实习	AIESEC(国际经济学商学学生联合会)成立于 1948 年,是全球最大的学生组织。它旨在为青年人提供发掘自我潜能的机会,并通过培养青年领导力的方式对社会做出积极的贡献。这个国际学习平台每年提供 5000 多个领导职位并举办 350 多个会议。AIESEC 运行的国际实习生交流计划,每年为 4000 多名学生提供跨文化工作的体验。	目前上外管院累计 20 余人次参加 AIESEC 国际学生实习,在印度、土耳其等从事全球大学生志愿者工作。

续表

序号	项目名称	项目简介	参与情况
7	国际学生节	挪威学生节、德国学生节、美国学生节等。	目前累计 20 余人应邀参加，学习跨文化交流、沟通和合作。
8	加拿大维多利亚“全球商务管理培训项目 ISIBM 课程”	ISIBM 课程是维多利亚商学院为世界各国的在校本科生和研究生提供的密集型精英管理课程，旨在提高学生的商业技能和素质，亲身经历北美先进的商业理念和环境，培养来自世界各地的学生之间的跨文化沟通与交流。授课教授均为维多利亚大学资深的 MBA 项目教授。课程生动多样，教授上课风格也不尽相同。采用案例教学的方法，超越基本的书面课本知识，从实践中教会同学们如何进行商业管理活动。	累计 50 余人次参加加拿大维多利亚“全球商务管理培训项目 ISIBM 课程”，接受关于商务沟通、国际商务、服务管理和创业四门课程的系统培训，并获得结业证书和维多利亚大学承认的 6 个学分。
9	百润商业计划大赛、校园金融案例分析大赛等各类企业全球赛事	针对 AIA 的发展宗旨及课程特点，AIA 从 2004 年开始在上海举办“寻找未来的财务总监”校园金融案例分析大赛，旨在提高在校学生分析解决问题的能力及进一步从在校大学生做起推动会计专业的国际化。主办方为 AIA CHINA DESK 及美都教育公司信都商务培训学院。比赛以全英文形式进行，不仅考察参赛队的专业知识应用能力，还要考察他们的现场表述及应变，也就是要考察大学生对知识应用的灵活性。通过这个比赛将让大学生更多地了解国际会计准则及会计实务操作，让他们有机会把自己放在一个财务总监的位置上切身地去感受和运用知识来解决实际问题。	累计 30 余人次参加百润商业计划大赛、校园金融案例分析大赛等各类企业全球赛事，并获中国赛区冠亚军，受邀赴海外展示，有的还获得创业基金。
10	尖峰时刻战略模拟大赛 (PEAK TIME)	是欧洲最大的国际商业模拟竞赛之一，1999 年由斯德哥尔摩经济学院创办，竞赛要求参赛者在虚拟模拟中运用自己所学的理论知识与分析能力完成和解决真实商业活动中的多种任务与问题。比赛最初目的在于在波罗的海国家寻找最具才智	2010 年上外承办该赛事的决赛，上外管院团队获“最佳风采奖”。

续表

序号	项目名称	项目简介	参与情况
		和创业热情的学生，为顶尖的公司提供寻找优秀管理人才的机会。	
11	CIMA 财务案例分析大赛	CIMA 商业精英国际挑战赛是一项国际级赛事，旨在发掘更多具有商业潜质的年轻人。比赛帮助学生们通过分析和评估商业报告，运用管理会计的理念来发现自身的商业潜能，同时提高商业意识、分析技能、沟通技能、演讲技能和团队合作能力。	2007 级工商管理专业张舒文，获二等奖。
12	中国大学生公共关系策划大赛	中国大学生公共关系策划大赛由中国国际公关协会主办，通过企业出题的方式，动员全国大学生进行公关和品牌方面的命题策划，旨在提高公共关系行业的社会影响力，展现大学生的综合素质，提供实践机会，提高就业能力，促进公关学科发展。	第三届、第四届上海地区宣讲会均在上海外国语大学举办，上外管院还获得策划金奖、卓越指导老师和优秀组织奖。
13	“挑战杯”全国大学生课外学术科技作品竞赛	“挑战杯”全国大学生课外学术科技作品竞赛是由共青团中央、中国科协、教育部、全国学联和承办高校所在地人民政府联合主办，国内著名高校和新闻媒体单位联合发起的一项具有导向性、示范性和群众性的全国竞赛活动，被誉为中国大学生学术科技的“奥林匹克”盛会。	上外管院教师指导的项目曾经获得“全国挑战杯优秀调研报告二等奖”及“全国挑战杯创业计划大赛三等奖”。

(9)成功创新实践案例开发：上外学生创业典型案例研究。上外学子们的多项创新实践活动基金基本都通过国际渠道获得。学校教务处为鼓励学生创业活动，经校长批准还专门设立了专项基金。

另外，学院 2005 级侯翔宇同学的创业团队“梦途定制旅游服务公司”还成功申请到 10 万元人民币的松江区科技创业基金。这是上外松江校区的学生团体首次成功申请到该项创业基金。

(10) 汇编创新实践成果与指导手册：《CIB 学术手册》《管理从身边走向世界》。上外管院对以创业教育为核心的创新精神与实践能力方面的指导，没有仅仅停留在实践层面，还立项进行了相关课题研究，发表了相关案例和论文，将创新实践内容写进《CIB 本科生学术手册》《CIB 研究生学术手册》,并持续汇编《管理从身边走向世界:学生创新实践成果集》。

《管理从身边走向世界:学生创新实践成果集》(2006—2010 版,2011—2014 版),该部成果集收录了管院学子在各类赛事中的获奖成果,其中绝大部分是市级以上及国际性的获奖成果,既记录了学生们创新实践的历史轨迹,又留下了学生们创新实践的思维火花,更为后来者提供了学习借鉴的参考范本,业已成为上外管院学生创新实践活动的自学教材。近年来几乎所有参赛的学生人手一册,将其当作案头指导。

第8章　上外工商管理本科培养绩效及报告总结

8.1　工商管理本科专业及其调研报告

国际工商管理学院于2009年对工商管理专业社会需求情况及毕业生就业情况进行了一次系统调查。调查内容包括,用人单位对工商管理专业的社会需求情况,对从业人员的任职资格要求,对复合型专业的培养要求以及毕业生就业情况等。

8.1.1　工商管理专业社会需求调研分析

(1)用人单位基本情况调查

调查结果显示:用人单位涉及的行业比较广泛,主要包括:政府机关、金融业、管理咨询业、会计审计业、IT行业、媒体广告、制造业、非营利性组织、贸易行业、教育行业等。用人单位的性质也呈现出多样化,而单位规模主要以大型、中型为主。具体如表8-1所示。

表8-1　调查单位性质

	频数	比例
外商独资企业	78	26.4
中外合资企业	50	16.9
境外驻华机构	4	1.4
国有企业	70	23.7
行政事业单位	32	10.8
其他	53	18.0
总计	247	100.0

(2)用人单位对毕业生的需求情况调查

调查结果如表 8-2 所示,目前用人单位雇佣工商管理专业的毕业生主要从事的岗位是:营销管理、人力资源管理、财务审计类以及行政文秘类,也有少数在物流管理和管理咨询类岗位工作。

表 8-2　专业需求情况调查

	营销管理	人力资源管理	财务、审计类	行政、文秘类工作	物流管理	管理咨询	其他
数量	134	122	104	126	31	64	31
百分比	45.4	41.4	35.3	42.7	10.5	21.7	10.5

在复合型专业需求情况的调查中,用人单位对复合型专业即外语加专业的毕业生的社会需求比较乐观。其中,61.7% 的用人单位认为是有需求的。进一步分析不同性质及不同规模企业对复合型专业的需求有无显著关联时,数据显示:不同规模的用人单位在对复合型专业的需求上存在显著差异。其中,大中型用人单位相对于小型用人单位来说,更加需要复合型专业的毕业生。

(3)用人单位对从业人员任职资格要求的调查

调查数据显示,用人单位认为最重要的五项任职资格分别是:英语、会计财务类知识、营销类知识、经济学知识及数学、统计类知识。其中,对差异性进行进一步分析显示:不同性质的用人单位在营销管理(sig = 0.007)、国际金融(sig = 0.035)、公共管理(sig = 0.030)、法律(sig = 0.000)和英语(sig = 0.024)这五项任职资格的需求上存在显著差异。具体来说:外商独资企业、中外合资企业认为营销类比较重要,相比之下行政事业单位认为营销类不大重要;国有企业和中外合资企业认为国际金融类非常重要,相比之下其他企业认为国际金融类不大重要;行政事业单位认为公共管理类非常重要,相比之下外商独资企业、中外合资企业认为公共管理类不大重要;行政事业单位认为法律类比较重要,相比之下外商独资企业认为法律类不大重要;外商独资企业认为英语极其重要,相比之下行政事业单位认为英语的重要性弱一些。如表 8-3 所示。

表 8-3　从业人员任职资格调查结果

	平均分		平均分		平均分
数学、统计类	2.21	经济学类	2.3	会计、财务类	2.45
营销类	2.32	国际贸易类	2.08	国际金融类	2.14
跨国经营与跨文化类	1.93	公共管理类	2.04	法律类	2.06
人力资源管理类	2.1	英语	2.6	第二外语	1.68

此外，在对本专业毕业生英语技能需求的调查中，数据显示：用人单位普遍认为，能力素质和英语技能同样重要。其中，多数用人单位对毕业生的听、说、读、写技能的要求较高，而对于高级口译证书的需要并不是太高。

(4)用人单位对上外管院复合型专业设置及培养的建议调查

首先，关于所学专业与从事工作是否需要对口的问题，绝大多数企业认为并不是很重要。但是，不同性质的企业在对这个问题的认识上存在显著差异。其中，外商独资企业认为专业是否对口并不是非常重要，而行政事业单位、国有企业则认为需要专业对口。数据如表 8-4 所示。

表 8-4　复合型专业对口情况调查结果

类型	项目		合计	
	很需要	一般需要	不需要	
外商独资企业	4(5.2%)	51(66.2%)	22(28.6%)	77(100.0%)
中外合资企业	3(6.0%)	38(76.0%)	9(18.0%)	50(100.0%)
其他及驻华机构	10(17.5%)	39(68.4%)	8(14.0%)	57(100.0%)
国有企业	13(18.6%)	49(70.0%)	8(11.4%)	70(100.0%)
行政事业单位	8(25.0%)	19(59.4%)	5(15.6%)	32(100.0%)
合计	38(13.3%)	196(68.5%)	52(18.2%)	286(100.0%)

此外，问卷还对用人单位在招聘过程中最看重的因素进行了调查，结果显示：用人单位普遍最看重的是丰富的课外及实习经验，最不看重的是总评绩点；而对学校知名度、专业对口程度、外语水平的关注非常接近；外商独资企业和中外合资企业在这个问题上的倾向比较接近，相对于其他单位更看重外语水平；国有企业和行政事业单位则相对较看重专业对口，而不看重外语水平。

在理论课与实践课设置的比例分配方面,几乎所有企业都认为实践课的设置应该加大比重。用人单位也普遍比较关注毕业生的人际协调与组织沟通能力,大多数企业提出学校应该通过增加与专业课程相关的实践课来培养学生的各方面技能,而不仅仅掌握专业知识。因此,加强社会实践是用人单位对学院教学工作提出的一个很好的建议。

(5)用人单位对学生外语水平及应用能力的需求调查

本次调研在用人单位对毕业生外语水平及应用能力方面也进行了调查。

调查数据显示,绝大多数用人单位都认为专业知识和外语能力的结合是有必要的,但是用人单位更加注重学生外语水平在实践应用中的表现,对专业等级证书、中高级口译证书等的需求并无特殊要求。此外,大多数用人单位认为,大学期间进行双语授课是必要的,但是双语授课的重点在于专业与外语学习的有效结合,而不是仅仅为了提高外语水平。所以,用人单位也对复合型专业中外语与专业结合的授课方式提出更高的要求,普遍认为高校教学应该更加注重学生的外语应用水平,不要过分强调证书等级制度,避免学生形成学习目标的扭曲。在听、说、读、写等方面,要设置更加合理的考核办法,以激励学生提高应用能力。

8.1.2　工商管理专业毕业生就业情况调研分析

在对工商管理专业毕业生就业情况的调查中,数据显示:毕业后,大多数学生都拥有较多的职业选择机会,就业率普遍较高。在工作中,学生也能够在不同的行业、组织机构和管理职能部门担任工作,工作中也会有较多的机会应用外语。但是,在所学专业与工作的对口性方面并没有显著的相关性,在所从事的专业与使用英语的机会之间也没有显著的关联性。具体分析如下。

(1)招聘渠道的调查

在招聘渠道的调查中,数据显示,媒体招聘广告为最主要的招聘渠道,其次是学校组织的信息发布或推荐会,再次是通过实习获得工作机会。如表 8-5 所示。从目前毕业生的就业情况来看,大部分毕业生对现有工作比较满意。但是,由于毕业生更加关注自身的职业发展路径,所以他们也并不排除跳槽的机会。

表 8-5　招聘渠道调查结果

	频数	比例
实习	15	13.2
学校组织的信息发布或推荐	28	24.6
人才招聘市场	9	7.9
媒体招聘广告	35	30.7
个人社会关系	11	9.6
其他	12	10.5
合计	114	100.0

(2)影响毕业生就业选择的主要因素调查

在对影响毕业生就业主要因素的调查中,我们发现,学生普遍认为沟通协作能力是最重要的,其次是明确的择业目标,再次是专业因素。在就业过程中,学生考虑最多的因素主要有:工资、福利待遇以及个人未来的发展。大多数学生也反映,自己在就业过程中最缺乏的是工作经验和社会关系。至于自己所学的专业与未来的工作是否对等,大多数学生持中立态度。然而,他们目前的工作现状是,自身专业与工作内容关联性并不大,但是普遍也认为能够胜任。

(3)专业对口性情况调查

通过对所学与从事专业不对口问题的深入分析,我们得出结论,毕业生认为导致这种现象发生的最主要原因是教学内容太过宽泛,这对未来课程建设和教师教学质量的提升提出更高的要求。但是,大多数学生认为,课程设置的专业知识与外语要求还是适应社会及工作需要的。如表8-6所示。

表 8-6　从事专业不对口的原因分析

主要原因	频数	比例
与所学专业相关的工作条件和待遇不好	2	1.8
对所学专业不感兴趣	10	8.8
在所学专业中无法发挥潜能	9	7.9
专业教学内容宽泛	63	55.3
其他	16	14.0
合计	114	100.0

(4)就业困难的主要原因调查

一些学生反映复合型专业就业还是很有难度的,在对其原因的调查中,我们发现,毕业生认为引起这种情况的主要原因是:虽然对复合型专业的社会需求很大,大学生对工作地点也不挑剔,但是引起就业难的其他原因比较突出,尤其是在学校所学的知识与社会需求脱节、工作经验少等问题更为明显。如表 8-7 所示。

表 8-7　就业困难的原因分析

	如果就业难,可能的原因							
	高校毕业生数量太多	对复合型专业的社会需求不大	工作经验少	大学生对工作地点的挑剔	大学生综合素质有待提高	学校所学知识与社会需求脱节	大学生对工作待遇的挑剔	其他
频数	42	8	46	17	42	44	38	8
比例	37.5	7.1	41.1	15.2	37.5	39.3	33.9	7.1

目前,学院复合型专业也具有相当的优势,毕业生普遍认为懂专业和外语是最大的优势,其次,学生自身积极进取、上进心强也是优势,然而,不足之处在于专业知识方面,与期望值仍有差距。因此,学生提出,专业知识成为他们就业的一个主要局限,没能形成合理的知识结构,知识面狭窄是最重要的原因。

(5)毕业后外语应用情况的调查

与社会需求调查的内容相一致,毕业生对于外语学习及应用的反馈也比较偏重于培养听、说、读、写的实践应用能力,希望能够有多一些应用交流的机会,特别是国际合作交流的机会,认证并不是他们追求的最终目标。通过调查,大多数毕业生反映,在上外接受系统的外语学习对于自己毕业后竞争优势的建立有积极的作用。在工作中,多数毕业生有较多应用外语的机会,同时也体会到自身在外语应用方面的优势。但是,也有一些学生反映,用人单位对于外语等级的认可度并不强,这与社会需求调查的内容相一致。用人单位和毕业生双方面都更加希望在外语的应用能力上得到充分的学习和提升,这才是真正能够增加毕业生竞争优势筹码的首要因素。

8.1.3　调研结论

从调研的情况看,上外管院工商管理专业的毕业生是比较受社会欢迎的，但也反映出学生语言优势下的专业知识不够深厚，向高级管理岗位的发展上表现出后劲不足。这些情况对学院工商管理专业课程及学科体系的建设提出了方向性要求。

（1）主要优势

A. 复合型优势。学院采取复合型教学模式：专业课程覆盖国内外相关专业的全部核心课程；英语水平要求达到英语专业本科的毕业水平，即专业英语八级。学院课程设置以国际化、专业化、实务化为特征，本科生多数专业课程采用原版教材进行全英语或双语授课。毕业论文通过后获得“管理学”学士学位。在校期间，学有余力者也可辅修英语专业，完成规定学分后可另外获得“文学学士”第二学位。

B. 国际化优势。学院师资力量雄厚，具有海外留学或访学进修经历的现有教职工占教师总人数的90%，相当多的教师具有专业博士学位和副教授以上职称，并承担国家及省部级以上研究课题，并出版有大量专著、译著、教材和论文；现已开设了大量全英语、双语课程。全英和双语教学课程均采用国外优秀原版教材进行教学。

C. 创新实践优势。学院以“管理·创新·实践”为院训，鼓励学生在学期间踊跃投入全球创新实践活动。近年来，学院学生在全市、全国乃至全球大学生各项赛事中屡屡获奖。

D. 就业优势。学院毕业生以工作层面懂专业、交流层面擅英语、合作层面通文化的鲜明特色得到社会广泛认同，尤其适应以英语为工作语言的跨文化商务工作环境的需要。其毕业去向主要有跨国公司、外资银行、中资银行、会计师事务所、管理咨询公司、大型制造企业、通讯公司以及政府机关等。学院成立了上海外国语大学校友会管理分会，与多家知名企业签署专业实习基地，成为许多国际知名公司、跨国银行的人才储备首选单位。历年来学院毕业生总体就业率均在98%以上，位列全校前列。

（2）主要问题

A. 复合型人才培养中专业课程知识如何进一步加强。在现有的课程体系中，学院偏重外语课程的课时，从而相应减少了专业课程的课时，势必影响专业课程的效果；根据我们的调研，学生在专业知识方面与期望值有一定差距，主要体现在没能形成合理的知识结构，知识面狭窄是最重要的原因。因此，如何使外语和专业的结合更具合理，如何加强学生外语语言在专业知识上的应用，将是我们面临的问题。另外，专业课程在面向行业、面向地方、面向社会、面向市场方面有所欠缺，特别是没有紧密依托行业,课程设置大同小异,缺少专业培养的“特色与风格”。

B. 国际化人才培养中师资队伍的建设问题。随着社会的进步以及经济全球化程度的进一步深入,工商管理教育的培养目标在逐步提升,培养适应国际市场的国际化管理人才是每个工商管理教育者追逐的目标。如何培养一支熟悉国际经济管理的理论知识、具有分析研究和解决国际工商管理实际问题的能力、胜任国际化教育的师资队伍是实现工商管理国际化教育的前提条件。

C. 创新实践人才培养中如何建立系统化的实习实训课程体系。综合调研企业,我们发现企业普遍关注毕业生的人际协调与组织沟通能力,大多数企业提出学校应该通过增加与专业课程相关的实践课来培养学生的各方面技能,而不是仅仅掌握专业知识。因此,如何加强教学中的实训课程、社会实践及企业实习,系统地建立实践实训课题体系,是创新实践人才培养的关键因素之一。

8.2　培养模式的成果效应

8.2.1　总体情况

上海外国语大学建校 60 年来,培养了一批又一批具有鲜明特色的外语与复合型应用专业的跨文化人才,遍布世界五大洲,并获得了良好的社会声誉:近年在上海本科招生分数常年名列前三;本硕学生毕业就业率保持在 98% 以上;在美国盖洛普发布的中国大学就业排名中名列全国第五。

自开办管理类专业近 30 年来,上外管理学科培养了大批具备国际视野及沟通能力、拥有现代管理知识与专业水准、富有创新精神与实践能力的学生,他们尤其适应以外语作为工作语言的跨文化商务环境的需要。

复合型人才培养的先发优势,使上外国际工商管理人才培养在同类外国语院校中处于领先优势。概括来说,上外管理学科突出地拥有以下三方面的优势和特色:第一,复合型的教学模式创新。第二,形成若干特色优势研究方向。在科学研究方面,上外管理学科形成了几个富有相对优势与特色的研究方向:如“国际整合营销与公共关系”“跨国经营与跨文化管理”“全球时尚与奢侈品管理”的研究方向。第三,国际创新实践成果显著。

近年来,上外管理学子在全市、全国乃至全球大学生创新精神与实践能力方面的竞赛中频频亮相，并屡屡获奖，累计200余人次参加被称为“小达沃斯”之称的“瑞士圣加仑国际管理论坛(ISC)”“全球赛扶大赛(SIFE)”“艾赛克国际学生实习(AIESEC)”“哈佛双极年会”“模拟联合国”等活动。“国际工商管理学生创新实践能力培养”获得“上海市教学成果二等奖”、英国创业教育协会(NECG)颁发的“中国赛区最佳案例”。

8.2.2 就业情况

每年上外管院毕业生约150名左右，男女二八开，上海外地三七开。2014年，工商管理专业五年后薪资排行傍名列上海第1。2014年就业率(截至2014年8月31日)为97.95%，名列全校前三，只有3个学生未定(其中1个决定2015年继续考研;1个实习单位由于录用程序还未最后办理;1个考外地公务员，暂时未定)。学院三个专业就业率分别是:工商管理100%，公共关系学98%，信息系统与信息管理95.83%。就业去向主要是:直接就业(含入伍)70%(其中三资企业34.72%，国有企业23.73%，其他民营、新创企业40.28%，党政机关、部队1.27%);读研30%(其中自费出国读研22%，国内读研含支教8%)。就业与读研三七开。就业特点如下:

(1)就业水平高。管院同学进入世界500强外资企业有:波士顿咨询、摩根士丹利、花旗、汇丰、通用电气、联合利华、苹果、四大会计师事务所等;进入知名国企、民企有:国有四大银行、浦发银行、上汽集团、中国移动、电信集团、上海建工集团等。

(2)读研学校层次高。攻读国外著名高校研究生院的有:哥大、宾大、南加州、牛津、巴黎高商等。国内知名大学研究生院有:北大、清华、复旦等。

(3)服务社会好。除了国内外知名企业就业外，还有被录取公务员(上海海关、青岛国税局);西部计划、村官计划(四川成都、上海奉贤);入伍(过去5年共6人);支教保研(内蒙古鄂尔多斯)等。

(4)学生多样性发展好。就业除国内外知名企业外，还涉及创业(1名，2名业余注册公司)、自由撰稿人、翻译、NGO组织、教师;读研专业涉及经管、英语、高翻、戏剧文学、应用心理学、社会学、国际关系等。

(5)就业好的学生特点。综合素质好，外语过8级，有创新实践奖项，能力强、善沟通，有国际游学经历等。也就是学校提出的拥有全球视野、人文情怀、外语特长、实践能力、并能畅达进行跨文化沟通能力的高端国际性特色人才。基本涉及知识、能力、素养、智慧四个方面的卓越表现。

8.3　报告总结

8.3.1　本课题的主要结论

(1)在美国商学院排名前 50 位的研究型大学中,也有 30 所大学设有本科工商管理专业。他们注重任课教师的实践能力,鼓励教师到企业从事顾问类等兼职工作,通过实地考察发现教学案例,并在教学中着力培养学生的开放意识、创新能力和商业道德。工商管理的学科灵魂是“企业家精神”,企业家精神的核心是“创新”,创新的核心在“实践”。

(2)我国绝大多数院校(包括 50% 的 985 院校)设有工商管理本科专业。有的不从高中毕业生中直接招生,而是从本科高年级学生招生。我国工商管理本科专业的发展目前处于差异化提高期。这个时期的工商管理本科专业院校竞争很激烈,要想在竞争中取胜,就必须发挥各个院校的核心优势,创造差异化的培养模式。

(3)商学院的使命是培养多层次的作为“第四生产要素”的企业家和创业者。基于经济全球化、管理无国界的理念,上外国际工商管理学院开发出“无国界的世界、无国界的管理”的发展愿景,肩负“培养复合型的国际工商管理创新人才,并为企业、政府等组织的国际化经营、管理和治理提供智力支持”的独特使命。上外管理学科自 1985 年创办 30 年来的发展,体现出鲜明的“复合型”“国际化”和“创新性”的办学特色。

(4)上外工商管理本科专业,以“国际商务”为方向,旨在培养精通英语、掌握国际工商管理的基本理论与方法、具有扎实的英语语言基础和运用能力、能适应跨国公司等各类国际企业经营管理需要的复合型高级专门人才。该专业采取复合型的教学模式:本科专业课程覆盖国内外相关专业的全部核心课程;英语水平要求达到上外英语专业的毕业水平,即专业英语 8 级。基于“复合型创新人才教学模式五阶段论模型”模式近期又向培养专业研究生方向延伸,打造“源于东方的新一代高端无国界管理 MBA 人才”。

(5)“基于冰河知识体系的无国界管理人才素质模型”显示,无国界管理人才是“语言知识”与“专业知识”的统一体:掌握国际核心业务专长并在国际事务或全球产业链上创造价值;出色的以外国语为基础的跨文化沟通能力;深厚的基于本国文化底蕴的全球视野、人文情怀;国际化的理念、思维与行为方式——构成无国界管理人才的核心竞争力。

(6))“基于大学核心职能的无国界 MBA 人才培养创新平台”显示，无国界 MBA 人才培养的创新平台是“知识创造”(知识输入)和“知识传播”(知识输出)的统一体;是知识载体及其行为、环境间的和谐互动。具体体现为“发展知识—科研方面国际化创新平台”(研究、实践无国界);“人才培养—教学方面国际化创新平台”(游学无国界);“办学主体—师生方面创新平台”(生源无国界、职业生涯无国界、师资无国界);“管理—支持方面国际化创新平台”(活动无国界、管理无国界)。

(7)基于管理类专业创新实践性要求的学科特点,上外国际工商管理学院提出“管理 · 创新 · 实践”的院训和核心价值观,建立了创新实践能力培养“三维立体”总设计方案:①创新实践教育“四年贯穿计划”;②创新实践教育“年度行动方案”;③创新实践教育“十一配套平台”。

(8)兼具“复合型、国际化、创新性”特色的上外国际工商管理专业获得了良好办学绩效和社会声誉:该专业毕业生尤其适应以外语作为工作语言的跨文化商务环境的需要,有的已成为世界 500 强中国公司最年轻的 CEO。该专业随学校常年招生分数在上海名列前五;常年就业排行榜在美国盖洛普排名中名列全国前五。该专业常年就业率在全校名列前茅。麦可思—中国 2013 届大学毕业生社会需求与培养质量调查中,满意度最高的院系是国际工商管理学院(100%)。该学科带头人为“教育部工商管理类专业教学指导委员会委员”“上海市工商管理专业学位教育指导委员会副主任”,《国际工商管理学生创新实践能力培养》获“上海市教学成果奖”及英国创业教育协会颁发的“NCGE 中国赛区最佳案例”。2014 年,上外管院正式成为 AACSB(国际精英商学院协会)会员学院。

8.3.2 不足与展望

本文研究的复合型国际工商管理创新人才培养模式顺应我国经济发展趋势,符合上海区域化经济建设格局,依托上外深厚的外语教育底蕴,在几代上外人的不懈求索大胆实践中开花结果。国际工商管理人才的培养是个大课题,过去的 30 年我们见证了它的成长,当前它仍在不断推陈出新锐意进取中。目前,上外管院复合型国际工商管理人才培养还存在一些不足有待改进。

(1)创新教育和专业教育的紧密结合问题。当前高校人才培养目标还存在“知识性、专业性”的片面认识,过分强调人才对现实社会环境的被动适应,就业率成为衡量教学质量的指标之一,教学中忽视对学生个性发展和创造性的培养,对挖掘学生创造性潜能,主观能动性的激励不足。

我们需重视培养学生对环境主动适应和能动改造。重视创新和创业教育,尝试在专业教学中渗透创业理念、创新思维,引导学生在第一课堂接受创新思想,形成批判性思维,树立创新意识。也许我们需要从根本上转变“就业教育”的思想,树立学生服务社会的职业理想和创业意识,上外培养的学生不仅具有复合型的知识结构,更重要的是具有企业家的思维方式。

(2)学生外语优势的保持和强化问题。近年的英语专业八级考试不合格率有所上升,无法达到专业培养目标中的要求,“英语 + 专业”的培养模式面临挑战。虽然专业八级证书并不一定完全代表英语水平和能力,但外语院校的复合型专业英语水平达到英语专业本科毕业要求是我们的特色之一。究其原因,和双学位改革不无关系,专业教学计划从大三开始不再安排英语课程,只有选修双学位的学生才继续修读高级英语类课程,那些在两年中没有连续选修英语的学生专八考试成绩不佳就在情理之中了。因此,我们呼吁教学管理部门审视现状,重新调整人才培养方案,使上外的复合型人才培养模式能够经受住时间的考验和社会的历练。

(3)上外工商管理专业今后发展方向问题。今后,学院应发展全方位双学位、中外双文凭或本硕连读项目,以期丰富工商管理专业内涵,促进工商管理专业长效发展。

8.3.3 本课题的创新点

(1)关于复合型国际工商管理创新人才培养的理念与理论创新。系统提出上海外国语大学国际工商管理学院的关于复合型国际工商管理创新人才培养模式及评价体系。开发“基于冰河知识体系的无国界管理人才素质特征评价指标体系”用作学生的评价体系;开发“基于大学核心职能的国际型人才培养创新平台构架”并用作学院工作的评价体系。

(2)关于复合型国际工商管理创新人才培养的实践创新。创新出以培养国际化、外语复合型“高端”人才为目标的“外语 + 专业”管理学教学模式;创造性地首次概括出复合型教学模式所历经的“五个发展阶段”;系统设计了国际工商管理人才创新实践能力培养的“三维立体总设计方案”。

(3)关于复合型国际工商管理创新人才的培养绩效创新。上外管理学科“国际化”的办学特色使得其培养的毕业生大都具备国际视野及沟通能力,拥有现代管理知识与专业水准,富有创新精神与实践能力,尤其适应以外语作为工作语言的跨文化商务环境的需要,有的已成为世界500强中国公司最年轻的CEO。

本篇注释与参考文献

1. Drucker, Peter (2002), *Innovation and Entrepreneurship*, Big Apple Tuttle-Mori Agency, Inc. P12 – 13.

2. Friedman, Thomas L. (2005), *The World is Flat*, International Creative Management, Inc. P2 – 5.

3. Holley, Karri. Interdisciplinary Strategies as Transformative Change in Higher Education, *Innovative Higher Education*, Dec 2009, Vol. 34 Issue 5, p331 – 344.

4. Ivanitskaya, Lana; Clark, Deborah; Montgomery, George; Primeau, Ronald. Interdisciplinary Learning: Process and Outcomes, *Innovative Higher Education*, Winter 2002, Vol. 27 Issue 2, p95 – 111.

5. Knight(2003), Updated Internationalization Definition, *Internationalizing Higher Education*, 2003, 33:2 – 3.

6. Lipton, Mark (2003): *How Vision Keeps Companies on Course*, Harvard Business Press. 《愿景引领成长》,范徵等译,广东经济出版社.

7. Nonaka /Tskeuchi(2005),《创造知识的螺旋》,知识产权出版社,23 – 27.

8. Ohmae, Kenichi(1999), *The Borderless World*, McKinsey & Company, Inc..

9. Polanyi, M. (1966), *The Tacit Dimension*, routledge & kegan paul., 44 – 47.

10. Schumpeter, J. (1912), *Theory of Economic Development*. Free Press.

11. Sveiby, K. E. (1987), *Managing Knowledge: Add value by Valuing Creativity*, SKA.

12. http://web. mit. edu

13. http://www. berkeley. edu

14. http://www. brown. edu

15. http://www. columbia. edu

16. http://www. cornell. edu/explorecornell

17. http://www. duke. edu

18. http://www. harvard. edu

19. http://www. northwestern. edu

20. http://www. princeton. edu

21. http://www. rice. edu

22. http://www. stanford. edu

23. http://www. uchicago. edu

24. http://www. upenn. edu

25. http://www. wustl. edu

26. http://www. yale. edu

27. 北京市人力资源研究中心(2006),人才国际化指数研究,《国际化人才战略和开发》,中国人民大学出版社,82－85,125,135页。
28. 毕家驹(2007),大学国际化的实践与展望,《大学国际化》,北京大学出版社,196－197页。
29. 岑丽阳、魏格坤、黄媛、黄河、肖艳玲(2007),工商管理本科人才培养改革研究——实践篇,《梧州学院学报》(17)4。
30. 陈文锦、刘勤(2012),知识创新SECI模型在独立学院工商管理——人才培养中的应用,《新课程研究》。
31. 陈学飞(2007),关于高等教育国际化的若干思考,《大学国际化》,北京大学出版社,13－15页。
32. 大前研一(2006),《即战力:如何成为世界通用的人才》,天下杂志出版有限公司。
33. 杜德印(2006),在首都国际化人才发展论坛上的讲话,《国际化人才战略和开发》,中国人民大学出版社,5－7页。
34. 范徵(2002),《核心竞争力:基于知识资本的核心能力》,上海交通大学出版社。
35. 范徵(2007),《管理学:人力资本与组织资本的互动》,上海外语教育出版社,75－80页。
36. 范徵(2010),《无国界管理》,上海教育音像出版社。
37. 教育部高等学校工商管理类学科专业教学指导委员会组编(2010),《全国普通高等学校本科工商管理类专业育人指南》,高等教育出版社。
38. 教育部高等学校工商管理类学科专业教学指导委员会组编(2010),《全国普通高等学校本科工商管理类专业国际标准》。
39. 孔令夷(2010),对工商管理学科实践教学模式的思考,《高校论坛》(33)。
40. 雷怀英(2012),从工商管理国际化趋势谈工商管理教育的改革,《山西经济管理干部学院学报》(20)1。
41. 李荣、郭群(2001),“专业＋英语”双学士学位复合型人才培养模式与信息反馈,《外语界》(2)。
42. 梁丽、吕良、樊葳葳(2006),一个培养复合型人才的个案分析——华中科技大学英语－通信双学位培养模式研究,《高等教育研究》(3)。
43. 娄延常(2004),跨学科人才培养模式的多样性与理性选择,《武汉大学学报》(人文科学版)(2)。
44. 马庆林(2002),试论英语＋法律复合型人才培养模式——来自西北政法学院法律外语系的调查报告,《外语教学》(6)。
45. 廖嗣德、赵风雨(2004),复合型教育人才培养模式及途径的探讨,《教育科学》(5)。
46. 潘金云(2006),关于北京市国际化人才开发的思考,《国际化人才战略和开发》,中国人民大学出版社,87－88页。
47. 彭剑锋(2006),人才国际化等于人才本土化,《国际化人才战略和开发》,中国人民大学出版社,77－78页。

48. 邱女云、陈建平(2010),国际化工商管理创新人才培养模式的探索实践——以宁波大学中澳 MBA 项目为例,《宁波大学学报》(教育科学版)(32)3。
49. 权聪娜、焦伟伟(2007),工商管理类本专科教学模式改革探讨,《河北农业大学学报(农林教育版)》(9)4。
50. 孙玉华(2003),复合型外语人才培养的理论探讨和实践探索,《辽宁教育研究》(5)。
51. 王坤、李德平(2010),基于整合视角的创业教育与工商管理专业教学改革,《科技创业》,37-39 页。
52. 王平生(2005),知名国际化人才谈企业国际化人才培养,《中关村周刊》,4 月 27 日,19 页。
53. 王通迅(2006),人才国际化和北京发展,《国际化人才战略和开发》,中国人民大学出版社,40-41 页。
54. 卫哲(2010),母校为我打开通往世界之窗,《无国界管理》,上海教育音像出版社。
55. 喜多村和之(1986),《大学论集》,广岛教育研究所,15 页。
56. 徐体高(2004),试论复合型人才培养模式框架的构建,《黑龙江高教研究》(3)。
57. 熊巍俊、王满四、彭咏虹(2005),工商管理类本专科教学模式改革探讨,《贵州民族学院学报》(哲学社会科学版)(90)2。
58. 徐新(2005),知名国际化人才谈企业国际化人才培养,《中关村周刊》,4 月 27 日,19 页。
59. 杨平(2000),关于复合型外语人才培养模式的探讨,《科技进步与对策》(2)。
60. 姚正海(2005),关于工商管理类本科人才培养模式的思考,《南京航空航天大学学报(社会科学版)》(7)3。
61. 尹伯成(2011),《西方经济学简明教程》,上海人民出版社。
62. 袁胜军、杨燚、蒋志兵(2011),工商管理类创新人才培养实践环节面临的问题与对策研究,《经济研究导刊》(144)34。
63. 张新民(2012),《国际化管理学精英人才培养模式研究》,企业管理出版社。
64. 张维迎(2003),"大学的逻辑 1—4",《21 世纪经济报道》,10 月。
65. 张喜荣、李伟、张勤、杨英(2012),走特色之路建设工商管理专业,《东北电力大学学报》,76-80 页。
66. 张红燕、易立新(2000),知识经济条件下理工科院校复合型高级外语人才的管理模式,《科技进步与对策》(8)。
67. 朱国斌(2007),高等教育国际化和香港城市大学的经验,《大学国际化》,北京大学出版社,227-232 页。
68. 朱亚兵,王丽娜(2012),工商管理专业特色建设研究,《技术经济及管理研究》(3)68-71 页。

第二篇

专 业 标 准
Program Standard

公共关系学专业教学标准研究与实施①
STANDARD OF UNDERGRADUATE PUBLIC RELATIONS PROGRAM: RESEARCH AND IMPLEMENTATION

① 本文的主体内容为上海高校本科重点教学改革项目(2011)课题研究报告。课题组长为吴友富,执行组长为范徽,成员有纪华强、杨晨、王风华、曹姝婧、陈易佳、胡洁、刘国华、焦妹、王维平、徐永、于朝晖、袁王珏、朱吉庆等。

第1章　前言

诞生于美国的现代公共关系学，指的是组织与其他各类公众之间为了取得一定的相互理解、相互支持而发生的各类信息交流，以提高组织的信誉、塑造组织的形象。

自1984年美国伟达公司进入中国以来，上海、北京等五大城市专业咨询，策划代理公关业务的公司已经超过2000家，营业额超过210亿元，年平均增长率超过30%。除了公关公司等咨询策划机构对公共关系人才有较大需求外，更大的需求则来自于其服务的各类社会组织。目前，我国组织的公共关系管理已广泛地渗透在各行各业，服务领域从过去的商业、IT、汽车、家电、快速消费品等行业迅速扩展到医疗保健、房地产、金融业，以及文化体育、宗教慈善和非营利性组织。教育部要求各类学校设立新闻发言人，不少高校成立了公共关系处，由国资局监管的近百家国有大型企业、由银监会监管的几十家银行为代表的大型企业的国有控股公司都普遍设立了公关部、企业文化部或新闻发言人制度。可见，我国专业的公关咨询代理公司、企业组织的公关管理部门需要大量经过专业培养的公共关系高级人才。中国公共关系学专业应运而生。

目前中国已有18所高校设置了公共关系学本科专业(上海拥有5所)。教育部在本科目录调整中已经将公共关系学专业从“目录外专业”调整到“目录内专业”，这样，制订公共关系学专业介绍和专业建设指南就成为必然。

本研究旨在通过对国内外公共关系学专业进行专门调研，制订《公共关系学专业(本科)育人指南》和《公共关系学专业(本科)质量认证指标体系》，以指导全国公共关系学专业的教学、办学工作的开展。

这份《公共关系学本科专业建设指南》由教育部全国本科公共管理教指委委托起草。2011年，吴友富教授领衔的“公共关系学专业的教学标准研究与实施”课题获得上海市教委重点教改项目立项。2012年1—5月，上海外国语大学国际工商管理学院公共关系学系老师开展了调查研究和初稿撰写工作。2012年6月,专业建设指南咨询会在上海外国语大学召开。上海交通大学余明阳教授、华东师范大学张云教授、东华大学褚云茂教授、上海师范大学叶茂康教授莅临现场,对《公共关系学本科专业建设指南》初稿提出建议。会后,课题组根据专家提出的13条意见进行修改。2012年8月,第三届全国公共关系学专业院长(系主任)联席会议讨论并通过了本专业建设指南。会后按照与会专家意见又作了修改。

本专业建设指南的制订,遵循了以下原则:

第一,制订"指南"要从顶层设计,高屋建瓴,确立标杆与规范。指南是衡量事物的依据或准则,制订指南就是确立规范。制订公关专业建设指南,从某种意义上讲,就是在绘制公关专业建设蓝图,确立基准,是在为公关专业建设制订准则,规范教育行为。"指南"制订,一定要有顶层设计的高度,才能真正起到引领、规划专业建设与发展的作用,最终实现学科发展的目标。目前中国公共关系学专业归属管理类下的"公共管理"一级学科,这样,我们的专业指南设计考虑了这个前提。

第二,制订"指南"要能满足培养符合社会发展需要的公关人才的需要。制订"公关专业建设指南",其根本目的就是为培养符合社会需要的公关人才服务。"指南"本身不是目的,能培养出什么样的"人才"才是目标。经济社会发展要求公关专业人才要适应"国际化""数字化"社会环境发展的需要,要具有"创新""学习"的能力与广博的人文素养。因此,"指南"的制订必须紧紧把握社会发展对公关人才素养的要求,确保所制订的"公关专业建设指南"的每一部分、每一环节都能紧紧围绕这一最终目标,为这一目标服务。

第三,制订"指南"应当有利于教育资源利用,有利于公关专业教育的推广与发展。结合我国公关本科专业教育在各类高校、各大学科中发展的实际状况,考虑公共关系学科的专业知识体系,其构成的多学科交叉、综合的特点,制订"指南"要考虑包容性问题,不能画地为牢,更不能以邻为壑,要以开放心态,兼顾各交叉学科背景,充分利用我国现有公共关系学专业教育资源,使之有利于推动,而不是制约各院校、各学科中公关专业教育的推广与发展。所以,本课题立项题目按照命题目录称"专业标准",但课题成果叫作"专业指南"。

第四,制订"指南"要考虑人才培养的层次性问题,要前瞻性地处理好与大专生、研究生培养的联系和区别。目前,全国已有复旦大学、中山大学、上海外国语大学等6所高校设立公共关系专业硕士点。这次我们制订的虽然只是本科层次的"公关专业建设指南",但是,考虑到我国大专、研究生层次的公关专业教育发展的实际状况和趋势,明确本科定位,理清本科与大专、研究生的指南区别,对进一步明晰界定本科“公关专业建设指南”很有必要。

本研究成果《公共关系学专业(本科)育人指南》和《公共关系学专业(本科)质量认证指标体系》系国内首部关于公共关系学专业的《育人指南》和《认证体系》,具有创新性。本《公共关系学专业(本科)育人指南》,涉及公共关系学专业培养目标与要求、培养体系与条件、人才培养流程、理论教学、实践教学、案例教学、推荐教材与参考书目等;本《公共关系学专业(本科)质量认证指标体系》涉及专业定位、师资队伍、教学条件、教学管理、效果评价等。两者均可以起到指导全国公共关系学本科专业建设的作用,具有实践的指导意义。

全国公共关系学专业院长(系主任)联席会议,具有非常设学术机构的性质,开展高等院校公共关系学本科专业教学的研究、指导、评估、咨询、交流等工作。目前已成功召开五次联席会议。2014 年 12 月,教育部公共管理类新设专业教学指导分委员会(筹)在上海外国语大学成立,全国公共管理类专业教学指导委员会主任娄成武到会,宣布吴友富任该委员会主任,范徽任秘书长。全国公共关系学专业院长(系主任)联席会议挂靠教育部公共管理类新设专业教学指导分委员会。这个机制,可以保证本专业建设指南的落实与实施。

第2章　国内高校公共关系学本科专业调研报告

设置公共关系学本科专业是现代经济社会发展的必然要求和产物。我国的公共关系学本科专业发展，经历了试办专业阶段（1994—2000年）、设置目录外专业阶段（2001—2012年），2013年起进入列为专业名录的第三个发展阶段。为了准确把握公共关系学本科专业发展现状，推进公共关系学专业学科建设，并为教育行政部门提供信息和建议，“全国高校公共关系学本科专业发展现状调查与研究”课题组通过实地走访、邮件联系、登录官方网站等方式，对全国高校开设公共关系学本科专业的基本情况开展了调研工作。本报告包括专业设置数量与分布、取得的成绩、面临的问题、发展建议四个方面内容。

2.1　专业设置数量和分布情况

2.1.1　专业设置数量

从20世纪80年代末至2000年，我国高校公共关系学专业教育出现过一个虚热后转冷的局面。在这个阶段，经国家教委批准设置公共关系学本科专业的高校只有中山大学1家，但全国各地开办过公共关系学本科方向和专科专业的高校数量约有10余所。因为公共关系学本科方向高校可以自设、专科专业只需省级教育行政主管部门批准即可开办，所以这两种类别的公共关系学专业在数量上无法确切统计。当时知名度较高的深圳大学公共关系专科专业和杭州大学公关策划本科方向由于种种原因停止了招生，少数坚持下来的高校（如上海师范大学、海南大学、内蒙古财经大学）后来都申办了公共关系学本科专业。

1999年，国家劳动和社会保障部把公关员列入《中华人民共和国职业分类大典》中,标志着中国政府正式确认公共关系这一新兴职业,这对处于低谷期的公共关系教育事业无疑是一个很大的鼓舞。同时,职业化的实现也对从业人员专业化提出了要求,21 世纪头 10 年,我国公共关系学专业教育进入理性发展期,表现在经教育部批准设置的公共关系学本科专业在数量上有了一个明显的增长,从 20 世纪的 1 所发展到 16 所。截至 2014 年年底,全国共有 18 所高校设置公共关系学本科专业,如表2-1所示:

表 2-1　全国高校设置公共关系学本科专业情况一览

高校名称	专业始招生时间	学校类别
中山大学	1994 年	985
中国传媒大学	2001 年	211
东华大学	2001 年	211
上海师范大学	2004 年	一般
大理学院	2005 年	一般
上海外国语大学	2006 年	211
海南大学	2006 年	211
上海第二工业大学	2006 年	一般
浙江传媒学院	2007 年	一般
广西财经学院	2007 年	一般
南昌大学	2008 年	211
内蒙古财经大学	2008 年	一般
华东师范大学	2009 年	985
中山大学南方学院	2009 年	独立学院
中国计量学院	2010 年	一般
北京师范大学 - 香港浸会大学联合国际学院	2010 年	民办大学(中外合作办学)
西南大学	2012 年	211
中山大学新华学院	2012 年	独立学院

从表 2-1 中看出,相对于 20 世纪 90 年代,本世纪头 10 年我国高校公共关系学本科专业的开设出现了一个比较明显的增长态势,年均增长 1.5 所。其中 2001 年有 2 所,2002 年和 2003 年空缺,2004 年和 2005 年各有 1 所,2006 年有 3 所,2007—2010 年各有 2 所。此后,2011 年空缺,

2012 年有 2 所,即西南大学和中山大学新华学院。

2.1.2　专业分布情况

(1)高校类别分布。从 18 所设置公共关系学本科专业的高校类别分布情况来看,985 高校有 2 所,211 高校有 6 所,一般本科高校有 7 所,独立学院和民办大学(中外合作办学)有 3 所。这个数量比例与我国 2012 年 985 高校、211 高校、本科高校的数量比例(39:112:841)大致上是一种正比例状况,尤其反映出重点大学对开设公共关系学本科专业有了较高的认可度。

(2)地区分布。在设置公共关系学本科专业的高校所属省/市/区分布情况上,上海有 5 所,广东有 4 所,浙江有 2 所,北京、重庆、江西、云南、广西、海南、内蒙古各有 1 所。可见,经济发达的沿海地区高校成为开设公共关系学本科专业的主要阵地,这种状况也基本吻合了我国公共关系行业发展存在着一二三线城市差异的现实。其中,上海是我国公共关系学本科专业教育的重镇,迄今先后有东华大学、上海师范大学、上海外国语大学、上海第二工业大学、华东师范大学 5 所高校设置公共关系学本科专业,占全国 18 所高校的 28% 。上海是"国际大都市和国际经济、金融、贸易、航运中心之一",吸引着众多的大型国际企业入驻,成为中国公共关系行业一个重要一线城市,这样的条件非常有利于开展公共关系学本科专业人才的实践教学,也极有利于本专业学生的就业。此外,上海的公共关系师资力量雄厚,上海市公共关系协会是 1986 年成立的中国内地第一个省级公共关系协会;2005 年中国国际公共关系协会与复旦大学新闻学院合作,建立了国际公共关系研究中心;2008 年上海外国语大学与上海市公共关系协会和信诺传播顾问集团联合,成立了公共关系研究院。这些机构集中了一批杰出的公共关系学者、专家和业界精英,他们中既有上海市公共关系学界的领军人物,也有我国公共关系学界的中坚力量,在全国公共关系师资普遍短缺的情况下,上海展现出了专、兼职公共关系教师资源比较丰富的优势。

2.2　取得的成绩

2.2.1　培养了时代需要的公共关系专业人才

已招生的 16 所设置有公共关系学本科专业的高校,从获得招生权开始,基本上都能不间断招收专业学生。我们统计了其中 14 所高校第一年的招生人数总数,并同 2010 年的招生人数总数做比较,发现增加 116 人。如表 2-2 所示。

表 2-2　14 所高校公共关系学本科专业招生人数统计

高校名称	第一年招生人数	2010 年招生人数
中山大学	19(1994 年)	58
中国传媒大学	30(2001 年)	32
东华大学	58(2001 年)	33
上海师范大学	45(2004 年)	29
大理学院	45(2005 年)	98
上海外国语大学	51(2006 年)	45
海南大学	56(2006 年)	73
上海第二工业大学	37(2006 年)	70
浙江传媒学院	42(2007 年)	41
广西财经学院	62(2007 年)	44
南昌大学	50(2008 年)	50
内蒙古财经大学	60(2008 年)	60
华东师范大学	20(2009 年)	20
中山大学南方学院	142(2009 年)	180
合计	717	833

可见,公共关系学本科专业招生人数整体上呈现出增长的走向。调查中发现,第一志愿录取的学生比例也在不断提高,这在东部地区的高校中表现得比较明显,比如中国计量学院公共关系学本科专业在 2010 年首次招生时,按计划录取 35 人,其中第一志愿就有 29 人,比例高达 83%,而且入学后专业认可度高。比较乐观的生源现象又是由良好的就业率决定的。根据调查了解到,大理学院、浙江传媒学院等高校的公共关系学专业毕业生就业率高居本校各专业之首,尤其是地处西部且非省级城市的大理学院,公共关系学专业竟然成为该校的一个新增长点,实在大大出乎人们的预料。我们以地处东部发达地区的 985 高校中山大学和地处西部相对落后地区的一般高校大理学院公共关系学专业学生就业情况为考察对象,结果发现,两校在就业率上并无区别,第一届和 2010 届就业率都是

100%。不同之处只是在于就业的去向上，中山大学公共关系学专业毕业生比大理学院公共关系学专业毕业生拥有更多媒体机构就业选择和保送读研究生的条件。当然，大理学院也有自己的特殊优势，比如为越南、老挝培养公共关系专业人才服务，头两届毕业生中就有越南、老挝留学生 6 人，2009 届的越南留学生阮氏惠到越共中央政治局工作，2010 届的老挝留学生尹曼思现任老挝外交部部长助理、宋少楠在老挝大学任教、施凡松在老挝最大的钢企从事翻译工作。由于公共关系工作的普遍性，除了公关部和公关公司之外，一切社会组织对从事信息传播、关系协调、形象管理事务的公共关系专门人才都有需求。

这样，高校设置公共关系学本科专业就为各类组织培养了时代所需的公共关系专业人才。首先是为公共关系公司和工商企业培养了公共关系专业人才。公共关系公司是市场经济发展的必然产物，对公共关系人才有着直接的需求。本世纪初世界知名的公共关系公司都已在中国设立分支机构，其规范化运作和高盈利引领与刺激着本土公共关系公司的发展，从而开拓了一个公共关系专业人才的需求市场。工商企业是竞争性、营利性组织，为了争取消费者，必须自觉开展公共关系工作，于是成为对公共关系专业人才需求总量最大的行业。其次是为政府培养了公共关系专业人才。政府属于独占性、非营利性组织，一般来说公共关系工作不如企业迫切和自觉，但随着向治理与服务角色的转变，其公共关系工作必然从被动走向主动，政府部门开始设置公共关系机构或明确公共关系职能就是这一变化的表现。如国务院新闻办公室明确其二局的职责为“负责国际公共关系工作”；2004 年和 2006 年武汉市公安局、深圳市政府办公厅先后建立公共关系处，2010 年北京市公安局公共关系领导小组办公室揭牌成立，2010 年深圳市公安局宣传处更名为警察公共关系处等。正如前所说，公共关系具有很强的渗透性，无论何种类型的组织或组织何种性质的活动都需要公共关系支持，这样，即使是尚未设立公共关系机构的政府和企业，也都需要开展信息传播、关系协调和形象管理工作，从而需要大量的公共关系专业人才。

2.2.2 锻造了一支公共关系学专职教师队伍

据不完全统计，全国现在约有 100 余名公共关系学专职教师队伍，平均每校 6 名左右。这在绝对数量上虽然不多，因为每校还有部分兼职教师，尤其是专业所在系有两个以上专业的情况下，一些教师是通用的；但这支专职教师队伍立足于公共关系学专业教育，比较稳定，对公共关系理论知识的掌握也较为深入和系统。尤其是一支具有高学历、高职称的中年骨干教师队伍正在形成，这既是公共关系学专业学科发展的重要力量，也是中国公共关系理论发展的重要力量。如表2-3所示。

表2-3　公共关系学专职教师情况

高校名称	专职教师人数	职称结构
中山大学	7	正高1 副高3 中级3
中国传媒大学	9	正高2 副高3 中级4
东华大学	8	正高1 副高4 中级3
上海师范大学	3	副高2 中级1
大理学院	7	正高2 副高3 中级2
上海外国语大学	7	正高2 副高1 中级3
海南大学	6	正高1 副高3 中级2
上海第二工业大学	7	正高2 副高1 中级4
浙江传媒学院	6	正高1 中级3 初级2
广西财经学院	8	副高2 中级5 初级1
南昌大学	缺项	缺项
内蒙古财经大学	6	正高2 副高2 中级2
华东师范大学	5	正高1 副高2 中级2
中山大学南方学院	缺项	缺项
中国计量学院	6	正高1 副高2 中级3
北京师范大学—香港浸会大学联合国际学院	缺项	缺项

2.2.3　逐渐形成具有一定特色的公共关系专业人才培养模式

虽然目前全国设置公共关系学本科专业的高校数量偏少，相互竞争的格局尚未出现，但各校专业的建设都在努力打造特色，探索错位化发展道路。地处公共关系市场较为发达的东部城市的高校，普遍重视与业界合作，训练学生对公共关系项目开发与执行的实务能力。研究型高校则把精英教育作为专业办学思想，引导毕业生积极报考国内外研究生，进一步学习深造。中西部地区高校，着重培养专业学生的活动策划能力和沟通表达能力，以获得就业竞争和职场工作中的比较优势。这些做法都取得了良好效果。

具体来说,各校探索出了如下符合自身专业发展的方向定位:中山大学以新媒体环境中的公关应用传播为办学方向;华东师范大学以企业公共关系和品牌文化研究为特色;中国传媒大学依托该校广告学学科优势,突出舆情研究、国家形象传播研究的强项;东华大学拥有城市形象研究的良好基础,并主要向甲方输送人才;上海外国语大学以国际公共关系为方向,要求学生通过英语专业8级并掌握1门第二外语;上海师范大学致力于女性公关人才的培养,主要向乙方输送人才;中国计量学院专业定位危机公关管理方向;广西财经学院培养面向中国—东盟自由贸易区的国际财经公关人才;大理学院努力打造学生的综合素质与能力,并招收越南、老挝留学生;上海第二工业大学以商务公共关系为主要方向、以社区公共关系和公共关系文秘为拓展方向;浙江传媒学院努力体现传媒公共关系的办学特色;海南大学专业定位公关礼仪方向;中山大学南方学院以策划与广告为方向,等等。显然,根据学校类别及其所处区域条件确定专业办学方向是一个有效思路。在这过程中,海南大学和中山大学的公共关系学本科专业,先后于2009年、2010年评上了省级特色专业,这对提升公共关系学专业的竞争力和社会认可度是一个很好的推助。

2.2.4　合力促进社会观念的进步

高校设置公共关系学本科专业,会与大众媒体话语、社会认知相互促进,从而为中国社会注入或强化沟通、公开、合作、共赢及形象等公共关系观念。随着政府公共关系的开展,这些观念已经成为促进中国社会进步的重要意识和思维。2001年北京成功申奥和中国加入世贸组织、2002年上海成功申博,即公共关系沟通的范例;2003年起新闻发言人制度在全国各地普遍建立、2008年正式施行《中华人民共和国政府信息公开条例》及汶川大地震传播管理的经验事实,则提供了信息公开的样本;2005年中国政府发表《中国的和平发展道路》白皮书,明确指出合作、共赢是“我们的理念”;2011年中国国家形象传播片《人物篇》在美国纽约时报广场大型电子显示屏和美国有线电视新闻网(CNN)播放,标志着国家形象意识的彰显。遵行公共关系观念极大地帮助中国政府改善了政策制定与执行的国内外环境,也深化了社会公众对公共关系的科学认识,公共关系日益成为一个正直的概念,并被视作经营管理与公共管理的重要知识和能力。

2.3 面临的问题

2.3.1 社会认知制约专业发展

尽管如前所述,中国社会公众对公共关系的理解已经越来越科学,但这不等于说所有人都完全转变了对公共关系的偏见,社会认知问题仍旧是设置公共关系学专业迄今为止一个甩不开的制约性因素。中国是一个强关系的社会,决定了公共关系学专业的发展一直处在与人情关系划界的痛苦挣扎中缓慢前行的境地。现实中人们认为“公共关系”与“公关”有着语意上的差别就是证明,而“危机公关”的概念在被普遍接受的同时也总是出现中国式的误读,将其与疏通人情关系化解危机联系在一起。这样的社会认知自然影响到教育部本科教学指导委员会专家们的意见。在2012年以前,公共关系学本科专业一直属于目录外专业,这在很大程度上影响到高校领导对设置公共关系学专业的态度,从而导致申报设置公共关系学本科专业的高校数量少、地区分布不平衡。在2011年4月教育部印发的《普通高等学校本科专业目录(修订一稿)》征求意见通知中,公共关系学专业一度被合并到行政管理专业;经过各高校专业负责人和行业组织的努力争取,9月教育部印发的关于征求对《普通高等学校本科专业目录(修订二稿)》修改意见的通知中才确立了公共关系学专业的独立地位,但是将其列入“专业名录”而非“基本目录”里。

2.3.2 缺少高层次学科带头人

有一位高水平的学科带头人,就会组建起一个好的教学科研团队,也就能够开创出一个富有潜力的专业,进而在全国学科专业发展中拥有话语权,反过来又促进该学科专业的强势发展。公共管理学科之下的公共事业管理专业发展壮大就是一个典型例子,该专业在东北大学副校长娄成武教授亲自挂帅试办的条件下,如今已超越行政管理专业成为公共管理学科下的第一大本科专业。

按照惯例,公共关系学学科带头人除了需要在全国具有学术影响力之外(一般为公共关系专业/方向博士生导师),还需要在设置有公共关系学本科专业的重点大学中担任二级学院院长以上的行政职务,符合这样条件的人选实在不多。原中山大学党委副书记王乐夫教授算一位,如今有上海外国语大学原党委书记吴友富教授。如果教育部本科教学指导委员会有几名公共关系学者,那么对沟通获取教育部本科教学指导委员会专家们对公共关系学专业的了解和支持是非常有意义的。

2.3.3　支撑专业发展的教学条件相对薄弱

专业发展离不开师资队伍、图书资料、实习基地等基本教学条件的支持。对公共关系学专业而言,师资和教材不足是两个最为突出的问题。

师资队伍数量与质量决定专业开办的效果。经过本世纪头十年公共关系学本科专业的发展,尽管锻造出了一支100余人的公共关系学专职教师队伍,但各校专业负责人都普遍发出师资人员不足的声音。师资数量的短缺还相对容易解决,因为这个问题可以通过借助相近学科的教师力量兼职完成教学任务而予以消除;问题主要是师资队伍在质量上不容乐观,具有博士学历而其所学又是公共关系理论的教师太少。虽然公共关系学是一门交叉学科,但是从别的学科博士毕业的教师要对这门学科理论有较好掌握,还需要有一个2~3年主动学习的时间过程。上海师范大学公共关系学专业负责人叶茂康副教授指出:“师资问题,关键是质量,现在真正懂公共关系又了解公关市场的老师实在太少”。上师大叶茂康副教授退休后,该专业就暂停招生了。最早开办公共关系学本科专业的中山大学现在只有7位公共关系学专职教师,还不能满足教学的需要。师资力量短缺的问题在中西部地区高校中更为突出。

教材问题主要表现为现有教材门数少、质量不高。放眼书市,公共关系学教科书一片繁荣景象,但大多属于普及知识性质的出版物,内容基本是概论性质的,深入细分的教科书很少,尤其编多著少成为一大缺憾。教材问题其实也是因师资力量不足造成的。

2.4　发展建议

公共关系学本科专业列入教育部新修订的专业名录中,这为公共关系学本科专业的稳健发展创造了一个良好的政策环境。可以预见,在新的专业目录正式颁发后,会有更多的学校申请增设公共关系学本科专业。为了科学合理发展公共关系学本科专业,我们提出如下几点建议:

2.4.1　行政部门:出台标准,统筹增点

目前,全国普通高校执行的本科专业设置规定是1998年教育部颁发的《普通高等学校本科专业目录》等文件,当时的本科专业目录尚未把公

共关系学专业收录在内，相应地也就没有关于公共关系学专业的开办标准。后来增设公共关系学本科专业的高校，多数参照中山大学的经验，把培养目标规定为“善策划、懂管理、会传播”，然而中山大学现在对这一目标定位已不再强调；在主要课程开设上，各校多是因人设课，呈现出多样化现象。为了规范公共关系学本科专业建设，需要教育行政主管部门出台一个统一的标准，对本专业的培养目标、主要课程、评估指标等内容进行规定。

从专业设置数量和地区分布情况来看，目前存在着总量偏少、布点不够合理的问题。前述生源、就业率情况表明，设置与扩张公共关系学本科专业的必要性已勿庸质疑，但是到2012年，招收公共关系学本科专业学生的高校仅18所，平均每个省1所不到，总量偏少。东部经济发达地区的辽宁、河北、天津、山东、江苏、福建6个省(市)出现空缺；三大公共关系市场一线城市之一的北京市只有一所高校开设公共关系学本科专业；中西部重要城市武汉、成都、西安没有一所高校设置，这样的布点是不够科学的。

在经济相对落后的中西部地区高校设置公共关系学本科专业，理论上说会面临着招生和就业双重困境，但这也并非是绝对的事情，因为大多数本科院校的生源和就业都已经面向全国。从近年学生就业情况看，具有跨学科知识结构、较强沟通意识与活动能力的公共关系学专业毕业生是比较容易找到工作的。2010年14所高校公共关系学本科专业的招生计划人数也很有趣地吻合了以上分析：招生人数在50名以上的高校中，经济次发达省份的南昌大学、海南大学、内蒙古财经大学、大理学院成了主力军，而招生人数在50名以下的高校中，包括了经济发达省市的中国传媒大学、华东师范大学、上海外国语大学、东华大学、上海师范大学、浙江传媒学院。一般而言，招生人数的多少除了与学校的专业招生名额分配有关外，更与学校所处地区经济发展程度决定的就业状况有关，但是实际样本表明公共关系学专业学生的就业率与地区经济的发达与否关系并不直接，比如地处云南省大理地区的大理学院近三年公共关系学专业招生人数直线上升，2010年计划数达到90人(实际上招了98名)，而该年毕业生的就业率达到100%，就是一个有力证明。当然，鉴于国内中西部地区公共关系市场成熟度不高的现实，在审批增设公共关系学本科专业时，教育行政主管部门需要进行宏观引导与控制。具体来说，建议北京、上海、广州3个公共关系市场一线城市可以各有5所左右高校设置公共关系学本科专业；东部沿海省市辽宁、河北、天津、山东、江苏、浙江、福建可以各有 3 所左右高校设置公共关系学本科专业；中西部地区则可允许每省(市、区)各有 1－2 所高校设置公共关系学本科专业。如此，则不会盲目扩张造成供需矛盾压力，同时又能满足行业发展对专业人才的需求。

2.4.2　已设专业：规范发展，凸显特色

(1)在公共管理学科下培养复合型人才。本世纪头十年，随着公共关系事业的发展，社会学、传播学、公共管理三个学科都在争夺公共关系学的学科归属权，并且各自找到官方文件《中华人民共和国国家标准学科分类与代码表》《授予博士、硕士学位和培养研究生的学科、专业目录》和《经教育部批准设置的目录外专业名单》加以证明。于是，在公共关系学本科专业的院系管理归属上也五彩纷呈，有的设在社会学系，如南昌大学，有的设在公共传播学系，如中山大学，有的设在公共管理学系，如南方学院，有的设在政治学系，如华东师范大学。2011 年 9 月教育部印发《普通高等学校本科专业目录(修订二稿)》，将公共关系学本科专业列入“专业名录”，在学科隶属上延续以前“目录外专业”的做法划归公共管理，从而基本结束了长期的学科归属之争。2011 年 10 月 12 日，受教育部公共管理本科教学指导委员会委托，全国公共关系学专业院长(系主任)联席会议委员会在上海外国语大学召开第二届会议，制订了《公共关系学本科专业介绍》。在明确公共关系学本科专业隶属公共管理学科的同时，兼顾到公共关系学所具有的交叉学科特点，确定其主干学科为公共管理、工商管理、新闻传播学和社会学，将培养目标描述为“本专业培养具备管理学、公共关系学等方面理论知识和实践技能，能在政府机构、企事业单位、社会团体、专业公关公司等组织从事公共关系管理工作的复合型人才”。这样，在公共管理学科下培养复合型人才成为公共关系学本科专业的人才培养目标定位。

(2)以“主要课程”为基础构建课程体系。我们考察了最早设置公共关系学本科专业的中山大学、中国传媒大学、东华大学、上海师范大学和大理学院 5 所高校 2010 年的理论课程开设情况，发现各校在核心课程(主干课程)的规定上存在着较大的差异性，如表 2-4 所示。

表 2-4　最早设置公共关系学本科专业的 5 校开设专业主干课程情况

高校	主干课程设置
中山大学	专业课:公共关系原理、人际沟通、公共关系实务与案例、媒介社会学、现代媒体理论与实践、市场营销学、广告学原理、广告策划与策略、企业传播、整合营销传播、危机传播、传媒经营与管理、修辞演讲与论辩、公关礼仪、公共关系评估方法、公共关系策划、说服与谈判、商务写作、计算机平面创意、网络媒体设计、交互设计。
中国传媒大学	专业课:公共关系概论、广告学概论、品牌传播与广告概论、传播效果分析、传媒法概论、传播战略管理、传播心理学、人力资源管理、管理学原理、商业文化、经济学、公共关系实务、公关关系写作、战略写作与媒体关系、政府公关、公共关系效果与评估、危机公关实务、市场营销学、公共关系调查、新闻发言人理论与实务、品牌营销、公共关系口语表达、企业文化与 CI 战略、企业形象传播。
东华大学	学科课(专业课为选修):管理学原理、公共关系学、社会学、公关策划学、形式逻辑、礼仪学、公关实务与案例分析、广告学、大众传媒概论、公关写作、公司专题片编导与制作、传播学概论、市场营销学、管理信息系统、素描(1)、平面构成、色彩构成、网络应用基础。
上海师范大学	公共关系学、公共关系礼仪、传播学、社会学、公共关系写作、公关心理学、现代管理学、市场营销学、广告学、公共关系实务和案例分析。
大理学院	学位课:管理学原理、公共关系学、传播学概论、社会学、新闻学原理、广告学、组织文化与组织形象设计、公关语言艺术、市场营销学、社会调查原理与方法、策划学、公共管理学。

其差异性主要表现在两个方面:第一,课程构成内容和性质不统一。一般来说,核心课程应该由学科课和专业课里最重要的 10 ~ 12 门必修课程组成,但中山大学的课程内容中没有管理学课程;东华大学的专业课则都列成选修课性质。第二,重要课程名称不统一。如公共关系基本理论就有三种开设类型:中山大学开《公共关系原理》,中国传媒大学开《公共关系概论》,东华大学、上海师范大学和大理学院开《公共关系学》。比较科学的做法是开设《公共关系原理》,这样既可以把公共关系基本理论讲清楚,又与《公共关系实务》区别开来,因为《公共关系学》是由公共关系理论和公共关系实务两部分组成的。有统一的核心课程,这是一个专业具有合法身份的基本标志之一,它对提高专业教学的规范性及科学性有着重要意义。第二届全国公共关系学专业院长(系主任)联席会议受教

育部公共管理本科教学指导委员会委托，拟定了公共关系学本科专业的“主要课程”，有公共关系学原理、公关语言与写作、公关调研与评估、公关战略与策划、公关案例研究、组织形象策划、危机管理、公共政策学、传播学概论、社会学概论、政治学原理、西方经济学、管理学原理等 13 门，这将是各校构建公共关系学本科专业课程体系的基础。

(3)打造专业特色和特色专业。在办学过程中，多数学校专业方向定位明确，也具有合理性和可行性，关键在落实。公共关系学是一个应用性很强的专业，尤其要注重与业界合作，加强实践教学，同时又要与高职院校的办学方式有所区别。中山大学和海南大学的公共关系学本科专业评上了省级特色专业，这可以分别为其他重点高校和一般本科院校公共关系学本科专业建设提供经验借鉴。

2.4.3　将设专业:融入学校战略，明晰专业作用

高校领导对公共关系学专业的认知是决定本专业能否设置的直接关键因素。教育部把公共关系学本科专业从目录外专业列入专业名录中，将会促使相当一部分高校领导对设置公共关系学本科专业的态度由保守转向积极。但是，要想成功增设公共关系学本科专业，有两个问题还需要搞清楚:第一，学校既有优势学科专业够强，用不着再增设新专业，所谓“大树底下不长草”，这种情况主要出现在研究型的重点大学中;第二，学校本科专业数量已经饱和，增设一个新专业意味着要削减一个老专业，所谓“内部优胜劣汰”，这种情况主要出现在教学型的一般本科院校中。无论属于哪种情况，按照高校发展的自然规律，最终都要由学科统筹专业的发展。所以，要想得到学校领导的支持，必须把开设公共关系学本科专业纳入到学校学科发展的整体战略框架中进行考量，换句话说，就是要明晰增设公共关系学本科专业的优势，强调专业对学校学科发展的贡献力。反过来，也只有建立在与学校学科相互支持基础上的公共关系学本科专业，才会生存和发展得更好。应该说，公共关系学专业的两个主要支撑学科——管理学和传播学在大多数院校都有设立，所以增设公共关系学本科专业与学校学科的整体规划布局并不会产生矛盾，反而可以依托既有力量降低办学成本。

2.4.4　行业组织:协助创办专业，培训师资队伍

目前全国范围的公共关系社团组织有四个:1987 年成立的中国公共关系协会、1991 年成立的中国国际公共关系协会、1995 年成立的中国高

等教育学会公共关系教育专业委员会、2010 年成立的全国公共关系学专业院长(系主任)联席会议委员会。其中,后两个组织与公共关系学专业的建设与发展有密切关联性。中国高教公关专委会在推进高校公关教师联系、开展全国公共关系学专业调研、研讨学科发展、向教育部申请专业独立设置等方面起过重要作用;全国公关专业院长(系主任)联席会议委员会在创建专业负责人交流平台、争取公共关系学专业的独立地位、明确专业学科归属及制订专业建设指南等方面发挥了关键作用。

指导与促进公共关系学专业增设、建设与发展是公共关系行业组织义不容辞的职责,也是其主要功能之一。公共关系行业组织集中了全国公关教育界的精英,有条件为有意设置公共关系学专业的高校提供经验支持和信息服务,以合理增加公共关系学专业的数量。同时加强与教育部的联系,在其指导和支持下承担起实施公共关系学专业师资培训工程的任务。国内目前公共关系方向博士点不多,所以在暑期集中开展师资深度培训工作可视为一个短期提高教师理论知识水平的有效途径;而与教育部合作,能在动员参与、选派师资、经费收支等方面具有权威性和获得保障,从而提高培训的实际效果。培训内容可以按照专业主要课程进行,每年培训 3 门课程的师资,邀请国内外公关博导、公关博士重点讲解理论建构、原著导读、跨学科知识吸收,这样用 3 ~4 年时间即可完成培训任务。

第3章 国外大学公共关系本科专业调研报告

3.1 美国公共关系专业教育的历史与发展

1923年,爱德华·伯内斯(Edward Bernays)在纽约大学开设公关课程,开公共关系教育之先河。1947年,波士顿大学成立公共关系学院,并设立硕士、博士学位课程,标志着公共关系专业教育形成。1957年,美国公关协会成立教育咨询委员会,进入公关教育规范探索阶段。依据美国公关协会调查:1964年底,全美有14所学院授予公共关系学士学位,29所学院设有公共关系学系,208所经由不同专业课程讲授公关专业知识。如,哥伦比亚大学、斯坦福大学、纽约大学、加州大学等开设公关课程。到20世纪70年代,全美300多所大学开设公关课程或开办公关专业。

目前,据Johnson & Ross (2000;2005)调查报告资料显示:2000年报告指出,1999年,公共关系专业有145个;2005年的报告指出,全美公共关系本科毕业生17279人,硕士596人,博士38人,师资635人,已形成一定的教育规模。美国有近80所学校提供公共关系专业的硕士学位以上课程。据《美国新闻与世界报道》(*US News & World Report*)2009年统计,公共关系专业排名较前的是雪城大学、哈佛大学、印地安那大学伯明顿分校、乔治亚大学、普林斯顿大学、加州大学伯克利分校、南加州大学、卡内基美隆大学、密西根大学-安娜堡分校、杜克大学、纽约大学、马里兰大学、佛罗里达州立大学、波士顿大学、爱默生学院、乔治亚州立大学、加州州立大学等世界名校,已经形成独立的、具有一定规模的、有较高教育品质的专业学科教育体系。

2012年,*US News & World Report* (2009)显示,公共关系专业排名前30的学校和设有公共关系专业的14所TOP100的研究生院中,在其大学官方网站能查阅到公共关系教育资料的院校名单如表3-1所示。

表 3-1　美国公共关系学专业分布

序号	学校	本科	硕士	博士
1	弗罗里达大学 University of Florida	■	■	■
2	乔治亚州立大学 Georgia State University	■	■	■
3	阿拉巴马大学 University of Alabama	■	■	
4	奥本大学 Auburn University	■	■	
5	波士顿大学 Boston University	■	■	
6	杜克大学 Duke University	■	■	
7	马里兰大学 University of Maryland	■	■	
8	迈阿密大学 University of Miami	■	■	
9	美国大学 American University	■	■	
10	南加州大学 University of Southern California	■	■	
11	锡拉丘兹大学 Syracuse University	■	■	
12	乔治亚大学 The University of Georgia	■		
13	德克萨斯大学奥斯汀分校 The University of Texas at Austin	■		
14	佛罗里达州立大学 The Florida State University	■		
15	马坎特大学 Marquette University	■		
16	印地安那大学伯明顿分校 Indiana University, Bloomington	■		
17	艾默生学院 Emerson College		■	
18	卡耐基梅隆大学 Carnegie Mellon University		■	

注：阴影部分为表示拥有。

1975 年，美国新闻教育协会（Association for Education in Journalism, AEJ）下设公共关系分会，以及在美国公关协会组织的委员会的评估下，设计了公共关系课程所应依据的标准：公关专业课程应包括艺术、人文、传播和公关的重点课程；公共关系从业人员最好有硕士学位；公共关系课程应设在新闻与传播学院内；公共关系专业设置应遵循 AEJ 的指导原则，即 25% 主修课和 75% 的人文和科学课程；需要有与传统课程脱钩的设计。委员会发现公共关系教育存在的问题：①多数教授缺乏公共关系专业知识；②大部分教授缺乏更高的学历；③相当多的公关专业，依赖一位教师来讲授一系列的课程。

1975 年以来，社会环境发生了很大变化：数字化、全球化、整合营销发展。人们开始质疑、反思公共关系教育问题。如 Gibson（1987）观点：（"Public Relations Education in a Time of Change：Suggestion for Academic Relocation and Renovation"，*PR Quarterly* Fall，pp. 25 – 31）一是偏重新闻学科教育（Kalupa & Allen 1982）；二是管理学科教育不足（Kalupa & Allen 1982）（Gruning &Hunt 1984）；三是社会学科教育不足（Gruning &Hunt 1984）。

1987 年，AEJMC & PRSA 组成委员会开展研究，主要结论：一个完善的公关教育课程设置应该兼具艺术、科学与人文教育；没有指出哪种学院最适合设置公共关系课程；推荐公共关系学生辅修商学，以了解企业生态。

1990 年，国际公共关系协会（IPRA）在课程建设方面建议：从公共关系工作流程中构思出教育之轮（wheel of education），轮子中心是公关理论与实践，外围第二圈是传播相关课程，最外围是人文、科学等课程。

1999 年，公共关系教育委员会推荐的大学公共关系课程设置方案为：①公共关系课程应占 25% ~40%（至少五门以公共关系命名）；②其他 60% ~75% 则应来自：人文、社会科学、商学和语言课程；③委员会就知识与技能两方面建议：辅修和双主修其他领域课程，特别推荐商科和行为科学；学生精于大范围的学科：社会趋势、关系建立、营销、财务和管理；学生能胜任所推荐的 20 个领域：协商、策略企划、风险分析、人际沟通；流利的第二语言。研究生则应在研究、管理、问题解决、议题管理等方面获得更高阶段的知识。

总之，公关专业本科教育虽一如既往，仍然是以文科、社会科学、商科和语言课程为基本组成部分，但已进一步地与其他学科融合，如商务、行为科学、技术等学科；同时也增加了礼仪和从事职业活动所需的教学内容。随着全球化发展，鉴于很多学生踏入职场后要面对一些国际问题，教学大纲中加入了全球概念；伦理与组织透明度也占一席之地；关系建设已成为一项关键的技能。教学内容体现对综合能力培养的重视，要求学生在学习公共关系专业知识之前，必须掌握美国历史、议论文写作、研究方法等非公关知识，注重培养学生综合素质。无论哪所学校，对学生的通识教育都相当重视，要求学生在低年级掌握数学、外语、统计、经济学等基础知识。注重培养学生沟通、写作、口头表达等能力。

3.2 美国公共关系本科人才培养的基本情况和特点

3.2.1 基本情况

(1)培养目标

基本要求:①让学生具备初级的公关业务能力;②为在工作中进一步进入领导角色打下基础。根据这样的基本目标,公关课程设置必须是跨学科的、广泛的。建议以双专业或辅修的形式来扩大学生的知识结构。部分高校公关专业的培养目标如下:

佛罗里达大学(University of Florida)公关专业本科生培养目标:培养学生的领导、教育和学术才能,使学生在支持公民社会和民主理想方面,通过有效沟通和行动建立组织与公众之间良好的关系,从而推进公共关系独特的作用和责任。

阿拉巴马大学(University of Alabama)公关专业本科生培养目标:向学生提供创新性的、高质量的教学活动。培养学生作为当代的领导者,利用创新的概念和方法,去解决广告和公共关系问题。

波士顿大学(Boston University)公关专业本科生培养目标:提供扎实并兼具灵活性的基础课程,帮助学生为之后的职业规划做准备。公共关系专业学生会学到如何随着流行文化的改变,创建品牌和改变态度等内容。

南加州大学(University of Southern California)公关专业本科生培养目标:确保毕业生成为一个策略思考者、沟通者、写作者及调解员,能够胜任环保社会组织、财富500强企业及政府机构的公关从业人员角色。

(2)培养流程

基本流程:①大一、大二两年都是公共课;②大三开始有公共关系专业课;③大四一般由学校联系实习,场所大多是公关公司或一些政府、组织的公关部门,学生实习的职位一般是公关助理;④毕业论文可以由一个公关项目代替,一种是传统的论文形式,另一种是与实习捆绑的综合考试或者社会调研项目。部分高校公关专业的培养流程:

德克萨斯大学奥斯丁分校(University of Texas - Austin):本科生要求修满120学时,学生需完成通识教育课,36-42学时的专业课学习,及学院范围内的其他课程学习。学生不仅学习公关专业知识,还需要学习商业及传播的相关课程。专业课、外语课及学院内课程不允许挂科,学生必须完成 36 学时的高年级课程，绩点必须达到 2.25 及以上才有资格进行高级课程。每门课程评分等级必须不差于 C。

南加州大学（University of Southern California）：学生需完成通识教育课，以培养学生的批判性思维，并学会从历史与文化视角看待问题。在各种分类课程中，学生必须选修一门，它们是：基础课程（如西方文化与传统、社会问题案例研究）、写作课程（高级写作、逻辑写作等）及多样化方面课程（如外语、伦理课）。专业课程必须修满 28 学分，此外，需完成与新闻及广告有关的选修课。

阿拉巴马大学（University of Alabama）：本科课程安排包括传播学、战略写作、设计、管理，以及媒介、活动策划等。"顶级"活动课程要求学生在当地和地区的组织内工作，帮助他们解决实际的沟通问题。学生至少要修满 120～126 学时才能毕业，并且要有 30～36 学时的课程在本学院修满。

（3）理论教学

国外大学公共关系本科专业所提供的理论教学课程主要有：沟通与劝服的概念和策略、传播与公关理论、关系和关系建设、社会趋势、伦理问题、法律知识、营销与财务、公关史、研究和预报的使用、多文化与全球问题、商业多元化、世界政治经济历史社会知识、组织变化与发展、管理的概念与理论。

（4）实践教学

国外大学公共关系本科专业所提供的实践教学课程主要有：研究方法与分析，信息管理，书面和口头语言沟通，解决问题与谈判，沟通管理，战略策划，事件管理，受众分析，信息性与劝服性写作，社区、顾客、员工关系，技术与视觉知识，人员、项目、资源管理，人际传播，批判性倾听技巧，外语流利，道德性决策，加入专业公关团体，信息生产，环境监测，公众演讲，跨文化与跨性别敏感度。（摘自：美国公共关系协会 1999 年发布的《21 世纪公关教育规划报告》）

除了传统的课程授课、场景模拟、比赛、分组做项目、客户服务、参与校内外的活动、调研和竞争、专业实践等，团队合作和客户服务应该受到重视。教师在分组的时候应注意经常重新分组，让学生有接触到不同的客户服务、团体组织、案例研究的机会。国外大学重视培养学生实践的技能，会提供与公关或传播相关的实验课程。

学校鼓励学生实习，可以用实习抵消选修课学分。各高校鼓励学生通过企业、政府、以及学术团体和职业组织的实习，或通过志愿者活动获得工作经验。一般各高校都会与社会各部门、各种组织建立广泛密切的联系，为本校学生提供合作公司或组织的实习机会。如马坎特大学（Marquette University）不仅为学生提供固定的合作实习单位，如美国红十字会、哈雷戴维森、美国糖尿病协会、威斯康星洲儿童医院、职业体协，或专业公共关系公司，如爱德曼公关公司、奥美公关、西北共同基金等，而且学校还硬性规定，实习成绩与毕业证的发放直接相关。此类有效的措施，直接监督并鼓励学生，积极参加社会实践活动，提前锻炼，提高综合素质，为就业做好准备。又如佛罗里达大学（University of Florida）规定：学生毕业前必须参加一项实习，否则会影响毕业。学校也提倡不影响学业的实习活动。再如，阿拉巴马大学（University of Alabama）公关专业的实习项目分为两类：能抵消学分的实习项目和不能抵消学分的实习项目。可抵消学分的实习项目，要求学生 9 ~ 16 周的全职工作，还要求学生支付 10 周的费用，最后学院领导会亲自评估监测实习的成绩；不能抵消学分的实习项目与一般的实习工作无差别。

（5）案例教学

从国外公共关系本科专业的教学法调研得知，案例教学渗透于各课程的具体教学环节中，基本上没有独立专列作为教学环节。少数开设有专门案例教学课程的，表达也极为简单。如佛罗里达大学（University of Florida）本科公关专业在第五学期、第六学期、第七学期开设有“外部焦点新闻”的案例课程。奥本大学（Auburn University）“案例教学”列有：案例研究调查和公关问题分析、公关伦理道德方面的案例教学课程。

（6）教材选择与推荐书目

国外大学自主办学，即使是相同专业都在努力办出自身个性与特色，各大学选用教材是任课教授的责任，没有强求一致的硬性规定。高质量、具有权威性的教材自然是各校教授的选择标准，但教授们明白只有选用最合适自身学校培养人才需要的教材才是最好的教材。各校教授都会根据自己的教学需要给学生开设教学参考书目，但极少看到大张旗鼓在官网上公开推荐。即使是开出书单，也不会有教授太在意自己开列的书单是否与之一致。

3.2.2 基本特点

我们依据《美国新闻与世界报道》（*US News & World Report*）2009 年统计提供的公共关系专业排名前 30 的学校名单和 TOP100 的研究生院中 14 所设有公关专业的院校名单，通过各校公开的官方网站，逐一调查，对

其公开发布的公共关系专业教育资料进行分析研究,其结果如下:

(1)公关本科教育处在较好的整合发展阶段

美国大学公关本科专业注重实践能力的培养,毕业生的就业状况非常好。一般本科毕业生工作后的起薪是 3 万美元,且加薪快,而其他传媒类工作的起薪则为 2.6 ~ 2.8 万美元。据 2000 年美国商务部统计资料:公共关系顾问人员平均年薪 8.8 万美元,是 1970 年到 2000 年中全美平均年薪最高、增长最快的三个职业之一。

据 Johnson & Ross (2000,2005)调查报告资料显示:

《2000 年报告》指出:1994 – 1998 年,依据大学通讯簿的调查,5 年里公共关系、广告公关专业有明显增长。1999 年,公共关系专业有 145 个(广告从 115 负增长为 108 个),广告公关专业从 36 个增长为 53 个,显示广告与公关整合趋势。

《2005 年报告》指出:本科:公共关系专业 17279 人,公关广告 9786 人;硕士:公共关系专业 596 人,公关广告 624 人;博士:公关研究方向 38 人,合并专业 16 人;师资:公共关系专业 635 人,公关广告 414 人。

(2)公关本科教育形成两种主要模式

公关专业设在新闻学院还是商学院,决定了课程偏重的差异:

第一,新闻/大众传播学院模式(新闻或大众传播类课程比例不高于 1/3)。传播必修课程:大众传播与社会、大众媒体写作、传播法、媒介伦理;专业必修课程:公关理论与原则、公关写作、公关研究、公关案例研究、公关活动、公关实习;传播类选修课程:信息与媒介效果、媒体中的性别与种族、冲突解决等;外专业必修课程:会计、英文写作、市场营销等。

第二,商务/管理学院模式(商务或管理类课程比例不高于 1/3)。商业必修课程:营销与财务、营销研究与统计、营销管理、消费者研究;专业必修课程:沟通技能与劝服信息、公关战略与技巧、创意信息战略、媒介经济与技术、整合传播管理、实习;专业选修课程:公关战略、公关策划、投资者关系、危机管理、事件管理、国际商务等。

(3)公关本科教育具有注重与时俱进的特点

要做到与时俱进,研究是基础:跟踪研究新问题、新现象,注重教学与研究结合,促进知识更新,保持教育前瞻性。如,美国有 3 本公关类的全国性最著名的专业期刊,其中两本由学院创办——*PR Review*(马里兰大学主编)和 *Journal of PR Research*(佛罗里达大学主编),*PR Quarterly* 由业界创办。

对全美公共关系专业排名前 30 的院校、以及排名前 100 的研究生院中设有公共关系专业的高校的公关专业课程设置进行分析（*US News & World Report*（2009）），结果也充分体现美国公共关系教育与时俱进，不断更新教学内容，适应时代变化，满足时代要求的特点：

A. 公共关系这个专业有个特点，就是内含较多的交叉学科，所以这14所学校的公关专业的设置都是和广告、营销、企业管理等学科综合在一起的。

B. 由于网络和博客的发展，美国不少大学也开发了如何使用这些新媒体工具的课程，原来的传统课程，如公关写作，也向适应新技术的方向作出调整。

C. 随着美国国际贸易的继续繁荣、企业纷纷开展外包业务、更多移民的到来、加上恐怖主义与健康成为全球瞩目的主题，在国际舞台上开展公关工作已经成为必然。不少学校的本科课程增加了国际化或全球化方面的内容，除了开设文化、语言、历史等课程，也包括提供一学期的海外实习机会等。

D. 在后“9·11”和后“安然”时代，事件管理、危机管理、社区关系和关系建设不但成为了研究的对象，也进入了课堂，进入公关教学大纲。

E. 除了安排学生上相关学科的课程，如商务课程、社会学、行为科学等，这些学科的内容甚至直接与公关课程结合了起来。

F. 金融危机后，社会伦理道德、心理学课程渐增。社会对公共关系从业人员的个人素质要求很高，不仅要具备扎实的基础知识，还要有独特的个人魅力。除了设置专门的心理学、伦理道德等课程，还强调专业课与伦理、心理课程的结合，增强心理素质与恪守职业道德的训练。

3.3 英、法、德等欧洲国家公共关系专业教学概况

欧洲国家公共关系教育起步较迟，二战后随着美国公共关系的输入，大学公共关系教育也逐渐开展起来。目前，欧洲主要国家在本科阶段也部分开办有公共关系课程教育。英国大学本科把公共关系教育作为一个专业的学校并不多，剑桥、牛津、伦敦政治经济学院等本科都没有公共关系专业，大多是作为传媒或商务管理专业的课程出现，到了硕士阶段才有正式的公共关系专业。法国一些高校设置有公共关系大专、本科，以及研究生教育。

3.3.1　英国大学开设公共关系专业及相关课程情况

依据 2010 Times(泰晤士报)英国大学传媒、商科排名表,有 24 所大学开设公关专业。在这些大学中,最多开设有 5 门与公关相关的课程。开设最多的课程是:

(1)公共关系学:13;

(2)公关与新闻传播:9(其中:PR & Events Management 3);

(3)公关与管理:8(管理 2、商务管理 1、服务管理 2、人力资源管理 3);

(4)公关与营销:7;

(5)国际公共关系:6(法语 2、西班牙语 2、汉语与公关 1;美国研究与公关 1);

(6)文化创意产业:4(商业音乐生产、数码摄影、创意职业写作、户外娱乐);

(7)公关与体育:4;

(8)公关与商务法律:1;

(9)公关与礼仪:1。

3.3.2　法国高校设置公共关系专业及相关课程请况

(1)巴黎第四大学(巴黎索邦大学 PARIS-SORBONNE):欧洲公共关系(DESS);

(2)巴黎第二大学公共关系专业(MA);企业市场调查与公共关系专业(DESS);

(3)巴黎第十三大学信息与传播学:企业公共关系专业(MA);

(4)CELSA 专科学院:公共关系学专业(BA、MA、DESS);

(5)里昂第二大学:公共管理(BA、MSc、DEA)、国际关系与国际文化交流(DESS);

(6)南锡第二大学:传播与公共关系、欧洲公关与传播(MA);

(7)普瓦捷大学:公共关系(MA);

(8)EFAP(ECOLE FRANCAISE DES ATTACHES DE PRESSE):公共关系(大专);

(9)阿尔图瓦大学:城市体育与公共关系技术员(大专)。

3.3.3 德国高校开设公共关系课程情况

在德国大学里，目前还没发现独立设置有公共关系本科专业。一般都是在传播学、传媒学以及商科的有关系所里开设公共关系课程，或者是倾向于公共关系的专业方向。开设公共关系课程的德国高校主要有：

（1）莱比锡大学的传播与媒介系；

（2）柏林自由大学；

（3）美因兹大学。

3.3.4 欧洲国家高校开设公共关系专业及相关课程特点

（1）公关教育模式：在本科开设课程，在研究生阶段设置专业方向。

（2）开展公关教育主要集中在新闻传播学和管理学两大学科领域。

（3）重视国际公关教育，积极开展其他语种的公关教育，同时也反映出以欧洲地域为中心的特点。

（4）重视公关与文化创意产业、公关与体育等课程的开设，已成为欧洲公关教育一个突出的特点。

（5）与数字媒体、数字时代结合的公共关系课程的开设，反映了未来公关教育发展的新趋向。

3.4 经验启示

（1）随着我国公关教育的发展，抓好公共关系专业教育的规范化。

（2）注意营造多种模式相互借鉴、共同发展的良好氛围。

（3）要重点解决目前我国公关本科教育的师资问题。

（4）在提升完善我国公关专业课程教学的同时，要确实加强基础课程和实践课程的教育。

（5）结合国情，发展我国公关教育的优势，为世界公共关系教育做出自己的贡献。

（6）注重研究全球化对公共关系教育的影响，开展国际公共关系教育。

（7）注重研究21世纪公关面临的新领域，开展公共关系与文化、创意、体育等产业的课程教育与训练。

（8）注重研究数字时代对公共关系教育的影响，开展公共关系与各种新媒体、新传播技术手段的运用教学与训练。

第4章 公共关系学本科专业建设指南

（第三届全国公共关系学专业院长（系主任）联席会通过）

4.1 专业的学科归属

公共关系学（Public Relations）本科专业归属于管理学学科门类下的公共管理类，专业代码为120409T。学生经过四年学习，成绩合格并通过学位论文答辩，授予管理学学士学位。

4.2 培养目标与要求

4.2.1 培养目标

本专业培养具备管理学、公共关系学等方面理论知识和实践技能，能在政府机构、企事业单位、社会团体、专业公关公司等组织从事公共关系管理工作的复合型人才。

4.2.2 培养要求

本专业学生主要学习公共关系学、管理学等方面的基础理论和基本知识，接受公共关系专业技能方面的基本训练，掌握分析公共关系问题的系统方法，具备解决公共关系问题的实践能力。

毕业生应在具备良好职业道德的基础上，获得以下几方面的知识和能力：

（1）掌握公共关系学、管理学等现代科学的基本理论知识，具备相应的科学和人文素养；

（2）掌握公共关系的调查研究、创意策划、沟通协调、管理咨询等方法和技术；

(3)具有有效处理组织公共关系事务的基本能力；

(4)具有较强的语言与文字表达能力和沟通能力，通晓一门外语；

(5)了解本学科的理论发展及前沿动态，了解国内外政治、经济、文化的发展状况，以及公共关系和相关行业的发展趋势；

(6)掌握文献检索、资料分析等哲学社会科学研究的基本方法，具有一定的科学研究能力。

4.3 培养体系与条件

4.3.1 公共关系学本科专业培养体系

为了实现专业培养目标，应当建立健全公共关系学本科专业培养体系，包括理论教学体系和实践教学体系。其中，理论教学体系包括通识教育课程、学科基础课程和专业方向课程；实践教学体系包括社会调查、专业考察、实验教学、创新实践、专业实习、毕业论文等。

4.3.2 公共关系学专业人才培养条件

(1)师资队伍

A. 总体素质要求。具有硕士及其以上学历学位，对公共关系学专业教学和科研有热情与追求，具备系统的专业理论知识和一定的公共关系实践经验，能够理论联系实际，引导学生学好公共关系理论，激发学生的创意，培养学生的策划、沟通、调查、研究和管理能力。

B. 教师结构。专职教师应具有合理的学历结构、职称结构、学缘结构和年龄结构，基本达到合理的师生比例。该专业 13 门核心课程的教学都要配备完整的教师梯队，教师专业背景应包括管理学、新闻传播学、公共关系学等学科及方向，梯队中要由具有高级职称的教师作为课程负责人。聘请实践经验丰富的业界和校外专家参与教学和实习指导。

C. 教师能力。该专业所有教师都要掌握公共关系学的基本理论，熟练掌握所讲授课程的知识体系、专业方法和专业工具，具有较强的教学能力、科研能力、学习能力和实践能力，对专业理论前沿和实践热点具有较强的敏感性，能够清楚地表达讲授内容，能够有效地指导学生的公共关系实践。

(2)实践基地

学校应当建立双向的对外交流机制,形成一个比较完善的对外交流平台。

A. 通过实习基地建设,为学生提供了解社会、了解公共关系行业的机会;同时与国内外大学公共关系专业合作,为学生提供更多交流机会,培养学生的国际视野。

B. 聘请有实践经验的业界和行业组织内人士参与教学和实习指导,吸收国内外大学公共关系学专业最新教学和研究成果,邀请专家学者讲学,鼓励学生融会贯通地学习国内外公共关系学的理论和知识。

(3)硬件设施

公共关系学专业需要配备一定数量的、必要的教学和实验设施,设施要具有一定的先进性,能够满足相应的教学需要。主要应具备以下硬件设施和资源:

A. 互联网宽带接入与多媒体教室;

B. 案例讨论实验室;

C. 公关活动实验室(具备录播系统、文本与专题片制作设施);

D. 书刊及电子资源;

E. 其他公共关系学专业教学与实验相关设施。

4.4　人才培养流程

4.4.1　公共关系学本科专业人才培养的基本流程

人才培养的基本流程是指学生学习全周期(四年)中重大任务的全面安排及基本程序,重大任务包括新生录取、入学教育、课程设计、专业实习、毕业论文、就业指导等,如图 4-1 所示。

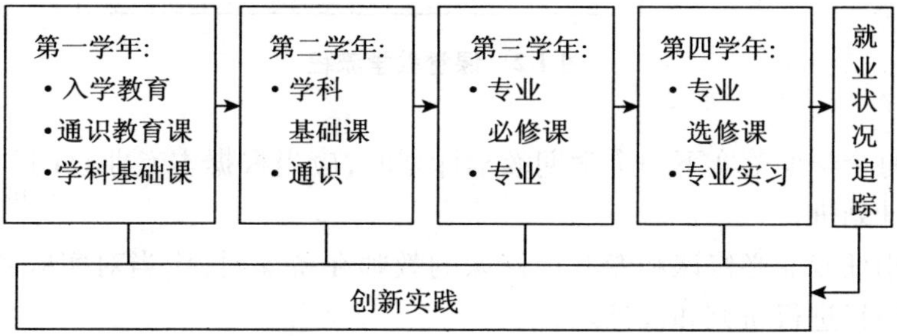

图 4-1　人才培养的基本流程

第一学年应当安排的重大教学任务是入学教育、通识教育课和学科基础课。第二学年应当安排学科基础课、社会调查、部分通识教育课和专业必修课。第三学年应当安排专业必修课、专业选修课和专业考察,根据需要可以安排学年论文。第四学年应当安排专业选修课、专业实习、毕业论文和就业指导。

应当在第三学年和第四学年为学生提供多种选修课,引导学生更大程度地开发潜能。

从第一学年到第四学年,从通识教育课和学科基础课到专业必修课和专业选修课,都应注意培养学生的创意能力,鼓励学生参加创新实践。

4.4.2 公共关系学本科专业人才培养的具体流程

(1)课堂教学流程

课堂教学流程如图4-2所示。

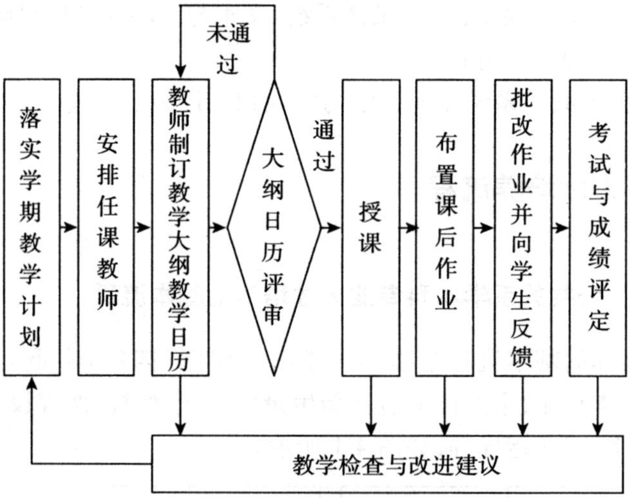

图4-2 课堂教学流程

每个学期落实下一个学期教学计划时,应当根据本专业总的(四年)教学计划进行。

担任专业必修课和专业选修课的教师在备课时,应当对实验项目和实习项目进行研究和设计。

(2)实践教学流程

A.社会调查流程。社会调查一般安排在第二学年进行。首先,根据总的(四年)教学规划确定社会调查的目标和内容;其次,由系(教研室)负责人召开课程动员大会,学生自选课题、组建团队、推举组长;再次,由系(教研室)负责人为各团队指派指导教师,学生联络指导教师确定选题与计划;最后,学生在指导教师指导下开展社会调查活动,撰写与提交社会调查报告,并进行工作总结。社会调查流程如图4-3所示。

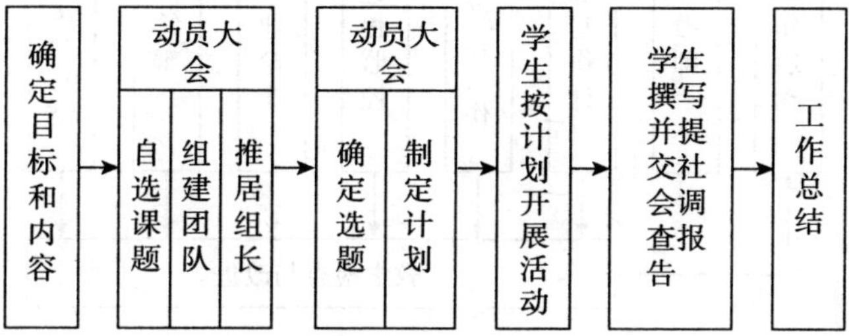

图4-3　社会调查流程

B. 专业实习流程。专业实习采用分散实习方式进行。从拟订实习教学大纲开始,做好实习动员工作,制订实习计划,对实习过程进行控制和考核,做好学生实习成绩评定,最后进行实习总结。专业实习流程如图4-4所示。

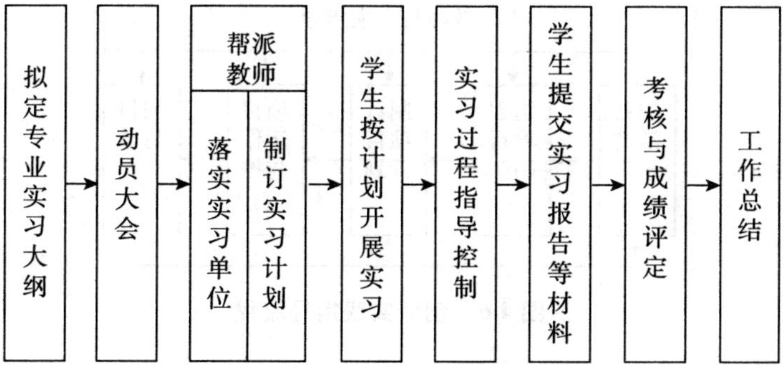

图4-4　专业实习流程

(3)毕业论文写作与指导流程

毕业论文是学生综合应用专业知识与技能进行研究的一项创新活动,体现着学生学习理论、知识、技能和工具的效果,也是学生创新能力的一次检阅,因而是本科学习的一个重要环节。毕业论文写作与指导流程如图 4-5 所示。

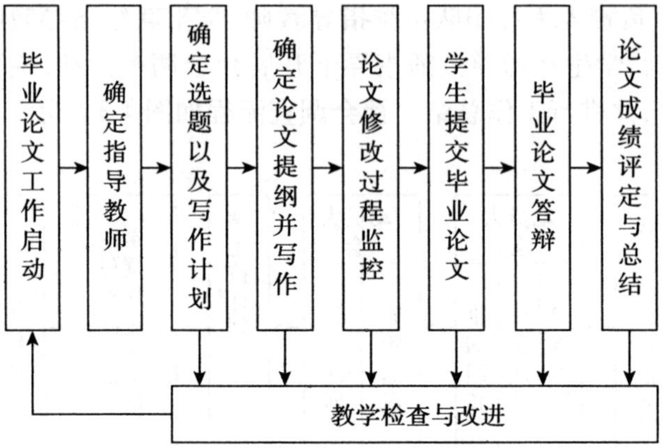

图 4-5　毕业论文写作与指导流程

(4)创新实践指导流程

公共关系学本科专业学生的创新实践有公关活动策划项目、学科竞赛项目、获取技能证书项目和学术创新项目等,学校应当鼓励该专业学生进行创新实践。创新实践指导基本流程如图 4-6 所示。

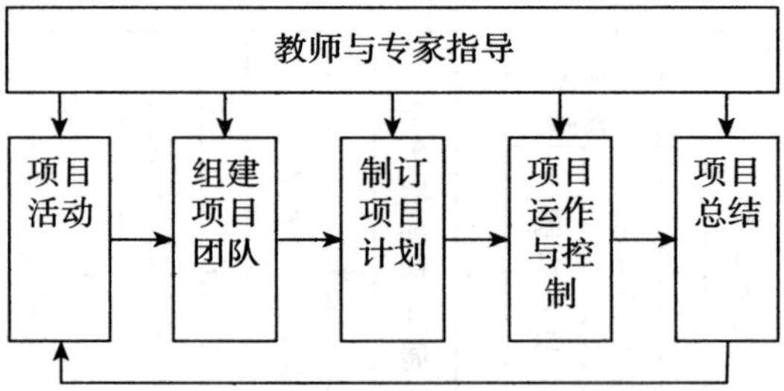

图 4-6　创新实践指导流程

4.5　理论教学

4.5.1　理论课程体系

根据公共关系学本科专业培养目标和培养体系,应当设置通识教育课、学科基础课与专业课,健全必修课与选修课相结合的课程体系。

通识教育课除了要符合教育部的统一要求外,各学校可以设置体现自身学科专长和实力的课程。通识教育类课程在整个理论课程体系中占 15% 左右。

学科基础课要向学生提供专业学习的基础性、工具性课程,在整个理论课程体系中占 40% 左右。作为公共管理类专业,要求开设公共政策学、政治学原理两门课程。其次应予以优先安排的学科基础课主要有:管理学原理、传播学概论、社会学概论、西方经济学等。

专业课旨在培养学生的专业技能,为此应当向学生提供全面的专业知识和能力课程,在整个理论课程体系中占 45% 左右。应予以优先安排的学科专业课主要有:公共关系学原理、公关案例研究、公关语言与写作、公关调研与评估、公关战略与策划、CI 战略、危机管理等课程。

4.5.2　核心理论课程

公共关系学本科专业核心理论课程共 12 门,分别是公共关系学原理、公关语言与写作、公关调研与评估、公关战略与策划、组织形象与 CI 设计、危机管理、公关案例研究、公共管理、公共政策、公共伦理、西方经济学、传播学概论。其中,公共管理、公共政策、公共伦理为公共管理教指委指定课程;西方经济学课程的安排,主要考虑学生今后向经济管理类研究生发展的课程基础。

(1)公共关系学原理(Principles of Public Relations)。公共关系学原理是公共关系学本科专业的一门专业基础课程,其目的在于引导学生更快地进入公共关系领域,了解学科框架,奠定学科理论基础。本课程将系统、全面地介绍公共关系的定义、特征、观念和工作原则;深入了解公共关系的主体、客体与过程;系统探讨组织公共关系管理的基本功能和主要职责,公共关系活动的基本规律和策划运作程序,公共关系管理的主要媒介、工具、手段与技巧,以及公共关系的组织机构、从业人员和职业伦理。

(2)公关语言与写作(Public Relations Language and Writing)。公关语言与写作是公共关系学本科专业的一门基础技能课程。本课程主要从公共关系实务要求出发,训练学生正确把握公共关系场景和各种语境下运用语言表达的规律、知识与技能。从新闻发布、演讲、劝服、媒体应对、群体沟通、会议简报,到各类非语言沟通训练;从 email 邮件、备忘录、计划书、新闻稿,到各类专题稿件写作,全面掌握公共关系职业所需的各种语言表达与写作技能,为今后从事公关工作打下扎实的语言和写作基础。

(3)公关调研与评估(Public Relations Research and Assessment)。公

关调研与评估是公共关系学本科专业的一门专业基础课程。本课程的基本内容包括六个模块,即公关调研认识模块、公关调研设计模块、资料收集方法模块、资料整理分析模块、调研报告撰写模块、公关调研实践模块分析等。通过本课程的学习,学生应掌握公关调研方案的拟定、调查问卷的设计、各种调研方法的运用、调查资料的整理、分析与描述技术以及公关调研报告的撰写方法。最终使学生能熟悉和掌握公共关系调研与评估的基本方法和基本技能,形成扎实的公关调研能力。

(4)公关战略与策划(Public Relations Strategy and Planning)。公关战略与策划是公共关系学本科专业的一门专业基础课程。公关战略与策划所涉及的是公共关系专业知识最核心的部分内容,也是对公共关系专业知识的综合运用。本课程通过对公关战略制订、公关活动策划的系统理论、原理、方法、程序、步骤、手段与技巧的介绍与探讨,让学生对公关战略与策划有清晰了解和深刻领悟,帮助学生深入认识和掌握公关战略与策划的实质、要领,提升战略规划、活动策划、活动执行的能力,熟练掌握策划程序、执行步骤,以及解决各种策划、执行实务中的手段和技巧问题。

(5)组织形象与CI策划(Corporate Image)。CI策划是公共关系学本科专业的一门专业基础课程,是专门讨论如何塑造组织良好形象的课程。该课程结合市场营销学、公共关系学、广告学、组织文化学、策划学、美术构图、色彩学、计算机科学等相关知识,重点讨论企业或者组织如何在市场和消费者心目中形成一个良好的形象,重点培养学生利用所学基本知识运用于实际解决问题的能力。本课程的任务是通过学习使学生对CI策划的基本内容及企业理念策划活动、视觉设计、品牌形象包装、组织行为识别系统和CI手册制作等有一定的了解。本课程的基本内容包括:CI发展简史、组织理念识别系统设计、组织LOGO设计、组织字体设计、组织视觉识别系统的应用设计、组织行为识别系统策划、CI手册设计及基本软件的使用等。

(6)危机管理(Crisis Management)。危机管理是公共关系学本科专业的一门专业基础课程,是公共关系学科中一门需要高度综合各相关基础学科知识,各种公共关系基础知识与技能,具有较高实践难度和最具挑战性的课程。本课程全面、系统地介绍危机管理的基本原理、基本方法和基本技能,使学生树立强烈的危机意识,确立正确的危机管理观念,掌握科学的危机管理策略与运作模式,提高预防、预测、处理、善后、修复形象等危机公关管理工作的能力。

(7)公关案例研究(Case Study for Public Relations)。公关案例研究

是公共关系学本科专业的一门专业基础课程，是一门偏向公共关系实践能力和专业素质训练的课程。这门课程的教学内容要求能直接反映当今公共关系实践领域所面临的问题、鲜活的事件、成功和失败的经验。本课程将重点对员工、媒介、政府等公众关系管理案例，危机、议题、品牌等问题管理案例，网络、活动等媒介策划以及媒介关系管理案例，政府、医院、警察等组织公关管理案例进行介绍，开展研究。通过训练，使学生系统掌握公关案例研究的基本方法和分析技术，提高分析、处理实际公共关系问题的专业能力。

(8)公共管理（Principles of Public Administration）。公共管理是以政府为核心的公共部门整合社会的各种力量，广泛运用政治的、经济的、管理的、法律的方法，强化政府的治理能力，提升政府绩效和公共服务品质，从而实现公共的福利与公共利益的一门专业课程。公共管理作为公共行政和公共事务广大领域的一个组成部分，其重点在于将公共行政视为一门职业，将公共管理者视为这一职业的实践者。

(9)公共政策学(Public Policy Science)。公共政策学是公共关系学本科专业的一门学科基础课程。通过本课程教学，全面、系统地对公共政策学科要素、研究视角和路径，资料收集与研究方法，公共政策的本质、构成与功能，政策系统与政策行为者，公共政策形成的理论模型，公共政策问题形成与认定，公共政策规划、决策与执行、评估与监控，公共政策的变动、终结与周期，以及研究与应用等问题进行介绍和探讨，使学生掌握公共政策的基本理论和分析方法，更好地适应公共关系管理工作的需要，也有利于提高参加公务员“申论”测试的能力。

(10)公共伦理(Public Ethics)。公共伦理的研究对象是关于社会公共领域处理公共事务的道德规律的科学。从理论上讲，它是行政哲学和管理哲学的重要组成部分；从实践上讲，它是职业道德建设的基础和管理文明的重要内容。

(11)西方经济学(Western Economics)。西方经济学是公共关系学本科专业的一门学科基础课程。本课程全面介绍经济学发展的历史沿革，以及现代经济学发展新动向；系统地介绍微观经济学、宏观经济学的主要研究范畴和基本理论知识；系统介绍、研究经济学的主要研究方法以及理论模型。通过本课程的教学，使学生全面系统了解、掌握市场经济运行和国家调节的重要理论、概念、政策主张，以及研究分析经济运行规律、个体消费、企业或产业行为、生产和收入分配的方法。

(12)传播学概论(Introduction to Communication)。传播学概论是公

共关系学本科专业的一门学科基础课程。本课程的基本内容包括:传播与传播学、人际传播、群体传播、大众传播、跨文化传播、受众研究、效果研究等。本课程旨在使学生了解传播学的基本知识,包括传播的历史、特点及形态;熟悉信息传播的过程及模式、传播过程中各要素的相互作用;通过理解、研习经典传播理论,掌握传播原理及规律,并能用抽象的原理,透过传播表象,分析现实生活中的实际问题。

4.5.3 教学大纲与教学日历

为了确保教学工作有计划、有秩序地进行,在一个教学单位内部,都应该制定统一的教学大纲和教学日历,所有讲授同样课程的教师都要按照教学大纲的要求,根据教学日历安排进行教学,并且在每学期开学之初就将教学大纲和教学日历通报修课学生。

(1)教学大纲的基本内容

A. 课程性质与教学目的。说明本课程的性质是通识教育课、学科基础课还是专业课,是必修课还是选修课,在培养计划中的地位及作用;本课程的授课对象,学生通过本课程的学习,在理论、知识和能力等方面应达到的目标。

B. 课程内容提要。说明本课程各部分、各章节的主要内容、重点、难点,按照"了解""理解""熟悉"和"掌握"四个层次写明各章节的主要内容及应达到的要求。

C. 课程教学安排。对课堂讲授、案例教学、实验教学、实习教学、作业与考试等各教学环节的主要内容及学时分配作出规定。

D. 课程与其他课程的联系。说明先修课程和后续课程的名称及与本课程的关系。

E. 建议教材及教学参考文献。见后文。

(2)教学日历的内容与格式

教学日历的内容包括各章节教学内容的时间安排、教学方式(讲课、实验、实习、讨论、习题等)的说明及执行情况。

教学日历应由课程组长或系(教研室)主任签字。一经制定,任课教师应该按照教学日历的时间与内容安排进行授课,以确保教学培养目标的实现。

教学日历一式三份,一份任课教师本人使用,一份交修课学生,一份报教务处存档。

4.6　实践教学

4.6.1　实验教学

(1)实验教学的目标

公共关系学本科专业实验教学的目标有两个层次，分别是通过公关活动策划与实施，培养学生的沟通与实践能力；通过组织形象文本与专题片影像制作，培养学生的创意与设计能力。

(2)核心课程的实验教学内容

A. 组织形象策划(CI 策划)：组织形象诊断模拟；组织 MI 系统设计；组织 VI 系统设计；组织 CI 手册制作；组织专题片制作；组织网站建设。

B. 公关战略与策划：文案策划、撰写、陈述、模拟实施；模拟公关公司内部策划会；模拟客户会谈、公关公司比稿会。

C. 公关语言和写作：模拟商务接待礼仪情景、职场面试形象设计；模拟商务情境下小组讨论、模拟公共演讲及劝服沟通；模拟新闻发布会、危机公关沟通、危机公关新闻稿写作与发布。

D. 公关活动媒体包制作。

(3)实验指导教师的职责与要求

A. 具备严谨的科学态度和工作作风，注重培养学生的科学态度。

B. 按照教学计划和教学大纲的要求，提出本课程的实验要求和内容，协助实验室主任确定实验方案；编写实验讲义、实验指导书等。

C. 了解实验室环境(水、电以及防火、防盗、防毒害等设施)，掌握实验设备的操作规程以及实验软件的使用方法，熟知实验原理和实验设计方法，会同实验室技术人员做好实验前的准备工作，解决实验中出现的问题。

D. 按时上课，课间不得随意离开实验室，做到认真授课，耐心指导，注意培养学生独立思考和分析问题、解决问题的能力。

E. 实验课结束后，要认真检查仪器设备的技术状况，填写实验记录，认真批改实验报告，对实验进行成绩考核。

F. 注意吸收科研和教学的新成果，更新实验内容，改革教学方法，协助实验室设计、改进和制作实验装置，提高实验教学质量。

4.6.2 实习教学

(1)实习教学的目标

A. 了解公共关系和相关行业的发展趋势及企业经营情况,增强对公共关系学、管理学等现代科学领域的感性认识。

B. 培养学生的团队精神和创新理念,培养敬业精神,增强有效处理组织公共关系事务的能力。

C. 提高学生综合运用知识的能力,获取实际工作经验和专业操作技能,全面训练学生的公共关系调查研究、创意策划、沟通协调、管理咨询等方法和技术。

(2)实习教学的类型与内容

A. 实习教学的类型。公共关系学本科专业的实习教学包括四种类型:①社会调查。社会调查是为完成规定的部分专业基础课、专业课的教学任务所进行的实践性教学环节,旨在使学生了解专业公关公司或组织公关部门的基本构成和运作模式。其主要组织形式为专业公关公司社会调查。②专业考察。专业考察是在学生完成基础课和部分专业基础课的基础上进行的,是学生了解本专业的认知活动。它是学生获取感性知识,巩固所学理论,进一步学习专业基础课和专业课不可缺少的环节。其主要组织形式为参观、与组织人员座谈和观看录像等。③赛事实习。赛事实习是学生通过参与相关比赛对于所习得的公共关系专业知识及专业技能的演练与实践,旨在使学生了解书本之外的公关领域并对于相关问题策划出实际的解决方案。其主要组织形式为学校组织与指导学生参与中国大学生公共关系策划大赛、全国大学生公关礼仪大赛等公关类比赛。④专业实习。专业实习是学生完成全部课程学习任务之后,运用所学知识分析和解决公共关系学的现实问题而进行的综合性实习。专业实习可以采取集中和分散两种方式进行,集中方式就是由学校统一组织实习,分散方式则由学生自己联系实习单位。

B. 实习教学的内容:了解专业公关公司及组织公关部门的构成,包括部门设置、部门职责、岗位职责和业务流程等;了解典型公关公司及组织公关部门的运营概况,主要包括公关公司及公关部门的组织形象、客户关系、媒体关系、活动策划、竞争者、规章制度和运作方式等;了解并参与公关公司及组织公关部门的实际工作,研究和解决实习组织公共关系管理的问题;毕业实习要求在实习基础上确定论文选题,全面、系统地收集论文选题所需资料。

(3)实习教学的主要工作

A. 拟订实习教学大纲。实习教学大纲应包括实习性质、目的和任务、内容和要求、实习程序、时间安排、组织形式、学生实习报告的内容与要求、成绩考核及评分办法等。

B. 制订实习计划。实习计划应当包括实习内容和要求、起止时间、实习地点、实习形式、年级专业和指导教师等。

C. 组织落实实习单位。专业考察采用集中实习的组织方式,根据实习计划,选择能够满足实习教学要求的单位;社会调查采用集中实习与分散实习相结合的组织方式;专业实习采取分散实习的组织方式。

D. 做好实习动员。通过动员,使学生了解实习的目的、任务、内容、方法和时间安排等相关事宜。同时,在实习前,要认真组织师生学习实习教学大纲。指导教师按实习教学大纲要求编写实习教学日历,落实实习计划,向学生进行纪律教育、安全教育及保密教育。

E. 专业实习的过程管理。在每次实习前成立相应的实习领导小组。领导小组由院负责人、指导教师代表、系负责人等组成,全面负责实习工作,并明确分工;在实习期间,年级辅导员将统筹管理学生的实习进程,及时掌握实习情况,督促学生按时完成实习任务,同时做好学生的思想工作;专业实习采取分散实习的组织方式,因此学生可持学院《介绍信》联系实习单位;接收单位必须填写《毕业实习接收单位回执》,指定实习单位的实习指导老师,盖章后按规定时间将原件交于学校实习指导老师,由学校实习指导老师填写意见后归档保存。

F. 实习考核与成绩评定。院系应成立实习考核领导小组,负责各类实习的考核和成绩评定工作;实习成绩可根据“调查报告、实习报告、实习单位评价、实习成果”等各方面进行综合评定;学生完成全部实习内容方可参加实习考核工作;实习的成绩由指导教师负责评定,院系考核领导小组审核;学生的实习时间必须符合规定要求,其中,专业实习必须达到4周完整工作日以上的标准,否则不能参加考核。实习成绩不及格者必须重修。

G. 做好实习的总结工作。为了不断提高实习质量,有利于交流和积累实习教学经验,实习结束后,应组织参加实习的师生对实习工作进行全面总结并写出书面总结。

(4)实习指导教师的职责与要求

A. 实习前按实习教学大纲的要求制定实习计划。

B. 提前了解和熟悉实习企业的情况,做好准备工作。

C. 及时了解、掌握和检查学生完成实习的情况，指导学生编写调查报告、实习报告等。对在实习中违反纪律且情节较重的学生，指导教师要对其进行批评教育，并及时向学院汇报。

D. 负责学生的考勤与成绩评定工作，实习结束时应做好实习总结工作。

E. 以身作则，言传身教，关心学生的思想、生活和健康，加强对学生进行纪律、安全、保密等方面的教育，防止意外事故的发生。

4.7 案例教学

4.7.1 公关案例教学的目标

案例教学是一种具有启发性、互动性、实践性，能够培养学生分析能力、决策能力，提高学生综合素质的教学方法。案例教学能够在一定程度上弥补学生缺乏实际工作经验的不足，让学生“边做边学”。公共关系专业的所有核心课程都提倡采用案例教学方法。

公共关系学本科专业的案例教学目标是：

(1)让学生能更多更广泛地接触和了解现实社会中公共关系活动的实际情况，缩短教学与实际工作的差距，弥补学生缺乏实际工作经验的不足。

(2)使学生了解公关行业环境及面临的问题，加深对实际公关情景及公关从业者所承担角色的理解。

(3)检验学生对所学公关基本原理知识的应用能力，提高学生的分析能力。

(4)给予学生实战演习的机会，培养学生独立思考能力和创新意识，而不是简单地接受课本知识或教师的答案，使之能发现问题、分析问题、提出解决方案、评价解决方案、制订可行的公关行动计划，提高其公关判断力。

(5)增加教师和学生之间在教学中的互动关系，提高公关教学质量和教学水平。

4.7.2 公关教学案例的类型和编写

(1)公关教学案例的类型

A. 根据案例的学习功能：有描述评价型和分析决策型两大类。描述评价型案例完整介绍、描述某一公关事件或问题的全过程，有现成的方案，要求学生对它进行评价；分析决策型案例主要是提出有待解决的公关问题，由学生去分析，并提出方案。

B. 根据案例的内容：有专题型案例和综合型案例两类。专题型案例一般只涉及一个理论分析框架；综合型案例涉及问题较多，公关事件过程错综复杂，与多个知识点有关。

（2）公关教学案例的编写

公关教师要编写教学案例，并指导本科学生接受公关案例编写的训练。公关教学案例编写的基本要求是：

A. 根据教学任务，明确公关案例编写目的。

B. 体现课程教学中涉及的公关理论分析框架或分析工具，顾及公关案例的结构和要素。

C. 编写的案例要真实、客观，但可以省略敏感的人物和名称。

D. 案例的叙述要具体、特定，还要具有一定的复杂性，以表现超常规的公关难题、困境、冲突以及解决方案的争议性。

E. 案例内容要体现时效性，描述的应是近5年发生的事件。

4.7.3　案例教学的组织

（1）案例的布置与要求

选定的公关案例应提前通过纸质或电子文档发放给学生。布置案例时可将学生划分成若干小组，并对学生提出以下要求：

A. 要认识到信息的局限性，一方面通过互联网或图书馆补充资料，另一方面对未知公关事例做合理的假设，明确地陈述这一假设，并做出恰当、实际的分析与决策。

B. 论据要充分，要尽可能多地运用学习过的公关理论与公关分析工具。

C. 方案要现实，不能超过现有实际情况。应力戒肆意夸张、墨守成规、带有偏见或过于戏剧化。

D. 要拿出具体的公关行动建议，要说明做什么、为什么做、何时做、如何做、在何处做以及由谁做等具体问题。

E. 行动建议要与组织的计划或做法进行比较，方案要有独创性。

F. 对他人的观点要持开放、包容的态度，要做一个好的倾听者和贡献者。

(2)案例的分析与书面报告

阅读公关案例,对案例中的情景有一个总体认识。应注意案例的编写日期,以便放入一个适当环境之中。

再次阅读案例,对照公关相关理论知识点,仔细考察。在阅读完成后,列出案例中的重要事件与亟待解决的中心公关问题。

以公关案例信息为依据,必要时通过图书馆和互联网收集补充信息,运用所学的公关理论、模型与工具进行分析。

通过分析尽可能多地提出解决案例中问题的不同方案。评价每一个方案,讨论其优点与缺点。对每个方案,还应考虑其实施过程中可能的障碍。

提出最终公关方案建议。不论是否获得了所需信息,都必须执行这一步。

公关案例的书面报告应体系完整、内容全面、观点明确、逻辑合理、语言简洁流畅,要尽可能使用数据与图表。

(3)案例的讨论与引导

课堂讨论前,每个小组成员都要将自己对案例的分析结果与小组成员共享。

小组要把各个成员的分析合并成为一个小组分析结果,包括分析、方案与建议,并对最佳方案达成共识。

对案例分析和建议陈述以及下一步的工作进行分工,准备讨论的有关材料。

小组成员在课堂陈述,可事先分发复印件(或放映幻灯片)。如果陈述者在陈述中遗漏了关键事实,小组其他成员可进行补充。

教师应本着以学生为主、以鼓励为主、集体参与的原则引导案例讨论,避免远离公关案例主题,同时引导其他学生提出问题。

(4)教师总结及成绩评定

教师应对整个公关案例讨论进行有效的控制,及时进行归纳和总结。

教师在总结时要对正确的观点给予肯定;对有争议的观点要进行分析、启发,引导学生做更深一步的思考,而不是公布案例分析的最终答案。

公关案例分析书面报告成绩的评定应参考以下标准:观点是否明确,解决方案是否具有创新性、全面性和可行性,逻辑结构是否合理,论证是否充分,是否具有公关方案的特色。

4.8　教材选择与参考书目

4.8.1　选用教材的原则

教材的选择应符合以下要求：

(1)权威性。应选择知名学者编写的教材,鼓励选用原版引进教材和翻译教材。

(2)时效性。教材的出版时间一般不超过 10 年。

(3)通用性。应选择国家级精品课程立项教材、普通高等教育国家级规划教材、教育部面向 21 世纪课程教材、教育部普通高校优秀教材评比获奖教材等。

4.8.2　推荐教材

(1) Aronson, Merry (2000), *The Public Relations Writer's Handbook: The Digital Age*, *2nd ed.*, Oversea publishing house.

(2) Foster, John (2005), *Effective Writing Skills For Public Relations*, Kogan Page Ltd.

(3) Seitel, Fraser P. (2009), *The Practice of Public Relations*, 10th ed., 清华大学出版社。

(4) Wilcox, Dennis L. & Glen T. Cameron (2009), *Public Relations: Strategies and Tactics* (9ed), Pearson Education, Inc.

(5)(美)巴斯金等著(2008),《公共关系:职业与实践》(第四版,公共行政与公共管理经典译丛　经典教材系列),孔祥军等译,郭惠民审校,中国人民大学出版社。

(6)黄希庭总主编(2002),《公共关系心理学》,华东师范大学出版社。

(7)纪华强(2006),《公共关系的基本原理与实务》,高等教育出版社。

(8)居延安(2008),《公共关系学》,复旦大学出版社。

(9)李熙宗(2008),《公关语言教程》,复旦大学出版社。

(10)廖为建(2000),《公共关系学》,高等教育出版社。

(11)潘肖珏(2003),《公关语言艺术》,同济大学出版社。

(12)吴友富、范徵、于朝晖、陈霓(2008),《中国公共关系 20 年发展报告》(中英文版),上海外语教育出版社。

(13)吴友富、于朝晖(2006),《现代公共关系基础教程》,上海外语教育出版社。

(14)(美)西泰尔(2009),《公共关系实务》(第10版,工商管理优秀教材译丛·管理学系列),潘艳丽等译,清华大学出版社。

(15)向国敏(2009),《公共关系写作》,首都经济贸易大学出版社。

(16)叶茂康(2003),《公共关系写作教程》,复旦大学出版社。

(17)范徵(2014),《公共关系学:组织形象管理的学问》,高等教育出版社。

(18)于朝晖、邵喜武(2008),《公共关系学》,北京大学出版社。

(19)余明阳(2007),《中国公共关系史》,上海交通大学出版社。

4.8.3 推荐书目

(1) Coombs, W. Timothy (2004), *Public Relations: An Introduction* (2nd ed.),经济科学出版社。

(2) Newsom, Turk, Kruckeberg, Thomson Wadsworth (2007), *The Realities of Public Relations*, Wadsworth Publishing Company.

(3) Schramm, W. (2007), *Men, Women, Messages and Media*:, Understanding Human Communication, 北京大学出版社。

(4) Scott, M. Cutlip (1995), *Public Relations History*, Lawrence Erlbaum Associates, Inc.

(5) Scott, M. Cutlip (2005), *Effective Public Relations*(7th ed.), 华夏出版社(Prentice – Hall, a Division of Simon & Schuster Inc., 1998)。

(6)(美)阿尔·里斯、劳拉·里斯(2002),《公关第一,广告第二》,上海人民出版社。

(7)(英)安迪·格林著(2008),《公共关系经典译丛——公关创造力》(第二版),王树国,张春铭,叶红译,北京大学出版社。

(8)(英)奥利弗著(2008),《战略化公共关系》,李志宏译,中国市场出版社。

(9)(英)奥利弗著(2005):《公共关系经典译丛——企业传播原则、方法与战略》,谢新洲、王金媛译,北京大学出版社。

(10)(英)比尔德著(2005),《公共关系经典译丛——公关部门运作》(第二版),谢新洲等译,北京大学出版社。

(11)陈先红(2006),《公共关系生态论》,华中科技大学出版社。

(12)褚云茂(2006),《公共关系与现代政府》,上海大学出版社。

(13)大龙、王庐霞、尹涛(2006),《中国式公关》,中信出版社。

(14)段京肃、杨魁(1996),《二十一世纪中国公关蓝皮书》,兰州大学出版社。

(15)菲利普斯(2005),《网络公关》, 北京大学出版社。

(16)(美)弗兰·迈特拉(2009),《公关造势与技巧:通向21世纪的桥梁》,中国人民大学出版社。

(17)(英)格里高利(Gregory, A.)(2008),《公共关系经典译丛——公共关系实践》(第二版),张婧、幸培瑜、王嘉译,北京大学出版社。

(18)(美)格鲁尼格(Grunig. J. E.)(2008),《公共关系经典译丛——卓越公共关系与传播管理》,卫五名等译,北京大学出版社。

(19)郭惠民(1995),《当代国际公共关系》(译文集),复旦大学出版社。

(20)何塞·德莱玛(2007),*PR: Historical Classics and Contemporary Masterpieces*,复旦大学出版社。

(21)霍尔茨(2001),《网上公共关系》,复旦大学出版社。

(22)(澳)科特(2007),《新闻、公共关系与权力——新世纪传播研究译丛》,赵兆丰、石琳译,复旦大学出版社。

(23)(美)赖瑞·泰伊(2001),《公关之父伯奈斯》,海南出版社。

(24)(台)李瞻(1992),《政府公共关系》,理论与政策杂志社。

(25)(美)伦纳德·萨菲尔(2002),《强势公关》,机械工业出版社。

(26)(美)罗伯特·L·狄思达(1989),《公共关系手册》,社会科学文献出版社。

(27)毛经权(2002),《新世纪的公共关系》,上海外语教育出版社。

(28)孟建主编(2008),《中国公共关系发展报告蓝皮书(2007-2008)》,复旦大学出版社。

(29)(美)森特、杰克逊(2009),《森特公共关系实务》,谢新洲等译,中国人民大学出版社。

(30)(美)斯托尔特、迪特默、布兰韦尔(2008),《体育公共关系组织传播管理》,易剑东、王晓禹、谢敏等译,辽宁科学技术出版社。

(31)(美)唐·米德伯格(2002),《成功的公共关系》,机械工业出版社。

(32)唐钧(2009),《政府公共关系》,北京大学出版社。

(33)(美)沃纳·J·赛佛林、小詹姆士·W·卡德(2006),《传播理论:起源方法与应用》(第5版),郭振之译,中国传媒大学出版社。

(34)吴友富、范徵、于朝晖、陈霓(2008),《中国公共关系20年发展报告》(中英文版),上海外语教育出版社。

(35)熊卫平(2005),《公关伦理学》,浙江大学出版社。

(36)余明阳(2006),《公共关系策划学》,首都经济贸易大学出版社。

(37)(台)张依依(2007),《公共关系理论的发展与变迁》,安徽人民出版社。

(38)(台)张在山(1994),《公共关系学》,五南图书出版公司。

(39)中国社会科学院新闻研究所(1986),《塑造形象的艺术》,科学普及出版社。

4.8.4 推荐案例集

(1) Hayes, Darrell, Jerry A. Hendrix (1998), *Public Relations Cases* (4th ed),东北财经大学出版社。

(2)朱传贤(1995),《中国优秀公关案例选评》,复旦大学出版社。

(3)郭惠民(1997),《中国优秀公关案例选评之二》,复旦大学出版社。

(4)郭惠民(1999),《中国优秀公关案例选评之三》,复旦大学出版社。

(5)郭惠民(2001),《中国优秀公关案例选评之四》,复旦大学出版社。

(6)郭惠民(2003),《中国最佳公共关系案例选评之五》,复旦大学出版社。

(7)中国国际公共关系协会(2005),《最佳公共关系案例》,安徽人民出版社。

(8)中国国际公共关系协会(2007):《最佳公共关系案例》,清华大学出版社。

(9)中国国际公共关系协会(2009),《最佳公共关系案例》,中国市场出版社。

(10)中国国际公共关系协会(2011),《最佳公共关系案例》,企业管理出版社。

(11)中国国际公共关系协会(2014),《最具公众影响力公共关系案例集》,企业管理出版社。

(12)毛经权(2004),《沟通创造价值2002—2003上海优秀公关案例》复旦大学出版社。

(13)毛经权(2006),《公关人的创意 2004—2005 上海优秀公关案例》,上海外语教育出版社。

(14)毛经权(2008),《公关的力量 2006—2007 上海优秀公关案例》,上海外语教育出版社。

(15)毛经权(2010),《有效的公关策划:2008—2009》,上海外语教育出版社。

(16)胡炜(2014),《公关创造和谐:2010—2011 上海优秀公关案例》,上海外语教育出版社。

4.8.5　推荐期刊

(1)《公关世界》。

(2)《国际公关》。

(3)*Public Relations Journal.*

(4)*Public Relations Quarterly.*

(5)*Public Relations Review.*

第5章　附件

5.1　公共关系学本科专业质量认证指标体系

（第三届全国公共关系学专业院长(系主任)联席会通过）

公共关系学本科专业质量认证指标体系由专业定位、师资队伍、教学条件、教学管理和教学效果评价五个模块构成，每个模块由若干子模块构成，子模块由不同单元构成，每个单元有重要观察点。公共关系学本科专业质量认证指标体系的框架与标准见表5-1。

表5-1　公共关系学本科专业质量认证指标体系

模块	子模块	单元	重要观察点
1专业定位	1.1专业发展目标	专业发展规划	有明确的3－5年的专业发展规划 专业发展规划能够体现学院使命 专业发展规划能够适时动态调整
		专业建设计划	有明确的年度专业建设计划 年度专业计划具有可操作性
	1.2专业建设特色	专业方向	专业服务对象明确 专业方向优势明显
		专业设计	有具体的专业培养方案 专业设计体现专业方向的特点
2师资队伍	2.1教师规模	专职教师数量	专职教师数量能够满足专业发展的需要 有明确的专职教师选聘流程 专业师生比不低于1:10
		兼职教师数量	有一定数量的兼职教师 兼职教师具有一定的资格

续表

模块	子模块	单元	重要观察点
	2.2 教师结构	学历结构	在本科或研究生阶段接受过本专业或相近专业的系统教育 硕士以上学历学位的教师比例不低于 80%
		职称结构	教师梯队合理，后备力量充足 高级职称教师所占比例不低于 30%
		学缘结构	非本校培养的专职教师所占比例不低于 30%
	2.3 教师能力	教学能力	授课内容能够体现学科前沿理论和最新公关实践 授课方式具有启发性和创新性
		科研能力	每年发表高质量专业学术论文 能够承担科研项目、出版专著、编写教材
		学习能力	能够证明教师进行了知识更新 有一定数量的教师拥有海外研修经历
		实践能力	教师能够与业界保持紧密联系 能够为企业或政府提供咨询、培训等服务
3 教学条件	3.1 教室与实验条件	教室	教室设施先进，能满足多媒体教学需要
		实验室	设有 PR 专业实验室 能够保证实验室正常运行与维护
	3.2 资讯与数字资源	图书期刊	图书、期刊资料充足 拥有本专业领域主要学术期刊
		数字资源	具备检索专业学术资源的数据库 拥有师生互动的网络教学平台
	3.3 实习与实训系统	专业实习	拥有稳定的能有效利用的实习基地 能够提供实习活动的相关记录
		社会实践	参与多种形式的社会实践活动 能够证明学生综合素质得到了明显提高
4 教学管理	4.1 教学计划	课程体系	课程体系科学、学时分配合理 能够保证专业培养方案的实现
		教学文件	有能够保证教学活动正常进行的教学文件 每门课程有完整的教学大纲、教学日历和教案

续表

模块	子模块	单元	重要观察点
	4.2 教学组织	教学规章制度	教学规章制度健全 教学规章制度得到有效实施
		教学管理队伍	管理人员的数量应满足专业需要 管理人员拥有相关专业的教育背景
	4.3 教学监控	教师考核	教师行为符合职业道德规范 能够获得学生的满意评价
		学生评价	学生作业、试卷水平、考试成绩和毕业论文体现专业培养目标的要求 考核程序规范,符合质量要求
5 教学效果评价	5.1 学生素质	品德	具有社会责任感和奉献精神
		知识	系统掌握本专业基础知识
		技能	具备专业基本技能
	5.2 社会认可	就业	岗位适应性强、能够满足社会需求 有较高就业率
		声誉	拥有良好的专业形象和社会影响

5.2 全国普通高等学校公共关系学本科专业介绍

(第三届全国公共关系学专业院长、系主任联席会通过)

学科:管理学

门类:公共管理类

专业名称:公共关系学(Public Relations)

专业代码:120409T

培养目标:本专业培养具备管理学、公共关系学等方面理论知识和实践技能,能在政府机构、企事业单位、社会团体、专业公关公司等组织从事公共关系管理工作的复合型人才。

培养要求:本专业学生主要学习公共关系学、管理学等方面的基础理论和基本知识,接受公共关系专业技能方面的基本训练,掌握分析公共关系问题的系统方法,具备解决公共关系问题的实践能力。

毕业生应在具备良好职业道德的基础上，获得以下几方面的知识和能力：

(1)掌握公共关系学、管理学等现代科学的基本理论知识，具备相应的科学和人文素养；

(2)掌握公共关系的调查研究、创意策划、沟通协调、管理咨询等方法和技术；

(3)具有有效处理组织公共关系事务的基本能力；

(4)具有较强的语言与文字表达能力和沟通能力，通晓一门外语；

(5)了解本学科的理论发展及前沿动态，了解国内外政治、经济、文化的发展状况，以及公共关系和相关行业的发展趋势；

(6)掌握文献检索、资料分析等哲学社会科学研究的基本方法，具有一定的科学研究能力。

主干学科：公共管理、工商管理、新闻传播学

主要课程：公共关系学原理、公关语言与写作、公关调研与评估、公关战略与策划、组织文化与 CI 设计、危机管理、公关案例研究、公共管理、公共政策、公共伦理、西方经济学、传播学概论

主要实践性教学环节：包括社会调查、专业考察、专业实习、毕业论文等，一般安排 16 ~ 20 周。

修业年限：四年

授予学位：管理学学士

相近专业：行政管理、传播学、市场营销

5.3　教育部公共管理类新设专业教学指导分委员会工作条例

(首届全国公共管理新设专业教学指导分委员会会议通过)

一、总则

第 1 条　为积极推进高等教育宏观决策的科学化和民主化，充分发挥专家组织在普通高校各个学科专业教学中的指导作用，教育部建立了本科专业教学指导委员会及分委员会。

第 2 条　为了更好地推进公共管理类城市管理专业和 4 个特设专业

（海关管理、交通管理、海事管理、公共关系学）的建设发展及促进校际之间的交流，特成立教育部公共管理类新设专业教学指导分委员会（以下简称教学指导分委员会）。

第3条　本条例自讨论通过之日起实行。

二、性质及职能

第4条　教学指导分委员会接受教育部公共管理类专业教学指导委员会的领导和指导，具有非常设学术机构性质。

第5条　教学指导分委员会的职能主要是开展普通高校公共管理类城市管理专业和4个特设专业的指导、评估、咨询、课程规划、教材建设、师资培训等工作。

三、委员会构成

第6条　教学指导分委员会设主任委员1名，负责总体规划和管理工作。设副主任委员1名，协助主任开展工作。设秘书长1名，负责对公共管理类城市管理专业和4个特设专业的联络沟通工作。首届委员由教育部公共管理类专业教学指导委员会主任提名产生。

第7条　委员名额分配：开设数量在10所高校以下的专业，可有1－2名委员；开设数量在10所高校以上的专业，可有2－4名委员。主任、副主任和秘书长不占所在高校委员名额。

第8条　委员无故两次不参加全体委员会议，视为自动放弃委员资格；委员的变动与增补由秘书长提交全体委员会议讨论通过。

四、活动方式

第9条　教学指导分委员会每年6月底召开1次全体委员会议；根据工作需要，不定期组织相关活动，并报教育部公共管理类专业教学指导委员会秘书处备案。

第10条　各专业可组织本专业年度会议，并报教学指导分委员会秘书处备案。

5.4 教育部公共管理类新设专业教学指导分委员会委员

表5-2 教育部公共管理类新设专业教学指导分委员会委员

职别	姓名	单位及职务	专业	备注
主任委员	吴友富	上海外国语大学原党委书记、全国公共关系学专业院长(系主任)联席会议委员会主任		目前设置城市管理专业的高校有23所:苏州大学、北京大学、南开大学、重庆大学、中国人民大学、青岛科技大学、华侨大学、浙江农林大学、浙江工商大学、首都经济贸易大学、北京城市学院、云南大学等; 设置公共关系学专业的高校有18所(按设置时间排序):中山大学、中国传媒大学、东华大学、上海师范大学、大理学院、上海外国语大学、海南大学、上海第二工业大学、浙江传媒学院、广西财经学院、南昌大学、内蒙古财经大学、华东师范大学、中山大学南方学院、中国计量学院、北京师范大学-香港浸会大学联合国际学院、西南大学、中山大学新华学院; 设置交通管理专业的高校有4所:大连海事大学、上海海事大学、中国民用航空飞行学院、重庆交通大学; 设置海事管理专业的高校有2所:大连海事大学、武汉理工大学; 设置海关管理专业的高校有2所:上海海关学院、对外经济贸易大学。
副主任委员	孙涛	南开大学周恩来政府管理学院副院长、全国公共管理专业学位研究生(MPA)教育指导委员会委员		
秘书长	范徵	上海外国语大学国际工商管理学院院长、教育部工商管理类专业教学指导委员会委员		
委员	陆军	北京大学政府管理学院城市与区域管理系主任	城市管理	
	王德起	首都经济贸易大学城市经济与公共管理学院教授		
	杨晨	上海外国语大学国际工商管理学院公共关系学系副主任	公共关系学	
	何辉	中国传媒大学广告学院公共关系系主任		
	褚云茂	东华大学人文学院传播系教授		
	张秋荣	上海海事大学教务处处长	交通管理	
	付玉慧	大连海事大学航海学院教授	海事管理	
	黄丙志	上海海关学院海关管理系主任	海关管理	

本篇注释与参考文献

1. 陈先红等(2005),中国大陆近十年公共关系研究实证报告,《华中科技大学学报·社会科学版》第2期。
2. 洪君如(2006),美国公共关系漫谈,《国际公关》,2006年第1期。
3. 纪华强(2009),中国公共关系教育二十年,刊载《深水静留》,复旦大学出版社。
4. 居延安(1989),《公共关系学》,复旦大学出版社。
5. 孟建(2009),《2007—2008中国公共关系发展报告》,复旦大学国际公共关系研究中心,复旦大学出版社。
6. (英)桑德拉·奥利弗(2008),《战略化公共关系》,李志宏译,中国市场出版社。
7. 吴友富、范徵、于朝晖、陈霓(2008),《中国公共关系20年发展报告》(中英文版),上海外语教育出版社。
8. 杨晨(2011),公共关系学本科专业发展现状与思考,《内蒙古财经学院学报》(综合版)第5期。
9. 余明阳(2007),《中国公共关系史》,上海交通大学出版社。
10. 查灿长、张娜(2009),《2008年我国公共关系专业教育与学术研究报告》,上海大学影视学院,《公关世界》。
11. 张依依(2007),从"说服"到"管理"到"关系"——1975—2006年公共关系理论与范式演变的历史比较分析,《国际新闻界》第12期。
12. 注意力公关研究院、中山大学公共传播研究所(2011),《2010年中国企业公益传播研究报告》。
13. 中国高教学会公关教育专业委员会重点课题(2010),《上海高校公共关系教学调查报告》。
14. 中国国际公共关系协会学术工作委员会(2006),《公关教育二十年》。
15.《公关世界》杂志,2006—2010各期。
16.《国际公关》杂志,2006—2010各期。
17. 中国公关网(www.chinapr.com.cn)。
18. 中国公共关系协会(www.cpra.org.cn)
19. 上海公关网(www.chspra.com)。
20. 公共关系研究(上海外国语大学 www.prstudy.edu.cn)。
21. 中国公共关系网(www.17pr.com)。
22. 公共关系网(www.13pr.com)。
23. 中国公关新闻网(www.goguan.cn)。
24. http://www.jou.ufl.edu/academic/pr。
25. http://www.apr.ua.edu/。
26. http://www.cla.auburn.edu/cmjn/index.cfm/public-relations/。

27. http://www. bu. edu/com/academics/masscomm-ad-pr/public-relations/。
28. http://advertising. utexas. edu/。
29. http://com. miami. edu/programs-public-relations。
30. http://annenberg. usc. edu/Prospective/Undergraduate/PR/Reqs. aspx。
31. http://advertising. utexas. edu/。
32. http://www. academic-guide. fsu. edu/publicrelations. html。
33. http://www. comm. cci. fsu. edu/。
34. http://www. marquette. edu/explore/major_pr. shtml。
35. http://www. gs. fudan. edu. cn/new/intro/w55-1. html。
36. http://zs. dhu. edu. cn/jieshao/renwen. htm。
37. http://www. shtu. edu. cn/。
38. http://www. sisucib. net/。
39. http://www. szu. edu. cn/szu2005/topview. asp? id = 4&fid = 1&Sid = 317。
40. http://218. 249. 178. 198/WSM/shownews. aspx? id = 429。
41. http://gms. sysu. edu. cn/xyqk/xszx/ggcb. htm。

第三篇

教　学　成　果

Teaching Achievements

无国界管理 MBA 卓越人才培养模式创新

INNOVATIVE MODEL TO CULTIVATE BORDERLESS MANAGEMENT MBA TALENTS

国际工商管理学院教学环境与学术氛围综合建设

COMPREHENSIVE DEVELOPMENT OF TEACHING AND ACADEMIC ENVIRONMENT

无国界管理 MBA 卓越人才培养模式创新[①]

2009 年在全国 116 所申办院校中以第一名成绩获得 MBA 承办权后，上海外国语大学 MBA 项目成功地凝炼出“无国界管理 MBA 卓越人才培养模式”，受到社会的广泛好评。涉及以下几个方面：

一、理念创新：培养无国界管理 MBA 卓越人才

当今的世界是全球化了的“平坦的世界”。“全球化 3.0”的主体是个人的全球化参与，是被各种各样的个人所驱动。在此背景下，上海外国语大学国际工商管理学院提出“无国界的世界，无国界的管理”的发展愿景，致力于培养“源自于东方的新一代复合型无国界管理 MBA 人才”。并认为，上外 MBA 学生对今后社会产生的积极影响应该首先体现在“对平坦世界下无国界管理的推动”。力争实现三个无障碍：无语言障碍，无专业障碍，无文化障碍——交流层面会外语，并提倡掌握第三语言；业务层面懂专业，实现校企无障碍对接；合作层面通文化，投身全球创新实践活动。

二、理论创新：构筑无国界管理 MBA 卓越人才胜任力模型、评价体系及其培养创新平台

目前已初步形成我校 MBA 无国界管理人才培养理论体系：

（1）无国界管理 MBA 人才培养是上外复合型人才培养继语言（专业方向）阶段、专业（语言类别）阶段、双学位阶段、中外双文凭阶段后的复

---

① 本文为 2012 年上海外国语大学教学成果特等奖、2013 年上海市教学成果二等奖获奖成果。获奖人为吴友富、冯庆华、范徽、潘聪、汪小玲。

合型研究生培养的第五发展阶段。如图 1-1 所示。

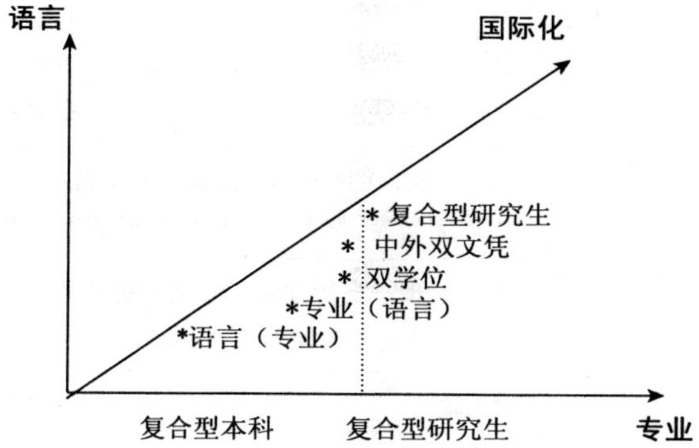

图 1-1　复合型专业的发展历程

(2)无国界 MBA 人才是"语言知识"与"专业知识"的统一体,拥有全球视野、人文情怀、外语特长、实践能力、良好的商业道德和社会责任感,并能够畅达进行跨文化沟通和交流的世界公民,构成无国界 MBA 人才的核心竞争力。如表 1-1 所示。

表 1-1　基于冰河知识体系的国际型人才素质模型

超我知识	掌握国际核心业务专长并在国际事务或全球产业链上创造价值	出色的以外国语为基础的跨文化沟通能力
自我知识	深厚的基于本国文化底蕴的全球情怀、国际视野	
本我知识	国际化的理念、思维与行为方式	
	专业知识	语言知识

注:借用冰河的三层比喻知识的三层:超我知识层,即积雪层,为说得出、道得明的显性知识;本我知识层(河水层)为说不出、道不明的隐性知识;自我知识层(冰冻层),则介于期间,若隐若现。

(3)"基于大学核心职能的无国界 MBA 人才培养创新平台"显示,无国界 MBA 人才培养的创新平台是"知识创造"(知识输入)和"知识传播"(知识输出)的统一体;是知识载体及其行为、环境间的和谐互动如表1-2所示。具体体现为人才培养—教学方面、发展科学—科研方面、办学主体—师生方面、管理—支持方面等四大无国界人才创新平台基础。

表 1-2 基于大学核心职能的无国界 MBA 人才培养创新平台构架

行为	发展科学—科研方面 国际化创新平台 （研究、实践无国界）	人才培养—教学方面 国际化创新平台 （游学无国界）
载体	办学主体—师生方面创新平台 （生源无国界、职业生涯无国界、师资无国界）	
环境	管理—支持方面国际化创新平台 （活动无国界、管理无国界）	
	知识输入	知识输出

三、课程体系与实践活动创新：设计有上外特色、适合 MBA 实际需求的课程体系和实践活动

上外 MBA 开设了符合培养理念的课程模块体系。包括：①预前课程模块：在 MBA 正式开课前一个月开始，课程涉及 MBA 学习方法、学习资源、团队建设，重难点课程基础知识学习等，让学生更好地适应未来的学习，掌握 MBA 学习方法，建立团队合作精神。②核心商业课程模块：开设 9 门核心商业课程，涵盖企业商业运作中涉及的各个环节。教师在授课过程中会加强全球化、跨文化等体现上外特色的教学内容。③跨文化与软技能模块：上外 MBA 的特色课程。注重跨文化沟通、学生商业道德、领导力等软技能方面的培养。通过海外学习，为学生带来国际经验的体验，开拓国际视野。④整合实践模块：通过实践项目的操作，加强学生整合和实践运用能力。⑤选修课与方向：基于上外本身的学科优势，设置了 4 个与 MBA 兄弟院校互补的专业方向。同时提供商务英语和英语口语课程，还开设第二外语。

（1）项目设置与安排：双语与全英语班

根据学生意愿，并参考学生英语水平，上外 MBA 开设全英文班和双语班。不同的班级课程内容一致，学制与授课方式会有不同。在课程安排上，以实现学生学习效率的最大化为出发点，采用集中式授课和分散式授课相结合的方式。

（2）无国界视野与跨文化体验模块

A. 世界文化与商务课程。利用本校优势学科资源，联合上外各语言院系、文化研究所，开设了“世界文化与商务”的选修课。学生有机会了

解世界各地的风俗、文化背景、经济和政治环境。上外 MBA 还会邀请该国(地区)企业在华公司的代表分享心得体会。学生会结合自身的实际经验,介绍自己在跨文化环境下所面临或遇到的各种困难与挑战,未来如何更好地解决由这种文化差异或思维方式不同带来的问题。

B. 国际交换项目与双学位项目。上外 MBA 十分注重海外合作与发展。至 2014 年 8 月,已与全球 12 个国家的近 20 所院校建立起学生国际交换和双学位海外合作项目,其中 40% 的合作院校拥有国际认证。交换名额可以覆盖全体全日制 MBA 学生和部分在职 MBA 学生。

C. 海外学习之旅。MBA 中心与海外知名商学院合作,根据四个选修方向,每年组织 3 ~4 次到不同国家和地区进行为期一周的参访与交流。学生会聆听教授或参访国当地的企业经营者就参访主题进行相关的介绍与分享,到知名企业实地参观。与当地商学院 MBA 学生联谊,并感受参访国的风土人情。

D. 跨文化商业论坛与活动。为了增强在校 MBA 学生的国际体验,增进学生与国际生的深入交流,上外 MBA 定期与合作院校、领馆、商会举办商业论坛与活动。

各类跨文化课程与活动注重对学生国际视野的培养,为学生跨文化问题解决能力的提升提供了平台。而每年来上外 MBA 交流学习的国际企业和海外院校也给学生带来新的思维碰撞。希望通过这类活动与课程帮助学生实现上外 MBA 无国界管理培养理念中"合作交流无文化障碍"。

至今 40 多个国家和地区的留学生、交换生加入 MBA 课堂学习,并参加各类活动,上外 MBA 留学生比例已占全日制学生总人数 20%。"无国界生源"营造了项目的国际化氛围。同时为了增强中国 MBA 学生的国际化经历,拓展学生的全球视野,上外 MBA 项目特增设专项奖学金,鼓励每一位学生参与国际交流和学习。自 2014 年起,海外学习已被正式列入上外全日制 MBA 学生的必修课程。

(3)整合实践模块,以增强学生实践经验、提升职业发展为目的的活动与课程

整合管理思维课程。上外创新性地开设了《整合管理思维》课程,旨在通过阅读管理专业经典,使学生学会自我获取知识,并能融会贯通,学习管理大师的思维与心智模式,逐步养成探索、创新工商管理实践方法的能力。

A. 基于企业实际商业运作竞赛项目。每年会举办商业竞赛,由学生

组成团队,帮助企业解决实际经营问题或为企业发展提供方案。商业竞赛项目不仅为学生提供了与各公司高管直接沟通和探讨的机会,而且帮助学生了解到不同公司和行业的发展战略和实际运作。同时,学生可以检验自己的方案是否能为企业和市场接受。

B. 校企参访与合作课程。上外 MBA 每月会组织学生去企业参访,为学生提供零距离了解企业商业运作流程的机会。上外 MBA 也与企业共同开设企业实践课程,企业高管将本企业最前沿的研究与管理、运营经验与学生分享,实现深度校企合作。

C. 企业导师与各类职业发展课程讲座与服务。在整个 MBA 学习期间,上外 MBA 会组织各类职业讲座和工作坊帮助学生实现职业目标。行业专家和专业人士也将加入课程,加深学生对行业、职能的认知。MBA 中心的职业发展部也会组织企业导师,为学生提供一对一的咨询与帮助。个性化的建议将帮助学生明确职业偏好,为整个职业生涯发展带来帮助。

D. 整合实践模块。注重对学生思维方法的锻炼,形式多样的论坛活动与实践课程旨在帮助学生深入企业,熟悉企业商业运作,加强学生的实际运用和解决问题的能力。将所学知识更好地应用于实践,使其在未来的职业发展中博采众长、学有所用。通过参与各类实践活动与职业课程,上外 MBA 学生可以接触到相关行业具有影响力的企业家、学术界最负盛名的学者,从而为他们的职业发展和资源共享提供更好的平台。这种方式也将帮助学生实现上外 MBA 无国界管理培养理念中的“校企对接无障碍”。

(4)特色方向模块

除了综合工商管理方向外,上外 MBA 设置了 4 个与各 MBA 院校互补的专业方向:“国际整合营销与公共关系”“跨国经营与跨文化管理”“国际金融与财务管理”“全球时尚与奢侈品管理”。

(5)外语特色模块

针对外语好的生源,实行全英语或双语教学;针对外语较弱的生源,开设“商务英语”与“英语口语”课程,帮助提升其英语水平。并开设第三语言。

(6)特色实践活动

除课程外,上外 MBA 也开展国际月、时尚与奢侈品月、中国—瑞典企业社会责任论坛、跨文化管理国际学术研讨会等多种特色国际化活动,诸多跨国公司高管、学术大家与学生互动,既体现上外 MBA 的“无国界”的特色,又符合对 MBA 学生实践能力培养的需求。

四、师资队伍配备与建设创新：培养模式实现的有力保障

为保证教学质量，上外 MBA 坚持严格的师资选聘标准和程序，选聘高质量的师资。除具有学位与职称要求外，更注重教师的实践经验和 MBA 教学经验。同时，教师的海外教育背景或经历也是上外选聘 MBA 师资的衡量因素之一。在整个课程教学中，教学质量监控、评估与反馈将贯穿始终。

上外 MBA 项目的授课师资教学经验丰富、企业管理经验充足。他们帮助学生理解企业的经营理念和管理知识，在课堂上营造热烈、友好和自由的学习氛围，引导学生积极参与课堂讨论与分享。师资队伍由上外自身教师、海外合作院校优秀教师和企业导师共同组成。

教师队伍构成的多元化不仅能解决上外 MBA 部分课程师资力量不足的问题，也能为学生从不同角度带来启发与思考。师资的“无国界”也是上外 MBA 特色培养理念的表现之一。目前，已有来自 18 个国家和地区超过百人次的教师、企业高管在上外 MBA 项目任教，为学生带来不同区域行业特色的管理理念。

五、管理体制创新：建立项目可持续发展的管理体制与制度

为了确保“上外无国界管理 MBA 卓越人才培养模式”的顺利实施，保障上述各项工作和课程活动持续稳健地开展，上外 MBA 建立了适合本校教育条件和环境的 MBA 管理体制，为 MBA 项目的发展提供了良好的政策环境。同时，MBA 中心内部也制定了有效的项目质量保障体系。

（1）管理体制与政策

为保障各项工作高效、有序地开展，建立了特色管理体制：

A. 成立上外 MBA 教育领导委员会、咨询委员会，由校领导统领 MBA 教育的各项工作，协调整合校内各项资源；

B. 成立 MBA 教育中心，独立运作执行日常工作；

C. MBA 教育中心挂靠国际工商管理学院，在学科发展与建设上获得强有力的支撑。管理学院与 MBA 中心实现良性互动。

（2）项目质量保障体系

上外 MBA 中心建立了有效的质量保障体系，在招生、教学、学生工作、内部管理等方面设立各项规定与流程，以确保 MBA 培养各个环节有

明确的指导与规范，实现与 MBA 教育目标的统一。

上外 MBA 聚焦 MBA 项目的教学质量，以保证实现项目的培养目标，实现 MBA 项目的可持续性发展。参照国际认证的标准，项目建立各项学术制度，严格执行培养方案、教学计划及有关教学管理规定，并对教学质量给予监控、反馈与评估。同时，为配合教学，提供更加规范的教学指导，保证 MBA 教学质量，对在教学过程中涉及的各项流程与制度进行了规范。

六、办学条件创新：配合培养目标的教学条件

上外专门为 MBA 项目配备了足够数量较高标准的案例教室和案例讨论室，并配套高质量的多媒体教学设备，保证课堂教学的良好效果。除了学校图书馆的图书资源，还配备了 MBA 专业图书资料和网络、光盘信息检索系统。为 MBA 项目度身定做的学生信息管理系统，也为 MBA 学生学习、互动提供了快捷、便利的网络平台。

案例教学是 MBA 项目普遍采用的教学方法，上外的特色案例库的建设获得了中国管理案例共享中心、国外学术同行领导的高度评价。开发涉及“迪斯尼在上海”“吉利并购沃尔沃”等世界关注的拥有中国元素的走出去、请进来案例 10 个；同时收集拥有中国元素的走出去、请进来案例 400 个。并有多篇案例被中国管理案例共享中心收录为“全国百优案例”。

七、培养绩效：无国界管理 MBA 卓越人才培养的教育效果与社会反响

上外无国界管理 MBA 的培养绩效表现为生源无国界、师资无国界、游学无国界、研究实践活动无国界、职业发展无国界和管理无国界等方面。具体体现情况如下：

（1）无国界人才培养情况

五年来，上外 MBA 共计招收培养学生 904 人，另有 40 多个国家和地区的留学生、交换生 300 多人加入了上外 MBA 的学习。自 2014 年起，海外学习已被正式列入上外全日制 MBA 学生的必修课程，每位全日制的中国籍 MBA 学生均将参加海外学习与交流。

上外 MBA 还举办了众多内容多样、精彩纷呈富有无国界全球视野和

思维的学生活动:创办了《无界》杂志;承办了上外 MBA 国际月;学生组织雪梨堂和经致论坛也邀请了多位跨国公司的高管与学生分享管理经验和职业发展经历。

(2)学生知识与能力的培养

来自多个国家和地区的“无国界师资”,为学生带来不同区域行业特色的管理理念与知识。学位毕业论文是 MBA 教学计划的重要组成部分,是检验学生综合运用所学基础知识、基本理论和基本技能,提高独立工作能力、分析解决实际问题的能力和创新能力,达到培养目标定位和特色的一个重要环节。至今,上外 MBA 被抽到上海市论文盲审的论文,全部通过,疑议率为 0。

(3)毕业生表现

学生就业是反映市场对上外 MBA 项目教育效果是否认可的标准之一。上外 MBA 毕业生受到就业市场的欢迎,近 40% 的学生较入学前的岗位有所提升或成功进行了职业转换。整体毕业生薪资增幅达 52. 97%,由入学前的年薪 20. 1 万元人民币增至毕业后的 30. 6 万元。其中,外资和合资企业就业的学生近 70%,就业地点不仅在中国,还包括亚洲、欧洲等地。

通过对企业的调查显示,上外 MBA 毕业生总体英文水平较高,能够积极胜任工作,通过上外 MBA 的学习增强了学生在企业内部跨文化交流的能力,多元文化学习的环境锻炼了毕业生多元思考解决问题的方式方法。

(4)社会反馈

上外无国界 MBA 项目,受到了媒体和社会的关注与认可,在《人民日报》《解放日报》《新民晚报》《新闻晨报》《环球时报》、China Daily 等平面媒体上报道近百次,在新浪、网易、腾讯、凤凰等网络媒体转载内容近千次。上外 MBA 鲜明的无国界管理办学理念和项目特色,高效、专业的员工队伍也受到了全国 MBA 教育指导委员会的肯定和兄弟院校的认可,并多次受邀为同期新增 MBA 院校分享经验。上外还被推举为上海市 MBA 教指委副主任单位。2014 年,上外 MBA 被多家媒体、评审机构授予“2013 年度最具品牌影响力 MBA 院校”“最具特色奖”等荣誉。“无国界管理 MBA 卓越人才培养模式创新”荣获 2013 年度上外教学成果特等奖。

八、附件目录

(1)上海外国语大学工商管理硕士(MBA)培养方案。

(2)上海外国语大学 MBA 项目海外生、国际学生一览。

(3)上海外国语大学 MBA 项目部分师资名单:

近年为上海外国语大学 MBA 授课的部分境外教师名单;

上海外国语大学 MBA 项目企业导师名单。

(4)上海外国语大学 MBA 项目部分讲座与活动:

近年为上海外国语大学 MBA 学生举办讲座和报告情况汇报表;

近年组织上海外国语大学 MBA 学生参加实践活动情况汇总表。

(5)相关媒体报道(2010—2015 年)。

以上目录内容略。

国际工商管理学院
教学环境与学术氛围综合建设[①]

近年来,校党委书记姜锋、校长曹德明先后陪同联合国副秘书长吴红波、中国教育国际交流协会会长(原教育部副部长)章新胜、北京外国语大学校长韩震等到上外国际工商管理学院视察,对学院教学环境和学术氛围的综合建设效果留下了深刻印象。

国际工商管理学院在"教学环境与学术氛围综合建设"实践中,以学生为中心,逐步形成了"三个课堂"的建设理念:第一课堂是规定动作,重点解决知识和能力的结合问题;第二课堂是自选动作,通过学术氛围和课外活动重点熏陶学生素养,提高实践能力问题;第三课堂是国际化游学,拓展学生的国际视野、激发智慧。具体来说,学院教学环境与学术氛围综合建设涉及以下几个方面:

一、使命愿景引领:开发学院使命、愿景、院训,制作学院手册,引领学院教学环境与学术氛围的综合建设

上外国际工商管理学院以"无国界的世界,无国界的管理"为愿景,肩负"培养复合型的国际工商管理创新人才,并为企业、政府等组织的国际化经营、管理和治理提供智力支持"的使命,秉承"管理 · 创新 · 实践"院训,努力培养和提供拥有全球视野、人文情怀、外语特长、实践能力,并能够畅达进行跨文化沟通的高端的无国界的管理人才和服务。有的校友已成长为世界 500 强中国公司最年轻的 CEO。

① 本文为 2015 年上海外国语大学教学成果一等奖。获奖人为范徵、徐永、曹姝婧、王颖、张文洁。

二、开发学院手册:制作师生学术手册、学院管理手册,规范学院教学科研和管理工作

根据学院本身专业的特色,结合教学实践中总结的经验,形成了一整套的学院教学管理文件,并持续更新:《CIB 管理手册》(6 版)《CIB 教师学术手册》(上下册,6 版)《CIB 本科生学术手册》(6 版)《CIB 研究生学术手册》(6 版),将本科教学中教师、学生的所有环节制度化,切实做到有章可循。

三、改善第一课堂:加强实践教学,建成虹口松江互为连线的高水准专业实验室 4 个,所开发的案例获得“全国百篇优秀管理案例”并进入国内外知名大学案例库

在学校和教育部基金的支持下,学院还建设了 4 个设施、装潢均与国际接轨并与全校分享的专业实验室(案例分析、PR、ERP、管理决策),同时实现虹口与松江的实验室连线,提高两地资源共享和学生的实战操作能力;同时,学院平时要求教师注重案例教学,目前已有获得“全国百篇优秀管理案例”、进入中国案例共享中心案例、加拿大毅伟商学院案例共计 15 篇。

四、强化第二课堂:学院每年举办“管理周”活动,汇编《学生创新实践成果集》,邀请卓越校友持续开设“CIB 高管论坛”,成立校友会管理分会,激发学生的创新实践激情

“CIB 管理周”目前已成功举办 7 届。每年管理周院长都去参加活动的开幕式或闭幕式,为新生点一把创新实践的火,为老生的创新实践成果颁奖,为学生的创新实践成果集发行剪彩。《管理从身边走向世界:学生创新实践成果集》(100 万字,6 版)受到教育部工商管理教育指导委员会领导高度评价。另外,“CIB 高管论坛”目前进行到 30 余讲。学院邀请 MBA 职业生涯课专业教师、国际 JA 组织、在职工作的 MBA 学生担任本科生的 Mentor-Mentee 项目导师,指导、咨询学生的职业生涯发展。

五、引入第三课堂:鼓励、组织学生参加国际游学,每年举办国际学术研讨会,吸引国外学者和国际留学生入院,加强跨文化交流

学院 90% 的教师都具有国外学习或工作的经历。学院大力推进国

际化战略，积极拓展国际交流，与欧美等国家的多所高校和研究机构建立了各种形式的学术交流、教学合作、学生互换、教师互访项目，聘有境内外企业导师及兼职教授50余名。每年都有教师和学生被派出交流。学院本科生、硕士生学生海外交流比例分别超过30%和40%。同时，学院无国界的办学理念和优秀的办学环境也吸引了来自世界各国的留学生。目前在院留学生近40人。学院全部课程都要求教师提供中英文教学大纲，相当多的专业课程采用原版教材进行双语或全英语授课，拥有“上海市全英示范课程”6门。与上海市公共关系协会合办的“上海公共关系国际论坛”两年一届，目前已经举办6次；学院主办的“跨文化管理国际学术研讨会”两年一届，目前已经举办3次。

六、提倡深度阅读：公布“管理必读经典100种”，开设《管理学经典文献选读》课程，鼓励学生阅读管理经典，养成深度阅读习惯，学会终身学习

针对普遍存在的“网络浅阅读”现象，学院公布“管理必读经典100种”，开设了《管理学经典文献选读》课程，鼓励学生阅读管理经典，参与“校长杯阅读大赛”。与管理大师直接对话，沉淀、提升自己。要求学生从一门课、一本书中，不仅了解该课（书）的知识、知识体系、相关技术和工具，还要学习、领悟作者的思维模式、方法论和思维哲学。

七、耕耘创新土壤：精心打造学院公共学术环境氛围，创设“悠哉咖吧”，提供激发创新创意的土壤

学院近年来在规范教学环境、提供激发创新创意的土壤方面花了些工夫：《管理必读100种》的原著封面已在二教楼1～2层楼面走廊全部裱框上墙；学院公共场所的交流空间已被有效打造，受到师生们好评；向教师提供免费现磨咖啡，目前已延伸到鼓励学生自己开设咖啡馆（悠哉咖吧yourside），为学生自己服务。

八、沉淀学院历史：劈出专门场地，建立学院教学评估和学院成果展览室，展出学院、教师、学生的学科、学术及创新实践成果，积淀学院历史

为迎接本科、硕士及MBA评估，学院在松江和虹口劈出专门场地，建立学院教学评估和学院成果展览室，展出学院、教师、学生的学科、学术及

创新实践成果。展览内容涉及全套教学评估附件支撑材料、学院获奖、教师出版的学术专著、学生创新实践全球及省部级以上获奖等。

九、创新点与与应用情况

(1)创新点

A. 上外国际工商管理学院使命、愿景、院训的独特概括,以引领学院教学环境与学术氛围的综合建设。

B. 学院教学环境与学术氛围的综合建设体系中关于第一课堂、第二课堂、第三课堂的独特论述与实践内容。

C. 根据学院本身专业的特色,结合教学实践中总结的经验,形成了一整套的独特的学院教学管理文件,涉及以下几种:《CIB 管理手册》(6版)《CIB 教师学术手册》(上下册,6 版)《CIB 本科生学术手册》(6 版)《CIB 研究生学术手册》(6 版)《管理从身边走向实践:学生创新实践成果集》(6 版)等。

(2)应用情况

上海外国语大学国际工商管理学院教学环境与学术氛围的综合建设目前在全学院展开,并获得显著效果:

A. 第一课堂实践效果:学院随学校常年招生分数在上海名列前五;常年就业排行榜在美国盖洛普排名中名列全国前五;学生就业率常年名列全校前茅,基本达到 100%;"源于东方的无国界管理 MBA"举办 5 年以来,获得良好的社会口碑和品牌效应,获得 2013 年"中国最具 MBA 品牌影响力院校"称号。

B. 第二课堂实践效果:近年来,管理学子在全球创新实践方面的竞赛中频频亮相,并屡屡获奖,多次获中国赛区冠军。累计 300 余人次参加"圣加仑国际管理论坛(ISC)""全球赛扶创业大赛(SIFE)""艾赛克国际学生实习(AIESEC)""哈佛双极年会"和"模拟联合国"等活动,多项获中国赛区冠军。《国际工商管理学生创新实践能力培养》获得英国创业教育协会颁发的"NECG 中国赛区最佳案例"。

C. 第三课堂实践效果:截至目前,学院本科生、硕士生学生海外交流比例分别超过 30% 和 40% 。长期国际交流项目有:美国肯特州立大学、巴塞罗纳自治大学、北卡罗来纳大学等;短期项目有:哥伦比亚大学 CYDP 交流项目、牛津大学暑期商务英语项目、ESIC 商学院短期项目等。

D. 学院教师积累了一批优秀的学术专著、论文和咨询报告,形成了多个高质量的学术研究团队。目前学院教师共承担国家社科基金、国家自科基金、教育部人文社科项目、上海市哲学社会科学规划项目、中欧高教合作研究项目(欧盟赞助)、美国富布莱特基金等20余项。学院还创刊了国内公共关系学科首部学术期刊《公共关系评论》和《跨文化管理》杂志,并会同交大、同济、中欧国际工商学院成为上海市管理科学学会机关刊物《上海管理科学》杂志的承办单位。多篇案例获得"全国百篇优秀管理案例"并入选"加拿大毅伟商学院案例库"。

E. 近年来,联合国副秘书长吴红波、中国教育国际交流协会会长(原教育部副部长)章新胜、工商管理教指委主任席酉民、公共管理教指委主任娄成武等先后莅临上外国际工商管理学院视察,对学院教学环境和学术氛围的综合建设效果留下了深刻印象,受到广泛好评。学院目前为"教育部工商管理类专业教学指导委员会委员""上海市工商管理专业学位教育指导委员会副主任""全国公关专业院长(系主任)联席会议委员会主任"单位。2014年,上外管院正式成为AACSB(国际精英商学院协会)会员学院。

十、相关附件光盘目录

(1)软体建设:国际工商管理学院规范化学院管理文件一览

A.《CIB学院手册》学院使命、愿景、院训页

B.《CIB学院管理手册》目录

C.《CIB教师学术手册》目录

D.《CIB本科生学术手册》目录

E.《CIB研究生学术手册》目录

F.《管理从身边走向世界:学生创新实践成果集》目录

(2)硬体建设:国际工商管理学院教学环境实景照片

A. 案例分析教室

B. ERP实验室

C. 案例讨论室

D. 学生咔吧

E. 教师休息室

F. 学院教学评估和成果展览室

G. 学院公共交流场所

H. 布满学院走廊裱框上墙的《管理必读100种》原著封面

(3)活动建设:领导来访、国际会议及入院国际生照片

A. 校党委书姜锋陪同联合国副秘书长吴红波到访学院

B. 校党委书姜锋陪同中国教育国际交流协会会长(原教育部副部长)章新胜到访学院

C. 校长曹德明陪同北京外国语大学校长韩震到到访学院

D. 学院主办“跨文化管理国际学术研讨会”(三届)

E. 学院主办“上海公共关系国际论坛”(六届)

F. 学院协办“中国管理研究国际学会论坛”“中国管理案例国际论坛”

G. 入院国际生留影

以上目录内容略。

第四篇

高管论坛
CIB Forum

周汉民：

建设中国（上海）自由贸易试验区
以更大开放促进更深入改革

童继生：

中国企业“走出去”的和谐发展之路

卫　哲：

企业的使命、价值观与领导力

郑　杰：

因上努力，果上随缘

王　茁：

细草无言绿，寒花自在香

Viktor：

大数据时代的公共关系与都市形象

Geert Hofstede：

美国管理适合中国吗

建设中国(上海)自由贸易试验区以更大的开放促进更深入的改革①

主讲人:周汉民② 主持人:范　徵

范　徵:今天我们很荣幸,请来了周汉民教授。今天请周教授跟我们谈一个大家都非常感兴趣的话题,关于上海自贸区。对自贸区,有的人很乐观,说自贸区就是一个香港了;也有人很悲观,说自贸区就是这么几块不连续地方,又不是整个浦东,自贸区剪彩那天也没有见到有重量级的党和国家领导人来。众说纷纭。自贸区到底有戏还是没戏?周教授实际上是自贸区很多政策顶层设计的参与者,今天我们请周教授跟我们讲一讲。

周教授今天演讲的题目是"建设中国上海自由贸易试验区,以更大的开放促进更深入的改革",鼓掌欢迎周教授。

周汉民:各位晚上好,今天我们一起探讨的这个主题应当提炼一点主题词,所以我想提炼四个主题词:

第一个主题词是中国,上海自由贸易试验区不属于上海,它是国家战略的重要组成部分。何以见得?中共十八届三中全会5000字的公报中和2万余字的决定中,在中共中央经济工作会议和中央城镇化工作会议的开幕讲话是习近平,总结讲话是李克强。唯一提到的一个区域性工作但具备了全国的意义就是中国上海自由贸易试验区,因此它是国家战略。

第二个主题词是试验,全世界的自由贸易区有1200多个,在发达国

---

① 本文为周汉民教授2013年12月25日在上外讲座内容整理稿。整理者:李茜、苏宗伟、张文洁。由于时间关系,整理稿未经本人审阅。

② 周汉民,法学教授,博士生导师,英国利物浦大学荣誉法学博士,上海外国语大学客座教授。现任全国政协委员,民建中央副主席,上海市政协副主席,民建上海市主委,上海社会主义学院院长,上海中华职教所主任,同时兼任世界经济论坛之全球议程理事会中国议程理事会主席,上海公共外交协会副会长,上海杰出青年副会长,品牌中国产业联盟副主席。

家400多个,在发展中国家800多个,但是没有一个自由贸易区、园区、试验区可以将其整个复制在上海。

第三个很重要的关键词就是开放,纵览国家35年波澜壮阔改革开放的历史,以一言以蔽之就是以开放倒逼改革。

第四个关键词就是改革,如同1992年邓小平说的,如果中国不改革开放就只会是或者只能是死路一条,也如同习近平同志最近反复强调的一个观点,那就是改革只有进行时,没有完成时。

一、上海自由贸易试验区是中国以改革促开放的第四波浪潮

1. 第一波浪潮:五大经济特区

上海自由贸易试验区是中国以开放促进改革35年波澜壮阔历史的第四波浪潮,今天要总结并回溯35年的历史。3天前是一个非常重要的历史时刻,那就是中国改革开放35周年纪念日。35年前的1978年12月18日是中共十一届三中全会的闭幕,由此拉开中国改革开放的序幕。序幕是拉开了,谁来演戏呢?谁能够站在聚光灯下让万众瞩目呢?1979年,邓小平提出中国的改革开放要选择几处与资本主义制度十分毗邻,但本身发展却是相对落后的地方。由此决定选择与香港毗邻的深圳,与澳门毗邻的珠海,推而远之是汕头,最后落脚在与台湾隔海峡相望的厦门。

中国的四个经济特区就是这样的特征,那么,经济特区起什么作用呢?今天仍然是这样的一个词汇,叫"招商引资"。招商引资发展到今天,这个"资"已经改成了"治",即从资本到最主要的人力资本为之治理。然而中国的改革开放,经济特区从四个到后来四年之后的第五个,到整个海南独立于广东成为大陆第31个省份,成为中国第五个经济特区。它们的功能有三个,首先是窗口,第二是试验场,第三是排头兵。

窗口的作用就是可以让我们能够看见外面的世界,与此同时,让外面的阳光能够照射进来。中国有一位现代诗人去世13年了,他写过一首名诗,篇名叫做《断章》,诗是这么写的:"你站在桥上看风景,看风景的人在楼上看你,明月装饰了你的窗子,你装饰了别人的梦。"这首诗使得卞之琳先生与时光不朽。这首诗非常辩证地说到世界与你我的关系,窗口就是这样的作用。

试验场是什么?35年前要改革开放,道路何其艰辛,要从马克思、列

宁主义的理论中去找几句话来壮胆，我们找到了列宁在1924年《新经济政策论》中的名言——“共产党人应该向人类一切伟大的文明成果学习”，要有这样的胸襟，向一切伟大的文明成果学习。

第三，什么是排头兵？排头兵就是在中国广袤的土地上既不能一刀切，也不可能齐步走，需要有人站出来引领行者。六年之后，邓小平到了经济特区，他是经济特区兴办之后的六年才到了特区，挥笔写下“把经济特区办得更快些、更好些”。

今天，中国这五大经济特区，可用苏轼的词当中的一句“雄姿英发”来形容，谁能想见这五大经济特区在35年之前是中国相当落后的区域。以深圳为例，今天拥有2020平方公里的土地，接近2000万常住人口；35年之前它不过是广东宝安县的一个小镇。我最近去了惠州，惠州领导告诉我，35年之前的深圳是他们的一个小乡镇，惠州人很自豪，但也很郁闷，150年之前香港属于惠州，35年前的深圳也属于惠州。

就在改革开放6年之后的1984年，小平同志进而提出开放要从点连成一条线，要形成沿海开放的态势，所以就决定把沿海14个城市统一确定为对外开放的城市。（讲座中展示了14幅照片，对应14座城市，其中，上海的照片最能体现开放的风貌。）

第一个波澜壮阔的历史阶段讲完了，它持续了十年，1978年到1988年。今天推荐给各位读几本书，第一本是美国哈佛大学前东亚研究所的所长傅高义（Ezra F. Vogel）教授写的，英文版的书名叫《邓小平》，中文版的译文叫《邓小平时代》。这本书在座的学生一定要读，别把它当作小说读，要反复地读，以便了解中国从何处来，向何处去。

2. 第二波浪潮：上海浦东新区

第二个阶段就开始于上海。1986年，一位美籍华人在旧金山长期居住，他是一位力学专家，他研究的领域叫预应力（prestressing force）。各位今后有机会去旧金山，在旧金山湾区有一座弯桥，由于是海湾的桥，所以它是一个弧形的桥，没有办法造桥墩，他用钢索把它勒起来，这一座桥就是他的杰作。林先生给时任上海市委书记的江泽民写了有1万多字的一封信。这封信的主旨是解了一个字，上海的“海”字。上海的“海”字有三点水：第一点水就是苏州河，上海苏州河两岸的密集发展，各位有机会去看苏州河的老厂，已经看不到影子的纺织厂、面粉厂、水厂、电厂；第二滴水就是黄浦江，80多年之前，黄浦江的西岸以外滩为标志，被誉为远东的巴黎,东方的华尔街。

现在上海要做第三滴水的文章,这第三滴水就是要融入东海,汇入太平洋的东进战略。1986 年上海的流行语是“宁要浦西的一张床,不要浦东的一栋房”,现在却恰恰相反。就是在这关键时刻,这封信让上海震动了,江泽民同志把这封信交给了汪道涵同志。

汪道涵同志便开始组织一个小组叫“开发浦东联合咨询小组”,各位不要小看小组,要做一个小组长很不容易。这个小组汪道涵作为顾问,上海的副市长作为组长,

第二,要研究上海的发展能不能用法律作为支撑呢? 汪道涵同志给我的教诲就是 12 个字,叫小智做事,一个人把事做好只是有小智而已;大智做人;睿智立法,即能立法的人才是大智慧。1987 年,我担当这样的重任,那个时候我和你们一样是在校的硕士研究生。1988 年,首批研究成果出来,最重要的成果就是对浦东的定性。浦东这个词汇不是法定的地名,当时是泛指黄浦江的东岸,包括两个县、三个区。我们建议把一区三县合并,川沙、黄浦、杨浦、南市、浦东区域全合并,所以用了一个词汇叫浦东新区。

在 1988 年,朱镕基出任上海市市长两个月,我们在西郊宾馆举行了首次国际研讨会。几年之后,小平同志告诫我们抓紧浦东开发不要动摇,一直到建成。现在发现这句话太重要了,我们当时把这句话镌刻在一堵墙上,现在这堵墙没有了。这堵墙本来是在世纪大道,就在今天的环球金融中心,金茂大厦和上海中心的外围,当时是一堵围墙,言犹在耳。

天有不测风云,“六四”发生,“六四”后的四个月,1989 年的 10 月 9 日,朱镕基同志建议我们要打破西方国家的制裁,成立一个机构。这个机构叫“上海市长国际企业家咨询会议”,提出了“浦东”的理念。1990 年 4 月 18 日,中央认为应当最高地举起浦东这面改革大旗帜,紧跟着宣布浦东的开发和开放。

1990 年 7 月 7 日,朱镕基同志率领中国市长代表团出访美国,宏观意义而论是要打破美国对我们的制裁。第一项制裁就是终止部长互访,因此我们派出了一个部长级,但不是部长的朱镕基出访美国。微观意义是推销、推进、推举刚刚起步的浦东开发和开放。那次访问朱镕基同志感觉压力很大,使命光荣任务艰巨,艰难而艰辛,所以他挑了五个学者同行。其中一个就挑了我,那个时候我是上海外经贸大学国际经济法系主任。

朱镕基同志到访美国第一站在纽约就被问到一个十分尖锐的问题,

这个问题就是浦东开发和开放的十条优惠政策。如果发表在《纽约时报》上，它所需要的版面就是手掌一样的大小，这样一点优惠政策能保证这里开发、开放长治久安吗?

朱镕基同志坚定地回答，我们有立法予以保障。讲这句话的时候，我真是出了一身冷汗，那时我们一部法令影子都没有。两个月之后9月10日，上海浦东开发开放的第一批法规共九项向世界公布。朱镕基同志回来开会，说浦东开发开放的法规首先得让外国人读懂。所以他要求我们第一批法规必须出中文版、英文版和日文版。他给了我两份任命书，一份是让我参与其中某部立法的起草工作，另一个任命是让我担任这九部法规英文的总审定。

浦东开发开放是第二步，时间从1986年到1990年。我先用两个数字作为一个总结，1990年浦东开发开放的元年，它的GDP总量是90亿元人民币，2012年已经增长到5956亿元，也就是说以开放倒逼的改革，包括这首批法规，后面大概再增加过一两部法，是倒逼出来的。

所以我现在推荐第二本书，书名叫《朱镕基讲话实录》。这本书其中的两篇，一篇是1990年7月26日朱镕基同志谈访美观感，第二篇是1990年9月10日朱镕基同志答中外记者问。因为他讲这两篇讲话的时候我都在现场，作为一个口述历史者，我希望各位能够从中领悟出我们走过的道路。如培根所言，历史是一面镜子。

3. 第三波浪潮：加入 WTO

第三波开始于1986年，这一年当中，中国提出要恢复在关税与贸易总协定中的缔约国席位。中国的努力开始于1986年，关贸总约定是1948年成立，美国认为中国没有做过贡献，你现在要恢复，就是免费搭车。所以当时的美国总统就把我们拦在门外，拦到了关贸总协定寿终正寝，那是1994年的12月31日，世界贸易组织取而代之。美国说欢迎你，但是你要和我们所有成员一一谈判，因为关贸总约定的原则就是不投票的，叫协商一致，因此每一个成员你都要谈判。

我们努力到2001年12月11日正式“入世”，花了多少时间呢？15年零5个月。我的老师之一汪尧田教授写了中国第一本关贸总协定总论，写在1992年。我们俩又写了中国第一本世界贸易组织总论，写在1994年。这两本书承担了很大的政治风险，因为当时整个中国弥漫着一种观点，就是中国“入世”是与狼共舞，结果就是国将不国。

2001 年是中国入世的元年,我们的经济总量是 11 万亿元,11 万亿元是当时美国经济总量的 13%。当时美国的总统是小布什,他认为中国融入世界是会有巨大成长的,所以他建议把中国纳入邪恶轴心国家予以制裁。邪恶轴心国家有七个,这些邪恶轴心国家另外六个当中有两个被美国解放了,解放的结果是一塌糊涂,一个是伊拉克,一个是利比亚。另外四个就是伊朗、古巴、叙利亚、朝鲜。由于有了"9·11",美国最终把我们从名单当中挪出来了,认为要建立反恐合作。

到了 2012 年,中国的 GDP 总量高达 52 万亿元,一共就用了 11 年,从 11 万亿到 52 万亿,去年我们的经济总量已经是美国的 54.56%,中国的经济是美国的半壁江山有余。所以才会有 2013 年中美两国元首建议要建立新型大国关系,所以才会有习近平、奥巴马两位元首在美国加州庄园会谈,一共谈了 8 个小时。而任何重要的国事访问,元首间的会谈一般不超过 2 个小时。上个月,美国副总统拜登访问北京,他和习近平主席的会谈是 5 个半小时,说明今天在世界上没有一项重大事务可以缺少中国或者美国的参与,这个叫新型大国关系,没有这样的经济成长,哪有这样的大国关系呢?

各位同学,如果要选硕士论文题目,我再给你一个题目,中国的外汇储备和购买美国国债之间的关系,这个就是一个好的题目。中国的外汇储备 2001 年是 2122 亿美元,2012 年是 33116 亿美元,世界第一。和第二名日本相比,它比我们少了整整 1 万亿美元,为什么刚才我出题目说中国外汇储备和美国国债呢?因为我们这 33116 亿当中有 12800 亿购买了美国国债,三分之一。当然,中国人也喜欢夸张,说我们养活了美国人,这句话很夸张。尽管有三分之一的中国外汇储备购买美国国债,但是我们购买的美国国债占它国债总比例 5%,不过是 5% 而已。由此可见,中国的经济实力已经足以影响世界。

再看我们的贸易,中国的外贸 2001 年"入世"那一年是 5000 亿美元。实际上中国可以实现一个目标,三年翻一番,到 2004 年是 1 万亿,到了 2007 年是 2 万亿,到了 2010 年再增加 1 万亿,是 3 万亿,那么再过一周我们将迎来新年,2014 年将踏上 4 万亿美元的大关。中国行将成为世界出口第一、进口第一、总量第一的大国。在世界最重要的经济指标上中国和美国完全打平,两国现在分别占世界贸易的比重 11.8%,这就是以开放促进改革的鲜明例证,这是第三波。

4. 第四波浪潮:中国上海自由贸易试验区

第四波就是今天的主题,中国上海自由贸易试验区。中国上海自由贸易试验区是以开放促进改革的第四波浪潮,这一波浪潮掀动在此时,意义是非凡的。全世界有1200多个自由贸易区,上海的自由贸易区可能是其中微型的,28.78平方公里,占上海总面积的两百二十六分之一,上海总面积是6768平方公里,包括近1400平方公里的崇明。

上海自贸试验区的功能何在?它的功能就是一个支点,什么是支点?阿基米德说的最好,如果找到一个支点,你可以撬动整个地球。支点是上海自贸区,杠杆就是十八届三中全会的60项决定,什么决定?改革决定,这60项改革决定涉及300多个改革的点,要撬动什么?撬动整个中国,进一步全面的深化改革和开放。

中国上海自贸区总体方案在公布之前,全世界纷纷猜测,我总结有四个点是世界最为关注的。

第一、第二、第三点,简而言之,就是金融领域的开放。第四个点很有意思,第四个点涉及到正在进行的一项多边谈判,英文简称叫TPP(Trans - Pacific Partnership Agreement,跨太平洋伙伴关系协议),也被称作"经济北约"。前身是跨太平洋战略经济伙伴关系协定(Trans - Pacific Strategic Economic Partnership Agreement,P4),是由亚太经济合作会议成员国中的新西兰、新加坡、智利和文莱四国发起,从2002年开始酝酿的一组多边关系的自由贸易协定,原名亚太自由贸易区,旨在促进亚太地区的贸易自由化。2011年11月10日,日本正式决定加入TPP谈判,而中国内地没有被邀请参与TPP谈判。2013年9月10日,韩国宣布加入TPP谈判。中央希望上海自贸区成为TPP谈判的一个重要的压力测试场。所以上海自贸区是什么?上海自贸区是一个压力测试场。

自贸区花落上海,很多人不服气,其实自贸区花落上海已经有两届政府的关怀。这里我保留了原始的词汇,叫做自由园区试验区。当年的温家宝总理希望设立一个自由贸易园区,今天的李克强总理决定用自由贸易试验区,这两个词汇就是两届政府的关心。2013年3月27日李克强总理就任总理后的十天离开北京到外地调研。第一站到了他长期工作过的江苏,第二站来到了上海。上午请他去看了两个地方,他没有表态。陪同的同志告诉我下午三点左右他去了外高桥保税区,就在此地他用手一指,说此地可望建立一个自由贸易试验区,以进一步扩大开放,推动完善开放型经济体制和机制。那一天老天很帮忙,风和日丽,阳光灿烂,没有雾霾,能见度很高。

上海自贸区在今年3月28日由李克强总理认为可以推进,到6月30日,我们向中央政府递交自贸区总体方案。过了三天,7月3日,国务院常务会议批准我们的总体方案,这样的速度在改革开放至今35年中是前所未有的。我本人很有幸列席过一次国务院常务会议,那是要通过一部法律。国务院常务会议原则通过的总体方案是什么?那就是国家的基本国策。但是,中央认为还得要推进,所以8月27日中央政治局举行专门会议,明确了上海自贸区的使命。我认为上海自贸区的使命可以用十个字来概括,叫做“探索新途径,积累新经验”。

探索是没有止境的,我们上海自贸区28.78平方公里土地在哪里?有人以为光是纸上画画的,不是的,上海自贸区涵盖四个区域,它们在地理上是完全不毗邻的。四块地方都有相当距离,首先叫外高桥保税物流园区,外高桥保税物流园区有3平方公里。它离开外高桥保税区有3公里远,这个地方的功能是什么呢?16个字写在这里,叫国际中转、国际采购、国际内售、国际转口。一看就明白,是国际贸易的基本功能。

第二块区域叫外高桥保税区,是整个自贸区的核心区域,坦率说没有它就没有自贸区。上海外高桥保税区建设至今已经整整23年了。我们外高桥保税区有1~5号门,从市区往里开5、4、3、2、1号门,1号门是离市区最远的,在杨高路上。这扇门1990年9月就造好了,上面写的什么呢?中文写着上海外高桥保税区,英文翻译为Free Trade Zone,中英文翻译怎么会有差异呢?我根本不知道,我在2000年9月去做副区长,首届浦东政府的副区长。我去外高桥就问同事,我说这个翻译中文和英文为什么差异这么大呢?他回答我,这是要为重要领导的远见做事。他说国务院批准我们叫保税区,我们必须就用保税区,这是国家批准。但是我们的保税区如果翻译成英文,最好的英文意思就是有包围的、有限制的、围绕在一起的一个区。其实有歧异,不如就叫自贸区,我们的目标就是建设自贸区。

所以我现在推荐第三个,不是书了,推荐一个网站,因为各位每天去买FT太贵了,你们应该读读FT的中文网。中文网的总编叫张力奋,这个网站你读MBA要天天看,这是做得最好的中文网站,叫FT中文网。

第三个区域是上海浦东机场综合保税区,两块在外高桥,分开三公里远,突然之间跨越到了浦东机场综合保税区,四个平方公里上建设至今四年，它是国际金融和国际航运功能的叠加。

第四个区域走到了洋山保税港区，所以上海自贸区由四块构成，两块在陆地外高桥，一块在空港浦东机场，还有一块在海港，洋山保税港区。

刚才我讲到国家的国务院常务会议 7 月 3 日批准总体方案，中央政治局 8 月 27 日专门会议讨论，再看最高权力机构人大常委，人大常委 8 月 30 日举行十二届四次会议决定暂停实施三部基本法。这三部立法在中国很重要，这三部法律是中国今天改革开放的法律基石。三部立法我们统称叫做《外资法》，包括《中外合资经营企业法》《中外合作企业法》和《外商独资企业法》，为什么这三部法要暂停实施呢？这个可以成为你们硕士论文的题目，论文论述一个小点，论三部法律暂停实施的意义。为什么要暂停呢？因为这三部法律坚持了两个原则：

(1)外资企业审批制。在自贸区要改成备案制。

(2)外资企业到中国投资要遵循国家制定的叫《投资目录》。《投资目录》里面有三类叫做鼓励类、限制类、禁止类。而我们自贸区实行叫负面清单的管理。

就在暂停实施三部法律之后的一个月，今年的 9 月 28 日下午 4 点钟，我们向世界公布上海自贸区扩大开放六大领域，这六大领域我今天给大家讲一讲，为什么呢？帮助大家择业。

第一个领域是世界最出色的领域——金融服务领域。我们刚刚公布全世界的评价一般，原因是什么呢？认为上海公布的这些领域还没有达到世界的基本期望。但是我要告诉大家，我们公布的开放领域有四个点值得大家十分关心。

第一个点：允许外资金融机构设立外资银行。这个英文的翻法完全不一样，是一个大的概念，我们在逻辑学上说就是总概念和属概念，它是一个金融概念，即在中国进行混业经营是可能的。

第二个点：允许民营资本和外资合资建立中外合资银行。这一点更重要，在上海自贸区的推动下，最近中国一口气成立五家民营的银行，其中有一家是上海的。

第三个点：要鼓励设立有限牌照银行。今后的银行要做到专业化和专门化。

第四个点：要推进离岸业务的开展。等一会儿我要讲什么叫做离岸。

第二个领域就是航运服务。航运服务是很重要的领域，因为上海四个中心之一有一个就是航运中心。其中有一句话我念一念，然后解释给大家。“允许中资公司拥有后控股拥有的非五星集存,先行先试外贸进出口集装箱,在国内沿海港口和上海港之间的沿海捎带业务。”这句话很复杂。这个世界上有两个国家本来没有人知道,但是两个国家由于实行优惠政策,费用低廉,手续简便,税收全免,让全世界重要的商船,强大的国家、海上强国都去注册商船。一个叫巴拿马,一个叫利比里亚。

这两个国家是世界最重要的船旗国,五大洋上飘的都是它们的旗。旗可以是它们的旗,但如果船东是我们,或者这个船里由我们控股,我们就允许它们在中国的沿海港口和上海港之间搞捎带业务。捎带是什么意思呢?

比如说明天此时有一艘上海港的船只要起锚开往大阪,现在装卸完成之后一看,装的货是整个载重的30%,那么70%就是空仓,过去这艘船照开,所以轮船公司亏损极为严重。有了这条优惠政策就不会空仓了,为什么呢?船只早早发出了征询:我们沿海的港口还有什么货要运到日本,要运的话我用一艘小船装过来,载到这艘船去,我帮你装过去。这叫沿海捎带。

各位,这一条开放是了不得的,一下子振动上海周边的港口,包括韩国的、中国台湾的、日本的、新加坡的,所以第二个领域叫航运服务领域,即这个沿海捎带业务。当天公布的时候,我说这一条最厉害,到现在为止,果不其然。今天下午杨雄同志在市政协讲了我们今明年的经济情况,杨雄同志就承认这一条到现在还不能用,为什么?配套政策还没有出来,难得很。

第三个领域是商贸服务领域。商贸服务领域不要小看,虽然只有两款,内容丰富极了,海外很重视。你们各位用的手机,打开手机叫APP STORE,多少款新的游戏机、游戏软件每天在出现。明年是马年,有两个姓马的很厉害,第一个是马化腾,第二个是马云。马云告诉世界你只要能够想到就能做到,马云策了马化腾一计,什么一计呢?11月11日是腾讯的诞生日,马云说我把它变成叫“单身节”,过了几年再把单身节上升为全民购物节。今年的11月11日,支付宝营业总额350.19亿,全世界惊呆了。

第三个姓马的要站出来,叫马明哲。知道马明哲是谁吗?平安的老总,马明哲说赶紧得和马化腾和马云拉到一起,成立新的金融机构,这是他的努力。平安现在搞混合经济。

这三个“马”请大家注意,马年这三位引领中国前进,另外还有一位不姓马，也不属马，世界对他相当瞩目，叫雷军。小米之父，小米的爸爸，你以后叫他“米爸”。举一个例子，三天前，美国苹果公司放下身段，首次和中国移动合作，合作什么？中国移动明年要推4G，韩国人说4G有什么稀奇，我们是5G，韩国人现在向5G进军。苹果说我来了，我支持中国的4G，但是，我有两款手机就是为你们4G准备的，一款叫iPhone 5S，一款叫iPhone 5C，等着中国人去买。明年面临着要换手机，你要用4G先换手机，高档、中档、低档的价格都已经定了，小米之父或者米爸爸决定最便宜的一款4G手机1000元钱。这个领域开放很重要，叫增值电信。

第四个领域是专业服务。这是你们毕业之后必须从事的主要领域。首先，律师业的开放力度前所未有，所有的律师事务所都可以中外合资。第二，咨询调查。什么叫咨询调查？什么样的经济形态都可以调查出它的规律，所以咨询调查方兴未艾。然后是旅行社，中国旅游到什么样的程度，去年中国出境人次8000万，入境人次4000万，我们全线开放。人才中介打破垄断，外商控股比例可以直达70%，注册资金只要12.5万美元，更不用说工程设计和建筑服务，大家比较诟病的央视那条“大裤衩”，就在上个月美国建筑协会把它评为世界建筑大奖。

第五个领域是文化服务领域。主要涉及两个方面，一是演出经济开放，另一个是娱乐场所，娱乐场所允许外资来独资设立于自贸区内。所以有人马上咨询我一个问题，听说法国的红磨坊想来，能不能来呢？我说很简单，按规定红磨坊是可以来的，但是你来还得遵循我们的公序良俗。公序良俗字面解释就是公共秩序，善良风俗。举例说，有一个外商到乌鲁木齐去投资一家肉类罐头加工厂，总额1亿美元。乌鲁木齐人总要问一句话，加工什么肉呢？羊肉我们欢迎，牛肉尚可，如果是猪肉的话，请别来。猪肉别来又没有在立法当中出现，但你不能够跑到我这里来吃猪啊，所以各位要理解，法律不能解决所有问题。

公序良俗是一个非常要紧的事。就好像我们现在这几年流行冬至去扫墓，你去翻翻我们的古书，冬至是做什么的？冬至不是扫墓的，扫墓就是清明，冬至是祭天，祭天和扫墓是两码事，所以得把历史读清了才行。

最后一个领域叫社会服务领域。社会服务领域开放的是教育和医疗，中外合作经营教育领域、职业培训领域全面开放，外国的医疗机构可以来设立独资医院。13年之前我是浦东的副区长，王永庆先生我是非常的崇敬，我见过他一面。王永庆先生要在浦东设立一个医院叫长庚医院。我说你有几个床位，因为医院大小是论床位的，他告诉我说要有3000张床位。我吓了一跳,当年我领导的浦东医务或者医疗系统,我们包括地区卫生中心在内共58所,所有的床位加在一起不到3000张,不能来这么一个庞然大物把我们自己打趴下。当年是这样,而今天呢?我们热烈欢迎,要张开双臂热烈欢迎。

各位,我第一部分讲完了。我是合拢双臂讲完第一部分,我用三句话来总结我花了一小时十分钟说了什么。

第一,中国35年的历史是以开放倒逼改革的历史,所有四个波澜壮阔的历史阶段,上海总是站在潮头。

第二,自贸区承载的使命就是一个支点,以此进一步深化全面的改革和开放。

第三,自贸区首批六项开放措施含23个方面,六大项23个方面,到今天只有15个方面可以立即实施,公布至今已经三个月了,说明我们的改革还是艰难险阻。但是,你还得在艰难困苦下坚持住才能愈入愈深。

二、上海自由贸易试验区的目标

下面讲第二部分,上海自贸区的目标。上海自贸区的目标,中央的要求很明确,三句话九个字,叫“可复制,可推广,升级版”。可复制什么呢?可复制的是体制。可推广的是什么呢?可推广将来形成的法制。升级什么?要升级这块土地。非常关键的一点就是治理体系和治理能力的现代化。

近35年来的国家治理我用三个词来描述,第一个词叫管控,第二个词叫管理,第三个词叫治理。由此我们必须努力要改革凸显和突破,首先是改革凸显,从国家层面而言,目前中国的发展最大的障碍有两项,一是改革红利的稀释,二是如何防范进入中等收入陷阱。

改革红利的稀释有两大表现,第一个表现是中国经济高速增长的时代已经结束。1978年到2011年,连续33年中国经济的年均增长水平是9.9%,世界唯一。但是2012年已经下行到7.9%,今年我个人预言大概在7.65%这个水平上。明年能够维持也已经很不容易了。

问题是改革红利稀释的表现是人口红利真正进入了刘易斯拐点,去年中国劳动力市场新增劳动力比前年锐减345万,所以在这样的情况下,我们将一项政策提前一年实施,这项政策就是昨天变为国家法律的与各位都有关的单独二孩。单独二孩政策本来准备在2015年实施的,但现在中国劳动力出现了拐点，人口红利出现拐点，我们认为难以为继，要防止出现俄罗斯和日本的情况。

中等收入陷阱指的是一个国家在人均 GDP 进入中等国家收入之后，在较为漫长的历史阶段无法走出。中等收入大家也要明白，人均 GDP 多少到多少的区间叫中等呢？底线是 3256 美元，高线 12600 美元，所以，一个国家如果人均 GDP 在这个幅度里面叫中等。中国呢，2012 年是 6017 美元，我们是中等偏低。有一些国家在这个区间徘徊了 100 年，我们的目标是争取在 15 年内走出这个区间，任务艰辛。

因而上海自贸区在这一时刻作为国家战略被推出是任重而道远，我认为任重而道远主要有三个表现：

首先，它是一个试验区。它试验什么呢？它一定是全球投资规则重构进程的试验。我再把这句话讲得白一点，就是投资体系的重构。

其次，企业应当利用自贸区作为桥头堡，融入世界的产业链重构和创新链重构。

第三，政府应该作为排头兵，大刀阔斧进行行政体制的改革。

常有人问上海自贸区成功的标志是什么？我以为上海自贸区成功的标志简单说来就是三句话：①竞争政策必须公平；②国民待遇的一以贯之，必须从一而终地实施国民待遇；③权益的充分保障。所以公平竞争环境、全面国民待遇、充分权益保障是上海自贸区可以成功得到国际认同的三个表现。

因而上海自贸区三个月以来跨出了最坚实的一步，得到全球公认的就是“负面清单的管理”。今天全球实施相关管理模式的一共是 77 个国家，也就是三分之一多一点国家施行负面清单，中国就在自贸区走出这关键一步，将核准制变为备案制，与此同时，工商登记的手续大为简便。我们负面清单在 9 月 28 日下午向世界公布，负面清单非常长，各位如果要细读请上网。

负面清单整整十页，一共多少项呢？负面清单一共 190 项。是中国国民经济小分类或者叫小经济分类 1069 项当中的 17.8%。也就是说我们负面清单载入的你不可为，其余的皆可为，这是英美法的一个理念。负面清单还有一个特点，负面清单加上了序号或者叫年号，我挺高兴，这是我本人的贡献。我在负面清单公布之前 12 天审议它的时候，最后一条被采信，就是负面清单应该加上年号或者序号，为什么？原因很简单，督促自己不断地发展，并昭示世界我们有不断发展的空间。这样的负面清单，从内容来看到今天没有什么进步。它和国家的投资目录当中限制类和禁止类几乎重叠,但是这样的观念理念的变革是一次重大革命。中国人走出这一步世界是怀疑的,但今天中国让世界确信的是,只要方向认准了,我们是可以走出与别人一样的路子。

上海自贸区在国家的改革压力之下面临非常严峻的国际压力,我这里介绍三个压力,这就是三个国际投资和贸易规则重构进程:

第一个叫 TPP——泛太平洋伙伴关系。它的起步很早,11 年之前四个国家都是小国,新加坡、新西兰、文莱,智利稍微大一点。美国是在 2009 年加入的,从此主导谈判,今天 TPP 谈判共 12 个国家,有世界第一大国美国,有世界第三大经济体日本,当然也有很小的国家。这 12 个国家聚在一起谈什么呢?两句话,谈的是高度的自由化和广泛的领域涉及。高度自由化就是所有的货物贸易,所有的服务贸易没有一个例外。这是 WTO 谈到今天也做不到的。

第二个涉及的领域十分广泛,它不仅涉及关税领域,还涉及大量的非关税领域,不仅涉及 WTO 已经谈成的非关税领域,还涉及许许多多 WTO 未谈成的非关税领域,比如说竞争政策等等。它的广度和标准都超过了 WTO 的相关规则,美国将这一谈判布局在它的西部,跨四个洲(亚洲、大洋洲、北美洲、南美洲)。美国马上还会在它东部布局,叫 TTIP,即泛大西洋贸易和投资伙伴关系,比 TPP 有过之而无不及。这是一个封闭式的谈判,只有双方,美国一方,欧盟一方,当然欧盟今天是 28 个成员。双方打造什么呢?双方在打造一个经济版的北约。

所以我找了一张漫画,挺有趣的,三个人在谈话,当中是美国的元首奥巴马,右边这位是欧盟的元首,即欧元委员会的主席叫范龙佩,左手这一位是欧盟理事会的主席叫巴罗佐。他们的谈判比 TPP 再进一步,就是 TPP 谈什么他们都有,但是他们更强调什么呢?统一标准、统一投资监管、食品安全、药品监管认证等等。

这些各位都了解,如果要出国你必须要做一些准备,有一项是你必须准备的,要买一个万用插座,你去美国、欧洲、日本,插头都不一样。你看连插头都难以统一,今天美国要统一什么?美国和欧盟要统一许多标准。它们正在打造世界最大的自贸区。这里我请大家注意,自贸区的两个表述,国与国的自贸区叫做 FTA,国家内部的自贸区叫 FTZ,现在你得分清楚。所以美国和欧盟的自贸区叫做 FTA,上海自贸区叫 FTZ。

关于这两项谈判,我还要加重语气告诉大家,它们形成三个更:更高标准的开放、更高水平的开放、更加安全的开放。更高标准表现何在呢？更高标准表现在几项内容的谈判将十分重大地影响世界。比如竞争政策，竞争政策包括一个国家的经济立法、经济透明度、反贪腐和其他内容。知识产权保护，中国的问题严重不在立法，立法先进，执法落后，全民法制意识极为低下，这是中国的问题。劳工标准，什么叫劳工标准？举个例子，德国的总理默克尔五天前组建新政府成功，她两三个月之前就胜选了，但是她的这个政党没有足够强大到可以独立执政，她去找合伙人，叫合作者。这个人找合作者从来不是随便找一个，她要找最强大的合作者，什么意思呢？最大的反对党，最大的在朝和最大的在野形成了合作者。但是那个反对党怎么说？你先有一项立法，我们就加入，什么立法呢？你得把德国劳工的最低小时工资立法，所以默克尔只能立法。现在在德国不管做什么，最低小时工资 7.5 欧元一小时。所以劳工标准里面有一项最低工资的法定。至于环保标准更不用说，中国的环境污染问题多么严重。中国去年二氧化硫和二氧化碳的双排放世界第一，分别超过 2000 万吨，更严重的是中国去年的双排放是美国的 4.5 倍。现在我们谈到天气首先问口罩有没有？口罩不便宜啊，一次性口罩能防住 PM2.5 的，网上购买最便宜 3 元一个，一次性的，而且告诉你最多戴半小时。但是 PM2.5 不跌下来，那你准备怎么办呢？所以我们现在是钢筋铁骨啊。

第二，更高水平的开放。这次上海自贸区是准入型国民待遇和负面清单，世界前三分之一的国家才能做到，我们走出了勇敢的一步。

第三，更加安全的开放。主要涉及投资的保护和正规的解决，TPP、TTIP 这两个谈判大家听了很多。我再讲一个，这个谈判更重要，叫 TISA，服务贸易协定。这个协定今年参加的国家和地区是 48 个，代表世界服务贸易力量的 68%。中国是服务贸易的弱国，在今年 9 月我们申请加入这个谈判。

刚才三个谈判都在门外，但是这个谈判我们是一方，谈判什么呢？叫双边投资协定，BIT。双边投资协定，中美两国谈了 5 年半。一次没有实质性的谈判，这次我们同意负面清单管理和准入权国民待遇，美国说可以谈了。下面告诉大家谈了哪四大内容：

第一，投资领域的广泛开放。投资基本指的是直接投资，但是这一次中美双边谈判要谈的主要是间接投资。今天的间接投资在英文里面称为证券投资，股票、债券、劳务合同、投资合同等。其实，中国大妈购买黄金是一个典型的间接投资，风险有多大呢？一个中国大妈今年一月份买的黄金,如果是买一公斤的话,现在损失多少钱？十万人民币。

第二,由于人民币还没有完全的国际化,因此要保证利润的汇回自由。

第三,现代服务业的广泛开放。我强烈建议各位毕业之后要在现代服务业工作领域找工作。

第四,争端解决机制和原则。在座谁还要读法律博士,法学是无止境的。

中美两国已经商定只要协议签署,今后有投资争议就交到一个地方去,这个地方在纽约,叫解决投资争端国际中心,ICSID。这个简写都要记住,这个中心几十年,但是各位要了解,我们对中心的掌控是很严的,这是第二步,叫谈判突破。给我们多少时间呢？三年。

你们现在这个学习时间是最好的,正在迎来一轮国家改革的高潮,你要顺势而上,不要顺流而下。人是一直要往高处走的,水是一直往低处流的,各位择业的时候要有这种勇气才行。

第三个重要的努力那就是政策突破,上海自由贸易区政策突破有六个方面:

第一,贸易领域。贸易领域请各位记住12个字,叫"一线放开,二线管住,区内自由"。

第二,投资领域。上海自贸区现在最有吸引力的就是利用它作为一个桥头堡进入国际融资投资的新平台。

第三,金融领域。世界对中国金融业开放四条要求全在这里。所以中国的进一步开放如果做到了这四条,我们的开放度就完全国际化。一是利率的市场化,这里指的是存款利率的市场化;二是人民币的国际化,这里指的是人民资本向下完全自由兑换;三是境外人民币使用,我们称之为清算和结算的进一步扩大化;四是外资管理和金融企业管理的现代化。所以一个是利率市场化,一个是货币国际化,一个是人民币境外使用扩大化,一个是金融机构和外资管理的现代化。

第四,服务贸易领域,各位应当进入服务贸易领域去驰骋疆场。这里我就罗列了十几个服务贸易领域,这十几个服务贸易领域现在具有最大的开拓性,从金融服务业到信息传输、计算机服务、软件业、房地产业等等,服务贸易领域会进一步开放。

第五,机制体制。说一千道一万,上海自贸区机制体制要做到五大自由的确保,否则就不是自由贸易区:第一,区内贸易自由;第二,人员进出自由；第三，货物进出自由；第四，货币流通自由；第五，货物存储自由。

第六，法制环境。中国必须要走一条道路，叫做从法制到法治，第一个“制”是制度的制，先建章立制，第二个“治”是治理的治，就是刚才所谓国家治理体系和治理能力的现代化。治理体系和治理能力现代化最鲜明的标志就是依法治国。

三、上海自由贸易试验区的举措

现在转入第三部分，也是最后一部分，上海自贸试验区的举措。有这样的巨大国际压力，上海自贸区要做什么呢？

1. 金融自治

上海自贸区的成功关键在于金融的开放。第一步走出是今年 9 月 28 日，六大领域开放举措，23 项内容。23 项当中有 15 项现在已经全面可实施，另外的还需要配套政策与法律。我们第二步何时走出呢？本月 2 日，央行提出金融 30 条，这是核心问题。金融 30 条说到底就是三个坚持：

第一个坚持，坚持金融服务与实体经济。要进一步促进贸易的便利化和投资的便利化，把整个自贸区打造为一个新的更高平台，这很重要。自贸区不是一个政策洼地，自贸区是一个更高平台。

第二个坚持，要坚持先试先行。推进人民币跨境使用，人民币资本项目可兑换，利率市场化和外汇管理领域的改革。

第三个坚持，坚持风险可控。上海自贸区没有一寸土地是物理隔绝的，没有铁丝网，没有电子围栏，但是上海自贸区一定要在这个领域做到没有颠覆性的错误可犯。

因而，一共就做五件事情，有意思的是在每件事情之前加了一个动词：

第一，它要开放账户体系。就是各位跑到自贸区，在自贸区设立的所有账户和国际任何其他银行账户融通，就是对外全部开放。而且在自贸区设立的账户可以有限地进入自贸区以外的区域，也就称之为到关内来，它在关外。举例，你在自贸区设立的账户可以用于在证券市场的投资，这是第一条。它用了什么词汇呢？叫创新。对外全开，对内半开。

第二，投融资汇兑便利。讲得再直白一点，人民币可自由兑换。它用什么词汇呢？叫探索。

第三,人民币跨境使用。现在我们人民币跨境使用是五种方法,一是贸易的结算,贸易领域结算,目前人民币使用占贸易总额 8.3%,这指的是货物贸易,服务贸易占 15%;二是人民币在外汇市场的买卖,人民币现在是世界上外汇市场交易额最高的九种货币之一,每天人民币买卖等同于美元多少呢？一天 1200 亿;三是在世界有些金融中心设立了人民币清算中心,非常关键,比如香港,比如伦敦。目前我们人民币在香港的存款余额 9000 亿元人民币;四是世界上有些国家很有远见,尽管人民币没有自由兑换,今天世界上已经有 30 个国家将我们的人民币作为储备货币,放在那里;五是和世界上 19 个国家货币互换。这是人民币境外使用的五种方法。那么这里它用的词汇叫扩大,很积极。

第四,推进利率的市场化。在座的各位,不管你有多少小钱,你总是有驱利的想法,去买一点理财产品,买理财产品的原因很简单,就是由于它的利率比定期存款和活期存款都高。那么利率如果市场化,我们银行的人民币可能会大搬家,又由于海内外利率形成差异,因此套利行为就会由此产生。所以这里用了一个动词叫推进。

所以政策解读很容易,你只要抓住动词就够了,像英文一样,动词先学会,英文动词最难。

第五,外汇管理的改革。什么叫深化？深化就是进一步的开放。至于监测与管理,其实这个不应该说的这么长,就是监管。

我把所有 30 条的中心思想凝聚成这么一段,叫一项扩大,三个支持,两个取消,三个简化,一个完善。

首先一个扩大,其实上海自贸区要做的事情就是要吸引更多的跨国公司总部,总部主要功能要过来,什么功能呢？它的资金集中运营功能。第一,扩大。第二,支持。自贸区最喜欢什么？自贸区最喜欢:①总部经济;②新型贸易;③融资租赁。目前这三个是自贸区核心。

两个取消动作,审批制要取消,核准制要取消。

三个简化,资金管理要简化,登记手续要简化,大型的融资项目,贷款手续要简化。

最后是完善结收汇制度。但是,金融与贸易的关系就是皮之不存,毛将焉附的关系。

2. 贸易领域的转型

上海自贸区不是去搞一般的加工贸易,它是集成贸易,它是服务贸易,它是贸易的离岸功能。因而,上海自贸区有些企业就应当把它们看成是离岸企业,既然是离岸企业,外汇管制这次要大大地放松。

尤其这次自贸区逼着海关进行了“三个一次”,叫一次报关,一次查验,一次放行。现在最高的难度是什么呢?四个区域离得太远了,如果是一个区域,这“三个一次”实行简单。所以现代电子账单的管理要求极高。

如果大家要去选择职业,融资租赁特别功能区将来是上海自贸区最发展的区域。此时此刻,上海自贸区融资租赁金额已经高达55亿美元。

3. 服务贸易

因为服务贸易我们是弱户,但是服务贸易是今天最有前途的发展方向。以上海为例,上海今年最自豪的是什么?服务贸易增长速度超过经济增长,今年上海的服务贸易增长9.2%,上海经济增长7.6%。与此同时,上海服务贸易的比重在攀升,今年达到62%。

我提示大家关注以下六个领域:工程承包、设计咨询、信息技术、金融保险、教育医疗和文化创意。这六个领域使我们有竞争力,而世界又有期盼。更需要提示各位的是大家对国际服务外包产业的转移要给予高度重视。国际服务外包产业转移的优势除了专业外,其实最主要的优势就是语言。

两个月之前我在班加罗尔,现在世界上有一个伟大的中国公司,就是华为,华为是一家伟大的公司。它最大的研发中心在印度班加罗尔,我问它的海外总经理为什么?他告诉我一句话,真让我信服,他说因为印度人只讲英语。我们都说印度人说得难听,但难听也是英语。我们说得好听呢,倒不是英语。我们的学生不是外语学得太多,是方法不得要领,我世贸做了十年,我招了多少年轻人。不瞒大家说,我今天回忆起来这个英语能够让我感到放心的,不超过五个人。这么大的世贸团队,所有招展工作都是我领导的,我从零开始到190个国家,都是我谈判的,56个国际组织,包括联合国。我们年轻人的语言能力实在是有待提高。

要稳步推进服务贸易的先试先行。我们是服务贸易的弱国,有许多服务贸易领域没有开放,但是要在自贸区先试先行。

服务贸易要成长,政府管理体制必须大刀阔斧地改革。也就是说,从行政透明度到政府效率,从公平竞争到完善采购制度已经刻不容缓。

这是我讲的第三大领域,服务贸易。

4. 外汇体制的改革

第一,9月29日开始实行负面清单管理,从审批制到备案制。但别人来了,你的外汇登记、海关监管以及风险防范配套措施有吗?三个月过去了,今天必须回答,仍然没有完善。世界等不及我们,所以别人在赶超我们。

昨天公布的,粤港茂自贸区浮上水面,900多平方公里自贸区,上海自贸区只有28.78平方公里。粤港茂自贸区三个优势都有了,前海、横琴、广州。所以各位,你不超车,别人会超,时不我待。所以外汇体制改革得首先把进来之后怎么管先搞清楚。

第二,审批、核准和权限下放。比如这里所在地是虹口区,虹口区的新书记是原来的区长吴清同志。他也问过我一句话,虹口怎么接轨呢?我说最好接轨的是自贸区做什么,你不声不响就去做,结果就是水涨船高。你逼得自贸区改革,是什么呢?全市统一,部门互通的网上行政审批管理服务平台必须建立。

第三,利用外资已经进入了间接投资领域,所以要进一步开放间接投资。债券、外汇、期货、衍生品都属于间接投资。

第四,境外投资管理和服务。中国是世界最重要的对外投资国家之一,是世界第三名,去年对外投资878亿美元。这样的国家怎么管理呢?

首先,要发挥好人民币的海外投贷基金的作用。你去买理财产品,你的合同其实是一款投资项目,大家去买了参与投资,我们是共同投资人,叫利益相关者。现在到海外去,干吗让每一个人都去海外呢?不必要。你好好设立几个人民币海外投贷基金,老百姓有钱买一点,参与了海外投资,这叫海外投贷基金。

其次,要鼓励和支持企业开展境外投资。最核心就是一定要将企业保护住。法律里面有一个叫"政府代位权",政府代位之后要行使追偿的权力。因此,对外投资你要有一个支持服务体系,我们有这么多的银行遍布世界开分行,银行开在那里干吗?首先要支持我们的对外投资者,要行使代理他们的职责。

再次,现在的情况是外资到中国,我们放弃了审批制,但中国到海外投资,我们的审批和管理仍然是繁文缛节。所以要改革本市境外投资项目管理体制,这是其中之一。

最后,积极发展离岸金融。很多人说,离岸金融要有一个物理存在,意思就是说要去找一座岛，有一个孤零零的岛才能开离岸金融中心。这个理念那是差了，就好比自贸区没有物理隔绝，也没有电子围栏，但有自贸区管理。离岸金融首先要建立完整的体系，大家如果有兴趣可以好好研究一下这个方面。离岸保险、离岸证券、离岸基金、离岸信托、离岸货币、离岸拆借、离岸黄金和离岸金融衍生品，这整个系列构成离岸金融市场体系。

要加强离岸金融的管理体系。管理体系凸显两个词汇，一叫鼓励，二叫保护。所以落到实处就是便利，要提供相应的便利满足基本需求。

要建立相应的离岸金融法律体系。离岸金融法律体系非常艰难，因为它不受国内法的管辖，但是又不在别的国家的法律管辖之内。这个离岸是我们的离岸，不是美国的离岸。因而要设立非常独特的银行业务管理、账户管理、业务税收、登记注册、金融交易一系列的法规，最核心的是实施细则。法律一般是抽象的，细则必须具体。法律一般在很大程度上有似是而非的可能，细则必须指引落到实处的指向。

要完善离岸金融的监管体系。上海自贸区在当下勇敢地成为国家的试验区，其实它没有失败的任何可能。原因在于所谓成功，有上中下不同的规则和标准来衡量，然而，中国的古语说得好，“求乎上者得其中，求乎中者得其下”。

上海自贸区你得义无反顾地求乎上，而且争取得其上，所以在座的各位，我们大家共同努力。

范　徵：周教授关于自贸区的报告我是第二次听了，我还是非常有收获。周教授今天从自贸区的历史、目标、举措，主要讲了三个问题：第一，自贸区是什么——实际上周教授认为它是中国改革开放的第四波浪潮；第二，为什么要搞自贸区——周教授告诉我们实际上是倒逼改革，我们试验一些重构的规则，这当中有一些关键的术语和规则我们要知道：TPP、TTIP、TISA 等等；第三，自贸区如何搞——实际上涉及 6 大领域、6 项举措。

难得周教授来，我们在座有什么问题？

学　生：未来的发展状况，是否可能全国的老百姓会到自贸区去买商品，类似于小香港的概念，然后买出来再出关，是不是有这样的可能性呢？

周汉民：目前这个可能性不存在，因为上海自贸区没有形成税收的洼地，也就是上海自贸区没有免税政策，既没有免掉企业的营业税，也没有免掉销售方面的相关税收。所以自贸区不可能形成小香港的免税功能。

学　生:周老师,我是会展行业的,那么自贸区的建立和建设,对于会展行业有什么可预见的促进?

周汉民:上海的会展行业最得益于上海的世博会,2001 年世博会申办之前上海的会展行业岌岌无力,2010 年世博会成功举办之后,上海的会展行业的发展使整个中国的会展行业成为世界较为领先的国度。但是中国的会展业有四大问题:第一,专业性不强;第二,层次不高;第三,法律和同业工会的准则或缺;第四,专业人才寥寥无几。

因此,上海自贸试验区对会展业如果要提供机遇的话,它是服务业的一个重要领域。中国的会展企业先在外国融资或投资,然后一并引入中国,就比我们自己在本地引入一个一般的会展的合作者要好得多。会展业走的道路必须是专业化的道路,如果要送你 12 个字就是,"人无我有",但是这个世界上"人无我有"的东西很少,就是人家有眼睛,你也有两个,怎么会"人无我有"呢?所以第二点,"人有我优",你的眼睛长得比别人漂亮,人有我优。但是人家也很优,人家眼睛也长得很漂亮,那你怎么办呢?"人优我特",一句话,会展业到今天,要"特"字当头。你从事会展业别去关注自贸区,去关注虹桥商务区,眼睛朝另外一个方向看一看。

学　生:我是做跨境电子商务行业,然后在自贸区有一个叫跨境通的平台,但是目前来看,经营状况不是很好,我想问的是自贸区对于跨境电子商务这个行业有什么机遇和挑战?

周汉民:我很少在上海的政协提案,所以我的政协提案全部提在全国政协,因为我是全国政协的常委,上海政协的副主席,但是今年我一口气在上海政协提了两个提案:一个提的就是自贸区,一个提的是国际贸易电子商务集成平台,我认为有极大的空间可以让你做。所以有空会把我的提案和他们对我提案的答复电邮给你,你可以找到很大的空间,因为我是不做具体业务的。

学　生:周老师,请教一个问题,我是来自工程技术行业的,我们也发现了一些问题,我们一些国内的工程师因为英语水平的问题,在跟国外做一些项目的时候,在交流上出现很多问题,在开放清单里面有一个工程技术这个行业,您觉得自贸区开放之后,对国内的工程技术行业有什么机遇和挑战?

周汉民:我们现在的工程设计、咨询、建筑服务都已经国际可比了,原因是35年改革开放,再加上中国的两件大事,2008年北京奥运,2010年上海世博。但是就如你所言,我们还显得比较稚嫩,关键问题是许多的行话不通,行话很重要,因而由于行话不通,人们都把你当成外行,我以为两项要解决:第一项,如果目前你是这所学校读书的,那就是母校,应当开设工程师类英语班,这个领域太广泛了;第二项,如果你到一个非常好的外国设计机构去工作,再苦也得熬上几年,你一定会百炼成钢。这就是我对你的建议,谢谢。

老　师:请问周教授,自贸区对我们教育领域的机会在哪里?

周汉民:尽快到自贸区建中外合资二级学院。

范　徵:好,时间到了。谢谢周教授!今天周教授给了我们很多的建议:有三本书的建议;两个硕士题目的建议;另外还有一个职业建议,那就是现代服务业,而且现代服务业当中周教授已经点了一个行业——融资租赁业。大家听懂了吗?我们再次鼓掌感谢周教授的报告。

中国企业“走出去”的和谐发展之路[①]

主讲人：童继生[②]

随着越来越多的中国企业加入到“走出去”的行列中，中国企业在境外的各种经济活动越来越活跃，影响日益扩大，国际社会对中国企业的关注度也进一步提高。自20世纪末我国实施“走出去”战略至今，中国企业已在全球近180个国家和地区留下了辛勤耕耘的足迹，在输出中国商品、设备技术、劳务和资本的同时，也获取了其他国家新的技术、管理、投资和能源等紧缺物资。全球经济一体化已是当今世界经济、政治、社会发展的必然趋势，但中国企业与国际社会能否和谐相处、共同发展，也受到世界各国的高度关注。

仅以对外贸易、对外工程承包、对外劳务输出、对外投资、对外文化知识产品输出等“五类对外经济活动”为例：2012年我国对外贸易额总量3.87万亿美元，贸易顺差2311亿美元，扩大48.1%；对外承包工程业务完成营业额1166亿美元，同比增长12.7%，新签合同额1565.3亿美元，同比增长10%，已有49家中国企业进入了ENR全球250家最大工程承包商排序；对外劳务合作派出各类劳务人员51.2万人，截至2012年年底，累计派出639万人；中国企业对外直接投资创下878亿美元的新高。中国对外投资额已经上升到发展中国家首位，位居全球第五。

近些年来，中国企业“走出去”发展较快，但时常也会出现一些“不和谐”现象。除了国际贸易摩擦增多、对外劳务合作受阻、对外投资曲折多磨外，中国企业在“走出去”过程中显露的问题也越来越多。因此，经验教训也越来越多。当今，中国企业面临的已经不是能不能走出去的问题，

---

① 本文为童继生博士在上外讲座内容整理稿。整理者：苏宗伟、张文洁。由于时间关系，整理稿未经本人审阅。

② 童继生，上海纺织集团党委书记、董事长，原上海建工集团董事长，上海外国语大学MBA特聘教授。

而是应该如何“走出去”和谐发展的问题。

下面，我结合企业“走出去”的实践，以今天大会“人与社会，中国崛起和平发展”的论坛主题，围绕中国企业“走出去”应该如何和谐发展谈一些个人看法，与大家交流。

一、世界各跨国企业在“走出去”发展中的三种不和谐表现

(1)部分发达国家跨国企业对东道国进行核心技术封锁，实行品牌控制，从而取得市场垄断性优势；在保护本国自然环境和资源时，却把高污染项目向发展中国家转移。

相比发展中国家，发达国家的巨型跨国公司有着财力雄厚、技术先进、经验丰富等优势；有着资本型、技术型的特征。在跨国经营时，他们通常会采用独资、合资、控股等资本运作方式进入他国市场，但往往在核心技术、关键环节进行控制和封锁，同时实行品牌控制，扩大自己品牌效应，全方位地向东道国市场实行渗透和市场占有，继而形成垄断优势。比如家电行业，中国虽已成为世界第一家电生产大国，但在外商来华投资的同时，我国许多原有的国产品牌，如“北京”“牡丹”“金星”“孔雀”“红梅”等已销声匿迹，取而代之的是“三星”“索尼”“松下”“飞利浦”等。

部分发达国家的跨国企业为了自身利益，不顾所在国的生态环境，向发展中国家转移一些高污染项目，排放温室气体和废物、废水，给企业员工和周边环境造成严重的污染。这种环境的破坏不仅影响和谐社会的建设，而且最终将影响所在国人民的生存环境。

(2)不和谐的第二种表现是，不尊重当地历史文化习俗，不尊重当地妇女，干涉所在国的政治甚至主权。

(3)发展中国家或新兴国家在“走出去”发展中也存在劳动力过量输出、不正当竞争等不和谐现象。

近几年，一些发展中国家和新兴国家的跨国企业发展速度很快，但与发达国家不同的是，发展中国家及新兴国家的跨国企业有着劳动力成本低、贸易顺差等优势，为此，多以低价策略开拓市场，大多集中在劳动密集型或服务型产业，大量输出的劳务人员对东道国民众的就业形势形成冲击；此外，与发达国家跨国企业以技术为核心不同的是，发展中国家和新兴国家在“走出去”发展中，以邻近区域或第三世界国家为重点，投入的

产业也大多以“能耗高、出口多、当地用工少”为特征。

以中国为例,中国跨国企业已经成为全球成长最快的跨国公司群体。虽然我们为中国跨国公司迅速成长叫好,但同时,也为其走向世界的道路之曲折艰难感到纠结。比如说,现在许多中国企业去非洲投资发展,可当地人民对中国企业却是“又爱又恨”。由于中国与非洲在经济、社会、文化等发展背景上不尽相同,两地人民的思维和看法也会有出入,因此在经贸交往中出现彼此“不理解”的情况也在所难免。但一些中国企业在对非投资建设时,不仅带着成千上百中国工人前往,而且很少采用当地的生活和生产物资,结果出现一种“中国投资越多,非洲人民叫好越少”的现象。原因很简单:就是没让当地国家尝到更多甜头,当地百姓没有增加就业。当今的非洲人民之所以欢迎中国企业去发展,更多的是希望中国企业能为当地带去技术、管理,创造更多的就业机会,促进当地经济发展。

此外,也存在部分企业与竞争对手之间“不和谐”。在经济已经全球化的今日,有些中国企业在国际市场上,仍抱着不是你死就是我活的“零和”竞争理念,这种必须以牺牲它方利益为前提的合作模式,怎么可能让自己在竞争愈演愈烈的国际市场上“和谐发展”呢?建立“双赢”甚至“多赢”才是世界共同发展之本,但有一些企业在“走出去”过程中,无论是与他国企业还是本国企业,往往是为了打垮对手而不择手段,从而达到只顾自己发展的目的,这种态势不仅造成大量的资源浪费,甚至导致恶性循环和不正当竞争,影响正常的经济秩序。

二、中国企业“走出去”“和谐发展”的路在何方

中华文化博大精深,早在两千五百年前先秦时期诸子百家思想中已孕育了“和谐共生”的理念,它正是“和平发展”的基础和前提。论语中“见小利,则大事不成”,指的就是人类只计较眼前的个体利益,就不会成就长远的共同的生存和发展,最终是损害人类的根本利益。《吕氏春秋》中“天下非一人之天下也,天下之天下也”更是告诫我们,天下物质资源不是仅供一个人、一个集团所享用的,是天下人共同所享用的。唯有如此,人类自身才能和谐共生,持久发展。

为此,在实践中我们不仅应遵循“天人合一”,人与自然的和谐,人与人的和谐,人与国际社会和谐的概念,而且要在不同国度和不同文化背景条件下,努力创新“三种模式“,即:不断尝试和创新与当地政府的合作模

式;不断创新与当地百姓的合作模式;不断创新与当地经济发展所需的合作模式。

1. 我们拿什么去和谐

(1)对自然生态环境的"敬畏"之心。

孟子曰:"祸福无不自己求诸",讲的就是人类的一切有害于生存和发展的"祸",一切有利于生存和发展的"福",都是人类自身造就的道理。

我们党早在"十七大"报告中就明确提出了"生态文明建设"的要求。这不仅是一种观念的重大变化,更是社会和企业转型发展的必然。在城市基础建设中,我们越来越尊重自然、敬畏自然,谨慎处理人为开发可能导致的对生态环境的消极影响,以尽量减少经济发展对生态平衡的干扰。

上海建工在所有国外项目上,都要求采用专门措施,控制施工过程中产生的扬尘、噪音、建筑垃圾、水污染等;在材料选用上,采用节能绿色能源。例如,在承建的萨摩亚政府综合办公楼、国家医疗中心和卫生部大楼等项目中,为了节约建材和环境保护,以及考虑到日后运营成本等综合因素,项目部因地制宜,针对萨摩亚纬度较低、阳光充裕、光照强烈等特点,在上述项目中分别采用了真空管式太阳能热水器、太阳能路灯、平板式太阳能热水器等技术,取得了积极的成效,不仅为建筑注入了绿色元素,节约了能源,而且为日后使用节约了成本。

(2)对他国历史文化的"敬意"之心。

在对外经济交往中,往往会因为各国之间的不同文化背景、思维方式造成误解,出现沟通障碍,甚至引起冲突。为此,建立各国之间的友谊,是世界和平发展的前提。我们"只有了解和尊重一个国家的历史与创造,才能奠定友谊的基础"。今年6月,国家主席习近平访问特立尼达和多巴哥时,所有活动场所:从机场贵宾室到总理府、从外交部大楼到国家艺术中心等工程全部由上海建工承建和改建。其中国家艺术中心建筑设计造型取自于该国的国花花瓣,钢制外形取自于20世纪该国发明的钢鼓乐器,将此完美结合,构成加勒比地区的唯一闪亮的明珠,被誉为加勒比的悉尼歌剧院。而巴基斯坦中巴友谊中心项目的建设,也充分采用了当地传统文化和中国元素。在该项目落成揭牌仪式上,时任中国国务院总理温家宝表示:这不仅是一座建筑精品,更凝聚了中巴两国深厚的友谊。

(3)对东道国各方利益的"敬重"之心。

我们的对外经济合作,既不是经济殖民,也不是文化殖民,更不是谁买下谁、谁征服谁,而是要在共同的愿景下,建立共同的利益体,实现共同发展。为此,中国企业"走出去"后,不仅要与当地政府、当地企业合作好,更要为当地民众谋利益。我们的企业和员工不仅要遵守当地的法律法规,更要尽相应的社会责任。事实证明,只有对各方的利益都报以"敬重"之心,我们才能获得世界人民的"敬重"。

上海建工在承建海外工程中积极探索用工属地化,以"授人以渔"促进当地就业,广受好评。在马拉维国际会议中心项目建设中,我们就高度重视当地劳动力资源的开发使用,聘用当地雇员较多,高峰时多达900人,占用工总数的近70%。当时马拉维刚刚和中国建交,对于中国和中国企业的偏见还时常见诸于当地媒体。此外,当地失业率高达30%以上。在此背景下,我们上海建工在项目开工后就打破常规,通过大量聘用当地劳工来增加了解、化解隔阂、增进友谊、解决工期紧的难题。同时通过此举来改善驻地社区与媒体对中国企业的成见。

除此以外,为了用好当地工人,上海建工马拉维项目部从培训入手"授人以渔",并建立和严格执行10项工人管理制度,积极抓好工人的上岗培训。我们将当地员工按工种分别编入相应的班组,由中国的技术工人任班组长,进行实际操作技能培训,并按期进行技术等级考核评定,以此作为工资增长的依据。通过培训,一批掌握基本技能的工人脱颖而出。班组每日评选优秀员工若干名,予以小额现金奖励;每周评出最佳员工2名,予以公开颁奖表扬;每月评出最佳员工1名,奖励一辆自行车;每季评出最佳员工1名,奖励一辆电动自行车,此举受到了当地工人的热烈欢迎和充分肯定。

"海外用工属地化"已产生多方共赢的效果。首先,是当地百姓和政府得益。一方面,大大提升了当地的就业率,百姓得实惠、社会更稳定、政府得民心;另一方面,通过培训,提升了工人的技能水平,这种"授人以渔"的做法有利于促进当地建筑业的发展。其次,是企业自身也得益。一方面加快了施工进度,确保履约;另一方面,相比于用同等数量的中国工人,不仅大大节约了工资成本,而且还节省了国际差旅费以及中国工人的食宿费用等间接成本。

我们从过去零星使用少量当地辅助工开始,发展到在马拉维国际会议中心项目中大量聘用当地劳工,然后在承建赞比亚、坦桑尼亚、厄立特里亚等国家的工程中积极推广这一做法,逐步形成了一套完备的制度,为上海建工在海外的可持续发展提供了保障。时任马拉维总统甚至曾在马拉维国际会议中心项目施工现场高呼“中华人民共和国万岁”，当地媒体评价上海建工集团为“马拉维最好的外国企业”。

2. 我们应该如何去和谐

当今世界以20世纪90年代初苏联解体，传统社会主义国家苏联和东欧危机；21世纪初中国加入WTO；2008年美国雷曼兄弟公司倒闭引发的次贷危机与欧债危机，三件国际历史性事件为标志，传统的世界平衡和发达国家一统天下的局面被打破。随之而发生的一系列战争（比如阿富汗、伊拉克、利比亚战争）；小国政权动荡；政治和经济的危机不断让这个世界变得越来越不太平，不和谐了。中国企业抓住这一机遇在获得很多机会的同时，更应注意和谐发展，努力在“走出去”过程中做到“三个善于”。

（1）要善于学习。既要向发达国家学习，又要向其他发展中国家学习。既要学先进的技术，又要学当地的人文历史；既要学当地的法律法规税务制度，又要学当地长期生存发展的思想和方法。

（2）要善于合作。既要自力更生，又要懂得怎么与发达国家和发展中国家合作；既善于管理合作，又善于劳工合作；既善于产品合作，又善于技术交流与合作。

（3）要善于长期共赢。要把产品销售与产成品加工生产合作相结合；把短期项目建设与长期项目运营合作相结合；把“输出”优势与当地经济发展相结合。

3. “和谐”应该是怎样的状态

经济全球化，是指人类活动可以超越民族、国家的界限，在世界范围内展现的物质、能量、信息等全方位的联系、沟通、交流和互动。我们既已融入了全球化并坚持走“和平崛起”的道路，就应该懂得利益的价值，就是为了维护人类的生存和发展。目前，我们既要抓住“黄金发展期”，又面临“矛盾凸显期”。因此，我们不仅要不失时机地加快“走出去”的步伐，提高“走出去”的水平，还要积极应对：①资源特别是能源紧缺的挑战；②生态环境恶化的挑战；③经济与社会协调发展中一系列新的挑战。

中国企业“走出去”，如果只是简单地想到当地去做生意，这只会被当作是客人；如果我们既提供产品和技术，又给以密切的合作机会，就会被看做是朋友；但如果我们不仅提供培训、学习和就业机会，而且还能与当地休戚与共、共同发展,他们便会把你当作自己人,相互信赖,相互敬重,这才是对外合作、互利共赢的最高境界。中国文化的传统核心是“和”。中国政府更提出了构建“和谐世界”的理念。作为对外经济交往中代表中国形象的中国“走出去”企业,我们更应该把中国希望实现“和谐世界”的理念传播出去,显示出来。

中国企业带出去的不应该只是“中国制造”“中国产品”,而更应该把“和谐共生”和“和平发展”的中国精神和发展理念传播出去,赢得共鸣。

只有当中国企业都能怀着“对自然生态的敬畏之心、对历史文化的敬意之心和对各国人民利益的敬重之心”和善于学习、善于合作、善于长期共赢的和平发展理念走向世界时,才能实现中国企业与所在国自然环境和谐,中国企业与所在国人民的历史文化和谐,中国企业与所在国经济发展和谐的美丽蓝图。

只有当我们把自身的利益自觉融入当地社会的长远利益之中,我们才会把与当地民众利益相结合放在首位,最终彼此携手走上一条“科学发展、开放发展、和平发展、合作发展、共同发展”的和谐发展之路。

只有当我们怀着“三敬之心”,用“三个善于”的方法,才能实现“三种和谐”的模式与状态。

只有把“中国梦”与“当地梦”紧密结合起来时,我们才能有序、持续、科学地“和平发展”。

我深信,只要中国企业坚持“和谐发展”和“和平崛起”的信念,就一定能在全球化经济发展大势之中大有作为。

谢谢大家!

企业的使命、价值观与领导力①

主讲人:卫　哲②　主持人:范　徵

范　徵:同学们,今天卫哲给我们上课了,不仅仅是做讲座。今天卫哲将利用整整半天时间,给我们上关于“领导力与执行力”的课。我已听过一轮卫哲的课。MVV(使命、愿景、价值观)、PPG(程序、利润、增长)的理念,将使大家获益匪浅。让我们鼓掌欢迎卫哲教授给我们上课。

卫　哲:各位同学,大家下午好! 今天讲领导力,下次是执行力。都是分为上下部分,每次上半部分我们偏宏观一点,也可以说宏观虚一点,下半部分就是实在一点,可以运用到工作当中。概括来说,今天上半段课是宏观的领导力,或者说是 CEO 的领导力。

一、使命、愿景、价值观

我们先来做一个调研。

在座已经是 CEO 的请举手? 后面有一位,在座想当 CEO 的请举手? 举手的同学很少。你现在服务的公司员工人数超过 1 万人的请举手? 谢谢大家。超过 10 万人的请举手? 谢谢大家。

为什么问这两个问题呢? 就是想看一下大家所服务的组织,今天上半段提出的就是组织领导力形成,组织的形成要素。为什么谈一个组织? 随着组织规模的扩大,使命、愿景、价值观对于组织的作用也在扩大。话说回来,这个课学了有什么用? 许多民营企业,要做大做强。

---

① 本文为卫哲教授 2011 年 10 月 16 日在上外讲课内容整理稿。整理者:李志益、苏宗伟、张文洁。由于时间关系,整理稿未经本人审阅。

② 卫哲,维新力特资本董事长 & 创始合伙人,上外 MBA 特聘教授,上外校友会管理分会理事长,上外管理专业 93 届毕业生。

很多人说要把上市作为做大做强的手段，也有人说要把上市作为做大做强之后的结果。我觉得做大做强所以上市，这个说法不对，无论从资金还是带来的公司治理结构，在我看来这些都不是做大做强的必要性。那么有人说引进人才，我引进几个高人，卫哲什么人都来，来了之后就是做大做强，或者是做大做强之后可以引进卫哲了。唐骏去了，卫哲去了，高级花瓶过去了，就是作为做大做强的标准了？这个也是不对的，为什么我说使命、愿景、价值观是做大做强的核心？我们来看比较大的组织，人类比较大的组织有宗教、政党，宗教和政党能够大的原因就是和使命有关系。Mission 这个词我们翻译成使命，大家查一下字典，这个词里面有很多的解释和宗教有关，所以你如果这样理解，对使命的理解就非常清楚了。使命说白了就是大到这辈子看不到，但是想追求的一样东西。

Vision 是什么呢？就是愿景，如果谈愿景的话，就是看得见，并且做得到。你看到了，阿里巴巴说让天下没有难做的生意，很多人站出来感谢阿里巴巴、淘宝，因为它们的存在使得生意好做了。使命和愿景，有时候用中文讲不清楚，我们回到英文，跨文化是我们的强项，我经常回到英文的单词（当然有时候还回到拉丁文的单词），今天还要讲讲从中国传统文化里面找东西。现在流行叫穿越，跨文化就是穿越回古代看问题，这是我个人对使命、愿景从定义角度的观点。

我们谈宏观，就从一些大的组织，成功或者不成功组织的一些 CEO 所具备的个性来说一下。刚才我为什么问大家今天在座的 CEO 有多少，想当 CEO 的有多少，就是想在你们的心灵埋下一颗种子。前两天我把 2005 年乔布斯在斯坦福的演讲看了一下，虽然 2005 年、2006 年就看过了，但感触不一样，其中有一句话，“很多人看自己成功的轨迹是一个一个点组成的，但是把这些点串联起来，都是你成功之后回过头来串联起来的，这是我人生多么成功的轨迹，之前就是一个一个点，这些点之间好像没有什么关系。”这句话感触很深，我今天回头去看，我人生的点串联起来，别人觉得我安排得多好，这个都是事后串联起来的，事先这些点没有办法串联起来。乔布斯举了退学的例子，退学之后在学校里面混，听了一门媒体字体的课，这个课本来以后肯定没有用，但是后来在苹果公司，第一个把各种各样的字体放到电脑里面去，乔布斯说如果当年没有上过这门课，就不会想到可以把这么多的字体展现给电脑客户，这就是人生的一个点。

看看我的 PPT,这儿列了很多美国的企业, 2009 年 3 月份去拜访这些企业。我们说领导力,就从我见过的 CEO 领导力开始讲起,先讲讲星巴克。

1. 星巴克的价值观——舒尔茨以德服人的三板斧

今天看星巴克又有不同的感想,2008 年、2009 年星巴克结束了十多年连续增长。不仅股价跌,第一次面临裁员和过度扩张关店,舒尔茨被股东会邀请,重新回到星巴克。顺便说一下,作为创始人,舒尔茨本人持有的星巴克的股票所占的比例已经微乎其微了,他回来不是靠股权大,很多人说在西方治理公司的体系之下,以权服人,股权大也是这样,舒尔茨回来不是以权服人,而是以才服人。乔布斯就是以才服人,他的创意,他对技术和艺术的完美的结合,这是一种才。服人的还有一个境界,就是以德服人,以权服人是最不管用的。经常有人说领导人股份被稀释了,对公司就没有控制力了,我不同意。乔布斯拥有苹果的股票有多少呢? 乔布斯不是一个以权服人的人,不是以股票的权利来服人的人,如果是的话,当年他反而不会被赶走,当年被赶走的时候股份比例比后来回来时候的股份大多了,他被炒掉的时候,一气之下把股份都给卖了。以权服人在什么组织可以存在? 军队。军队这样的军事化组织,一定就是以权服人的。今天我们谈领导力是离不开一个组织的,组织的大小牵涉到领导力,今天我想比较宏观地讲一些 CEO 如何以德服人。

(1)新奥尔良的活动。

以德服人的德就是使命、愿景、价值观,三个要素构成了宏观领导力的德。具体我们讲星巴克,我问他,作为创始人回到这个公司,你的三板斧是什么,做了哪三件事? 这个问题肯定是舒尔茨之前没有准备的,他并没有准备好。他说这样,你等一下,马上找了周围的人说上网去找一段视频给我看。这是舒尔茨告诉我做的第一件事情,就是干部大会,我一听这个没有什么稀奇。他说你可以看完之后再说,他告诉我这个会议参加的人员大概有一万多名北美地区的店长,还要去新奥尔良,当时预算要 4000 多万美元。在星巴克赚钱多的时候,这个也不在乎,恰恰那个时候星巴克日子不好过,舒尔茨刚刚对投资者宣布在未来一年要降低 5 亿美元的成本,刚刚话说出去,转手就花掉 4000 多万美元,你去看的视频就是问这些店长,舒尔茨回来了,你们有什么期望?他们认为老大回来了,就是推出一个新的战略,却不知道是开会。

确实很多人准备去开会,可是到新奥尔良没有开会,而是做两天义工,因为飓风横扫新奥尔良,家园没有重建,按照我们的说法就是大灾之后有大爱,舒尔茨搞了一个大灾之后有大爱的活动,这个是很大的成本。我问他为什么?他说看完这个视频。在2天义工结束之后,1万多人还在会场聚了一下,舒尔茨像明星一样,上去之后没有说话,下面就是掌声雷动。宣布了什么呢?每杯咖啡捐掉5美分。干了两天义工,做了慈善活动,看看那些员工,采访那些店长,很多人都是掉眼泪,为什么呢?整个星巴克的文化是关爱,这是它最大的文化,也是最大的价值观。当这个组织一起去做一件事情,关心一些素不相识的人,他们本来认为星巴克面临金融危机,真是倒霉。突然发现还有人比他更加倒霉,新奥尔良受灾的群众就是更加倒霉,原来自己不是世界上最倒霉的人。大家也一样,今天感到挫折和困难的人,你一定不是世界上最倒霉的人,只是别人倒霉你没有看到,你看看就会珍惜自己拥有的一切。幸福就是相对的数字,今天你值得珍惜的东西还很多。

第二,你去关爱别人,星巴克是员工第一的公司,星巴克说我们是服务行业,你只有去关心自己的伙伴,你才可能去关心你的客户。他们有一句话"星巴克不是以公司为家",我们公司是一个家庭,但不是你的家。所以星巴克对自己的定位是什么呢?"要么你在星巴克,要么你在星巴克的路上"。星巴克认为除家之外,星巴克是人生第二个重要的地方,因为这里是会见朋友,哪怕安静地读一本书,放松的地方。从文化和它的品牌的定位,整个和咖啡没有必然的联系。你如果问他的使命,他就是希望星巴克成为家庭之外的第二个地方。

这个是否可以实现?我认识很多朋友,除了在家之外,几乎都是泡在星巴克,在美国读MBA,学校里面不写,跑到学校门口星巴克去写,会见所有朋友,几乎在家里不愿意做的所有事情都是在星巴克,这样的人现在叫做星粉,星巴克的粉丝。就像苹果的果粉一样,有很多星巴克的粉丝,你叫星粉好一点,叫巴粉不太好听。那么为什么一个卖咖啡的和一个卖手机的都可以这样?这和它领导力里面灌输了今天讲的三个要素有关系。所以星巴克做的第一件事情就是从自己的文化,价值观,使命入手的。

(2)总统竞选广告。

第二件事情,他继续让我看视频,他说看一下我们星巴克的广告。2008年年底,2009年年初美国总统选举的时间的广告。投的广告是什么呢?没有人,没有咖啡,什么都没有,就是字幕,一排排的字幕。这个字幕告诉大家,每个人要承担责任,不要去抱怨。你要改变,你去投票,投完票,星巴克送你一杯咖啡。说明什么呢?还是从文化价值观入手,当然也是一个非常成功的案例,告诉大家星巴克不仅仅是一个卖咖啡的地方。

(3)全体煮咖啡。

舒尔茨回来之后做的第三件事情,全世界星巴克停业半天到一天,至少停业半天。大的店要停业一天,停业干什么呢?全体员工重新学习煮咖啡。星巴克原来要求每个人会煮咖啡,星巴克工牌上面除了伙伴名字之外,还看到咖啡几级,咖啡大师,咖啡黑带,很自豪的。舒尔茨走了之后,职业经理人觉得培训所有人煮咖啡没有必要。确实也对,一个店两三个人会煮就可以了,这样员工上岗的时间很快,但是舒尔茨说,同样是收银员,我们和麦当劳、肯德基的收银员有什么区别?要学会煮咖啡,宁可停业一天。我问他你为什么不加班,用业余的时间让别人学习煮咖啡呢?他说你利用业余的时间学习煮咖啡,你学习出来的效果也是业余的,我们要利用专业的时间学习煮咖啡,这个也是专业的。这个是专业的事情,我们不能用业余的时间来学习煮咖啡,我们必须要用上班的时间学习煮咖啡,如果不学习好,我们宁可停业不向消费者服务。

创始人回来了,做广告,开大会,停业整顿,三个都是花钱的事情。但是,这可能就是我们职业经理人不敢做的事情,我也检讨过自己,作为职业经理人我为什么想不到这些东西?回到我们前面跟范老师的对话,职业经理人像学校里面的老师,老师肯定有爱心的,老师没有爱心,就不会让老师成为阳光底下最灿烂、最令人骄傲和羡慕的职业了。但是老师对孩子,家长对孩子的感觉不一样的,要求也是不一样的。老师最怕什么呢?老师最怕就是孩子千万不要在我们学校出事,我检讨自己,我对任何一个企业,就是希望这个企业不要在我手上出事。在百安居希望不要着火,在阿里巴巴希望不要出现群体性事件。

舒尔茨所做的三件事,追根溯源就是回到使命、愿景、价值观上来,这些东西就是创业者的DNA,就是创业者领导力的体现,创业者的以德服人体现在哪里？就是体现在他的领导力里面有使命和愿景，还有价值观。

2. 汇丰的使命、愿景与价值观

说说汇丰，我在汇丰董事会干过四年多的时间。1949 年之后，大陆的人没有上过汇丰董事会，我很有幸成为第一个，他们跟我讲了很多的故事，最后我听出来了，就是用这些故事给我洗脑，目的还是给我灌输汇丰的使命、愿景、价值观。大家千万不要小看讲故事，在我们商学院就是案例，案例是最容易传播的。

(1)汇丰的历史来源。

汇丰这个银行的名字全称叫香港上海银行。这个名字对汇丰的来历非常重要，全世界现在的银行基本上都是苏格兰流派。银行最早是为解决政府打仗没有钱诞生的，大家看到的《货币战争》前半部分是对的，后半部分是演义。1840 年之后，香港割让了，上海开埠了，商人开始贸易了，上海的香港线是非常热闹的，这样就出现了问题，货是通了，钱不通。钱不通，货也不是没有办法通的，学习经济学都可以学习到，信息流，物流，资金流。这个信息流，当时电报没有发明，各个港口也是通了，资金当时不通。就是三件事情：信息流、物流、资金流，这个早在大航海时代之后就提到的挑战，那么为什么当时的银行不做这个生意？当时的银行总部在欧洲，这个是分行，这里的分行主要解决什么问题？要么解决欧洲和亚洲的事情，要么就是把亚洲的钱借给清朝，清朝主要的钱就是借来的，如果不还就揍你，就是让你还钱。现在也是同样的道理，按照这个模式，战争是人类商业的最高境界。

所以汇丰骨子里面不是欧洲银行，是银行家一代一代建立的，其四个创办人当中两个是船运商人，两个是贸易商人，他们想实现货通天下和汇通天下，他们想的很简单，我们就做上海和香港的结算，自己办一家银行。这个说明什么呢？当时给我们这些董事讲的第一堂课，就问你知道汇丰的名字吗？知道的话，我们是以解决商人银行业务为使命的，以汇通天下为使命的银行。汇丰今天最大的利润来源就是全球跨国贸易结算，所以汇丰说我可以不在任何国家排第一名，但是我要组织一张全球最高效的网络，商人到哪里我到哪里，贸易到哪里我到哪里，贸易有什么新的品种，我做什么新的品种。这个就是汇丰的使命，每个汇丰 CEO 都会问自己做到没有，没有做到就不称职。由此，汇丰购买美国的住房银行，购买中华信托,这两个是汇丰犯的错误。

为什么会背离使命呢?领导力里面非常重要的 DNA 就是因为要赚钱,因为贪婪。看美国哪一个业务都是赚钱?按揭和房贷。中国台湾也一样的,信用卡最赚钱,中国台湾刚刚放松对所有银行发信用卡的保质,肯定就是发卡赚钱,这个就是一辈子让你付高利贷,汇丰背离了使命和价值观,犯了战略性的错误。

坚持使命和价值观是可以赚钱的,但是从战略观入手背离了这个赚钱的基本概念,最终可能无利可图。

(2)二战后的抉择。

第二个汇丰的故事,是二战之后的抉择。1941 年 12 月 25 日香港沦陷。沦陷之后,日本占领军逼迫香港银行发行军用票,在香港,商业银行负责发钞,日本人的金融手段非常简单,黄金我拿走,钱你继续发,钞票你来印。二战之后这些票子需要兑现,没有黄金怎么兑换?几乎所有的银行都说不能兑现,拒绝承认,道理上也是通的。汇丰把所有股东召集起来开个会。因为二战,汇丰欧洲部分也有损失,如果发行的军用票也认的话,汇丰是否会破产?股东大会做一个决定,就是认了那些票,尽管有损失。那件事肯定就是亏的,亏大了。但是 1949 年后,很多上海和北京的有钱人往香港跑了。所以,绝大部分的钱到了香港,有这么一家银行,如果当年发了军用票都承认的,我们放在那里没有问题。因为承认军用票,几乎沦落为一家小银行的汇丰,1949 年又起来了。很多公司都说客户至上。这种价值观就是靠关键时刻检验的,没有事情的时候客户肯定第一,出这种事情的时候,股东敢不敢说把我们的利益放一放。

这个故事让我们知道,汇丰的名字怎么来的,告诉我这个公司的使命是什么,通过二战之后的抉择,告诉我它怎么理解客户第一的价值观的。

(3)承担责任的行长。

第三个故事本来想放在下半段来讲,同样发生在第二次大战期间。二战时汇丰作为英国银行,属于敌对国银行,他们被日本占领军关起来。总监以上的英国人都被关起来了,家属也要关起来,行长站出来说,伙食不好,任何问题可以讲,我去跟日本人交涉,有时候他们会同意要求,但是你老是提要求,就要揍你一顿。不久这个行长去世了,后来副行长起来,由他来执行这个任务,二战结束之后,一共死了两个人,就是行长和副行长。别的银行就不一样了。我们看到航海灾难片,船长最后一个走,其实这是英国带有绅士精神的文化，这个文化在汇丰的组织，我不敢说每个汇丰行长都会这么做，但是他们在历史上是经过考验的。下半场讲微观领导力的时候，我们会继续讨论作为领导者有没有承担和担当责任的勇气。

下面大家围绕这几个故事，联系自己服务的公司，能不能讲一下，你认为自己公司的使命是什么？愿景是什么？记得住的价值观是什么？

学　员：我以前在惠普的时候，惠普的价值观，第一是做全球公民，对自己的社区有所贡献，勇于承担一些公益性和社会责任。第二是赢得客户的尊重，通过客户尊重获得成就感，其他记不太清楚了。

卫　哲：能不能就这两条回忆一下你在惠普的某一件事情，或者你做的某一个决定，感觉到你的领导努力让你成为客户尊敬的人，或者让你为周围的社区或者环境做一点什么事情？

学　员：印象比较深刻的就是我们和老板一起出去玩，突然间前面有一个人在地上扔了一个瓶子，他会主动把这个捡起来放到垃圾箱，同时告诉我们不要这么做。公司文化也是我前面说的几点，还有一点就是对人的信任和尊重，这种感觉不是表面的作用，就是感觉到人和人之间的真诚。

卫　哲：现在讲的是宏观的领导力，当时你在的时候，全球 CEO，肯定隔了很多层，但是他做的哪一件事情，他讲的哪一句话你印象最深刻？

学　员：那个时候 CEO 是卡利，当时他在全球大会上一些发言的方式和风格，我比较欣赏，对于中国的老板，他说的一些话，印象比较深刻的就是他一直尊重员工和信任员工，这一块强调的比较好，通过这种信任，让员工做到最好。

卫　哲：能不能举一个例子，你感到特别受信任的？

学　员：我用一个小的事情体现出一种，不知道是否合适你的问题，那个时候我们在外面以身为公司员工为自豪，看到竞争对手的产品就是自发地对抗。

学　员：我想说一个，我之前在惠普的竞争对手 IBM 这里工作。你刚刚说到领导力，怎么样通过一些言行表达出来？那个时候 IBM 的总裁来中国，2000 个人过去，谈了很多的宏观东西我们不一定听懂，会后很多员工拿了相机和他合影，围了一大圈的人，包括中国区的 CEO。那个时候有一个40多岁的工程师,头发都已经白了,那个工程师拿了个比较破的照相机,拍不到,他过去让所有人分开,对他的助手说,我要和这个员工拍一张照,这张照片拍完之后,亲手把相机递给这个员工,这个员工也是热泪盈眶。那次会议,他自己的话不多,都是员工提问题。最后这样一个场景,给大家感觉他真的是对于价值观的体现。

卫　哲:非常好,谢谢。我们一会儿再互动,互动阶段性的我会点评一下,先从第二个同学的发言来说,最近网上说新的美国驻华大使,说他整天作秀,不安心当大使,就是想利用华人的脸侵入中国。从跨文化角度来看的话,会感觉到西方人有没有作秀的成分?肯定有的,你只要坚持作秀,也不容易啊。我觉得你可能背不出公司的价值观,使命,但是却记住了一个故事,一个发生在身边的故事,非常小的故事。刚刚说到的尊重员工,今天公司小的时候,你一定会尊重他的,当你是10万人公司CEO的时候,你还可以坚持做这样的秀,相信就是骨子里面做这个事情。还有就是信任的重要性,为什么要有共同的价值观?我们叫志同道合,志是什么呢?志是使命,我们的方向,志向一致。物以类聚,实际上同等价值观,我们从管理的效率来说,是最高的,管理效率高并不因为完全基于它的流程有多么的优化,而是基于信任。为什么说同学有的时候一起谈一点事情特别信任?因为我们在学校,一样的老师,一样的书本,不知不觉形成比较相似的价值观,而战友之间就更加信任,价值观经受考验了,所以经常看到很多老战友做生意,100万拿去,不用还了,不用留条了。

3. 领导力的评价标准:咸鱼翻身与高效率

什么是优秀的领导力?我们的评价标准是什么?第一个标准,逆境时,你用强大的文化做到这个咸鱼翻身动作,带领企业走出逆境。顺境中的锦上添花体现不出领导力。我们今天记住乔布斯,和他有过一次咸鱼翻身有关系。我们为什么说尊重毛主席在我党的领导地位?就是他的卓越领导力。

第二个标准,就是在他的领导之下,这个组织是高效的,我们商学院讲影响资本的回报,最终很重要的因素就是效率。今天中国一个工人的工资已经远远高于印度、越南工人。他们的工资大概是我们的五分之一到六分之一,但是中国工人的效率是他们的20倍,中国工人烫我这个衬衫只要7次,在孟加拉、巴基斯坦70次都没有烫好。举这样一个极端的例子想说明什么？影响组织效率最大的问题就是官僚主义，十万人的组织，一定有官僚主义。官僚主义侵蚀组织效率，导致公司成本高，资本回报率低，新的战略无法实施。

二、价值观和流程：两手抓，两手都要硬

如果领导力一直关注流程，流程就是我们国家的法律，相当于公司的流程。需要不需要？一定需要。价值观是什么呢？就是社会的道德。今天我们看到中国的食品安全出了很多问题，怎么办？我昨天看到一个新闻，好像成立了食品安全局，这就把食品安全提升到很高的高度，三聚氰氨也要成立一个处，这个就是从法制组织设计考虑怎么防范食品安全出现的问题，就像我们公司一样，成立了很多新的组织对抗可能产生的风险。

但三聚氰氨不是天生的东西，是添加进去的。这个就是道德缺失的问题，我们中国法律挺多的，很多不是法律应该管的，有没有人每天上班、上学之前先把法律读一读，今天我可以做什么，不可以做什么？不会。但是今天会犯错误，我们有道德的底线，公司也是一样的。我就想先讲阿里巴巴吧。

1. 从孕妇装看官僚体制如何产生

规定是怎么产生的？规定在产生的时候都是挺合理的，阿里巴巴2万3千多名员工，平均年龄23岁，这个年龄在女性身上就是育龄高峰期，我们当时面对电脑工作，就是发一件防电脑辐射服，发一件不够，就发两件，大概每个人的衣服成本就是200～300元一件，每个人就是500元两件，一年这个公司有800多名员工怀孕，每年会产生多少福利呢？48万元，这个钱说小不小，说大也不大。行政部提出要求，我们订一个孕妇服领用规定吧，这个就是主管和经理要批准。当初就想主管和经理怎么能确保孕妇怀孕呢？还有就是加了一条二级医院确定，然后可以领用，用下来员工没有抱怨，也觉得挺方便的，我们会每年检讨一些制度，建议公司每年不能在里面加制度，每年我们会减制度。对于这个员工不信任，我们不相信她自己说怀孕了，如果我们相信她就马上给她，马上有人站出来说，这个有风险，她要是没有怀孕，她为其他人领一件怎么办？我们就给所有的员工讲这个道理，这个是为你在工作的时候准备的，你朋友要呢，

我们小卖部还真有卖，可以买一件，你觉得阿里巴巴的工资，都买不起你送朋友的礼物的话，你要领就领吧。

实施这个规定之后，还是领出800多套，把这个道理讲清楚，我们相信绝大部分的人道德水平都是有的，但是没有讲，别人不知道是不是无限度的福利。如果讲清楚道理，而且互相监督的，你天天领一套，互相看了也会不舒服，相信群众和道德的力量，这个事情是可以避免的。

2. 从晚餐券看信任如何被破坏

我们看一个小事情，晚餐券。如果你去过我们的园区，8000多人同时上班，晚餐呢，理论上我们是给加班员工的。当时就防止吃晚餐的人不加班，大家算算账，我们就算10元一顿，8000个人就是8万，一年200多个工作日就是2000多万元。对任何一个公司2000多万元都不是小钱，当然有个简单的方法，就是批准加班发券给你去吃。一到5点半，七八百个主管什么事情不干，就是签单子，因为加班率很高。我们再问一下，阿里巴巴不用打卡的，这个制度本身没有监督性。我们后来跟所有员工说这个晚餐是给加班的员工准备的，如果你今天晚上不想做饭，你也可以来吃。道理讲清楚，我们一年后回顾这个政策，成本上看，确实比没有制度多了2%，肯定稍微有点人多吃了一点，2000万的2%是多少？40万。大家想一想，七八千人，再加七八百个主管，每天不务正业在那里填单子，一天多少钱？也不止40万吧，我们取消制度之前，就是算一旦放开会不会从2000万吃出3000万。道德的标准就是价值观，当我们企业培养企业内道德标准的时候，就容易产生信任。信任的结果就是因为信任所以简单，大公司变简单了可不得了，大公司变简单了就是效率很高。

再讲一个如何建立信任。我想给大家一句话，叫做相对强势的一方，你要先走一步，建立信任。总有人先说一句我信任你，谁来说？当然是领导者。这个信任背后可能是有代价的，阿里巴巴孕妇装的信任，相信员工不会多拿，多吃多占就是这么一点，这个动作就是要你先做出来的。这个从宏观领导力来说，你作为一个组织的领导有没有对你的员工，甚至对你的客户先作出一次信任？

我印象最深的就是你对客户也可以作出信任，有很多大公司对客户的信任之高也赢得很好的口碑，我有一个同事，美国人，他对亚马逊崇拜得五体投地，说这辈子所有的东西都在亚马逊购买，有一次在网上订购了一本书,结果那本书已经寄到家了,儿子觉得老爸这本书不错,就自己收下了,我这个同事没有收到,就投诉亚马逊。亚马逊马上说非常抱歉,我们马上给你再寄一本来。当时我拿这个故事和淘宝、阿里巴巴说,我们会怎么样?根据我们的流程会这样的。我们的客服会很客气地告诉你,我知道了,您的商品编号是多少,查看下系统状态,然后去快递公司查一下,请把您的家庭地址给一遍,然后就是说快递公司已经送到你的家了。还有记录,可以给你看看,这个流程已经处理得不错了,亚马逊没有这么干,就是立马寄了一本书,他后来在儿子那里看到了自己的书,他感觉非常的惭愧。他就写了感谢信,自己花钱把这本书寄回去,这个就是我失误了,搞错了。

当然很多的信任不是无条件的,假如说给你送一个 56 寸的电视机,然后你打一个电话说没有收到,是不是会马上送过来?这个肯定不会的。我想说这个是什么原因呢?就是说你在付出代价不大的情况下,你可以先信任员工一步,先信任客户一步,这个就是叫做“德”。大家知道每年全世界调查员工满意度最高的企业和客户满意度最高的企业,有一家企业是多年上榜的,你们猜是哪家企业?利兹卡尔顿酒店,你以后可以试一下,如果把咖啡往自己身上泼,服务生马上过来就会赔钱给你。好像赔偿金额每次在 200 多美元以下,不用征求任何人同意的,这个事情是对员工的信任和对客户的信任,我们相信人类是善意的,你只要关爱对方。中国社会谁都不愿意先相信对方,互相不信任。

我总结一下。我们叫抬头看路,不能光低头拉车,以前孔夫子说“吾日三省吾身”,这个比较多了,我做不到每天想三次,但是我做到每月三省,我是定期总结一下。顺着刚才范老师的开场白总结一下,我谈了对于使命和愿景区别的理解,怎么跟大家来分析的呢?是从什么是使命开始的,使命说白了,就是只要指望在这个组织在的时候,可以完成一个事情;愿景是什么呢?就是 5 年、10 年一定可以看到的,使命不是虚无缥渺的。愿景就是达到使命当中为自己设的一个阶段性的重要目标。然后由使命带来愿景,然后推导出后面讲的战略。

大家可能认为战略就是领导力,我把战略恰恰放在下一次的执行力来讲,很多商学院,都把战略往领导力那里来归,我恰恰认为战略是一种对于资源的组织分配,战略最重要的就是重新分配资源,很多公司缺少很好的战略执行。

三、从四大名著看领导力

我们讲领导力要分宏观和微观，我们希望讲到微观领导力的时候，我们广大同学可以参与、发言、互动。挑战我的观点都没有问题，我们下半场让大家进入状态，我们先进行调研。

目前你所管理的团队，人数超过 5 个的请举手？超过 5 个都可以，我们还有很多还没有在管理岗位上，谢谢。超过 10 个的请举手？好的，谢谢。

上半场我们讲的好像跨文化，刚才讲的西方的内容比较多，下半场我们往中国传统来看，微观管理，我们先从中国的传统文化来看。

中国的很多文明以四为代表：四大发明、四大名著，我觉得人类的四大发明由中国提供，它的价值长远来看，可能还比不上四大名著。四大名著所记载的人类很多智慧，可能不会由于科学的发达而淘汰。

因为觉得人类这 5000 年，思想上的进步没有科学上进步那么大，所以我们经常说从历史里面可以找到现实的很多答案。我们说一下四大名著吧，我经常拿四大名著比喻我们企业的不同发展阶段。创业第一阶段我经常说像水浒，创业、创新一定意味着对于传统体制的造反，很像水浒；当企业有了一定规模之后，在这个行业经常面临三国割据的格局，企业第二阶段通常进入三国演义；第三阶段是红楼梦，把外面的敌人摆平了，就是外面问题不大了，企业内部问题更大了；第四阶段就是西游记了，要么 CEO 可以很超脱地全世界转了，或者可以跨国购并了。但今天不是跟大家谈从四大名著看企业的发展战略，今天我们谈领导力。

我这么讲吧，四大名著里面笔墨最多的人，我只说管理的问题，四大名著里面的核心引导人是谁？水浒宋江，三国刘备，西游记孙悟空，红楼梦就是贾母、王熙凤。好像没有分歧的是水浒的宋江，西游记笔墨花得最多的就是孙悟空，但是取经团队的领导者是唐僧。三国花的笔墨更多的是曹操和刘备，但是曹操很不幸被三国演义刻画成了负面人物，所以剩下了刘备。红楼梦里面讨论也一致，王熙凤的声音出现了很多。我们从四个人物分析一下，因为他们都是直接带团队的。

带团队最多的人是谁？宋江，108 个。宋江说过一句话，“我们 108 个都是兄弟，有事情可以找我”。最小的团队是谁呢？唐僧。这里面除了王熙凤，另外三个人基本上都属于文不能安邦，武不能服众的，王熙凤应该说从个人能力来说，大观园中找不到第二个对手。王熙凤其实非常遭人讨厌的，大家一讨厌她就装病，一装病贾母觉得我们又要有人办什么婚事、大事什么的，还是请王熙凤出来。所以以才服人的人，只能用才影响这个组织。因为没有人能够干，所以你看，她经常可以说我退休了，我要休息了。

实际上我们来看，四个领导者的结局，最悲惨的我觉得是王熙凤。另外三个人，你说刘备，刘备在白帝城也是这么走了，好歹也是当了皇上了，原来刘备就是一个个体户，还是一个二流的个体户。唐僧更加不谈了，宋江好歹队伍也是拉起来了，干了一点事了。恰恰王熙凤是一个以才服人的人，是四个人里面个人能力相对来讲最强的人。我们先看看另外三个：宋江、刘备、唐僧。

能力就不谈了，三个都是没有能力的人，我们一个一个来分析这三个人。我们做个现场调查，喜欢唐僧的请举手。有一位喜欢唐僧。喜欢刘备的请举手。喜欢刘备的还是比较多。喜欢宋江的请举手。我们喜欢唐僧的人数实在太少了，有人想不想改一改投票，喜欢唐僧的有没有？三位喜欢唐僧。你们三位哪一位发言，说说为什么？

学　员：我个人觉得我的个性比较像唐僧。我带的团队也不大，就是三四号人，我们的企业文化是“规则架构有了，有固有的经营模式，不需要你太过于发挥个人的能力”。我跟下属讲，鼓励你提出个人的想法，我会给你们很大的空间，我非常信任你们。但是即使有信任，我也是要摆摆谱，就是要让他们知道什么是犀利的感觉。

卫　哲：唐僧是绝对的官二代。出身很硬，刘备的官二代是有一点问题的，是山寨的。唐僧是正宗的，唐僧在外面的关系还很硬，观音是他的死党，唐僧有困难的时候，观音是力挺的，你们找一个电子版的西游记，去搜索一下紧箍咒，你可以看一下这本书里面念了多少次？并不多。而且随着时间的推移，越来越少。而其中唐僧与孙悟空发生过无数次的争执，只要不是大是大非的问题，他基本上不念。如果哪一位领导，抓到哪一个同学的紧箍咒，就是念死他，领导做成这样不容易，你有把柄在我手里，我可以念死你的。我感觉到后来他可以调动起孙悟空的积极性，认为取经是不错的事了，所以唐僧背景最硬，外面关系最强，手上把柄最强，但是好像最无助，他靠的就是信仰。唐僧有很多的选择，遇到那么多的险阻，但他没有选择放弃，这个就是教育了他的三个徒弟。猪八戒就想留在高家庄,但我相信唐僧没有留在女儿国给猪八戒心理上留下了很大的印记。所以今天很遗憾,今天选择唐僧的人很少。我只是点评一下,点评之后我们回到微观领导力里面来看。

喜欢宋江的人是第二多的,刘备好像是最多的,喜欢宋江的来说一说。

学　员:我喜欢宋江因为是我很小时候读的,我印象当中他是比较听军师吴用的见解,而且另外一点他授权做得很好。

卫　哲:再来一个宋江派。

学　员:我喜欢宋江是因为这个体制,我在国有企业,国有企业信任比较少,为什么喜欢宋江呢?宋江如果有什么事情,就是让下面的兄弟去干。另外宋江其实也是以德服人,可以替天行道,价值观很正。

卫　哲:我们点评一下宋江。今天的目的不是让大家重读四大名著,我们希望大家落地回到自己的团队,我说没有标准答案,什么领域有标准答案呢?科学可能有标准答案。管理是什么呢?管理就是科学加上艺术,艺术哪里有标准答案?所以大家放心,没有标准答案。

我们比较一下唐僧和宋江。唐僧其实没有为团队做过什么事情,宋江不一样。宋江特别替人着想,坐到头把交椅之前,是一个运城小吏。这么小的官。刚才有同学说公司CEO走下台和40多岁的白发工程师合影,这个让大家记住了。宋江怎么做的?大家比较怀疑,宋江的钱是怎么来的?宋江给出的钱是很多的,没有记错的话,他像微博上的红人一样,他走到哪里都是有人知道他,他在柴大官人那里住几天,人家给了他一些银子,他拿了十两银子,其他都给李逵了。

宋江基本上都是透支自己,满足团队。不仅是透支钱,他还透支他的体力,透支他的政治前途,所以说如果你是处于宋江这个阶段,你要想想,如果只是和他合影是不够的。宋江有很多的管理方法很有意思,他是一个很善于用SMS的人,你们再去做一个IT的统计,你们看108人怎么加入梁山的?有哪几个是直接由宋江发展的核心成员?不多的。有很多是用关系带关系进来的,那么我们说到领导力,你的组织怎么发展,你说创业像水浒,你想想是否有魅力让别人进来?还是你的核心团队帮你增加核心团队?宋江亲自发展的不会超过30个。都是间接发展的。

喜欢刘备的说说。

学　员：基于演义来说，我喜欢刘备有四个原因，第一个原因是他深知名正言顺的意思。刘备号称说自己是皇族的后世，始终拿这个旗号代表自己的正统性；第二点就是他能屈能伸；第三点就是任人唯贤，他三顾茅庐请诸葛亮，诸葛亮当时是一个耕田读书的人；第四点就是深知人性，刘备也疑人，他做得非常漂亮，刘备在弥留的时候，他对诸葛亮说，如果贤明你就扶之，如果不贤明，君可自取。如果按照诸葛亮当时的影响力，他想自取就是可以自取的。

学　员：我想分享刘备的能力方面，早期刘备落魄，投靠他人，曹操有问他天下谁可称英雄，刘备作出迅速的反应，这使他避免了危机。包括在袁绍那里也是一样。对于时局的判断、选人用人，到重大决策在称帝之前没有什么错误。这一切决定了他的成功。

卫　哲：我们时间有限，我稍微收一收，还有交流的机会。我先点评一下刘备，刚刚说到刘备作为一个前面很低，然后拉高，又逢低退出的曲线。问题是什么呢？刘备后面的失误不多，但是一个失误足以大到把前面的积累擦掉一半。和前面称帝没有关系，我还是那句话，我们不去评价对错，对于创业团队来说，今天都是你的兄弟。其实宋江正好相反，宋江是三分之二的兄弟，为了实现他所谓的替天行道，三分之二的兄弟是为他而没了。但反过来呢，刘备是为了兄弟，两个兄弟，他一般不干涉诸葛亮的决策，但是诸葛亮说不要伐东吴，为什么伐东吴？张和关这两个是桃园三结义，他为了兄弟可以付出一半的事业，从这个角度看刘备是很难得的。但是倒过来说，前半段是笼络，后半段是创业，为了替天行道，后来108个兄弟72个不能善终，从做事角度看，宋江还真是把他前期的人脉的关系为了他这个事情用足了。

你回去要管理这个团队，我希望不完全是从能力角度去看，一定是和自身能力无关的。这是我说的第一件事情。

第二件事情就是三个人，我想说先有舍，才有得。作为领导你得先舍后得。刘备要树立他那个品牌，就是三让徐州。这是很难的一件事情。为什么这么多人认可他成为皇叔？当时他做了几件事情让别人不得不服，唐僧没有什么舍，唐僧就是官二代，你舍了什么？你作为团队领导者你舍弃了什么？唐僧舍弃了女儿国，猪八戒就舍弃了高老庄。

通过四大名著四个人总结一下，个人能力多强，跟带领团队没有多大的关系，马云财务也不懂，我们团结在他的周围，他不容易，不是我们不容易。他经常有一句话“感谢你们来适应我”。他是适应能力最强的人，别说108将，唐僧旁边有这么闹的活宝，他可以安心念经，真的不容易了，刘备也是这样。

第二个就是三个人都有一个至少拿得上桌面的理由让我们去干一件事情，替天行道也好，取经也好，光复汉室也好，都有一个目标在里面。替天行道，很多人说是宋江二次创业的想法，你们分析一下108人的组成，投降的官员很多，除了林冲之外，其实他的替天行道不完全是个人的想法，团队当中一定有比例存在。政府军出生的这些人想法和林冲不一样，林冲是有血仇的，那些人就是打一仗失败了就加入。这里面唯一没有使命的就是王熙凤，大观园变成什么样她讲不清楚，她的命运比较惨，翻译成微观的领导力里面，使命怎么来的？第一是眼光，一个微观领导者你的眼光有义务比团队看得远一点，可以跟团队描述我们到了那里怎么样，有一个描述愿景。第二个是胸怀，就是舍得。有舍，才有得。说到这个，我经常开玩笑说，我跟团队有“三个一”工程，能为自己做一点什么，你有没有跟团队拍过照片？很多人没有拍过一张照片。因为照片里面有你有我还有他，互相看看，人老了，时间长了，跟团队留一张照片；一封信，很多人说打电话，发短信，你可以写一封信，谈谈自己的感受；一顿饭，别人说我们团队别的事情没有干，吃饭这个多了，我指的一顿饭是和团队的家人一起吃饭。就是把你的家人和他的家人叫来吃一顿饭。

再讲一下舍得。你要舍什么？你愿意舍什么？对你的团队，第一，愿不愿意分享？在跨国公司，国有企业这些很难的，尤其跨国公司，我一本书里面有一句话就是“吃在碗里，看在锅里”。我当时管理团队的时候，我就把客户分掉了，把销售技能分掉了，我就想如果我管的这些客户不能够交给别人，我也没有能力管理更多的客户，我不把自己的知识教给别人，我的脑子也不能无限地扩容，你得把自己的东西分享出去，其实，你知道作为销售最宝贵的就是客户资源。这是一个舍。

第二，至少在我这么多年，我跟我老板谈话的时候，我没有谈过自己的待遇和晋升，但是我会为自己的团队争取一下，其实想想非常简单，如果团队的工资跟你一样高，老板不得不涨你工资。

第三，前面说到你有没有把团队的责任真正揽到自己身上的勇气？每次孙悟空做了错事，观音来惩罚他，唐僧就出来说你来惩罚我吧，我没有教育好他。如来也好，观音也好，心慈手软，就把孙悟空放了，孙悟空闯的祸，唐僧内部处理很严格，但是真的有人来了，就是自己扛了。宋江和刘备都是这样的，这几个团队都是闯祸的团队，关、张闯祸也是很多的，108 将不用说了，孙悟空也不用说了，基本上领导都把闯祸责任这个背到自己的身上。

我们接下来还有一个小小的互动和问答。刚才说了很多你喜欢公司的 CEO 做的事情，现在我问问你最讨厌和反感的。我们来总结一下，这个环节非常重要。

学　员：有些领导认为公司的有些信息可以隐瞒，认为年轻人可以用一些话被他掌控，这个不光光是不信任，是低估作为下级员工的能力，他也失去了员工的信任，这个对于大家的伤害很大。

学　员：我曾经在的一家公司的两个老板，他们两个人之间可能会有误会，互相诋毁人格和人品。跟我谈话就会互相诋毁对方。

学　员：我想分享一下，我之前在一个家族企业工作，公司的管理层都是家族的成员，他们之间有一些明争暗斗，作为员工来讲，你要听两个人的话，但是两个人的意见是相反的，这个也不能做决定的，如果失败的话，你就是背黑锅的。

学　员：我上一个公司，是奢侈品行业，组织架构比较小，我上面的老板都是总经理，我比较反感的就是作为一个总经理来说，他事无巨细地来管手下的事。

学　员：我讨厌的老板就是不上进的老板，他的工作没有目标，很无能的老板。

卫　哲：中国有一句老话："己所不予，勿施于人"。你今天可以把讨厌老板的东西都写下来，第一有短期作用，第二也有长期作用。一个就是检查你对你的团队，你讨厌老板这样的方式，但你也可能用这样的方式管理团队；一个就是你的老板对你管得很细，造成你对自己的团队管得很细。还有家族企业，表现上看是家族，后面进来的人就是把你们视作家族一样。第二个就是收集自己的体会，你讨厌什么老板，自己放着，总有一天你当老板可以拿出来看一看，我以前有一个坏毛病，我很讨厌别人打断我的说话，我自己也是没有改掉，我现在照着镜子反思自己，想办法要改，这是我自己总结的方面。第三个就是舍得，前面说了，实际上舍和得，舍是最难的，都懂这句话，但是事到临头如果可以舍出去，你的领导力就显现出来了。

再来一个口诀,跨级了解情况,逐级布置任务。这是作为团队管理非常重要的微观领导方式,了解情况,争取跨一级,你说我下面就是一级,我再跨就没有了,你下一级通常面对客户和合作伙伴,这个里面举几个人,一共有四种排列组合,逐级了解情况,逐级布置任务,典型的经理人布置任务,跨级了解情况。

这句口诀对于团队管理非常重要,反过来你要了解,如果你的下属要跳开向你老板反映情况,这个是应该的。不能认为他是对你不信任,这不是不信任的表现,反过来你要管理好他,就像我跟老板都敞开说,你要找我的下属聊,随时聊,你聊好之后告诉我,这个就是用你的角度。他了解到我的团队情况之后,再跟我谈,老板就成为我很好的合作伙伴,可以弥补我不足的地方。所以跨级了解情况,逐级布置任务,是每一个环节,每一个管理者可以使用的方法,大家有问题可以提出来。

学　员:我问一个问题,我承认您刚才说的这个跨级了解情况和逐级布置任务是对的,如果你是被跨级的那个人是怎么样的想法?你怎么把你的这个想法让老板这么去做呢?

卫　哲:这个问题非常好,第一,你心胸要宽,第二,把事情分的很透明,老板跟他谈话的时候可以谈,老板我特别鼓励你跨级了解情况,你凭自己的高度可以看到我看不到的问题,这是拍马屁,也是事实。同样说,你发现问题直接布置我会全力以赴,你说的事情为什么我会不听呢?我看到太多的公司和团队在这个问题上纠结。

20年来,每到一个地方我都是创造一种非常透明的环境,然后告诉自己的团队,我老板对我这样做,我也会这样对你做,我跨开你的时候,你不要难受,这个和信任无关。跨级了解情况不是不信任你,信任体现在我没有跨级布置任务。我都是听你的,如果将信将疑地听,还是不信任。

我们说了宏观的领导力的标准是帮助企业走出逆境,保持高的运营效率,微观的领导力体现在哪里?只有一个检验标准,哪天你要走,你想想,你的团队中的很多人会不会跟着你走?刚才说了无论刘备的团队,宋江的团队,唐僧的团队,就是干一件事情,说了大家就都跟着走,这个就是微观领导力的真正体现。我现在也是,出来做一点事情,以前服务过的公司都有人跟我干,这个就是当年的微观领导力检验出来了,不计条件地跟你干。马云也是这样,马云当时是一个老师,他说我要干,那天晚上聚集了三四十个人，宣讲干的这件事情，最后十多个人就跟着他了。如果哪一天出来干，突然发现当时的同事都不愿意放弃。或者跟你谈条件来看下一步怎么做，就是你当年的领导力远远没有达到。我只是把它作为微观领导力你是否做到的标准。

你经常问一下自己，如果今天宣布离开，会不会有人跟着我？微观领导力对一个企业来说，非常重要。一个企业就靠两层东西撑着，一层比如说公司大了，中国区或者全球的CEO，他代表着宏观领导力。有没有体现这个企业的文化，使命、愿景、价值观？他做的小事，是否和你们提出的价值观一致？第二层，公司里绝大部分人对公司不满，并不是CEO怎么样，而是他的直接主管，就是微观领导力出了问题。如果你问一个公司，我只注重两件事，一个就是宏观，CEO、董事长的层面，还有就是微观层面，就是直接汇报那条线。你直接汇报那条线，你的领导力是否体现出来？

讲课就到这里，谢谢大家。

因上努力　果上随缘①

主讲人：郑　杰②　主持人：范　徵

范　徵：大家可能急于想听美女校友讲座，我这个主持可能多余了。但我还是想说几句开场白。大家知道我们上外出了很多大牌校友：卫哲、魏蔚等，都来做过讲座。最近我们发现 GE 中国的 CEO 段小缨也是我们的校友，还没有请过来，郑杰答应帮我们请她过来。

今天我们请来的郑杰校友是克莱斯勒(中国)的 CEO，她是我们学校毕业的，今天我把郑杰的班主任——新闻学院院长郭可教授也请来了，刚才我们分管校友会的周承副校长还在讲座前会见了郑杰。

2006 年我和郑杰见了一面，当时我们都是"上海公关新星"的评委。那个时候郑杰还不在克莱斯勒，在上海通用当公关总监。后来我们有了公关专业，想邀请她来，但找不到她，她离开了通用，失联了。8 年后一个偶然的机会，《波士堂》跟我们说，有一期是你们上外的校友郑杰，建议我们请一些学生过去。我们 MBA 学生拿了我的名片当面邀请了她，郑杰很给面子，当场答应会回母校见 MBA 学生。所以今天我们请到了郑杰。

今天这个环节有一些创新，有一位搭档会跟郑杰一起串联今天的讲座，她也是我们的一位校友，而且还是上外的十大歌手，有请 Cindy(戴奕)。

戴　奕：很多年前的十大歌手，是 2000 年左右。我这边要说一件事情，其实我上一次在学校里面听讲座，是 2000 年，当时我在学校里面读本科，她在通用做公关。过了 5 年之后我再一次碰到了郑杰，是在纽约，再过了 3 年有幸成为了克莱斯勒的一分子，很多的因果你不知道，但是也不

---

① 本文根据郑杰 2014 年 11 月 29 日在上外讲座内容整理稿。整理者：苏宗伟、张文洁。由于时间关系，整理稿未经本人审阅。

② 郑杰，上海外国语大学毕业生，克莱斯勒(中国)汽车销售有限公司总裁。

知道曾经发生的事情对将来有什么样的影响，今天我本来是想听一下，但是我们的 CEO 说要帮忙串场，所以我就过来了。

下面把话筒交给我们的大牌校友，郑杰。

郑 杰：大家都是 MBA 的学生，很简单的一件事情，今天我们面对的是一个新的市场。在座有很多都是 85 后了，我不太了解大家。很抱歉，来之前不太了解，今天整个 85 后、90 后的人群对于商业世界来说是一股非常重要的力量，但是这个不是我们今天讨论的主题。我觉得整个商业世界一直都在变化的。你在学校里面学习的，应该不是简单的知识，因为知识会过时的，知识会被更新的，在学校里面学什么？在 MBA 里面学习什么？是很重要的事情，我也是很多年之后回炉上了 MBA，我今天的要求就是改了一下形式，不要讲什么讲座了，都是周末了，你们也很辛苦，我自己也是。上各种课的时候，也是有小抱怨，我觉得今天这么晚了，我们就随便聊天吧。

我来介绍一下，戴奕是负责 JEEP 在中国的高级经理，她对于整个中国商业领域的情况比较熟悉，我建议我们在这个过程当中大家可以随便一点，我的风格比较随意，可以随时打断我，可以随时问问题，只要举手，麻烦 Cindy 协调一下。基本没有禁忌，什么都可以问。我不一定什么都回答。

戴 奕：现在有人问问题吗？我先问大家一个问题，这句话是什么意思？因上努力，果上随缘。

同 学：是不是在做一件事情的时候要努力去做，但是对于结果要随缘。

戴 奕：郑杰一直在各种场合告诉我们，我们在做很多事情的时候，觉得不可能的事情，是你没有去做而已，但是你真做这件事情应该很努力，这个结果要随缘，基本上就是这样的缘由。我继续问，大家有问题可以随时举手，如果没有问题，我跟她会有一些简单的聊天。

其实我们说到了不可能的事情是因为你没有去做而已，所以郑杰你有没有任何亲身的经历可以分享一下？为什么对这句话的感触这么深？

郑 杰：我们把这句话放在开场，这句话不是我说的，是我们菲亚特克莱斯勒全球的 CEO 说的。不知道大家对汽车行业有没有了解？这里有没有汽车行业出来的？没有的话，我简单说一下，其实你们可以关注一下这个行业,蛮有意思,为什么呢?汽车行业其实是一个资本非常密集的行业,它的固定资产投入是非常大的,这么多的工厂,整个费用也非常大,整个研发的投入,整个营销的成本,但同时它卖的是一个消费品。所以它不像一般的快销企业,不像一般的快速消费品一样,它做营销的时候,可以灵活度这么高,整个一个新产品出来的周期是两三年,这个两三年里新产品是否成功,决定了你的企业接下来两三年市场里面是否存活?它不像一般的工业企业,不像B2B的工业企业,它们不面对消费者,它们的投入也是很多,设备投入各项投入很多,但是不面对消费者,所以汽车行业是一个非常有意思的行业,我个人一直觉得汽车行业是一个挑战非常大的一个行业。这也是为什么我离开过一段时间,最后又回来了。

我们回来,为什么有这句话?简单说一下,菲亚特克莱斯勒全球的总裁其实是这两年全球汽车行业里面最传奇性的人物,可能有人知道尼桑之前的总裁对日产的拯救,如果对全球商业略有了解的话,就知道前几年他对日产汽车公司的拯救是当时汽车行业全球最大的一个案例,这两年全球汽车行业最牛的就是马尔乔内,2009年金融危机的时候,克莱斯勒、通用这些汽车厂商都是进入破产保护,当年马尔乔内是菲亚特汽车公司的董事长,借着这个机会当时在全球汽车行业排名不怎么样的菲亚特一举介入了克莱斯勒,今天为止我们已经成为了菲亚特—克莱斯勒合并的公司,2009年接手克莱斯勒之后,怎么在短短的5年之间,让失血的企业满血复活,到今天为止我们的销量和绝对量是增速最快的。所以,他当年接手的是一个非常困难的一个局面,所以他在公司的整个文化的推广里面非常强调这句话,也就是说他觉得员工的想法不到的话,任何管理手段都是无效的。

大家都是MBA的学生,你可能学习很多管理理论和知识,但是到最后会发现这些东西是否有效,要看员工的脑子里面的想法是什么,你的员工的想法不是你简单地用一个KPI管理的,轻易用一个新的技术管理的,这个就是管人了。所以说,他当时很强调的一句话就是不可能的事,只是你从来没有去做而已。我当时听到这句话是蛮被惊到的,我会想一路走来的很多事情,很多时候我们很容易对自己说这件事情不太可能。但是我们往往是在去尝试之前就已经下了这个结论。

我当时想到自己小时候的几件事情,这里简单跟大家分享一下,为什么这句话对我感触那么多?高中的时候,我在女生里面算是数学很棒的,很不错的,基本上在女生里面不太有对手。真的是这样的,今天已经不行了。我是当年上海高考的文科状元，我是向明毕业的，向明是上海当年很不错的学校，而且是以理科见长的，学校组队去参加奥林匹克数学竞赛，要选拔学校里面的尖子选手，我就没报名，因为我觉得我在女生里面数学强是没有用的，这种数学都是男生比我们强，第一轮选拔赛之后老师就觉得不理想，老师找我说为什么你不报名？我说奥林匹克数学竞赛这么拔尖的事情，我怎么可能行？我们老师说，你没有尝试过怎么知道不行？我就参加了第二轮选拔赛，结果PK掉了一半的男生。

第二件事情就是刚才讲到的文科状元，这个好事坏事都是跟着你一辈子，我其实在高考之前的两个月从理科转文科，现在也是分文、理科了。我当年一直要读医科的，这是我妈妈的心愿，她希望女儿做医生，以后可以很好地照顾家里，当时我觉得这个孝心就尽一下吧，虽然我当时很喜欢文科，但是理科也不错，一路准备考理科，考理科还有一个原因就是当年有很好的直升机会，谁愿意考试呢？能够直升，能够不考试就是很好了。那么就读了理科，到了高考前两个月，出于某种原因，老师告诉我理科直升没有了，就是自己要去考，当年我内心真正喜欢的是新闻，想做中国的法拉奇，她是意大利女记者，最著名的国际政治的战地女记者，这是我当时蛮文青的理想。既然一样要考试，一样要受折磨，为什么不去做一件自己喜欢的事情？所以高考之前的两个月，是否要改文科？你们可以想象周边人的反应是怎么样的，我父母觉得还行，我们老师都觉得我疯了，大家觉得这件事情不可思议。

运气也还算不错，考完了，所以后来听到我们全球CEO说这句话的时候，我非常感慨，其实我们可以学很多东西，你在这个课堂里面学的MBA的知识，跟其他同学学的都是一样的，究竟最后是什么不一样呢？就是你的想法。你自己是否相信这件事情，你是否愿意去尝试？我觉得这个真的是非常重要。包括后来我们进入到了克莱斯勒，Cindy也是同一年进入的，我们在汶川地震那一年加入的克莱斯勒。

加入的当年克莱斯勒在中国基本上你们可能都没有听到过，虽然说JEEP进入中国很早了，是中国第一个合资汽车品牌，所以我从通用（中国）这样的企业到了克莱斯勒，当时很多人说你为什么这样选择？这个里面的落差是否很大？后来很多次被问到，你如果失败了怎么办？我觉得还是这句话，你没有尝试过，你怎么知道你不行？如果上手就告诉自己说不行，那一定不行，如果尝试一下，哪怕有50%的机会，为什么不相信这个50%的机会？你不相信这件事情是有很大的代价，因为你永远没有机会,你不尝试也是很大的代价,你根本连成功0.1%的机会也没有。

我愿意看成功的机会,而不愿意把我的能量关注在你可能会失败,因为它不一定会发生,我其实很想跟大家分享的就是,刚才范院长介绍说,这里坐着的基本上都是工作了3~5年的同学,你们重新回到学校读MBA,一定对自己的人生发展有很大的期望,每个人都不同,没有什么普世性的心灵鸡汤,我个人非常反感心灵鸡汤的段子,我可以介绍一下自己的体会,我对我们全球总裁的这句话非常有感慨。这句话也贯穿到了我们在中国很多的营销活动当中,我们当年JEEP在中国预算比对手少太多了,上过销售课,对于品牌健康度的指标有一点了解,我们当年在中国的品牌健康度非常非常差。所以,当我们要做一些市场推广的活动,我们经常会听到一些声音说这样做可能吗,其实很多不可能的事情都是你们没有做而已。

我们放一个春晚的片子。我们在今年的春晚开始之前倒数第五个位置,非常非常贵的一个位置,真的非常非常非常非常贵,这可能是全中国的广告位最贵的位置之一了。有人看美国超级腕的广告,也是美国整个营销市场上面最贵的位置,整个收视率和关注度,春晚几乎就是美国类似行业的地位。我们是第一次在春晚投放这个广告,其实非常简单,周末的聊天当中,我们大家一直在聊天,我问大家说这个品牌怎么样能够短期之内拿到更多的客户,以及大家对于品牌的好感度。大家就在那里聊天,突然有人说我们要是能够上春晚就好了。

接下来就有人说为什么我们不能上春晚?这个问题就是为什么每件事情都要给自己设限,你没有尝试过之前不要给自己设限,当时从一个周末非常小的聊天开始发展出了一个非常大的营销创意。你们可能对汽车行业不熟悉,大家其实在这个广告里面没有看到一秒钟或者一句话讲车的性能,发动机性能多少,功率多少,有什么最新的科技,都没有,它讲的是一个故事,讲的是冯小刚导演的故事,今年冯小刚也是春晚的导演,我们也是借势。春晚这么贵的广告位里面,有一个企业不讲自己企业的性能,讲的是一个故事,这个做法几乎是没有的。我们在跟央视整个营销广告中心事后重新看这个广告投放效果的时候,他们也是非常感叹,这样的投放在央视的整个历史上都是很少的。这样的做法之前没有人尝试过,很容易就被传统思维认为这不可能,这么贵,这么贵了之后还不讲车,还不讲有多少的高科技,多浪费。我不在这里讲这个广告片,我只是想告诉大家,很多事情不要给自己设限,这个是最重要的。

如果自己不相信自己可以做成一件事情，学的任何学位都没有用，并不是说范院长的企业管理就不要上了，这个是你们的基础，但是范院长给了你们这些养分，能够把它引爆的是你们自己的小宇宙，很多事情看着不可能，只是你没有尝试过而已，尝试过之后结果可能会不一样。

戴　奕：其实我们市场营销部有自己的野心，通过我们做一个模式，也许今年春晚的广告会有很多行业像我们一样，主讲自己的品牌故事，大家可以回去百度一下，在美国的超级腕都有克莱斯勒非常经典的广告，讲的是整个美国的民族，今年其实克莱斯勒用的是美国的明星做了一个广告，大家有兴趣的话可以看一下。刚才郑杰提到了破产保护，我刚刚进克莱斯勒第一年到2009年年初的时候，我们宣布了破产保护，因为那一年没有发年终奖。

但是，你会发现说第一年没有发年终奖，现在年终奖发得越来越多了，我们第一年只有进口车，进口量只有七八千台，现在达到了12万台。还有一点，我们这个过程当中，郑杰有一天被突然任命为CEO了，之前就是市场部的总监，这样一个经历在外企里面是比较少见的。

郑　杰：是，尤其在汽车行业，可能现在在外企里做到CEO的位置也许到现在只有我一个，四年前的11月份，当时我是一个市场部总监，我没有想过要做到CEO，这一点要自我批评，这个理想不够高远。但是我一直隐隐约约地希望自己能够有机会掌控更多的资源，有更大的影响力，能够把这个品牌销量做到最好，只是我没有很直接地说我要做CEO，但是想还是要想的，最近不是很流行一句话，梦想还是要有，万一实现了呢。

这句话非常重要，梦想真的要有，你要能够有能力梦想未来，你想要的生活，你想要的成功。我们上外的特点就是文化比较多元，我们多一点对其他国家的文化语言的了解，展望未来非常重要，你一定要能够想象自己过什么生活，想象中的五年之后的生活是怎么样的。是否有人看过《活法》，建议你们看一下。也许还是会有一点点深，但是那本书非常好。稻盛和夫用了很多哲学的思想思考他的整个经营，但是非常接地气，其中有一条我个人感触非常深，他谈到你要展望未来，能够变得有多好，这一点很重要，仅仅有想象是不够的，天天在那里做梦，对不起，梦想一定不会变成现实，但是梦想一定要有，一定要敢想。但是想好了之后，要明白你要做什么？我曾经在内部跟我们团队分享过一道数学题，在这里可以考一下大家。

如果你每天比别人多努力1%,一年365天,你能比别人多跑多少?也就是说1.01的365次方是多少?第二个,如果你每天比别人少努力1%,365天你落后了多少?换言之,0.99的365次方是多少?清楚了,非常简单,我们有奖品。我们看一下答案,1.01的365次方,结果是37.8,0.99的365次方,结果是0.03,也就是说你每天只要比给人别人多努力1%,一年过去看看你的结果。如果你每天少努力1%,看着好象没有什么影响,你看看结果是多少?

当我们有了梦想之后,你可以365天天天想我们的梦,也可以每天比别人多干1%,也许这就是你的结果,这也是我们在内部和团队分享的内容,这几年一直激励着我们一路走过来的,我告诉我们团队说,我们起始的时候汽车行业起点很低,我们要想象说我们可以赶得上,我们只要每天比别人多跑一点点,五年以来,我们已经是连续三四年增速在中国汽车行业排名第一的,这个没有什么了不起。这也印证了这道公式,你每天比别人多努力一点,对我们团队来说,你的想法比别人好一点点,执行比别人好一点点,所有的一点点通过时间的化学作用出来的效果会让你自己非常惊讶的。说实话,你要问回到四年之前,我有没有想到今天把这个团队和品牌带到这个位置?四年之前我们也想,但真没有想到我们达到了10几万台。

我们设想有一天要超过10万台,我们甚至要做到50万台,这些想完之后回到现实,我们在每一个营销方案里面,在每一个执行里面,怎么样比别人想得多一点点?怎么样执行质量上面好一点点?我很欣慰这些年的累积,虽然没有到这个效果,但是我们也是每天有一点点的不同,马上回到你的问题了。

所以当时很简单的一个契机,我们全球总裁第一次到中国来视察工作,这是一件很大的事情。当时我作为一个市场部经理在后面旁听,但是会议里面他问了几个关于中国的问题,有一些小的误解,当时别人给的答案没有答到点子上面,我就用数据和事实告诉他,我们对于中国市场的了解。我强调数据和事实,我觉得其实是数据和事实让他信服了,至于说他当场就信服,跟他三周之后任命我做中国区的CEO有没有联系?这个都是一个谜,但是三周之后我就收到电话,我记得很清楚,周一早上亚太区的老板给我打电话说,有一个很重要的事情,我们决定任命你做中国区的CEO。那个时候我们女生的反应就来了,我的第一个反应就是说不要开玩笑,我还要干活,你想让我干吗,你不要先铺垫好,想让我干什么,就是干什么。他说这是一个通知,我当时就愣了,这个时候其实就是我们后面要讲到的,机会在你眼前了,选择是你自己的。我选择走上这条路,接下来就是责任了。

当时对于我来说这个选择很简单,是上场踢球,还是坐在场边?我觉得大家都念 MBA,大家对于自己的人生都有一个非常明确的决定,我一定不是在场边踢球的,我要在场上踢球。所以当时虽然我心里没有准备,但是我至少知道一件事情,这个机会我要拿到,你不在场上就影响不到结果,但是在场上就会遇到各种各样的问题,就要有这个心理准备,就要告诉自己说这些事情都是我必须要面对的,而且必须要我自己趟过去的,每一种选择都有好坏,谁能告诉你怎么选择,我是不太相信的。但是,做了一种选择,很重要的就是你要自己为这种选择负责,你要知道这种选择带来的结果是什么。

戴　奕:基本上回答了我的问题。

郑　杰:同学们有没有什么问题?我老觉得我的能量给你们拿走了,你们要回馈一点。

同　学:其实我有一个问题,您上升到 CEO 这个位置应该不仅仅是因为回答了一个问题,提供了一些数据。在过去的这段时间,您这里有没有令人信服的一些案例可以跟我们分享,或者分享一下您对自己工作满意的地方?

郑　杰:我觉得没有其他原因,就是那一两个问题,为什么这么说?我从来没有见过全球的 CEO,如果有人熟悉外企的层级,部门经理离全球总裁差了很多,我都是被归入中国的总体表现,其实当时中国的总体表现不好,这个层面上我看到了全球 CEO 为什么在汽车行业成就一段最新的奇迹,我觉得他身上有一个在这个层级领导非常重要的特质,就是直觉,我们可以学习很多的知识,能够走到最后一个最高阶的领导或者管理者,我觉得是他的直觉,哲学思想。这是非常重要的。

这两项让你看透很多规律性的东西,很多本质性的东西,当你停留在底下的层面,也许你不会觉得这很重要,你越往上走这两件事情会越来越重要,你们今天想想,你们听到所有大佬在各种场合的发言,马云也好,马云比较特别,你仔细想一想,他讲了很多价值观的东西,讲很多哲学性的思考,真不是他装,真是这样的,到了这个层级,你的哲学性的思考,直觉非常重要。你怎么看人,你怎么通过细节判断事情。

我倒过去猜想,但是我没有到他这个层级,我猜想他当时想什么,首先是一个中国人了解中国的市场,其次,我确信她了解中国市场,因为她拿数据和事实说话。这个是很重要的细节,你们做管理者以后会发现,有时候你没有时间判断很多事情的,这个时候第一靠直觉,第二个就是通过一些关键细节,要有观察力,观察细节,判断这个人你是否可以用,这件事情你是否可以做。我猜想他当时有这样的一些细节判断,我为什么这么想?我后来听我的同事说他对于很多人事任命都是这样决定的,你会觉得我们学习了很多人事管理理论,这些都是有用的。不要觉得这些没有用,这些都是打基础的,当有了所有的这套理论之后,你要做的就是抛开理论,相信你自己。

其实 MBA 教给你们的就是这些,你不要被理论牵着走,这些理论就是提高你自己直觉判断力的段位,最后要养成适应自己的判断力,直觉判断力非常重要,这个话很悬,很难有例子说明,等到你们面对一些商业问题做判断的时候,你们也许会有体会,今天就到体会一下。

戴　奕:还有问题吗?

同　学:您好,问一个问题,我从网上看了资料,郑杰被奉为 JEEP 公主,梦想的高度决定成就的高度,读大学的时候您的梦想是什么?您说了是新闻行业,后来为什么改变了这个梦想?还有在通用的时候您的梦想是什么?来到克莱斯勒的原因是什么?在做 JEEP 公主的时候,您的梦想是什么?

郑　杰:我说说当时为什么放弃法拉奇的梦想。我做了几年记者,这个生涯很好,人生没有什么经历是浪费的,虽然你不知道它在哪一个时间节点上面给你产生影响,每一段经历都是非常重要,我们在中国面临的是一个不一样的媒体环境,当时做了几年之后,我觉得我内心的热爱不在了。后来这个词在我的团队中会经常听到,也出现在他们的想法里面,热爱这个词非常重要,很多时候我觉得你今天很难知道你选择的这个职业往后 10 年、20 年、30 年是否还是风口?风口论非常流行,说你找到风口猪也能够飞,大家都挤到风口里面去了,就被堵了。我觉得多少人可以看到风口?不多,这个里面偶然的成份非常多,但是每个人都有自己喜欢做的事情。

每个人都有自己做得好的事情,我也热爱做的事情,我非常鼓励大家年轻的时候不要轻易地认为我今天做了这件事情好像不是风口,不那么时髦，甚至不那么有用，我没有一个会计证，没有一个律师证，没有这个证，没有那个证，好像大学毕业不知道怎么找工作了。我招人的时候哪一个证都不要看，这些没有价值，我想知道你热爱什么，你为自己热爱的事情坚持了什么，取得了什么自己觉得骄傲的小小的成就。我觉得人生太短了，你没有时间随便下注的。而且你也真的不可能下得对，你说今天大家的风口叫做移动互联网。这都已经是马后炮了，这个已经发展起来了，大的趋势是这样了。

但是，真的能够预见到趋势的人，我觉得乔布斯这样的人非常非常的少，乔布斯也只是做了一件他热爱的事情而已。他并没有拼命地去追寻说下一个互联网的热点是什么？下一个技术的热点是什么？他做得最多的一件事情就是做他热爱的事情。为什么苹果的设计都那么特别，因为乔布斯疯狂地热爱设计，他把产品设计做到极致，他只是做了一件自己热爱的事情而已。

回过头来，我当时离开很简单，就是觉得自己不热爱了，心里没有那股能量了，因为热爱会给你带来能量，能量没有其他地方来的，如果今天这个讲座，大家觉得是被范院长逼着来听讲座的，那你自己的能量一定是很低的，因为你不热爱这件事情，如果你带着一点好奇来，就会有一点能量，只有热爱才能给你带来高能量，只有高能量才能支持你比别人每天多坚持1%。

当时我觉得自己的能量很低了，不热爱这件事情了，所以转行去了通用，当时也是机缘巧合，通用是中国最大的中外企业，我当时的梦想是什么？我的梦想特别微小，我要在这个位置上做得比别人好，我当年进去的时候是一个公关助理，然后做到公关经理、公关总监，我觉得每一步都是那么小的一个梦想，我做到这个职位要在这个岗位比别人做得好，我是通用第一个正式外派的高管，到了美国我的梦想也是要证明在这个岗位上中国人不仅仅是在跨国企业到中国的本土化管理的时候才有价值，其实今天我觉得以中国人的能力，整个中国市场的潜力，会出现更多的国际化的管理人才。我刚刚在看上外MBA介绍的时候，我觉得那个定位非常好，“无国界的管理人才”，我对这个非常有感触。当时在总部大楼里面，只有两个华人女高管，一个是我，还有一个是今天百度的CFO，她是我当年的同事，只有这两个人。

当时支撑我的最大的一个动力就是我觉得我们不仅能够管理好中国的团队，我们也有能力管理国际化的团队。我当时到总部的时候，我管的都是四五十岁,在美国那个企业里面同一个岗位上做了二三十年的人,你们想象怎么管理?但是这就是今天给中国管理人才的机会,我觉得你们参加上外的MBA班,这个定位是我看到非常独特的一个定位,非常好。这真的是我觉得今天中国在世界经济舞台上的一个新机会,中国市场是很重要,今天中国的管理人才一定要有跨国界的、国际化的管理能力。当时我的梦想就是给了我这样一个平台,我要证明中国人在这个平台上比别人做得好。

为什么后来离开?我觉得跟热爱多多少少也有一点关系,我也不多说里面一些细节,但是,我当时在通用做了很长时间的公关,我非常想要转行做其他的一些行业,但是机会始终没有来,我觉得我的热爱和能量又下来了,所以那个时候我去了一家B2B的公司。我当时觉得我做了B2C,我想尝试一下B2B是什么样的情况,我觉得这种行业的转换是必要的,否则等到你60岁的时候想换公司好像有一点晚。

我在那里待了两年,挺有意思的一段经历,它在你身上都有一个印记,B2B的企业有自己的特色,那个时候发现我心底里对汽车行业的热爱又回来了,我刚才就说过我一直觉得汽车行业是一个非常独特的行业,对人的综合素质的要求非常高。所以那种素质会刺激你的能量场,那个时候我的热爱还在,我确信那是我最想做的一件事情,当时有一个机会我可以加入克莱斯勒,而且可以转行做市场销售,但是这个公司的销量是非常小的,相比当时的上海大众和通用可以完全忽略它。

那个时候这个决定摆在你面前,你去不去?另外一个公司是很好的公司,收入稳定性很好,在之前通用也是很强的公司,这样两个公司的相比,我去不去?答案非常简单,我选择去,我选择做一件我有热情的事情,做汽车行业,做品牌和市场销售是非常有热情的,不管是我的办公室有多么的小,我依然回去了。今天看到从成熟企业出来创业的人,我不知道每个人转行的心态是什么,我当时觉得很喜欢做汽车营销,有这个机会放在我眼前,我愿意去尝试。

到了这个岗位我的梦想是什么?我在这个岗位上就要做到最好,就要比别人做得好,但是到了今天,一直到后来做到CEO,我非常感慨,真的是华人很少有机会做到这个岗位。如果有机会最好把段小缨请过来,她做到GE中国的CEO,能够让中国本土管理层掌管一个中国市场的管理者,很不容易。当时我的梦想和动力就是我希望在这个岗位上证明你们的决定没有错,今天中国人是你们最好的一个选择,中国人最知道怎么管理今天的中国市场。

因为我们这一代人很特殊，我是 70 后，你们都比我小很多，我们 70 后这一代人走上社会的时候，正好是外企大量涌入中国的时候，我们的经历和外企在中国的发展是一路走过来的，那时大多数的中层岗位都是老外。我没有其他任何意思，我只是随便说一下，后来发现外企开始强调本土化，第一个就是成本原因，如果中层都是老外的话，公司的成本非常高，但是更加重要的一个原因是他们发现隔着一个文化依然离这个市场还是很远，这些海外的管理人员可以把海外公司成熟的体系快速导入到中国的体系里面，但是要真正在中国生根发芽，其实需要对中国市场有一个了解，而且文化上没有隔阂。今天我们整个体系里面都是中国人，如果是老外，也要用中文交流。日常很多产品的决定都是中文交流的，我确保说今天晚上进行讨论，第二天可以决定的。所以很简单，我其实非常想告诉大家，今天真的到了中国经营人员、管理人员走上国际化的管理舞台了，你们面临的机会非常好，要珍惜这个机会。

回到今天最大的梦想是什么？今天最大的梦想是我的员工能够非常成功，他们能够过上富裕的生活，我希望我们的合作伙伴，我们的经销商能够挣钱，过上好的日子，我希望我们的品牌服务的客户都能有更好的体验。

我今天最主要的动力就是有一天你们到了我这个年龄，你们到了我这个位置，你们会理解我今天的动力是想看到身边的员工、经销商、我们服务的客户，我们希望他们能够有更好的生活，真的是这样。

戴　奕：后面有一位穿桃红色衣服的同学，你举手了。

同　学：谢谢！首先很感谢借 MBA 的课堂能够和郑总近距离地接触，上周在荧幕上见到了郑总，您刚刚分享了很多职场宝贵的经验，这次的讲座到 8 点就要结束了，时间也不多了，想了解郑杰总平时这么繁忙的工作之外，在业余时间您身为一个女性，如何来充实，如何来自我提升，此外想看一下郑总为我们今天各位同学带来的才艺方面的展示。

郑　杰：关于业余时间怎么充实，怎么提升自己，我要跟大家分享一个我一直以来的观点，我在各种各样的场合被问到说你工作这么繁忙，你怎么平衡你的生活？我的回答都是说请你不要把工作和生活对立，我也给你们同样的一个建议，如果有一天你自己觉得说我工作太忙了，我要好好生活，我觉得这个可能就有一些问题了。因为我觉得生活是一个大的概念,工作是里面一个小的组成部分,不应该是对立的。要通过生活里的各种不同的事来平衡你自己的能量,所以,回到你刚才说的,我觉得最好的充实自己的机会就是工作,我在工作里面学到很多,因为你在工作里面接触人和事。你天天要处理各种各样的情况,我觉得工作给了我最好的一个学习的机会,至于说工作之外,我必须承认我做的事很杂,我刚才也跟你们分享了,有人觉得生活当中有些事情看上去没有用,不一定的,每一件事情都不会浪费,每一段经历都不会浪费,关键是你要做自己喜欢的事情,这个会让你自己的能量场很健康。

你不能跟自己逆着来,去做一些自己内心并不一定完全认可的事情。我听说现在很多大学生担心毕业之后找不到工作,在学校里面考各种各样的证,这些事情真的是你们愿意干的吗?希望在20岁的年华里面干这些事情吗?30多岁了,其实还是不愿意干这种事情,我很早考了驾照,因为我喜欢开车。到今天什么会计证,什么律师证,这些证一概都没有,我不爱干这些事情。我觉得你们真的可以给自己多一些信心去做自己喜欢做的,而且是能够给自己带来正能量的事情,这些事情不会浪费的,我觉得一定不会浪费的。

你问我有什么东西充实自己,我觉得已经说了很多了。刚才说要才艺表演,欢迎大家搜索波士堂,波士堂上面有很好的才艺表演,不如这样吧,让大家看一段我们有一个JEEP的2013年走过的所有路。2013年JEEP在全球各地做的活动,我喜欢旅行和摄影,你们可以看到这一群人,这个团队我觉得他们以玩为主,他们觉得是工作为主。

戴　奕:这个离漓江100公里,这个是格拉丹,这个是最高的五星级酒店,这个路非常难开,没有牧马人上不去,这个是我们在香格里拉做的大切诺基的活动,很多人去云南丽江,他们就是旅游,我们是工作,一边工作一边玩。

郑　杰:我觉得你们是以玩为主,顺手把工作干了。

戴　奕:大家看到腾格里沙漠,我们又进去了,我们在沙漠里面看世界杯投影,全世界没有人像我们这么玩。像这种景点,旅行社都没有的,自由光是一款城市SUV,我们把这个试驾放在中国比较现代化的城市里面,周边还有山,可以体现我们产品的全路况能力。在长白山,看着感觉我们一年四季都在玩。

郑　杰:我们的团队31岁了,我就是简单地用这个来结尾,做一点你自己喜欢的事情，哪一天也许会给你惊喜，做自己喜欢的事情，做自己真正有热情的事情，坚持下去，也许会不一样，我也不敢把话说死，谢谢大家！

细草无言绿　寒花自在香

——市场和职场逆境中的生存之道[①]

主讲人：王　茁[②]　主持人：范　徵

范　徵：今天我们这个讲座很特别，松江和虹口两个校区一起来进行。松江的同学们大家好！

今天晚上我们请到了王总，大家知道王总是上海家化联合股份有限公司原董事总经理，佰草集化妆品有限公司原董事长。他离开上海家化，离开佰草集的时候我就邀请过他，当时没能请到。这使我想起卫哲，当初卫哲离开阿里巴巴的时候，我一请就请到了。王总为什么没有来呢？因为当时他很忙，当时他在打官司，现在官司赢了，他说可以来做讲座了。

今天我的牙疼得很厉害，但是我今天晚上还是要来主持。为什么我今天坚持来呢？因为我很欣赏王总，我见到王总有一种亲切感：一方面他离开上海家化也好，卫哲离开阿里巴巴也好，媒体对王总和卫哲的评价基本上褒义的。所以卫哲离开阿里巴巴，我马上请他做客座教授，我们也要聘请王总做客座教授，现在正在走程序。

另外，王茁还是美国圣约翰大学的 MBA，在国内毕业于复旦大学，他的英文非常好，我总觉得他应该是上外毕业的。我觉得上外的 MBA 以后出去，就应该是像王总这样的。上一次我在复旦主持世界管理论坛的时候，来了四位企业家。其他三位分别为一个企业家、一个学者，还有一个既是企业家又是学者。王总说，他既不是企业家又不是学者。但是，当听了他的演讲之后，我觉得他是诗人——大家看，他今天讲座的题目便是著名的诗句——“细草无言绿，寒花自在香”。

王总还会写诗和翻译诗。相信今天他也会有作品分享给大家。企业

---

① 本文根据王茁2014年11月1日在上外讲座内容整理稿。整理者：俞艺、苏宗伟、张文洁。由于时间关系，整理稿未经本人审阅。

② 王茁，上海家化原董事总经理。

家当中,包括学者当中,能够有一点文化底蕴,能够写诗、翻译诗的并不多见。我儿子在国外留学,我要求学到三样东西:第一是“哲学的思辨”;第二是要学会“科学的实证”;第三是中国学生非常缺的叫“艺术的感觉”。我觉得在王茁先生身上,这三样东西都是具备的。有请王总。

王　茁:谢谢各位同学,刚刚范院长说的话把标杆立得很高,我估计跳两下也够不着。今天的天气不太好,看到这么多人在这里我感到非常的感动,我想到了诗经当中的一句话叫风雨如晦,鸡鸣不已。就是外面风雨如晦,我在这里鸡鸣不已。谢谢大家。

刚刚范院长说了,我的题目可能有点诗意,确实是一首诗——细草无言绿,寒花自在香,一会儿我会做介绍。我知道上外的学生外语非常好。我也做了一个翻译,一会儿献丑给大家看一下。我今天演讲的主题用英文表达是 antifragile by choice,这个意思更符合我想表达的意思。这个意思如何演绎,到演讲最后的部分我会介绍一下。

我今天演讲的领域局限于市场和职场,非常遗憾,不包括官场和情场。

范　徵:下一次再来讲。

王　茁:那得范院长聘我为老师,我来讲官场和情场,开个玩笑。这里有一首英文诗,叫 sitting alone。这首诗是马一浮先生写的,我把它翻译成了英文。原诗如下:

山深人不到,春近日初长。
细草无言绿,寒花自在香。
生心非取舍,当境绝思量。
若问颜回乐,翛然已坐忘。

当你是细草的时候,你就要去绿,当你是寒风中的一朵花的时候,你的使命就是香,而且要香得自在。香的什么都不怕,这叫细草无言绿,寒花自在香。对于马老先生的这首诗我佩服得五体投地,当然这是因为他有非常高的道德境界,所以才会写出这么好的诗。

今天我所讲的首先是佰草集这个品牌,佰草集在市场上知名度比较高,大家可能会比较感兴趣,所以我会讲一下佰草集怎么来的,它是不是像细草和寒花,在市场逆境当中如何发展的;第二是讲一下营销;第三是讲一下创新,营销和创新合起来我叫企业的内圣,外王的两个功夫;接下来我要讲讲除了佰草集之外,还有哪些中国品牌的故事可以给我们带来启示，这也是最近一些新诞生的比较有意义的品牌；再后我总结一下，我有一首诗，当然和马老的诗相比是云泥之别，叫品牌力思考；最后是关于人生磨砺和磨炼的，因为正能量这个词很流行，所以我用了正能量。还有一本书叫《反脆弱》，我重点解释一下反脆弱的意义，我觉得《反脆弱》是我最近读的最好的一本书。而且是“细草无言绿，寒花自在香”这种精神在当代西方的呼应。刚刚范院长说，他让他儿子学的三个方向，哲学的思辨、科学的实证加上艺术的感觉，这三条《反脆弱》的作者塔勒布就提到了。

一、佰草集：品牌在市场逆境中的诞生、生存与发展

先谈一下佰草集这个品牌的诞生和发展。在谈佰草集之前，我谈一下上海家化，这个企业有100多年的历史，但是真正发展起来是1985年葛总接手之后。这个企业一开始非常小，只有400万的固定资产。在葛总退休的时候，这家企业的市值达到了400亿，现在因为和大股东的关系不好，市值下降到200多亿，但是上海家化还是做了很多中国企业值得思考的事情。

这家企业目前所面对的环境，为什么它能发展？实际上我总结起来有三个化。第一，外国企业和外国品牌光环在退化，因为20年前甚至10年前，外国品牌都很厉害。那时候在化妆品领域，中国企业几乎是全军覆没，外国企业市场份额达到了80%，现在他们的份额在下降，所以他们的光环在退化。大家知道露华浓这个品牌，还有欧莱雅的卡尼尔品牌都纷纷宣布退出中国市场。所以外国品牌在退化。第二，中国制造和中国创造的能力是在进化的。我刚刚进入化妆品行业的时候，我们有一款香水叫梦巴黎香水，这个香水的瓶子，全中国都没有一家企业可以生产，它的品质要求中国企业是达不到的。但是现在世界上最奢侈的东西，它的包装和瓶子都可以在中国生产。你们趋之若鹜的苹果手机，无论是iPhone几，都是在中国生产的。中国制造和中国创造的能力是在进化的。第三，新一代消费者的观念也是在变化的。因为80后、90后，不再像50后、60后这些人那么崇洋媚外，实际上你们的记忆当中，国货没有那么糟糕，而我们有钱的时候国货是非常糟糕的，所以我们买电视一定要买索尼的，大家今天已经没有这样的感觉了。虽然大家买手机还是在追苹果和三星，但是今天大家看到的市场消息是说索尼手机退出中国市场，中国的小米、

华为都在蒸蒸日上。所以消费者也愿意消费中国本土的品牌。

我们在策略上也有三个化,一个是市场化,以顾客和品牌为中心。这是区别于其他国企的。第二是规范化,这个化使得这家企业区别于一般的民营企业,因为民营企业虽然发展很快,但是基本上以老板的个人能力为主,没有规范。第三是中国化,佰草集、六神这样的品牌,通过中医药来进行的定位和发展它的特色,使得它可以区别于跨国公司。所以上海家化从2004年到2013年增长的幅度还是非常大的。

我们聚焦一下佰草集这个品牌。大家可以看出,从2001年销售额非常低的状态到后来达到了13亿,而且这13亿是开票销售收入,零售收入大概还要乘以2。我们看一下佰草集的会员数,从最初1000多个发展到300多万的会员。还有终端数,从1998年开了第一家店,到去年已经有1300多家店。

为什么要开发佰草集这个品牌?实际上这是来自于外国人的刺激,为什么这么说呢?因为当年一个巨大的跨国公司,它的一个高级职业经理人来到上海家化,他说我们不怕你们,你们无法和我们竞争。因为你们的产品走不到世界上,你们的产品太像我们的产品了。当时我们的董事长就受到了这句话的刺激,他说我要开发出一个有中国特色的,可以走向世界的产品。在这样的一个动机下,我们开发了佰草集这个品牌。为什么开发佰草集?因为它要有中医药的特色。我们中国特色就是中医药比较发达,所以用中医药来作为品牌定位和产品的一些成份。

佰草集这个品牌的发展和中国文化是有密切关系的。从产品的内涵来说,我们充分利用了中国的医学和药学的理论、成份和知识。在我们的传播和推广上、概念上用了很多中国的文字和文学。在品牌理念上我们用的是中国哲学和美学。所以它和中国文化的关联是非常紧密的。

有这样一句话,一个民族要生存下去,必须要有自己的哲学,自己的文化。这是熊十力先生说的,熊十力是中国现代三大儒家之一,是一个著名的哲学家。十力这个概念来自于哪里呢?来自于一部佛典《大智度论》,六度之业既深,十力之功自远。

佰草集的十力是什么呢?我分了三个层次,首先是形象层。我倒着来讲十力,第十个力是亲密力,这是讲和顾客关系的。第九个力是传播力,这和传播的手段有关。这里我要感谢一下范院长,我以前做演讲的时候,我讲的是"冰川理论",范院长有一个"冰河理论",也就是积雪层、冰冻层、河水层。我这一次就改成了他的冰河理论。也就是说分为三层:

(1)最外面的就是我们的形象层,也就是积雪层。

(2)佰草集品牌力之行动力部分。这是冰冻层,也就是支撑力、现场力,也就是说你的产品要有支撑力,在现场销售要有现场销售的能力,然后是布局力和魅惑力。布局力是说你的产品布局要好,魅惑力的解释是说精于志,美于文,守以旧,进以新,你要推陈出新,才可以保持顾客永久的热爱。现在全世界都在讲,产品要够惊艳才能成功。

(3)佰草集品牌力之思想力部分。再进一步是河水层,也就是思想力的部分。首先是想象力,我翻译过一本书叫《美丽是想象出来的》,想象力是一个品牌至关重要的一个力量。然后是洞察力。洞察力就是他知道你需要什么,苹果的乔布斯就知道你喜欢那样简洁的一个手机。他甚至都不是通过一般的调查来洞察你的。大家知道乔布斯是有禅宗意识的,他到印度去访问受到了震动,他对人性有一个洞察力,所以做品牌要有洞察力,要善于挖掘。这是非常重要的。洞察力和想象力不是凭空而来的,而是来自于学习力,一个企业要热爱学习,叫学习型组织。有一本书叫《第五项修炼》,讲的是学习力的问题。最后更重要的力是发愿起信的问题,发什么愿,起什么信决定了你可以走多远,品牌也是如此。谷歌说,“不作恶”。“不作恶”仅仅是行为上没有恶的东西,但是他的思想也许还有邪的东西,我们说一个高的品牌,像宗教一样的品牌,一定是起于思无邪。这四个力是其他企业最难模仿的,是河水层的部分,这是企业最重要的生命力。

总结一下佰草集成功的配方。我们说是眼力乘以合力乘以定力。首先是眼力,当年中草药做化妆品是臭死狗,没人闻没人问的。我们当初在百货开第一家店的时候,是没有人来买的,后来是我们董事长买了一支160元的护手霜,这是那一天唯一的一笔生意。但是我们坚信中草药的化妆品会有未来,所以眼力是非常重要的。合力,就是产品力、分销力和传播力。我们得要有好的产品,好的分销渠道,好的传播渠道。第三是定力,定力就是不动摇、不懈怠、不折腾。一个企业内部声音很多,诱惑很多,很难不动摇、不懈怠、不折腾。这是非常难的,而且这是一个成功的秘诀。

佰草集的品牌发展,从原来的4个R发展到新的4个R,第一个R的转变是从追求收入(revenue)到追求声誉(reputation)。第二个R的转变是从广告讲究修辞(rhetorical)到追求韵律(rhythm)。第三个R的转变是从相关(relevant)到共鸣(resonance)。品牌和顾客之间要有共鸣。第四是从做零售（retail）到做宗教（religion）。这是品牌修行的境界和方向。这是旧的四个R和新的四个R。

分享一首诗。“Oh,Herborist”这首诗的英文也是我翻译的，当然这是我翻译自己的一首词叫水调歌头佰草集。原词如下：

佰草神农试，千古泽方传。

入食入药堪赞，美丽抵根源。

谁料出师不利，四面八方强敌，咄咄逼门前。

数载搏风雨，赢得艳阳天，俊才储，韬略定，遍人寰，先行欧美，华夏旗帜占高端。

中药中医一绝，东韵东情双美，渐耀众邦间，涣美乾坤日，佰草炼成鲜。

“小草无名何处寻，繁花高树两森森。”这两句诗很适合描写当初的佰草集。繁花就是其他的竞争对手，主要是欧美和日本的化妆品牌。高树就是中国的百货商店，他们都不要我们，说中国的产品太差，所以我们是一棵小草，面对着繁花，也面对高树。但是，莹莹碧碧见春色，切切嘈嘈皆妙音。土拓缰开倾马力，秋收春种远机心。葱茏之上前人岗，万里春风振衣襟。这是2011年我到成都给他们写的一首诗。

佰草集在中国已经差不多从一条小溪变成一条河。也让我想起杨万里的一首诗：万山不许一溪奔，拦得溪声日夜喧。到得前头山脚尽，堂堂溪水出前村。

在全球，也立志从一条小溪变成一条大河。佰草集2008年进入欧洲之后，又从一条大河变成了一条欧洲的小溪，所以还得从小溪变成大河。这是一个漫长的过程，也是正在进行的过程。

下面讲一个故事。佰草集在2006年的时候要进入欧洲，当时我们的合作伙伴说，很好，我来帮你推销到欧洲去。他就选我们的产品。然后把我们的手霜、足霜、颈霜拿去卖，那我们脸霜和面霜怎么办呢？因为先卖了手霜、足霜这些东西就没法卖脸霜和面霜了。我们坚持必须得卖脸霜才能出去。后来我们自己也很争气，我们出了一套太极泥，是阴阳同体的泥，一个清洁、一个营养。让他们眼睛一亮。2008年奥运会期间上市，一上来非常好，生意第一个月非常好。但是非常遗憾，2008年的9月份，中国爆发了一个危机——三聚氰氨奶粉，全世界都在关注中国产品。结果因为我们的产品是中国制造的，人家全跑了。后来想了一个办法，我们说这个产品是上海制造，结果人家一听这个很好，国际大都市。然后我们又卖得很好了，一直卖到现在。

二、营销之道：品牌的“外王”工夫

分享了佰草集的故事，我们再来看看营销。德鲁克先生曾经说过这样一段话：企业之目的何在，创造顾客，因而，企业有且只有两个基本职能，营销与创新，只有营销与创新产生结果，其余一切无非成本而已。我翻译过两本和德鲁克有关的书，这里我采用了我个人的翻译。

我在2006年出过一本书，谈了几大营销趋势。第一条是说从以厂商和产品为中心转变为以顾客和消费情景为中心。第二是从成本中心转变为收入和利润中心。第三是从艺术至上转变为科学至上。我为什么可以到公司当中做品牌管理，因为我在复旦是学新闻的，学新闻的会写，以前都是学艺术、学文学的去，后来是得会数据分析才可以做营销。其他趋势还包括：从大众营销转变为精确营销，从无可预见性转变为有可预见性，从不可预知转变为有预知力，从缓慢营销转变为敏捷营销，从无绩效管理、无问责制、无可交代性转变为有绩效管理、有问责制、有可交代性。有一部电影《猫鼠游戏》不知道大家有没有看过，跑的人就是市场部的人，追的人就是财务部的人。从硬力量、硬工夫到软力量、软工夫。

现在营销有了更大的变化。我还是分为三个维度来谈，第一个是阴，也就是市场的问题，讲5个C。第二个是阳，也就是公司的问题，讲5个I，然后是道，也就是企业与消费者的关系，我讲3个A。

首先是阴的五个C，消费者从大众到个体，渠道从单一到多样，传播从传统传播到社交传播，竞争对手从常规到非常规，信息技术从铁板一块到云雾缭绕。有一本书叫《大儒王阳明》，书中说想要王道的心，掌控霸道的力，与家庭妇女对丈夫的要求是一模一样的。家庭妇女对丈夫的要求，一是要有本事，要能挣钱，第二是人品要好，第三是脾气要好。丈夫必须要三好。消费者对企业的要求也是三好，产品好就是有本事，企业不能作恶，人品要好，客户服务要好，不能动不动和消费者急。市场对企业的要求和妻子对丈夫的要求是一样的，严峻而严格。

那么企业做什么呢？就是智能——研究与分析、创新——战略与创意、执行——现场与细节，诚信——也就是人品要好，最后是绩效。

现在的企业必须要坦诚地面对消费者，所以效果是非常重要的，像以前那样耍宝是不可以的。企业应该怎么努力呢？应该像丈夫一样，努力又吃力。当然我们希望企业与消费者建立比较好的关系，我总结为三个A，在产品销售之前，企业要把品牌做到高知名度，在售中要相互之间有相悦，最后售后要有相守。要有长期的客户和企业关系。

现在讲营销不讲互联网就不敢说是在做营销。所以我讲一下互联网带来的挑战。瑞典商学院有人说，有一个悲伤的消息，就是首席营销官已死。意思是说不会利用互联网的首席营销官已经死了。CLARK KOKICH说，数字营销给营销带来了巨大的改变，他说营销世界将不会有任何专家。Philip Kotler 说，变化快于变革。事实上企业的应对已经开始落后于市场的变化了。宋朝诗人杨万里还有一首诗可以形容营销的变化：莫言下岭便无难，赚得行人错喜欢，正入万山圈子里，一山放出一山拦。营销现在就是处于这样的状态，首席营销官觉得我解决了这个难题就没有难题了，结果发现解决了这个难题，后面是更大的难题在等着你，这个挑战是相当大的。

BOSE 音响有一句话说得非常好，尽探索之力，享音乐之极。互联网也是这样的，尽探索之力，享生意之极。包括洞察、产品、分销和传播，都是如此。

当然互联网也逃不出传统的理念，还是产品力、分销力和传播力的事情，互联网时代我们也要提倡知行合一。

现在非常流行的一个词是 O2O，我认为互联网应该是像奥迪标志一样，是 O2O2O2O，是无穷尽的。大家谈电子营销谈得比较多，但是电子营销我从 2000 年就知道，因为当时我在美国就是研究 IT 行业的，这里提到 2008 年电子营销不复存在。意思是说所有的营销都是电子营销。也就是说所有的商业都要用互联网，不存在单独的商业。

再谈一下互联网媒介和内容的关系问题。我的理解是，媒介是千江水，内容是一轮月。大家有没有看过一部台湾的小说叫《千江有水千江月》，实际上千江水映的都是一轮月。如果说你的内容好，也就是水好，那你映出来的月才能是好的，如果内容不好的话，你的媒介再好也没有作用。媒介相当于锤子，内容相当于钉子，钉子越好锤子越好用。建议大家读一本书叫《视觉锤》，讲述了为什么内容很重要。中国互联网很大的问题是锤子好，钉子不好。我们这个时代也是钉子不好，锤子好。我们成长的那个年代是钉子好，锤子不好，而现在是反过来了。努力的方向是锤子和钉子都很好，这样会比较给力。

大数据也不得不谈，我今天与大家简单分享一下。我对大数据有一点复杂的看法，我认为这个名称带有一定的误解。这个名称是感性、性感，但是不理性。只有数据是没有用的。所以我认为我们需要大禹，需要葛洪。为什么需要大禹？大家知道大禹是治洪水的，现在数据就像洪水一样的泛滥，所以需要大禹来把这个水梳理得好一些。葛洪是干什么的呢？他是东晋道家炼丹的人，为什么需要葛洪呢？因为数据只是一些材料，你要炼成丹，服下去才可以养生。所以大数据时代，我们需要大禹和葛洪。但是现在既没有大禹，也没有葛洪。今天我看了一篇文章，是许维写的，叫1000字说清楚大数据。他说大数据对绝大部分人来说就好比“叶公好龙”里面的龙，听说过没见过。大家都知道大数据很流行，但是真正理解大数据的逻辑的人仍然不多。我觉得这个问题更多是出在大数据的推广者自己身上，写的文章术语太多，谈理论太多，不接地气，以至于让普通人看不懂。为什么人家说不清楚大数据呢？他说因为大数据都是理科生在搞，他们写不出好文章来告诉大家什么是大数据，所以现在的大禹是理科生，还不行。还需要文科生的帮助。葛洪也需要，他需要炼出好的丹来供企业决策者使用。

概括来讲，我们营销有三个工夫。第一个是取势，第二个是明道，第三个是优术。取势、明道、优术是长江商学院的院长为长江商学院写的办学理念。我觉得他写的有点抽象，所以，我提了三个比喻：“取势如同破竹，明道如同窥镜，优术如同绣花。”

三、创新之道：品牌的“内圣”功夫

企业应该是搞研发的人多，搞营销的人多，是哑铃型的，中间是搞生产的，人少。这也是大家经常听到的施正荣先生的微笑曲线。搞研发和营销的人要多一些，中间生产的人少一些，甚至是外包，是哑铃型的结构，企业这样的结构是很健康的。还有产品创新，包括流程、成果和交流。还有创新的计划，也就是分类管理。

我来谈创新可能比较玄了一点，我用了中庸开头的三句话作为框架，就是天命之谓性，率性之谓道，修道之谓教。

1. 性：德为创新之基

讲创新很多人都讲方法论，在讲方法论之前我想讲一点价值观。创新不能仅仅被看成是一种才能，必须首先并永远和德行相关。如果不和德行相关就一定会产生三聚氰氨的事件，三聚氰氨做成牛奶非常的创新，但是没有德行所以走不远。中庸这段话可以作为我们创新的指导思想。创新必须要有诚善作为基础。

大家都觉得西方讲创新讲得好，实际上你看一下中国的典籍，中国人讲创新非常的透彻和到位。只不过没有维系下来而已。易经上讲，富有之谓大业，日新之谓盛德，生生之谓易。我们看一下大学里面讲，苟日新，日日新，又日新。做新民。周虽旧邦，其命惟新。这些都是讲创新。还有无所不用其极，很多人以为是贬义词，我在公司说要无所不用其极，他们说你怎么这样说，后来他们查了一下才说，原来你是对的，无所不用其极是君子。

2. 道：创新的冲突与平衡

我来讲点方法论的原则，先讲一个对联，上联是二三四五，下联是六七八九，横批是缺一少十。缺的是什么一呢？中国很多企业做事不做研究，这是一。什么是十呢？就是做完事不总结。这就是缺一少十，这往往是做创新最大的忌讳。往往从二开始，上来就自以为是地做，这就是二。然后是九，也就是说你没有达到十全十美就停了，还没有总结出经验教训就去做下一件事情了。这是不行的。所以企业要非常重视市场研究。我们每年都开两次会研究和总结到底有什么问题，时刻的反思。研究和反思非常重要的。

第二个是做加法和做减法。郑板桥有一副对联，上联是删繁就简三秋树，这个工作做得最好的是乔布斯，苹果手机就像是三秋树，叶子都掉光了，特别美。下联是领异标新二月花。加法和减法怎么做，这个问题是非常重要的。

第三个原则是翻译家严复的一句话，非新无以为进，这句话大家很认同，但是下一句话大家不是很认同——非旧无以为守。如果只相信左边这句话，就是非新无以为进，就会把社会搞得一塌糊涂。非旧无以为守，日本人经常做这样的事情。如果大家有机会去台湾，可以明确地感受到大陆就是非新无以为进，而台湾就是非旧无以为守，台湾守旧做得非常好，国学保持得非常好。

最后一组关系是带着镣铐跳舞和创造轻松环境的关系。创新是非常难的事情，有很多的陷阱，包括品质、成本、时间、收益和风险、短期和长期。企业必须要创造一种宽松的环境，没有这样的环境是不可能创新的。我们公司内部就创造了一个非常宽松的环境，有很多的咖啡馆在那里，大家两三点钟的时候是可以免费喝咖啡的,可以让不同部门的人同时在那里产生交流、碰撞和火花。我们佰草集的太极泥就是搞内材、包装和品牌的三个人一起喝茶喝出来的。企业内部必须要有这样的宽松环境才可以搞创新。

3. 教:创新的激励与方法

最后讲一下激励的问题。激励当然首先是钱的问题,孔子的学生和孔子一起出游,看到一个小邦国人很多,就问孔子说对待这样的国家怎么办? 孔子说什么呢? 富之。子路又问,然后呢? 孔子说教之。企业也一样,对员工无非是这两件事,你给他钱,你给他意义。对员工首先是富之,上海家化搞了两轮的股权激励,产生了很多的百万富翁,乃至千万富翁,但是只有钱还不够,任正飞说,华为公司最害怕的事情就是年轻人太有钱,太有钱他们就想做寓公了。泰戈尔说,如果鸟的翅膀系上了黄金就再也不能飞翔了。教育工作一定要做好。你要在工作当中给他们找到意义,才可以留住他们。做事情靠蛮力的模式已经过时了。哈佛大学的教授说,智慧模式包括专业力、整合力、创造力、包容力和责任力,这五个力是我们修行的方向。

我讲上海家化会讲三个 L,当初人为什么愿意到上海家化来? 第一个 L 是民族情怀,这是外资公司所做不到的。第二个 L 是学习机会,因为我们赋予他很多很高的责任,给他锻炼的机会。很年轻就可以提拔到领导岗位上,我大学毕业第二年就做了部门经理了。第三个 L 是生活和工作的平衡。我们尽量少加班,这样使得企业的吸引力比较大。我经常问人家娱乐这个词怎么翻译成英文,recreation。你要 creation 就要先 recreation 才行,在造词方面,英文在这个词上是很精妙的,你只有不那么忙,压力不那么大,才有再创造的可能。当老板的,如果说让你的员工只有工作没有娱乐的话,他就工作不下去。不应该让员工那么长久地加班,甚至不应该加班。因为创新只有在休闲的情况下完成的,谷歌的员工可以带着狗上班,可以在公司搞很多的娱乐,为什么它有创造力,是因为宽松的环境才有的创新。

创新和营销主要是做好广、深、高、速四个字,围绕这四个字大家来努力。还有四个字也是我非常看重的,就是真、善、美、圣。范院长说的哲学思辨这里没有。科学、艺术都是有的,我还加了道德和宗教这两个层面。

还要讲一下企业家精神。德鲁克说到 1985 年为止,企业家精神基本上还是纯粹的美国现象。中国现在有一点企业家精神的味道,但是非常少，比重非常低。中国的经济学叫政治经济学，不叫宏观经济学，也不叫微观经济学，所以企业家的精神还没有起来，中国的希望在于企业家精神，破坏企业家精神实际上就是犯罪。交大安泰学院的陈宪教授说，企业家精神是三个试错，三个小概率事件乘起来才是企业家精神。第一是创业试错；第二是需求试错，你能不能开发出符合市场需求的产品；第三人格试错，企业发展到一定规模你有没有气度去吸引人才，像刘备那样把诸葛亮、关羽、张飞都请来。这三个试错概率都很小，所以企业家精神是非常难得，非常罕见的，必须要珍惜。

4. 人生三昧：对企业家人格的考验

企业家是非常难做的，尤其是到人格试错，这一关很难过。这里我提了五个要求，叫自尊而不自大，自觉而不自恃，自信而不自负，自强而不自拔，自律而不自固。易经当中有一卦是谦卦，其卦相是山在地下。这一卦是 64 卦当中唯一一卦所有的卦词都是吉祥的。中国一定能够崛起，只要中国可以保持谨慎谦虚的态度。美国一定会衰落，因为美国骄傲自满，狂妄自大。

企业家有的时候非常容易有信心，也非常容易有勇气。但是有一种勇气非常可怕，因为他是对外部风险的过低估计，他把这个作为勇气。还有一种信心也很可怕，因为他把对自身能力过高估计作为信心，企业家都容易犯这样的错误。

有句话叫过于自信的飞行员早晚有一天会摔飞机。只有有经验还保持谦虚低调才容易成功。有一项针对法国男人的调查，84% 的法国男人认为他的做爱能力比其他 50% 的人强，那么中间的 34% 是从哪里来的？这说明他们过于自信，与事实不符。

《反脆弱》的作者说，应该有一个企业家节，我非常同意，尤其在中国，我觉得太需要有一个企业家节了。

“卑鄙是卑鄙者的通行证，高尚是高尚者的墓志铭”，我想说创新是创新者的通行证，平庸是平庸者的墓志铭，如果创新已死，请烧纸，如果平庸当道，鄙视之，摒弃之，手刃之。

我再推荐一本书，这是最好的营销学著作，西奥多莱维特的《营销想象力》，我是为了这本书写了书评的，我非常推崇这本书。《营销想象力》。营销就是想象力，没有其他的东西。大家认为飞利浦科特勒是营销学的代名词，但是他说这位西奥多先生才是真正的营销之父。所以大家要读的话，可以读他的书。

四、其他中国品牌的故事和启示

1. 化妆品行业

接下来我们分享几个其他的案例。化妆品行业，我认为做得好的，创新方面蓝月亮做得不错。蓝月亮洗衣液非常不容易，从 0 做到 40% ~ 50% 的市场份额。丸美做得也是非常好的，它的水平体现于洞察力。它的广告词叫“弹弹弹弹走鱼尾纹”。它知道中国女性最害怕的就是鱼尾纹，骗了中国女性好多亿，它的销售额 9 亿，其中好几亿都来自于这个产品。美即也做得不错，“停下来享受美丽”这句广告语也是非常有洞察力的，它做到十几亿，被欧莱雅收购了。还有上海家化的六神也是做得非常不错的。

2. 非化妆品行业

褚橙：在浅薄脆弱的社会里，有沧桑就有市场。接下来我简单介绍一下我喜欢的案例。第一个是褚橙，我说它是基础好、策划好、语言好、执行好，所以它的品牌才这么风行。它有形的产品被无形化了，有一种精神，它有褚老先生 70 多岁的精神，还有个性化，以及很多的社会化媒体帮助它来宣传。

小米：不加步枪也能赢得智能手机战场的胜利。我认为小米挑战了苹果和三星，它有深知得屌丝者得天下的洞察力。雷军有本事把屌丝变成粉丝，让体验接受检验，把独赢变成共赢，这是很了不起的。

大象：像小米一样卖安全套。雷军公司的人出去开了一家公司叫大象安全套，他说要像卖小米一样卖避孕套。

凡客：有营销无产品。还有一个有争议的案例，就是凡客，它是有营销，无产品。韩寒说有春天无所谓，但是如果产品和品质不给力的话，那就是有所谓无春天。因为凡客产品做不好，所以是有所谓无春天。

有一本书叫宗教式品牌的七项修炼。第一条是人以群分，群以异兴，跻身其中，远芜近菁。第二是说要意念笃定，意志坚强。第三是生活方式。第四是善待古人，一片冰心，广结知己，遍传福音。第五是要有社区概念。第六是包容不排他。第七是说海阔天空，鱼跃鸟飞，同仇敌忾，亮剑生辉。

五、反脆弱、正能量的人生修炼

因为大家都在职场当中，最后我讲讲职场和人生磨炼的问题。有一个池塘鸭子的比喻。是说有一个池塘的水很满，鸭子游在当中非常得意，它说你看我多厉害，游的都高。后来池塘的水流出去了，鸭子纷纷沉到了池塘的底部。这用来形容中国很多的企业都是合适的，它们是机会型的。比如说中国出口加工企业，中国的房地产商，中国的重化工业企业，垄断性的企业，都是池塘的鸭子，水涨了他们很得意，水跌了他们就不行了。巴菲特有一个理论叫裸泳论，他说等潮水退了，才知道有多少人没穿裤子。巴菲特这个理论讲得很深刻，很生动。但是我不喜欢他的比喻，我觉得这个语言不太美，意境不是很美。中国有一位老先生讲的与巴菲特是同样的意思，这位老先生就是孔子。孔子说岁寒，然后知松柏之后凋也。孔子讲得非常的美，比谁在裸体游泳讲得好多了。所以我只取巴菲特的意思，不取他的表达。

中国企业以前都是靠机遇，靠政策，这是外功，要外功加上内功才能等于完整的成功。实际上仅仅靠机遇和政策，现在来看是远远不够的。

有一本书叫《从优秀到卓越》，这个作者柯林斯又写了一本书叫《选择卓越》。我觉得这本书的名字翻译成《主动卓越》可能会更好一些。中国企业第一阶段是一律平庸，那个时候是大势不好。第二阶段是被动优秀。在美国把烟草、色情、赌博业称之为不道德的行业，而在中国不道德的行业是房地产，房地产行业就是被动优越的。然后是主动优越，这才是最重要的。

我读了这本书之后觉得卓越是“自造”出来的，而不是其他的原因创造出来的。基业求卓越，未来自造之。成功随打扮，规律总希夷。希夷是看不见听不见，也就是说规律很难找。然后是春暖无枯草，岁寒有劲枝。日升东海际，思及下崦嵫。

塔勒布写了四本非常有名的书——《随机漫步的傻瓜》《黑天鹅》《随机生存的智慧》《反脆弱》。我非常推崇他写的书，他是黎巴嫩人，是安皮里卡资本公司的创办人，也是纽约大学库朗数学研究所的研究员，曾在纽约和伦敦交易多种衍生性金融商品，他预见了 1987 年的股市崩盘，预见了 1998 年的俄罗斯卢布危机，预见了 2007 年的美国经济危机。三次危机全部被他准确预见，非常的了不起，是非常博学的人，文史哲书无所不读，花了20多年专门研究数学和概率论，非常有水平的一个人。我对他崇拜得五体投地。他说脆弱的反义词不是强韧，而是反脆弱。惧怕被动性、不确定性和风险的事物是脆弱的，不惧怕这一切，也不从这一切当中获益的是强人的，不仅不惧怕而且喜欢，还能从这当中获益的是反脆弱的。举几个例子，期权的空头是脆弱的，期权的多头是反脆弱的。金融业是脆弱的，餐饮业是反脆弱的。传统媒体是脆弱的，新媒体是反脆弱的。精密管理体系是脆弱的，迭代创新机制是反脆弱的。规章是脆弱的，道德是反脆弱的。专才是脆弱的，通才是非脆弱的。基于模型的决策是脆弱的，经验决策法是反脆弱的。大数据是脆弱的，大智慧是反脆弱的。官僚是脆弱的，企业家是反脆弱的。课堂是脆弱的，现实世界是反脆弱的。

这个作者在讲到职业的时候，特别讲到了两个职业非常反脆弱。一个是出租车司机，非常的反脆弱，他以兄弟俩为例，一个是银行职员，一个是出租车司机。银行职员的收入非常稳定，非常高，出粗车司机收入波动很大。但是突然一天银行裁员了，他哥哥下岗了，脆弱了，但是出租车还是和以前一样。他还说妓女是反脆弱的。这个作者很幽默。

有人把这本书和道德经做了对比。反脆弱有一个摒弃理论，道德经讲弃智绝学。他讲少即是多，道德经讲为道日损。他讲保持简单，拒绝复杂。道德经讲大成若缺，大智若愚。他讲保持愚蠢，道德经说抱柔守拙。他讲警惕权威，道德经说圣人不死，大道不止。中国文化当中有很多与塔勒布的思想一致，因为塔勒布是来自于黎巴嫩，他是有东方文化的。易经讲，天行健，君子以自强不息，贞下启元。这些都是反脆弱。诗经说，如切如磋，如琢如磨。孟子说，生于忧患，死于安乐。还有多难兴邦。这些都是反脆弱的精神。塔勒布最后说，玻璃是脆弱的，活的事物都是反脆弱的。你在起伏波动，说明你还是一个活物。你不饿的时候食物一点不美味，富二代为什么不幸福，因为他的钱财不是他努力得来的。没经历过悲的人是不知道喜是什么滋味的。没经历过不确定性就不知道确信是什么样美好的感觉。世界让我遍体鳞伤，但伤口长出的却是翅膀，向我袭来的是黑暗，让我更加闪亮，孤独也是我向光明攀登的一道解体。这是阿多尼斯的一首诗。

杜甫的《栀子》是这样写的：栀子比众木，人间诚未多。于身色有用，与道气伤和。红取风霜实，青看雨露柯。无情移得汝，贵在映江波。栀子比众木，人间诚未多。

韩国最有名的商学院教授赵东成讲课时候，我觉得最有价值的就是他讲到的竹子的这段话。虽然同属一个科，芦苇只能成长3米，而竹子可以成长10米。为什么会出现这样的差异？因为竹子是空心的，并且又有节子。韩国有史以来最著名的佛教大师性彻大师曾说过，生活一定要像竹子一样。要像竹子一样要中空，并且要有节子。一个人要成功的话，一定要做到谦虚谨慎，放下欲望，也一定要经历挫折、失败、绝望、痛苦才能最后成功。危机就像竹节子一样，因为有了竹节子让其根干更结实，并以节子为基础让其枝茎滋长延伸。企业也一样，只有成功克服经济危机才会更加坚实，才可以有更好的发展基础，才可以更好地前进。国家经济也是如此，国家经济只有多次经过危机的考验，成功克服危机，才会获得国家竞争力的提高。白居易说竹子有这样的品德，固可以树德，直可以立身，空可以体道，贞可以主志。

《随处绽放》是一部人生指南与自我启发类的书，作者渡边和子85岁，是位修女，曾任圣母清心女子大学校长。她在书中传递了这样的信条：人无论身处何种境遇都能绽放光彩。有评论认为，在经济不景气、失业严重、大震灾造成的悲剧使日本近乎沉没的今天，《随处绽放》教会人们不再逃避，勇敢地活出自我，用笑容给周围的人带来幸福。

接下来我们看一下王阳明说的，人须在事上磨炼做工夫乃有益。若只好静，遇事便乱，终无长进。人须在事上磨炼，方立得住，方能静亦定，动亦定。

再来看看明代的吕坤的《呻吟语》。大事难事看担当，逆境顺境看襟度，临喜临怒看涵养，群行群止看识见。意思是说逢到大事和困难的时候，可以看出一个人担负责任的勇气。遇到逆境的时候，可以看出一个人的胸襟和气度。而逢到喜怒的事时，则可看出一个人的涵养。在与群众同行同止时，也可看出一个人对事物的见解和认识。

再看一下耶律楚材写的：从征万里走风沙，南北东西总是家，落得胸中空索索，凝然心是白莲花。这也给大家提供了一种正能量。

在座各位都在职场上，职场要求三个素质，第一是职业道德。很多人对这一条不是很看重，但是我觉得这是最重要的。第二是敬业精神。第三是业务素质。

业务素质来讲，第一位是思考力，要有结构化的思考能力，你有结构化的思考能力很快超过你的伙伴，达到你的领导水平，再过一段时间会超过你的领导。第二是沟通力，包括口头和书面的能力，现在大家书面的沟通能力严重下降了，不像我们以前为了写一篇好的情书，反复练习，很努力的。然后是组织力和推进力，这是非常重要的。汉语要学好，你们虽然是上外的，学不好汉语这是非常吃亏的。中国很多人是做秘书起来的，因为他的语言能力比他的领导高，所以最后的成就可能比他的领导还高。

我是做营销出身的。营销人的素质从态度上来说是三个要求，也就是自信、自强、自律。

(1)技能。战略技能是宏观能力，结构化能力。还有创造技能，创造力、判断力是非常重要的。分析技能，也就是模型能力，数据能力。

(2)知识。知识方面就非常复杂了。营销学之父是经济学和管理学，营销学之母是心理学和社会学。营销学的祖父是数学统计学，祖母是哲学、文学和史学。最有智慧的就是老祖母，塔勒布在《反脆弱》当中说，小姑娘是脆弱的，老奶奶是反脆弱的。为什么你祖母是反脆弱的，因为她经历的事太多了。所以营销的父亲、母亲、祖父、祖母都在这里了，你们要研究营销的话，把这些学问搞透了就可以了。这是从知识的角度。

最后我给大家讲一下朱熹，白鹿洞书院的学规当中有几条，讲到父子有亲，君臣有义，夫妇有别，长幼有序，朋友有信。右五教之目。尧舜使契为司徒，敬敷五教，即此是也。学者学此而已，而其所以学之之序，亦有五焉，其别如左：博学之，审问之，慎思之，明辨之，笃行之。右为学之序。学、问、思、辨，四者所以穷理也。若夫笃行之事，则自修身以至于处事接物，亦各有要，其别如左：言忠信，行笃敬，惩忿窒欲，迁善改过。右修身之要。正其义不谋其利，明其道不计其功。右处事之要。己所不欲，勿施于人。行有不得，反求诸己。右接物之要。大家自己可以看一下。

我最推崇的一位老先生就是写细草无言绿，寒花自在香的马一浮先生，我推荐了王阳明，推荐了朱熹，我们这么忙哪有时间去看王阳明、朱熹的选集，那么厚。如果说没有时间的话就去看马一浮，他有很薄的一本书，他统一了朱熹和王阳明，朱熹和王阳明所有的优点他都继承了，所有的缺点都克服了。简单来说他的学问就是八个字：主敬、穷理、博文、笃行。

接下来讲一下情场。实际上讲情场就是讲的逆商。其实我今天讲的所有的东西总结起来就是 AQ，它和 IQ、EQ 并列，称之为 3Q。逆商最重要，因为 IQ 和 EQ 是顺境时很管用，但是逆境的时候就不管用了。所以我们要发展一套在逆境当中有用的办法。面对逆境要能够有正确的反应方式，可以克服困难、超越困难，摆脱困境。现在问题来了，如何在情场上运用逆商，请问挖掘技术哪家好，中国北京夏东豪。我问我太太夏东豪为什么这么火。他的想法和我的想法不太一样，我以为是他在情场逆商方面研究得比较好，但是我太太说是因为他长得帅。如果大家想了解一下如何在情场当中应用逆商，不妨看看夏东豪的书。

最后跟大家分享一首诗，是我特地为大家做的，我到别的学校都会送一首诗，不给你们送的话，会有一些偏心。

题目是新松，步韵王安石的《古松》。

上见古松千百寻，
达于风雪立于林。
下亲劲竹因同节，
学友寒梅不惧阴。
直干凌烟无馁气，
内跟息壤有贞心。
方圆神智两相得，
外祸飞来何以侵？

这是一首藏头诗，上外的口号是格高志远学贯中外，但是缺少一个上字，只有一个外字。我的藏头诗当中藏了上字和外字，可以和你们的口号PK一下。我觉得你们传达的意思，我这里也有。这里跟大家共勉。

谢谢大家。

大数据时代的都市形象和公共关系[①]

主讲人:Viktor Mayer-Schonberger[②]　　主持人:王风华

王风华:维克托・迈尔・舍恩伯格教授本次来上海参加11月22日在浦东举办的上海公共关系高峰论坛。本届高峰论坛的主题是"大数据时代的城市形象和公共关系"。论坛由上海外国语大学国际工商管理学院与上海市公共关系协会、文汇报社共同主办。舍恩伯格教授在大数据时代领域中做出了划时代意义的杰出研究,其本人也是世界上最知名的数据专家。

成功邀请到舍恩伯格教授出席上海公共关系高峰论坛后,本届高峰论坛学术委员会秘书长、上外管理学院院长范徵教授提议,为什么不在此期间邀请舍恩伯格教授来我校给MBA演讲?我们立即行动,舍恩伯格教授再次接受邀请,于是有了今晚的演讲。我们感谢舍恩伯格教授两次接受我们的邀请,欢迎舍恩伯格教授来到上海外国语大学。

舍恩伯格教授是牛津大学网络治理与监管教授,曾任教哈佛肯尼迪学院十多年。他是大数据领域最受尊敬的权威之一。相信大家都听说过他的著名专著《大数据时代:生活、工作与思维的大变革》。阅读的时候,我们会将其中的观点与现实生活联系起来。例如,今年早期,马来西亚航空公司客机失联。我们很关心此事,不知是否可能使用大数据找到失联的客机。我们大家都非常希望见到教授本人,听取他的见解,讨论与分享我们的看法。

---

① 本文根据维克多2014年11月19日在上外讲座内容整理。同声传译:胡洁;整理者:俞艺、苏宗伟、张文洁。由于时间关系,整理稿未经本人审阅。

② 维克多・迈尔・舍恩伯格,牛津大学网络治理与监管教授,曾任教哈佛肯尼迪学院十多年。他是大数据领域最受尊敬的权威之一。著名专著《大数据时代:生活、工作与思维的大变革》一书作者。

维克多:谢谢主持人的介绍。失联的马航应该很快会有结论。下面开始我的讲座,内容分为八个方面。

一、大数据是什么——从性质角度看,大数据是关于人类的决策

大数据不是一种技术,也不是一种基础设施,是一种帮助我们改善社会和生活,做出更好决策的方式。在企业、组织、经济、社会运行中,能帮助人们做出更好的决策。

二、大数据时代与过去的一些时代有何差别——有能力获得更多的数据

人类历史中,我们不断试图了解身边的世界,观察周围的世界,所以人类总是在捕获数据,数据将永伴人类历史。

问题在于,在过去,捕获、搜集、聚集、存储、提取和分析这些大量的数据是比较困难,而且成本较高、费时。因此,对于整个人类历史来说,我们尽可能地精简所搜集的数据量,只要能够帮助我们解决问题就够了。所以在过去我们了解周围世界所使用的一切流程、机理、方式和技术可以归结为小数据。

而现在,由于人类有能力捕获、挖掘、分析和储存更多的数据,从而能够以不同的方式去审视、了解这个世界,包括其复杂性。因此,现在我们正在转型为大数据时代。

三、人类历史中,数据演变情况如何——指数式增长的数据能引起质变

一方面,全世界的数据量从 1987 年到 2007 年提高了 100 倍。在短短 20 年间,数据量爆发式增长 100 倍。如同数据的雪崩。

从 1987 年到 2007 年,全世界的数据量提高了 100 倍。2000 年 75% 的全球数据还是模拟数据,但是如今这样的比重已经不到 1%;最近 15 年间,人类已经完成了从模拟信号世界到数字世界的转变。

运用这些数字世界的数字工具可以帮助我们捕获更多的数据,以更低的成本来存储更多的数据,而且能够以更低的成本提取和分析数据。而在获得足够的数量后,将出现从量变到质变的飞跃。比如当每秒的照片数量足够多而达到临界点时,就制作成动态的动画。而随着数据数量的增多,就会产生新的一些质量等级。

四、在拥有如此多的数据后能用来做什么——让数据说话

在过去小数据的时代,常采取问卷调查方式,问卷设计者预设一些问题,但这势必会遗漏许多有价值的问题。

而大数据挖掘不做问题预设,只是对采集到的数据做分析,发现一些趋势。这些趋势有很大价值,很可能为人们带来意想不到的发现。

五、大数据时代,理解事物的思维模式是什么——相关关系

在获得大量数据时,我们需要分析数据之间背后的原因,这应该是一种相关关系,而不是因果关系。只有认清了发生的现象是什么,才能更好地得出产生这种现象的原因是什么。其实在很多情况下,面对一个现象或问题,我们会直接问是什么,而不是探究原因是什么。Viktor Mayer - Schonberger 教授以早产婴儿的疾病预防为例,阐述了大数据如何通过提供一些难以观察的内部变化,而使人们意识到潜在问题的存在,从而进行预防。因此,有些时候大数据让我们不急于做出结论,我们需要更好地理解这个现象本身,然后再去寻找事物与事物之间的联系和模式。

六、大数据时代对人们的建议是什么——数据化处理好处多多,应用广泛

做数据化处理,把我们生活的方方面面换成数据来理解。现实例子:

(1)IBM 通过测量人们走过地板的数据获得信息,感知是否有人在这个过道上跌倒,并且直接通报警报处或者急救处。

(2)通过传感器测量人们坐在汽车里时背后的信息,并对其进行数据化处理,判断车上是否有小偷,以防车上盗窃行为。

(3)一个以色列的新发明,一个微小设备能进行信息数据化处理,感知所靠近的物体是什么,从而帮助人们了解不熟悉的事物。

(4)Google 眼镜能对人看到的物体进行数据化处理并将之转化为洞察。更重要的是,在大数据时代,数据被收集以后可以重复利用,我们可以挖掘数据中潜在的更多信息,这就是大数据时代的价值所在。

(5)德国汉莎航空通过收集飞行时空气的信息,使飞机自动飞行,并降低飞行中的事故。

(6)在美国加利福尼亚州,智能手环帮助人们进行地震或者震级测试,并告诉人们地震的出现。

(7)某公司收集如腾讯、阿里巴巴、亚马逊或者 eBay 等电商信息,并进行数据化,做出通胀率的实时预测,帮助公众更好地理解在经济体当中发生的实际现象。

(8)某公司使用实时交通信息,告诉人们该采取何种方式到达目的地,避免拥堵。

(9)英国曼彻斯特大学通过调查得到的数据分析后,得出结论,某些地区的医生所开的处方并不是完全正确,人们可以提出质疑。

(10)一家美国公司利用大数据帮助人们发现可能存在的家庭消防隐患,并采取预先措施告知家庭。

(11)大数据分析技术能使人们提高学习效率,并促使教师改进教学方式。

七、大数据对公共形象的意义何在

第一,利用数据帮助政策制定者和决策者做出科学的决策,塑造政府公共形象。

第二,在法律的约束下,增进人们对数据的信任,就有必要做到更好的隐私保护。

第三,使用广泛的数据可以帮助决策者预先捕捉机遇和趋势,从而找到合适的模式来测量和改善未来的政府公共形象。

第四,如果政府一定程度上能把数据向企业和社会公开化、透明化,将更好地促进经济社会发展。一方面,企业家可以利用数据进行创新;另一方面,公众也能理解政府在做什么事情,政府形象也能借此得以提升。

八、大数据对人类整体的启示是什么——大数据时代的规则性

大数据帮助社会公众更好地理解世界，改善公共政策。同时，信息开放也应有边界，所谓开放共享的数据，应该是经评估被认为不会影响到城市和国家安全及其他敏感事宜的那部分信息。

最后，人类需要带有谦卑，并且带有人文精神来处理大数据。

Is U. S. Management Style Fit for China?[①]

Keynote Speaker: Geert Hofstede[②]

1. Introduction

When I talk about theories, I mean business management theories. And business education is about two centuries old. It started in various countries with schools of commerce in the 19th century. The terms "management" and "manager" only came in the beginning of the 20th century, and became gradually more popular. After World War II, the United States of America had become the most important economic power in the world. It meant that theories of business management and dominant theories of management were based on the practices of the United States. That was also the time when the Master of business administration program started at business schools.

But in the 1980s, the Asian countries became very successful economically. People talked about the "Asian Tigers". This meant that they were reasons why American theories would not be applicable and people started talking about culture. I published in 1980 an article "Motivation, Leadership and Organization: Do American Theories Apply Abroad?" You will not be surprised that I had some trouble getting this article published in the United States at the time. Shortly afterwards, my book*Culture's Consequences* appeared, and this was based on the research, and it compared employees in forty countries

① 本文根据霍夫斯坦特教授2013年11月18日专门为在上海外国语大学举办的"第三届跨文化管理国际学术研讨会"所作的视频演讲稿整理。同声传译:胡洁;整理者:程汇涓、苏宗伟、张文洁。由于时间关系,整理稿未经本人审阅。

② 霍夫斯特特,马斯特里赫特大学(Maastricht)荣誉教授,荷兰文化协作研究所创始所长。

and territories worldwide. Since that time, the term "Cross – Cultural Management" has become popular for the world that is more and more globalizing.

I also want to tell you about a piece of research that happened more or less by accident. This was in 1995, when I was a visiting professor at Hong KongUniversity. I was teaching a student who worked during the day in Hong Kong companies and who went to school three evenings a week. Together we made a list of the goals of the business tycoons and business leaders of Hong Kong. We arrived at a list of fifteen goals, and they are rated to the order of importance tothe Hong Kong business goals. Three years later, at an international conference in 1998, I presented these ratings. A number of colleagues from various countries spontaneously came to me and said, "We also had part – time MBAs, could we have your list? Because it is interesting to compare." So, spontaneously I got comparison of 17 countries and regions on the attributed goals of business leaders by MBA students. Afterwards, looking back, but not deliberately at the beginning, I realized that this may have been the best list we could get, because if you ask business leaders themselves what their goals are, you do not know what you will get, maybe a lot of wishful thinking. But these are people who watch them every day.

2. Comparison of leader's goals among different countries

Here is the list. This is the average of the 17 countries and regions of 15 business leader's goals. I have divided them into Top 5, Middle 5, and Bottom 5.

Table 1 Business Leader's Goals

Top 5: business & ego results	Middle 5: social role of business	Bottom 5: special interests
Growth of the business	Honor, face, reputation	Respecting ethical norms
Continuity of the business	Creating something new	Responsibility towards society
This year's profits	Profits 10 years from now	Game and gambling spirit
Personal Wealth	Staying within the law	Patriotism, national pride
Power	Responsibility towards employees	Family interests

The rankings were very similar if we had more universities in one country, but they differed considerably between the countries. And this is the "Rank Correlations with Overall Average":

Table 2 Correlations

Country	Correlations	Country	Correlations
USA	.32	Netherlands	-.02
India	.29	Denmark	-.03
Australia	.27	Brazil	.27
Hungary	-.03	Panama	-.08
Jamaica	.24	Bahamas	-.09
New Zealand	.16	Great Britain	-.13
Hong Kong SAR	.14	China	-.23
Asians in YHawaii	.01	Germany	-.31

Obviously, the USA leads it. The USA was most similar because the MBA program is the invention of the United States. So there was a certain amount of imitation there. The two countries that are most different are China and Germany. Therefore, it is very interesting to compare the attributes and business goals of Chinese business people and American business people. And here it is. I have only shown the 5 top goals and 5 bottom goals, and left the middle goals out:

Actually, the students from China were not in MBA programs in China, because those did not exist in China at the time. They were people with Chinese experience in Chinese business, who went to follow a program in either Australia or the United States, but they formed my samples of Chinese respondents.

If you look at the two lists, you see they are very different. You see that the US students actually have 4 of the 5 international top also at their top, "growth of the business", "personal wealth", "this year's profits" and "power". This is a relative positioning. The only thing which the US students do not have in their top is "Continuity". So they have goals without continuity. They have "This year's profits" without "Profits 10 years from now". And surprisingly also, they have not "Creating something new", which actually would be the image of the United States with a lot of innovation. But it was not there. Let us look at the Chinese. The only goal they had in common with the United States in the top is "Power". "Face" is very important; so are "Responsibility towards society" and "Patriotism". What they had in common is "Ethical norms", but "Ethical norms" differ from one country to another. So I was not too happy with that goal; it does not mean so much. What the Chinese do not rate so high is "This year's profits". It means that "Profits 10 years from now" are more important; they must be somewhere in the middle. And it turns out here that "Face" is rated more important than "Personal wealth".

Table 3 Goals of Own Business Leaders Perceived by MBAs (1999)

More & less important goals (compared to overall average)	
US students (5 universities)	Students from China in Australia&USA
Top five:	Top five:
Growth of the business	Respecting ethical norms
Respecting ethical norms	Patriotism, national pride
Personal wealth *	**Power**
This year's profits *	Honor, face, reputation
Power	Responsibility tds. society
Bottom five:	Bottom five:
Profits 10 years from now	Family interests
Responsibility tds. employees	Game and gambling spirit
Family interests	**This year's profits** *
Creating something new	**Personal wealth** *
Continuity of the business	Staying within the law
bold: international average top 5; underlined: common; *: reversed	

3. What is behind these differences?

Well, of course, we say now behind these differences is culture. And I will relate this to my own research on culture. My research on the culture is based on old ideas from anthropology, which are that all countries in the world have a number of basic problems, but each national society has over time developed its own answers. The answers have been developing in history. They have similar problems but different answers. Which are the similar problems? And this is the outcome of my research:

(1) How much (in)equality should there be among us?

(2) How afraid are we of unknown people, ideas and objects?

(3) How dependent are we on our (extended) family?

(4) How should a man feel, how a woman?

(5) Do we focus on the future, the present or the past?

(6) May we have fun or is life a serious matter?

These are the basis of what I came to call "dimensions of national cultures".

Table 4 Dimensions of National Culture

(in 2010 edition of Hofstede, Hofstede & Minkov: *Cultures and Organizations: Software of the Mind*)
(1) Handling inequality: Power Distance, from large to small
(2) Dealing with the unknown: Uncertainty Avoidance, from strong to weak
(3) Dependence on others: From Collectivism to Individualism
(4) Emotional gender roles: From Masculinity to Femininity
(5) Time perspective: From Long-to Short-Term Orientation
(6) Dealing with natural drives: From Indulgence to Restraint

From these, two are very evidently playing a role in the business goals which I showed. Those are the "Dependence on others" and the "Time perspective". I made a scale where I put first of all the "Collectivism-Individualism" dimension on the line.

The middle of the line has a black dot at the bottom. You see now that on the one side you have the Asian societies: Taiwan, China, Hong Kong and Japan. And on the "Individualist" side you have Germany and the United States. What does this stand for? "Collectivism" stands for a "We"-identity, (and) "Individualism" for an "I" identity. And "I" identity means universalism, which means everybody should be treated the same way. Collective societies are divided into "In-groups" and "Out-groups". There is our group and other groups. It is very important that we maintain always harmony in our "In-group". And the competition, if there is any, is between groups. Competition in individualist countries is between individuals. You see that the USA is the most individualist, and Chinese regions are the most collectivist here.

Table 5 Dimension Collectivism-Individualism

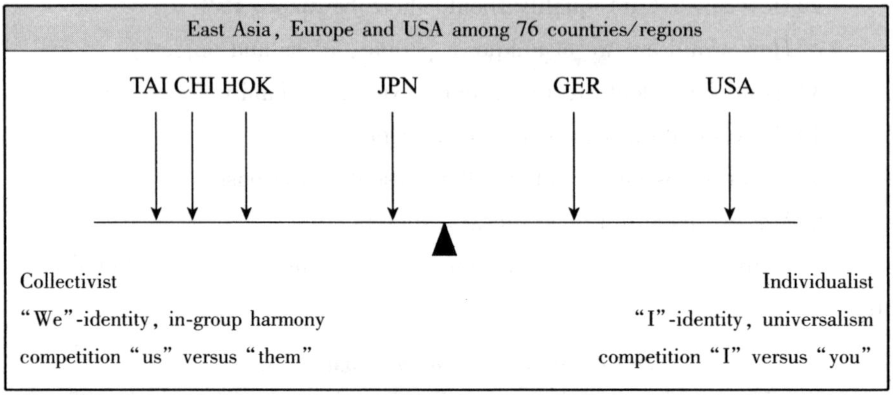

The other dimension which plays an important role is the dimension "Long-Short Term Orientation".

Table 6 Dimension Long-Short Term Orientation

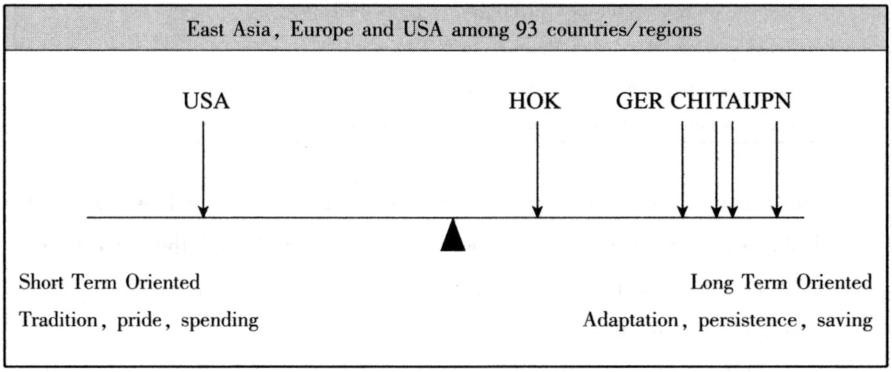

Here it looks a bit like the reverse of the previous diagram, because I put the "Short Term Orientation" on the left side and the "Long Term Orientation" on the right side. And we see now that all the Asian societies, including Hong Kong, but a bit less than the others, are on the "Long Term Oriented" side. Even Germany is on that side. And the USA is, among these countries, the only one which is short term oriented. Long term oriented societies are oriented towards saving, short term oriented towards spending. "Long Term Oriented" (societies) are oriented towards persistence, short term towards pride in themselves. And there is not so much we can learn from others. Whereas the "Long Term Oriented" societies are adaptive societies, they are likely to adapt to changing circumstances. "Short Term Oriented" societies are oriented towards tradition.

4. Conclusion

The morale of the story: countries can learn from each other, but theories cannot be copied across cultures. So the answer to my question "Do American business management theories apply in China?" is "Not necessarily". Academia and universities should collect their wisdom everywhere. If you want to read more about it, here is my book *Cultures and Organizations: Software of the Mind*, coauthored with Gert Jane Hofstede and Michael Minkov. On the left-hand side, you see the Chinese translation. Translation of the third edition has been finished, and we hope it can appear in 2014.

第五篇

大　事　记

College Chronicle

2010 年度学院大事记

2010 年 3 月	学院《国际型工商管理人才创新实践能力培养》(吴友富、范徵、于朝晖、徐永、汪丽)获“上海市教学成果二等奖”。
2010 年 3 月	学院杜娟讲师入选 2009 年“上海高校选拔培养优秀青年教师科研专项基金”项目培养范围,课题名称为《国际型管理者胜任特征模型研究》。
2010 年 3 月	学院英语教学部低年级教学组荣获“上海市教育系统巾帼文明岗”。
2010 年 3 月	上海外国语大学 MBA 教育领导委员会、MBA 教育顾问委员会和 MBA 教育中心成立。
2010 年 4 月	上海外国语大学 2010 年 MBA 项目招生工作旗开得胜,社会报名踊跃,首期招生 117 名,其中 70% 来自外商投资企业。
2010 年 4 月	《第二届全国“尖峰时刻”商业决策模拟挑战赛闭幕式暨颁奖典礼》在上海外国语大学 MBA 案例分析教室成功举行。本次大赛由上外 MBA 中心承办,校研究生团队 For Wins 获得了“最佳团队风采”奖。
2010 年 4 月	《第二届全国比较管理学术研讨会》在南京召开,此次会议由中国企业管理研究会、中国比较管理研究会筹委会、《比较管理》编辑部主办,南京工业大学经济管理学院承办,首都经济贸易大学工商管理学院、上海外国语大学国际工商管理学院协办。全国 MBA 教指委秘书长仝允桓教授、国务院工商管理学科评议组成员高闯教授等出席了会议。我院范徵教授应邀在开幕式上作了“跨文化比较管理学研究新方式”的主旨演讲。
2010 年 4 月	第三届中国大学生公共关系策划大赛宣讲会在上外成功举办,此次大赛的主题为:“构建和谐社会,传播城市形象”。
2010 年 4 月	《CIB 高管论坛》成功举办第 19 讲,特邀上海建工(集团)总公司副总裁兼海外事业部总经理童继生博士主讲:“东方管理思想在国际经济活动中的应用”。
2010 年 4 月	国际工商管理学院 06 级公共关系学专业吴晟姗同学荣获上海市“2010 世博公关新星”(十佳)。
2010 年 4 月	《第 15 届哈佛亚洲商业年会》在哈佛大学商学院隆重召开,管院学子凯旋归来。
2010 年 4 月	《CIB 高管论坛》成功举办第 20 讲,特邀 97 届管理专业校友、法国桦榭(中国)董事总经理艾弥尔先生主讲:“Why should anyone be managed by you?”。

续表

2010年4月	校第6届创业计划大赛落幕,管院 Newsoul 团队夺冠。
2010年5月	《CIB高管论坛》第21讲成功举办。太平人寿保险有限公司总经理郑荣禄博士畅谈“中国寿险业发展的回顾与前瞻”。
2010年5月	国际工商管理学院教职工代表大会暨工会会员代表大会圆满举行。会议由党总支书记于朝晖同志主持。范徵院长代表学院作“工作与财务报告”。胡树国同志代表学院工会上一届委员会作工作报告。大会采用无记名投票和工会主席直选的方式,选举产生了新一届工会委员和工会主席。
2010年5月27日	《东方早报》采访范徵院长:“上外打造无国界 MBA”。
2010年5月	《中国管理学家论坛》第5讲在松江校区举行,上海交通大学校长特聘顾问、原交大安泰经济管理学院院长王方华教授主讲“营销的创新与创新的营销”。会上吴友富书记向王方华教授颁发上海外国语大学特聘教授证书。
2010年6月	全国 MBA 教育指导委员会副主任赵纯均教授和办公室王萍主任一行来我校检查、指导 MBA 工作。我校在凯旋厅举办了 MBA 工作汇报会。校长曹德明教授致欢迎辞;校党委副书记冯庆华教授主持了汇报会。赵纯均认为,我校 MBA 项目的这次汇报内容非常全面,对我校 MBA 目前所做的工作给予了充分肯定。认为上外 MBA 项目得到了校领导和各方面的大力支持,是非常有希望的,也做得非常好。
2010年6月	我院王风华副教授申报的《管理学》课程,获得“2010年上海高校示范性全英语教学课程”立项。
2010年6月	第二届“校长读书奖”决赛在教育会堂隆重举行,管院顾江帆同学获得铜奖。曹德明校长出席决赛、为所有六位选手颁奖并发表了热情洋溢的致辞。
2010年6月9日	《中国公共关系协会四届四次理事会》在我校国际会议中心圆满召开。中国公共关系协会苏秋成会长、国家新闻出版总署人事司王彤处长以及协会副会长、理事代表、各省区直辖市公共关系协会和有关单位参会代表约110余人出席了会议。协会副会长、校党委书记吴友富首先致欢迎辞,并作了题为《跨国购并中的跨文化沟通》的演讲。
2010年6月9日	来自中山大学、东华大学、华东师范大学等全国16所开设公共关系学本科专业的兄弟院校教育同仁约20人出席了在上海外国语大学举办的“全国公共关系学专业院长(系主任)联席会议”。会上,揭牌成立了“全国公共关系学专业院长(系主任)联席会议委员会”。吴友富教授被推举为委员会主任,范徵教授为副主任,纪华强教授任秘书长。

续表

2010年6月26日	"上海市太平洋经济合作委员会"(上海PECC)在上海外国语大学举行了成立大会。大会审议通过了《上海市太平洋经济合作委员会章程》。经选举,大会产生了理事会。上海市政协副主席、中欧工商学院执行院长朱晓明和上海国际战略研究会会长、上海国际问题研究所原所长陈佩尧出任名誉会长。华谊(集团)公司原董事长张培璋任会长,上海外国语大学党委书记吴友富任副会长、党组书记,上海外国语大学校长曹德明任副会长、法人代表,上海外国语大学副校长张曙光任副会长兼秘书长。苏长和、范徵、于朝辉、章玉贵、汪段泳等任副秘书长。
2010年6月	我院协办的"中国管理研究国际学会2010年度年会(The Fourth IACMR Conference)"在上海华亭宾馆隆重举行。本次会议主题为"中国组织中的创新与变革"。
2010年7月	2010年7月8日,我院协办的IFSAM(世界管理协会联盟)第十届世界管理大会在法国巴黎的CNAM(法国国立艺术及文理学院)隆重召开。本次大会的主题为"全球经济中的正义与可持续性"。
2010年7月	上海外国语大学党的建设工作会议暨"七一"表彰大会在虹口校区会议中心隆重举行。大会隆重表彰了上外党建工作先进单位和个人。我院2项目获奖。
2010年7月	吴友富教授领衔的《全球化背景下中国企业海外经营的国际环境比较研究》一项目获得了校级重大科研项目资助;我院韩耀军教授的《基于语义网格的多语言信息资源检索与调度研究》被立为上海市社科规划一般课题。
2010年7月	我院于朝晖书记的《以愿景引领共同成长,建立学习型基层党组织初探》项目获党建工作优秀项目三等奖;曹姝婧老师的《构建基层学习型党支部,切实提高大学生党员的综合素养》一文获党建工作优秀论文三等奖。
2010年7月—8月	来自学院三个专业的十名学生在党总支书记于朝晖副教授的带领下,赴英国牛津大学进行了为期两周40个学时的暑期商务英语研修课程(Business English Program),从语言水平、文化视野、商务意识和创意设计等方面得到全面提升。
2010年8月7日	上海外国语大学校友会管理分会第5次理事会在杭州阿里巴巴总部举行。管理分会理事长、现任阿里巴巴网络有限公司CEO卫哲等30位理事出席会议。国际工商管理学院院长范徵教授、MBA中心执行主任潘聪等到会祝贺。

续表

2010 年 9 月 3 日	上海外国语大学 MBA 迎来了首批学生。在上外虹口校区的逸夫会堂，2010 级 MBA 开学典礼成功举行。上海外国语大学党委书记吴友富教授、校长曹德明教授、党委副书记李月松教授、副校长张曙光教授和相关院系及职能部门的领导出席了典礼。
2010 年 9 月	为纪念上海外国语大学管理学科创办 25 周年，学院正式公开出版发行了《无国界管理：培养复合型国际工商管理创新人才》一书。该书主要收录了上海外国语大学管理学科对复合型国际工商管理创新人才培养的思考、教师在教学、科研和管理方面的相关文章及管院学生圣加仑参赛论文。附件中还收录了上海外国语大学管理学科大事记及相关专业、机构介绍和校友名录等。
2010 年 10 月	由学生处“啄玉讲堂”主办，国际工商管理学院协办的 CIB 高管论坛第 22 讲在图文西厅隆重举行。96 届工商管理专业校友，现任安永审计及企业咨询服务部合伙人毛鞍宁先生为 300 多名学子带来了一场精彩讲座。并正式聘请毛鞍宁先生为我院客座教授。
2010 年 11 月	以“多元文化和公共关系”为主题的《2010 上海国际公共关系高峰论坛》在上海浦西洲际酒店成功举行。本次高峰论坛由上海市公共关系协会举办，上海外国语大学协办。我校党委书记兼校务委员会主任、上海市公共关系协会副会长兼学术委员会主任吴友富教授应邀在会上作了题为“国际战略沟通中的跨文化因素”的主旨演讲。
2010 年 11 月	全国 MBA 教育指导委员会秘书长仝允桓教授和办公室王萍主任一行来我校检查、指导 MBA 工作。我校在凯旋厅举办了 MBA 工作汇报会。校党委副书记冯庆华教授致欢迎辞，管理学院院长、MBA 教育中心主任范徵教授介绍与会来宾。MBA 教育中心执行主任潘聪详细汇报了一年多来我校 MBA 工作的进展及我校 2011 年 MBA 的招生情况。仝允桓秘书长认为，我校 MBA 项目汇报内容非常全面，对我校 MBA 目前所做的工作给予了充分肯定。他表示，上外 MBA 项目得到了校领导和各方面的大力支持，开了个好头，是非常有希望的。
2010 年 11 月	由中国管理现代化研究会举办的“第 5 届（2010）中国管理学年会”在大连成功举行。会上，经投票选举，我院院长范徵教授当选中国管理现代化研究会理事。
2010 年 11 月	西安外国语大学商学院院长潘惠霞教授、副院长王建喜教授、杨霞副教授以及 CIMA 中国区教育市场发展部经理夏挺访问我院。

续表

2010年11月	美国霍特商学院院长 Richard Joseph 博士、助理院长陈致宇、中国项目经理李梅梅一行访问我院。
2010年11月	CIB 高管论坛第23讲暨东方精英大讲堂系列在一教楼262教室隆重举行。作为一年一度的“管理周”开幕仪式，本场讲座邀请了上海国有资产经营有限公司总裁、复旦大学经济学博士寿伟光先生。
2010年11月	我院李长谦等同学的作品《做中国旅游业的“兰州拉面”——和穆旅行社创业计划》获得第七届“挑战杯”中国大学生创业计划竞赛铜奖。
2010年12月	以“回首峥嵘，传递未来”为主题的管理周闭幕式在师生活动中心隆重举行。
2010年12月	第三届全国大学生公关策划大赛总决赛及颁奖典礼在中山大学举行，我校研究生院企业管理专业的敖冬蕾、侯翔宇、徐雯婷、赵婉婷及国际工商管理学院07级学生尤超组成 For Wins 团队以精彩的表现荣获本次比赛铜奖。
2010年12月	教育部高等学校工商管理类学科专业教学指导委员会副主任委员、全国MBA教育指导委员会委员、南京大学商学院院长赵曙明教授来我校指导工商管理学科建设工作。我校在凯旋厅举办了工商管理学科工作汇报咨询会。校长曹德明教授会见了赵曙明教授，副校长张曙光教授出席汇报咨询会，国际工商管理学院院长、MBA教育中心主任范徵教授主持汇报会并作了工作汇报。赵主任对上外培养复合型国际工商管理创新人才培养的学科定位给予了高度评价，认为上外工商管理学科特色鲜明、思路清晰，办学效果好。

2011年度学院大事记

2011年	通过与教育部、相关教指委、相关学科组领导的有效沟通,在《教育部本科专业目录》中独立保留了“公共关系学”专业目录名称,为公关专业的发展提供了保障。
2011年1月7日	2010年度MBA工作汇报会在学校召开。
2011年1月21日	学院在上外宾馆贵宾厅举行寒假工作研讨会。会议就学院章程、愿景、使命、院训及Logo、学院国家社科、自科项目申报、学院教学成果奖申报、学院年鉴、国际工商管理案例库报告及实施方案、公关报告及实施方案、学院网站建设方案等进行研讨,并确定相关项目申报的内容及团队,制定了详细的实施方案。
2011年3月	我院协同教务处、国资办申报的教育部专项经费资助的专业实验室建设项目获得审批通知(ERP实验室、公共关系专业实验室、管理决策模拟实验室,分别获得资助经费120万元、14.71万元、100万元)。
2011年3月5日	“2011年霍特(Hult)全球案例挑战赛”分别于波士顿、旧金山、伦敦,迪拜和上海的五地同时进行。来自世界各地知名商学院的100多支参赛队伍共同聚焦清洁饮用水资源这一全球难题,并提出最具创新力的解决方案。上海外国语大学是此次大赛亚洲分赛区的唯一协办单位,上海外国语大学MBA中心和管理学院承办了本次大赛亚洲区总决赛。
2011年3月8日	CIB高管论坛第24讲暨中国管理学家论坛第6讲在松江校区二教楼252教室举行。本次论坛的主讲人为商务部原副部长、上海交通大学安泰经济与管理学院名誉院长张祥博士,主题为:“发展服务经济,转变发展方式”。讲座后,院长范徵教授向张祥博士颁发了顾问教授的聘书。
2011年3月20日	在CIB高管论坛第25讲在虹口校区MBA案例教室举行,卫哲大师兄回母校与MBA学生面对面交流。主题为“How to Build Business that Lasts Long?”。
2011年3月26—27日	由世界管理协会联盟(IFSAM)中国委员会、泉州市人民政府、国立华侨大学、上海外国语大学东方管理研究中心、复旦大学经济管理研究所以及上海东华国际人才学院等联合筹备的“2011’世界华商管理大会、第十五届世界管理论坛暨东方管理论坛”于福建泉州的国立华侨大学举办,包括来自学界、商界、政界的200多人参加了大会。吴友富教授在会上作主旨演讲
2011年3月31日	“CIB高管论坛”第26讲暨“东方精英大讲堂”系列讲座在一教楼262教室举行。本次论坛的主讲人李悦心女士曾任上海自然美国际事业集团营销副总经理,现任北京环球七福广告有限公司首席副总经理、City FM城市之音联播网总经理,负责上海、四川、山东分公司经营管理。她也曾是台湾著名主持人,从事广播工作21年,被誉为“最全方位的广播人”。主题为:“从MusicRadio营销魅力谈起”。

续表

2011年3月	全国大学英语六级成绩揭晓，我校国际工商管理学院2008级学生曹薇以704分（满分710分）创历史新高，并引来众多媒体的关注。其中听力、阅读、综合三项满分。
2011年4月27日	国际工商管理学院第二届教职工大会暨工会会员大会第二次会议隆重举行。管理学院及MBA中心全体教职员工出席大会，校党委书记、管理学科带头人吴友富教授，校工会常务副主席王祥兴教授应邀到会。大会表决通过了学院工作及财务报告、学院章程以及工会工作报告。会上，向学院建院以来从事教育工作满30年、20年、10年教龄的6位教师颁发琉璃纪念杯，并为2010年市级以上获奖创新实践团队的6位指导教师颁奖。
2011年5月	我院"工商管理一级学科硕士点"申报，在上海市17所申报院校（工商管理、应用经济学大类中）中以第1名成绩获得通过。
2011年5月30日	SISU MBA Mentor-Mentee项目正式启动。SISU MBA教育中心在Keystone（group）公司帮助下，特邀11位资深企业高管担任2010级SISU MBA学生的导师，他们分别来自美世咨询（中国）、哈佛商业评论（中国）、壳牌、APP、RS Components、Learning lliance、迅达中国有限公司等企业高层人士。他们接受过专业的教练培训，将针对学生们的职业规划、心理压力以及职业提升等方面问题给以专业指导和启迪。
2011年5月30日	CIB高管论坛第27讲由美国亚利桑那州立大学吴旭教授为管理学院师生做了题为《中西方之间的"认知逆差"：根源，后果及对策》的主题演讲。
2011年6月9日	CIB高管论坛第27讲由易为公关公司的总经理吴霖培（Par Uhlin）先生担任主讲人，探讨中国公关的风云变化，分享易为公关公司的经典案例。
2011年6月10日	2011FedEx农民工子女成功技能大赛全国总决赛于联邦快递FedEx上海办公室举行。上海外国语大学SIFE团队凭借为农民工子女量身定做的商业课程以及带领他们更好的融入城市的决心在此次比赛中脱颖而出一举获得最具创新项目奖以及并列第一的好成绩。本次参赛的SIFE团队成员有国际工商管理学院的严涵同学。
2011年6月29日	学院举办暑假工作研讨会。学院领导、学科带头人、院务会成员及部分青年博士参加研讨会。院长范徵教授主持会议。会议围绕工商管理重点学科建设和管理学科"十二五"规划展开讨论，形成发展思路和行动方案。
2011年6月	我校将实施《上海外国语大学"十二五"期间学科建设分类管理方案》，工商管理一级学科被列为校级重点学科，每年将资助经费为50万元。

续表

2011 年 7 月	2011 年上海高校示范性全英语教学课程建设项目，我院杜娟博士负责的《组织行为学》课程获得立项资助。立项课程起讫日期为 2011 年 7 月到 2013 年 6 月。
2011 年 7 月 2 日	“海外商业学习之旅”项目由 MBA15 名同学在潘聪执行主任带领下，从西班牙顺利归来。它作为一门课程，共 2 学分。由西班牙 ESIC 商学院（ESIC Business & Marketing School）协助举办 5 天学习。
2011 年 7 月 6 日	“公共关系与国家形象”主题报告会暨中国国际公共关系协会成立 20 周年庆祝活动在北京人民大会堂举行。我院公共关系学系主任纪华强教授荣获个人“中国公共关系 20 年杰出贡献奖”。
2011 年 7 月 12 日	上海外国语大学举行仪式，授予国际知名礼仪专家迪索教授（Louis Dussault）上海外国语大学客座教授称号，并为全体 MBA 学生作了题为 *Introduction to Western Protocol* 的演讲。索教授目前是加拿大魁北克大学蒙特利尔分校礼仪研究中心主任，曾任上海世博会蒙特利尔市官方代表、蒙特利尔市礼宾处主任。
2011 年 7 月 13 日	上海地区 MBA 培养院校交流会在我校 MBA 案例分析教室召开。此次交流会由上海市管理科学学会主办，上海外国语大学国际工商管理学院和 MBA 教育中心承办。来自复旦、交大、同济共 11 所 MBA 培养院校的 26 位主任或代表参加了会议。会议由上海市管理科学学会会长、全国 MBA 教指委委员王方华教授主持。
2011 年 7 月 19 日	学校召开了学位评定委员会，经过无记名投票，我院申请的“技术经济及管理”硕士点通过了我校自主设置目录内授予博士、硕士学位二级学科。
2011 年 7 月 31 日	学院 6 名学生在纪翔老师带领下完成暑期维多利亚项目顺利归来。该项目已是第 4 次组织成行，为期 4 周，内容以英语和管理知识学习为主，涉及创业管理、国际商务、服务管理和商务沟通等不同方向的课程。
2011 年 7 月 31 日	牛津项目是学院第 2 次组织成行，以商务英语学习为主题，为期 2 周。5 名学生在徐永老师、王俏俏老师带领下顺利归来返回上海。
2011 年 8 月 30 日	MBA 近 10 名同学在范徽院长带领下，从瑞典顺利归来。作为具有 2 个学分的必修课程，10 天的学习，此次活动由瑞典 Halmstad 大学协助举办。
2011 年 9 月 2 日	上海外国语大学 2011 级 MBA 新生开学典礼在虹口校区逸夫会堂隆重举行。典礼上，校长曹德明教授向 2 位卓越校友——卫哲、魏蔚颁发了特聘教授证书和纪念品。纪念品是镶有“1 元人民币年薪”的水晶纪念牌。

续表

2011 年 9 月 29 日	在北京召开的“中国工商管理硕士(MBA)教育 20 周年纪念大会”上,由我校国际工商管理学院院长兼 MBA 中心主任范徵教授领衔,赵衍、杜娟、曹姝婧、朱吉庆等老师共同参与撰写的跟踪企业发展长达 10 年的案例“携程旅行网(Ctrip. com)”荣获“全国百篇优秀管理案例”。国务委员兼国务院秘书长、全国工商管理硕士教育指导委员会主任委员马凯、教育部副部长杜占元等亲自给获奖者颁奖。
2011 年 9 月	朱吉庆副教授撰写的《中国国际新创企业成长研究》一书(已出版)和刘国华讲师撰写的《销售促进与品牌资产——基于顾客视角的研究》一书(书稿)、尚珊珊讲师撰写的《降低质量成本的信息化解决方案》一书(书稿),荣获了“上汽教育基金会 2011 年度奖励、资助出版类奖”的专著类三等奖和资助出版类奖。
2011 年 10 月	我院韩耀军教授的《数据库原理与应用》、纪华强教授的《危机管理》、徐永副教授的《英语写作(双专业双学位)》、杭虹利副教授的《人力资源管理》4 门专业课程荣获 2011 年度非市教委部门预算单位重点课程建设立项,周期一般为两年。
2011 年 10 月 12 日	“第二届全国公共关系学专业院长(系主任)联席会议”在上海外国语大学成功召开。全国公共管理教指委主任娄成武教授莅临会议指导工作。会上,与会代表就按照教育部的要求和教指委布置,委托上外所起草的“公共关系学专业介绍”进行了讨论并定稿。
2011 年 10 月	学院协办“第七届社会网及关系管理研讨会”。
2011 年 11 月	吴友富领衔的《公共关系学专业的教学标准研究与实施》获准上海高校本科重点教学改革项目立项。
2011 年 11 月	曲政获 2011 年度校教育奖励基金申银万国教学科研二等奖,潘聪获 2011 年度校教育奖励基金申银万国教学科研三等奖。
2011 年 12 月	杜娟的《人力资源经理胜任特征模型构建及影响因素分析》(复旦大学出版社)获 2011 年度卡西欧专著奖。
2011 年 12 月	范徵教授荣获 2011 年度宝钢教育基金优秀教师奖。
2011 年 12 月 18 日	以“无国界管理人才的培养”为主题的《第二届跨文化管理国际学术研讨会》在我校成功举行。此次会议由上海外国语大学、上海管理科学学会、全国 MBA 教育指导委员会主办,上海外国语大学国际工商管理学院承办,上海外国语大学 MBA 教育中心、上海外国语大学跨文化研究中心、上海外国语大学东方管理研究中心、《上海管理科学》(CSSCI)、《比较管理》和 *Cross Cultural Management*: *An International Journal* 杂志社联合协办。

续表

2011 年 12 月 20 日	由上海外国语大学党委书记吴友富教授等主编的《中国公共关系发展报告(2006—2010)》在趋势中国传播机构十周年酒会上正式向社会发布。出席参加活动的来自国家发改委、外交部、商务部、国家汉办、新华社、中国国际公共关系协会等单位的领导,以及三十五家中外新闻媒体的记者。
2011 年 12 月 22 日	2011 年度 MBA 工作咨询汇报会在 MBA 案例分析教室举行。校党委书记吴友富,校长曹德明,党委副书记、纪委书记王静,副校长张峰、周承等校领导出席了会议。会议由副校长冯庆华主持。参加会议的有全校各院系和职能部门的党政一把手等领导。

2012 年度学院大事记

2012 年 1 月 7—8 日	《第三届中国管理案例共享国际论坛》在我校成功召开。此次论坛由全国 MBA 教指委、中国管理案例共享中心和大连理工大学管理与经济学部主办,上海外国语大学国际工商管理学院、MBA 教育中心承办。来自全国 MBA 培养院校近 200 名代表参加了会议。加拿大毅伟商学院案例库主任 Bemish 应邀与会。
2012 年 1 月 9 日	首届上外 MBA Mentor-Mentee 项目在上外会议中心举行了闭幕仪式。上外国际工商管理学院院长、MBA 中心主任范徵教授、MBA 中心执行主任潘聪老师,以及 9 名来自企业高层的导师和 MBA 的学生们共同参加了此次仪式。此次 Mentor-Mentee 项目是上外 MBA 教育中心的一次创新,将企业资源与学校有效结合,通过学生和在职高管的交流,提高学生的能力发展和自我认知能力。
2012 年 1 月 12 日	学院召开寒假工作研讨会,会议重点讨论了校级重点学科工作、2012 年度科研项目申报工作及专业国际化等工作。
2012 年 1 月 16 日	校国资办在虹口校区主持召开实验室项目开标会,确定实验室项目开标结果。至此,我院 2011 年教育部立项的 ERP 实验室(资助 120 万元)、管理决策模拟实验室(资助 100 万元)、公关实验室(资助 14.71 万元)三大实验室建设项目完成招标工作,进入施工建设阶段。
2012 年 2 月份	朱吉庆副教授的"中国对外直接投资中的政治性风险及其管理研究"获得上海市哲学社会科学规划课题中青班专项课题立项。
2012 年 3 月 12 日	"CIB 高管论坛"第 32 讲在松江校区图文西厅举行。主办方邀请上外法语系校友、兼职教授、海富通基金管理有限公司总裁田仁灿先生,就"打造复合型人才"这一主题,结合了他的经验,作了主题讲座。讲座由主讲人的传奇故事串起,充满了启迪性的人生哲理和职场感悟。
2012 年 4 月 19 日	"上海—瑞典:企业社会责任培训"活动在学校举行。此活动由上海市政府商务委员会、上海市经济团体联合会、上海进出口商会、瑞典驻上海总领事馆、瑞典贸易委员会、上海外国语大学共同主办,参加培训的有上海市 17 个区县商务委分管领导、上海进出口商会会员企业代表、瑞典企业中国供应商代表和上海外国语大学师生代表等。
2012 年 4 月 20 日	学院第二届教职工代表大会暨工会会员代表大会第三次会议隆重举行。管理学院及 MBA 中心全体教职员工出席大会,会议由管理学院代理总支书记徐永副教授主持,院长作学院工作和财务状况报告。

续表

2012 年 4 月份	MBA 学生党支部、学生联合会共同邀请上海市政协副主席周汉民教授莅临作为"无国界管理"大讲堂第一讲的嘉宾,作题为"后世博经济与城市发展"的讲座。
2012 年 4 月份	工商管理系主任苏宗伟副教授领衔的工商管理专业校级"专业综合改革试点"项目获得立项. 。
2012 年 4 月—5 月	2011 级企业管理专业硕士研究生耿爽同学所提交的题为"Nothing Ventured, Nothing Gained"的论文通过了瑞士圣加伦论坛组委会选拔,耿爽同学受邀于 2012 年 4 月—5 月赴瑞士参加第四十二届圣加伦论坛(The 42nd St. Gallen Symposium)。
2012 年 5 月 27 日	2012 年 5 月 27 日,学院团队获"上海大学生企业经营模拟沙盘大赛暨第八届全国大学生沙盘模拟经营大赛上海赛区决赛"上海市优胜奖。
2012 年 6 月 8 日	管院校友茅矛捐赠 10 万元,资助上外学子举办创业大赛。
2012 年 6 月 30 日	2012 届毕业生与上外 MBA 联合会筹备主办了上海外国语大学 MBA2012 届全日制班学生毕业晚会暨校友会成立仪式。冯庆华副校长、周承副校长,校友教育发展基金会、研究生部、国际文化教育学院及管理学院、MBA 教育中心的相关领导和老师等出席了本次活动。
2012 年 6 月份	吴友富教授承担的"全球化背景下中国企业海外经营的国际环境比较研究"获得上海市哲学社会科学一般项目立项;朱吉庆副教授承担的"中国对外直接投资中的政治性风险及其管理研究"项目获得中青班项目立项。
2012 年 6 月份	上海市教育委员会发布《关于公布 2012 年上海高校示范性全英语教学课程建设项目名单的通知》,公布列入 2012 年上海高校示范性全英语教学课程建设项目的 43 门课程名单。我院焦妹老师负责的《传播学》(Communication Studies)课程榜上有名。至此,我校上海高校示范性全英语教学课程建设项目达到 10 门,其中我院有 4 门,其余 3 门分别是:于朝晖教授的《公共关系学概论》、王风华副教授的《管理学》和杜娟副教授的《组织行为学》。
2012 年 6 月份	上海市教育委员会下发《上海市教育委员会关于公布 2012 年上海高校本科重点教学改革项目立项名单的通知》,我院范徵教授领衔的"复合型国际工商管理创新人才培养模式研究"获得立项。
2012 年 7 月份	根据《上海市教委关于公布 2013 年度上海市教委科研创新项目的通知》,我校共有 7 项课题获立为 2013 年度上海市教委科研重点创新项目。其中吴友富教授承担的"全球化背景下中国企业海外经营的国际环境比较研究"(项目编号 13ZS045)获得立项。

续表

2012 年 7 - 8 月份	暑假期间,学院学生参与暑期国际交流人数共计 50 余人,其中英国牛津大学 22 人,英国帝国理工学院 2 人,美国哥伦比亚大学 5 人,新加坡国立大学 2 人,美国佐治亚大学 2 人,美国加州伯克利分校 3 人,加拿大维多利亚大学 1 人,另外还有数十人参与国际志愿者项目。
2012 年 8 月 23 日	《第三届全国公共关系学专业院长(系主任)联席会议》在云南大理学院成功召开。此次联席会议由全国公共关系学专业院长(系主任)联席会议委员会召集主办,由大理学院政法与经管学院承办,全国设有公共关系学本科专业的 18 所高校中有 15 名院长(系主任)参与本次会议,会议主题为研讨《公共关系学专业的建设指南》,最终形成了《公共关系学专业的建设指南》的拟定稿。
2012 年 8 月 31 日	2012 级 MBA 新生开学典礼于 8 月 31 日在虹口校区逸夫会堂成功举行。校党委书记吴友富教授、校长曹德明教授、副校长冯庆华教授等校领导及相关职能部门与院系的领导出席了典礼,一同与会的还有多位企业界嘉宾。
2012 年 8 月份	《跨文化管理》集刊创刊。
2012 年 9 月 4 日	学院召开暑期工作研讨会。会议重点讨论了《上海外国语大学国际工商管理学院教学科研奖励条例》、工商管理专业本科教改方案、国际工商管理学院重大科研课题(国家项目培育课题)列项事宜、2012 年公共关系学专业人才培养国际学术研讨会筹备情况、教学六环节与硕士点招生等主题。
2012 年 9 月 11 日	上海市教委在其官方网站公布了《上海市教育委员会关于公布上海高校一流学科名单的通知》(沪教委科〔2012〕62 号)。我院工商管理学科列入"上海高校一流学科(B 类)建设计划"。
2012 年 9 月 20 日	我院刘国华讲师撰写的《销售促进与品牌资产——基于顾客视角的研究》一书(已出版)、李妍讲师撰写的《金融危机"机遇"研究》一书(书稿),荣获"上海汽车工业教育基金会 2011 年度专著类奖、资助出版类奖"的优秀著作类三等奖和资助出版类奖。
2012 年 10 月 3—4 日	第六届海峡两岸企业管理学术研讨会在中国台湾中山大学召开,本次会议由台湾中山大学人力资源管理所主办,复旦大学管理学院、上海外国语大学国际工商管理学院、中国人民大学商学院、云南大学工商管理与旅游管理学院、台湾淡江大学企业管理学系以及台湾政治大学企业管理学系等单位共同协办。来自海峡两岸 30 多所著名高校的百余名专家学者围绕"知识经济时代两岸企业管理的整合与挑战"这一中心主题进行研讨,会议共收到论文 140 多篇,我校国际工商管理学院范徵院长率团参加会议。

续表

2012 年 10 月 19 日	由校工会组织策划，以“健康生活伴我行”为主题的上海外国语大学教职工广播体操展示活动在上外健身中心三楼成功举行。校领导曹德明、李月松、冯庆华、张峰亲临现场观摩了展示活动。我院荣获一等奖。
2012 年 10 月 25 日	校徒步协会成立，李月松、冯庆华教授担任名誉会长，范徵教授担任会长。12 月 2 日周日，举行第一次集体徒步活动。
2012 年 10 月份	依托我院的创新创业实验建设基地获得市教委项目立项。本批实验基地建设周期为三年，即 2012 年 10 月到 2015 年 9 月。
2012 年 11 月 19 日	经过校外专家评审及科研工作咨询小组审议，管理学院吴友富教授的专著《中国国家形象的塑造和传播》获科研成果学术奖一等奖；韩耀军教授论文 Petri net-based modeling and performance analysis of transaction scheduling in grid database 获学术奖二等奖；冯晓黎老师的专著《帛书本 < 老子 > 四英译本的三维审视》获学术奖三等奖。
2012 年 11 月 22 日	上海市公共关系协会发展战略专家咨询会在我校召开，即将担任上海市公共关系协会会长、原上海市人大常委会副主任胡炜、上海市公共关系协会会长毛经权等莅临会议。
2012 年 11 月 27 日	以 CIB Glorious Night 为主题的国际工商管理学院第七届管理周闭幕式在图文东厅顺利举行。出席本次闭幕式的嘉宾有管理学院院长范徵教授、副院长王风华副教授、党总支副书记徐永副教授、信息管理与信息系统系任韩耀军教授、学院分团委书记黄玮老师、各年级辅导员、主席团成员以及上外其他院系、学生组织的代表。志远社荣誉社长罗卫平老师以及杰出校友罗客 CEO 仓之毅先生作为特邀校外嘉宾也出席了闭幕式。
2012 年 11 月 27 日	第七届 CIB 管理周闭幕式上正式成立了“罗客国际交流奖学金（Looker International Exchange Scholarship）”。上外国际工商管理学院校友，罗客教育 CEO 仓之毅先生亲临现场，同学院总支副书记徐永副教授一起为奖学金举行揭牌仪式。
2012 年 11 月 28 日	学院在图文西厅隆重举行第三届新生训练营闭幕式暨“我爱我班”班级美化大赛成果展示会。
2012 年 11 月 30 日	由上海外国语大学、上海市公共关系协会、中国国际公共关系协会联合主办的《公共关系学专业人才培养国际学术研讨会》在我校成功举行。上海外国语大学党委书记、上海市公关协会副会长兼学术委员会主任吴友富教授，教育部本科公共管理类专业教学指导委员会主任娄成武教授，中国国际公关协会常务副会长兼秘书长赵大力先生，中国国际公关协会副会长兼学术委员会主任郭惠民教授，中国公关协会常务副会长兼学术委员会主任余明阳教授，意大利米兰理工大学设计与传播学院副院

续表

	长弗朗西斯科 · 加利教授,美国亚利桑那大学弗兰 · 马泰拉教授,台湾世新大学公共关系系钟荣凯教授,哲基公关执行董事王虎先生和趋势中国高级战略顾问易广涛先生出席会议并分别作了致辞演讲或主旨报告。来自美国、意大利和国内各高校的50余名公关研究专家学者出席会议并参与讨论。上外国际工商管理学院院长范徵教授、国际工商管理学院党总支书记于朝晖教授、公共关系学系主任纪华强教授分别主持了开幕式、主旨演讲和闭幕式。
2012 年 11 月份	《中国公共关系发展报告 2006—2010》(中英文版)出版发行。
2012 年 11 月份	我院于朝晖教授作为美国哥伦比亚大学富布莱特访问学者入选“One to World 富布莱特学者形象大使”,并出席美国大纽约地区富布莱特年度颁奖典礼。
2012 年 12 月 28 日	学院党总支召开党员大会,对总支委员会进行了换届选举。大会根据《党章》的规定,经党员充分酝酿讨论,采取无记名投票方式和差额选举的办法,选举产生了新一届总支委员会,选举于朝晖、范徵、徐永、王风华、潘美芹等5名同志为党总支委员会委员。2013 年 1 月 6 日,新一届总支委员会召开了第一次全体会议,采用无记名投票方式和等额选举的方法,选举于朝晖同志为总支书记,徐永同志为总支副书记。会议研究决定,总支委员分工为:于朝晖同志负责工青妇工作,徐永同志负责学工工作,范徵同志任统战委员,王风华同志任纪检委员,潘美芹同志任宣传和组织委员。

2013 年度学院大事记

2012 年底	上海市公共关系协会举行换届选举,我校公共关系学学科带头人、校党委书记吴友富教授继续当选为上海市公共关系协会副会长。
2013 年 1 月	学院副院长王风华副教授荣获校级优秀教学奖二等奖。
2013 年 1 月	由吴友富、冯庆华、范徵和潘聪联合申报的“无国界管理 - MBA 卓越人才培养模式创新”荣获上海外国语大学教学成果奖特等奖;另外,国际工商管理学院于朝晖、黄玮、袁王珏承担的公共关系学课程项目获校级优秀教学成果一等奖。
2013 年 1 月 7—8 日	“第三届中国管理案例共享国际论坛”在我校成功召开。此次论坛由全国 MBA 教指委、中国管理案例共享中心和大连理工大学管理与经济学部主办,上海外国语大学国际工商管理学院、MBA 教育中心承办。来自全国 MBA 培养院校近 200 名代表参加了会议。
2013 年 1 月 15 日	2012 年度 MBA 工作咨询汇报会在 MBA 案例分析教室举行。会议由冯庆华副校长主持。吴友富书记、曹德明校长、李月松副书记、王静副书记、张峰副校长、杨力副校长、周承副校长出席了会议。参加会议的还有全校各院系和职能部门的党政一把手。
2013 年 1 月 16 日	国际工商管理学院召开寒假学科工作研讨会。会议由院长范徵教授主持,学院工商管理系、公共关系学系、信息管理系、英语教学部和 MBA 中心 30 名教职工参加了研讨会。
2013 年 1 月 18 日	中国案例共享国际论坛在海口举办。此次会议由全国 MBA 教指委和中国案例共享中心共同举办。经相关民政部门批准,会上宣布成立了中国管理现代化研究会管理案例专业委员会,经选举,我院院长范徵教授当选学术委员会委员。
2013 年 3 月	学院与上海精武体育总会达成咨询服务协议,横向课题《上海精武体育总会咨询服务项目》正式获得立项。
2013 年 3 月 5 日	我院于朝晖教授获得“上海市教育系统优秀妇女工作者”称号。
2013 年 3 月 14 日	上海市公共关系协会执行委员会张黎明、张贤训、张安腾等领导专程到我校拜会吴友富书记,邀请他继续出任新一届上海市公共关系协会学术委员会主任,并商议筹建协会新一届学术委员会机构。
2013 年 3 月 21 日	为了鼓励广大同学以关心时事、关注民生、了解社会为切入点,谋科学发展之径,建和谐社会之言,献富民惠民之策,国际工商管理学院举办了以“模拟两会”为主题的党章学习小组活动。

续表

2013 年 4 月 11 日	管理学院分团委作为 2012 年度“上海市五四红旗团委”以及“上海市五四红旗标兵”候选单位，同时也是上海市唯一学院一级的团组织受邀参加“五四座谈会”。分团委书记黄玮就学院分团委如何贯彻落实校党委打造三个核心竞争力的战略部署，服务青年成长成才向团中央第一书记作了工作汇报。
2013 年 4 月 13 日	吴友富教授当选为第四届中国国际公共关系协会学术工作委员会学术委员会副主任委员，纪华强教授、于朝晖教授、杨晨副教授当选为学术委员，纪华强教授获得了“突出贡献奖”。
2013 年 4 月 22 日	教育部网站发布了《教育部关于成立 2013—2017 年教育部高等学校教学指导委员会的通知》（教高函[2013]4 号），公布了新一届高等学校教学指导委员会委员名单，我院院长范徵教授被聘为工商管理类专业教学指导委员会委员。
2013 年 5 月 11 日	上海外国语大学教工徒步协会举行了成立来第二次集体活动——后滩公园徒步行。当天共有来自各院系、部、处的近 100 位老师参加了此次活动。校党委副书记李月松教授、副校长冯庆华教授欣然与大家一同行进。
2013 年 5 月 22 日	上外知名校友、上外 MBA 项目特聘教授卫哲先生创办的嘉御基金联合上外教育发展基金会、MBA 教育中心共同举办认捐活动，为上海外国语大学 MBA 项目的发展募集资金。上外副校长周承出席认捐活动并致辞，一同出席本次活动的还有上外教育发展基金会、校友会秘书长孟庆和；国际工商管理学院院长、MBA 项目主任范徵；MBA 中心项目执行主任潘聪等。在同一天，上外香港校友会（筹）发起成立，周承副校长一行出席了本次活动。在港期间，周承副校长一行还应邀访问了校友所任董事的法国巴黎银行；应邀参观了校友所任 CEO 的佳士德亚太公司在香港举办的春季展览。
2013 年 6 月 5 日	上海外国语大学国际工商管理学院二届四次教职工大会暨工会会员大会在虹口校区召开。校党委书记吴友富教授、校工会女工部部长、妇工委常务副主任顾蔚老师出席了本次会议。国际工商管理学院及 MBA 教育中心教职工参加了本次会议。院长作学院工作报告和财务工作报告。
2013 年 6 月 16 日	易才杯上海外国语大学 MBA 创业大赛（2013）于上海外国语大学虹口校区会议中心 MBA 案例室成功举办，大赛邀请了上海外国语大学国际工商管理学院院长范徵教授，嘉御基金董事长、创始合伙人卫哲先生，易才集团总裁、董事会主席李浩先生，上海市大学生科技创业基金会项目部副总监黄冠仪先生，北京孵化器联盟顾问马小峰先生，上海外国语大学团委副书记田昊罡老师等担任评委及嘉宾。

续表

2013 年 6 月 28 日	学院召开行政班子换届选举大会,范徵全票连任院长。11 月 22 日,校组织部张静部长到学院宣布行政任命,学院成立新一届领导班子。
2013 年 7 月 3—6 日	我院范徵院长带队在土耳其伊斯坦布尔参加了第 13 届国际商务学会年会(Academy of International Business 2013 Annual Conference),在会上作了主题为“On Borderless Management”的演讲,得到与会者学者的广泛好评和热烈讨论,同名论文被 JIBS 年会会刊全文收录。年会上,范徵院长邀请了跨文化管理学界泰斗霍夫斯坦特(Hofstede)教授参加于今年 11 月底在上外召开的“第三届跨文化管理国际学术会议”。
2013 年 7 月 14 日	范徵出席教育部工商管理类教指委在西安交通大学举行的新一届教指委会议会议。
2013 年 7 月 30 日—31 日	第四次全国公共关系学专业院长(系主任)联席会议在呼和浩特市内蒙古军区招待所举行。会议由内蒙古财经大学公共管理学院承办。本届会议主题是“公共关系学本科专业主干课程教学大纲研讨”。内蒙古卫视对会议进行了采访报道,我院纪华强、杨晨等出席了会议。
2013 年 7 月 1 日	新一届上海公共关系协会学术委员会在上外召开。协会副会长、学术委员会主任吴友富主持了会议,协会副会长、学术委员会副主任张安腾、学术委员会秘书长范徵等 11 名委员出席了会议。
2013 年 8 月	《跨文化管理》集刊被《中国知网》收录。
2013 年暑假	2013 年暑期参加国际交流学生人数共计 50 余人顺利归来:其中英国牛津大学 11 人,英国帝国理工学院 2 人,美国哥伦比亚大学 20 人,美国加州伯克利分校 2 人,加拿大维多利亚大学 2 人,另外还有数十人参与国际志愿者项目。
2013 年	高丽老师的《文化价值观驱动下的中国消费者新信息技术产品购买研究》获得青年基金项目立项;高丽老师申报的课题《文化价值观驱动下的中国消费者新信息技术产品采纳研究》获准立项,项目类别“青年科学基金项目”,这是我校申报课题首次获得国家自然科学基金项目立项资助。
2013 年	于朝晖教授入选上海市浦江人才计划,课题名称为:全球化背景下中国企业海外经营国际环境与战略沟通机制研究。
2013 年	赵衍老师申报的《网络虚假评论发现与过滤技术研究》课题获准青年课题立项;赵衍老师申报的《网络虚假评论识别及过滤机制研究》获上海市教委科研创新项目。

续表

2013 年	于朝晖教授负责的《公共关系学概论》(Introduction to Public Relations)和王风华副教授负责的《管理学》(Management)获“上海高校示范性全英语课程”建设项目,并被授予“上海高校示范性全英语课程”称号。成为第二批“上海高校示范性全英语课程”;杭虹利副教授负责的《人力资源管理》(Human Resource Management)课程获“上海高校示范性全英语课程”建设项目。
2013 年	程汇涓、肖俊杰、高丽 3 名青年教师入选 2013 年“上海高校青年教师培养资助计划”。
2013 年	朱吉庆老师的《项目与案例双驱动下的创新创业能力培养模式研究与实践》和傅军和老师的《基于统计学案例库的应用实践型教学模式研究》获得 2013 年上海外国语大学本科教学改革研究一般项目立项。
2013 年	《上外国际管理丛书》(*SISU Series of International Management*)第一批 4 种将于近期由企业管理出版社陆续出版:《企业知识资本管理:人力与组织资本互动转化机制探究的视角》(范徵著);《服务补救策略有效性研究:服务失败情形的影响》(王风华著);《高校财务预警:基于现金流量的研究》(郑晓薇著);《互联网时代的信息安全威胁:个人、组织与社会》(赵衎著)。
2013 年	“Co-teaching”即联合教学。是上海外国语大学 MBA 项目从 2013 年开始试行的新的教学模式。MBA 项目将分别请一位偏重理论学术教育经验的老师和一位拥有丰富企业实践经验的老师共同担纲某一门核心课程的教学工作。本学期的“Co-teaching”课程是《战略管理》,由朱吉庆副教授和肖俊杰老师共同授课。
2013 年 10	王风华副院长随学校代表团访问西班牙、意大利。
2013 年 10 月 13 日	第十三届“挑战杯”比赛中,我院 2011 级杨昭玉团队的参赛作品“留住城市的声音——关于沪语使用现状的调查及其传承探究”荣获全国铜奖。
2013 年 10 月 19—20 日	我校东方管理研究中心参与承办的《第十七届世界管理论坛暨东方管理论坛》在江苏宜兴万达艾美酒店召开。论坛主题:“人与人、社会(组织)、自然的和谐发展——中国管理模式的融合创新”。来自海内外的 300 多名专家学者、政府官员和企业家参加了大会。
2013 年 10 月 20 日	加拿大毅伟商学院前副院长及现任案例中心主任 Paul Beamish 教授访问我院,双方讨论了进行案例合作开发、国际合作研究等事项。

续表

2013 年 10 月 24 日	美国滑石大学管理学院院长访问我院。滑石大学代表团的主要成员包括国际合作处主任 Pamela J. Frigot 女士、商务、信息及社会科学学院(College of Business, Information and Social Sciences)院长 Kurt E. Schimmel 博士以及数学及系统科学专业的 Jeffrey Forrest 教授。
2013 年 10 月 25 日	北京外国语大学校长韩震教授在曹德明校长陪同下到访学院。
2013 年 11 月	上海外国语大学评出了第十二届优秀科研成果获奖名单揭晓,我院范徵教授的论文“试论‘无国界管理’”获“卡西欧论文奖”;韩耀军教授的论文“多语言信息资源调度的有色时延 Petri 网建模与分析”获“学术奖(论文类)二等奖”;王望妮副教授的专著《汉英会话语篇对比研究》获“学术奖(专著类)三等奖”。
2013 年 11 月 6 日	上海外国语大学教工徒步协会举行了成立来第 3 次集体活动——上海外国语大学松江校区徒步行。
2013 年 11 月 19 日	我院第八届管理周活动——第一届院长咖啡日在学院公共关系专业实验室顺利举办。
2013 年 11 月 30 日	俄罗斯公共关系协会主席、原俄罗斯联邦工业和贸易部副部长斯坦尼斯拉夫・纳乌莫夫率领俄罗斯公共关系协会代表团一行在中国国际公共关系协会章岚副秘书长和国际部何毅主任的陪同下,访问了上海外国语大学,与国际工商管理学院、俄语系以及俄罗斯研究中心的师生们进行了充分热烈的交流。
2013 年 11 月 30 日—12 月 1 日	《第三届跨文化管理国际学术研讨会暨第七届海峡两岸企业管理学术研讨会》在上海外国语大学成功召开。本次会议由上海外国语大学主办,上海外国语大学国际工商管理学院、跨文化研究中心、东方管理研究中心、MBA 教育中心联合承办。
2013 年 12 月 3 日	我院“第八届管理周闭幕式暨群青之宴精英颁奖晚会”在松江校区图文西厅隆重举行。
2013 年 12 月 4 日—10 日	我校党委书记吴友富教授率领由对外合作交流处处长张红玲教授、我院院长范徵教授和东方语学院党总支书记孔令涛副教授组成的代表团对摩洛哥和伊朗进行了工作访问。

2014 年度学院大事记

2014 年 1 月 15 日	国际工商管理学院召开寒假学科工作研讨会。会议由院长范徽教授主持,学院工商管理系、公共关系学系、信息管理系、英语教学部和 MBA 中心近 40 名教职工参加了研讨会。会议重点讨论了学院各部门职能分工与团队、2014 年度科研学科工作计划、教学工作计划、国际化办学工作方案、MBA 工作设想与学生工作计划等议题,就具体项目的实施进行了任务分配和进程安排。
2014 年 1 月 19 日	“上海外国语大学 MBA 项目首届校企合作答谢会”在合作企业玛祖铭立集团旗舰店隆重举行。副校长冯庆华教授出席了答谢会并与嘉宾热切交流。来自校企合作企业代表、Mentor-Mentee 导师、面试官、新闻媒体,及部分 MBA 项目师生近百人参加了此次答谢会。受邀企业包括毕马威、西门子、诺基亚、英格索兰、BottegaVeneta China、嘉御基金等知名企业,及财经杂志、商业评论等合作媒体。
2014 年 2 月 24 日	姜锋书记、曹德明校长在党办、校办以及教务处领导在院长范徽、副书记徐永、副院长郑晓薇等的陪同下检查指导学院开学工作。
2014 年 3 月 12 日	“上海市公共关系学专业专项奖学金”颁奖大会在上海市教育会堂隆重举行。上海市公共关系协会会长胡炜,上海市公共关系协会副会长、我校原党委书记吴友富,上海市委统战部副部长赵福禧,上海市教委副主任陆靖,团市委副书记杨元飞,我校冯庆华副校长作为沪上拥有公共关系学专业的学校领导等嘉宾出席了此次大会。会上,我院 18 名学生获奖。
2014 年 3 月 12 日	由管院投资扶持,学生自主经营的“Yourside(悠哉)咖吧”正式开业。该活动秉承“管理、创新、实践”的院训,旨在培养管院学子的实践能力、创新能力,同时服务于管院师生。
2014 年 3 月 28 日	上海外国语大学 2014 届 MBA 毕业生毕业典礼在逸夫会堂举行。国际工商管理学院院长、MBA 教育中心主任范徽教授,卡帝乐鳄鱼服饰有限公司易倩如总裁等出席了此次毕业典礼。MBA 教育中心老师及毕业生亲友也前来观礼,共同见证了这一难忘时刻。
2014 年 4 月 21 日	冯庆华副校长率教务处处长李基安教授、副处长张廷全教授等相关领导、老师到国际工商管理学院,围绕教学方面的问题进行调研,并与学院相关领导、教师、教学秘书和分管创新实践的辅导员进行了座谈。
2014 年 4 月 23 日	校党委书记姜锋到国际工商管理学院调研工作,并与学院党政领导班子和部分教师座谈。管理学院院长范徽汇报了管理学科、管理学院和 MBA 中心的现实状况、存在问题、对策建议和发展目标,学院副书记徐永汇报了学院党务、工会和学生工作方面的情况。

续表

2014 年	我院“无国界管理 MBA 卓越人才培养模式创新”项目获上海市级教学成果奖二等奖。
2014 年	上外 MBA 项目凭借特色的办学方向及优秀的办学质量荣获第十届 MBA 成就奖 2013 中国 MBA 新锐院校奖。与此同时,国际工商管理学院院长、MBA 项目主任范徵教授荣获第十届“MBA 成就奖”杰出教授奖;MBA2013 届毕业生高姗姗同学荣获 MBA 优秀毕业生称号。
2014 年 4 月 26 日	上海外国语大学 MBA 代表队在 2014 年度首届“用友新道杯”亚太区商战沙盘模拟总决赛中荣获二等奖。
2014 年 4 月 23 日	上海外国语大学国际工商管理学院与上海外联发商务咨询有限公司于中国(上海)自由贸易试验区内詛德会所联合举办了《2014 上海时尚及公关行业高管沙龙》,此次沙龙邀请了国内外知名的时尚及公关企业高管,一起探讨如何在自贸区新的政策环境下加强时尚及公关人才培养,提高公关咨询及服务能力,更好地服务未来时尚及公关行业的发展。
2014 年	我院院长范徵教授分别应邀赴中欧国际工商学院和清华大学参加“上海市管理学院院长论坛”和“清华大学管理学院建院 30 周年院长论坛”,会上范院长和与会院长一起交流了上外无国界管理人才培养的理念和作法。
2014 年 5 月 12 日	我院首届 “English Talent Show”英语主题系列比赛活动在松江校区图文西厅成功举行。
2014 年 5 月 14 日	重庆第三军医大学副校长刘国祥大校在我校校长办公室主任冯辉、学生处处长毕昆鹏、管理学院院长范徵教授的陪同下访问了我院位于松江校区的教学实验室。
2014 年 5 月 18 日	我校教工徒步协会在浦东滨江森林公园举行了第四次集体徒步活动。校党委副书记李月松教授、副校长冯庆华教授和校工会、部门院(系)领导等百名教工参与了此次徒步活动。
2014 年 5 月 19 日	《第七届上海市优秀公共关系案例评选专家评审会》在上外举行。连续七届担任评委会主任的上海市公共关系协会副会长兼学术委员会主任吴友富主持了评审会。
2014 年 5 月 21 日	法国诺欧商学院的 EMBA 学生一行在诺欧商学院亚洲负责人 Jean Pfeifer 先生的带领下参观访问了上海外国语大学 MBA 项目。
2014 年 5 月 23 日	由我院信息管理与信息系统专业 2011 级的朱晨晖和 2012 级的刘家珲、陈昌勇、黄晓楠、孔令名五位同学组成的上外代表队荣“第十届上海大学生沙盘模拟经营大赛”二等奖。

续表

2014年5月29日	俄罗斯代表团一行约15人访问上海,5月29日下午,纳乌莫夫会长及莫斯科管理学院负责人访问了上海外国语大学国际工商管理学院,同管理学院院长、MBA中心主任范徵教授和肖俊杰老师就公关领域、MBA教育等方面的合作进行了深入交谈,并希望能通过多种方式开展两个学院的合作和交流。
2014年5月	管理学院14名研究生和7名本科生参加了西班牙ESIC商学院的短期交流项目归来。
2014年6月6日	零点研究咨询集团董事长、零点青年公益创业发展中心理事长袁岳博士受上外MBA邀请,做客2014"易才杯"上外MBA(第二届)创业大赛武林秘籍名家讲堂,旨在进一步激发上外MBA学生的创业热情,并为想要创业的学生提供精神指导。上外MBA学生联合会积极参与到讲座的协调和组织中,使得活动顺利开展。
2014年6月12日	我院协办《第八届企业跨国经验国际研讨会分论坛》在南京大学成功举办。我院院长范徵教授受邀参加"中小企业在互联网思维下的战略创新——企业家与学者的对话"圆桌会议,并与现场企业家、学术嘉宾等对话,共议中小企业发展战略。
2014年6月14日	上外MBA成功举办主题为The Development of Foreign Enterprises in China的国际月系列活动,五位拥有丰富跨国企业高层管理经验的中外嘉宾齐聚在国际月主题论坛暨国际月闭幕式上,就外企在中国市场所面临的来自本土新兴企业的挑战及人才发展战略等问题展开讨论。
2014年6月15日	2014年"易才杯"上海外国语大学MBA(第二届)创业大赛决赛在上外虹口校区第一报告厅顺利落下帷幕。
2014年6月16日	我院工商管理系李茜老师申报的《基于注意力基础观的NGO对企业环境行为关注研究》课题,经教育部专家严格评审及公示,获批为"2014度教育部人文社会科学研究青年基金项目"。
2014年6月20日	管理学院第二届教代会暨工代会第五次会议在虹口会议中心第二报告厅顺利举行。院长作学院工作报告和财务工作报告。校工会常务副主席于朝晖教授协管理学院及MBA教育中心教职工参加了本次会议。
2014年6月21日	上海外国语大学MBA项目第四届Mentor-Mentee启动仪式在虹口校区会议中心MBA案例教室顺利举行。
2014年6月26日	上海市工商管理(MBA)专业学位研究生教育指导委员会成立大会暨第一次全体委员会议召开。我院范徵教授、吴友富教授受邀参会并受聘成为上海市工商管理(MBA)专业学位研究生教育指导委员会副主任、委员。

续表

2014 年 6 月	上外 MBA 代表队荣获第八届“挑战杯”上海市大学生创业大赛创业计划竞赛银奖和创业实践挑战赛铜奖。
2014 年	管理学院正式成为国际精英商学院协会(AACSB)会员,为将来我院启动 AACSB 认证奠定了基础;同时,这也是我校管理学科迈向国际化的重要一步。
2014 年 7 月 1 日	我院在 MBA 案例教室召开学期末全院教师大会,管理学院与 MBA 中心全体教职工参加了此次会议,校党委书记姜锋莅临致辞并与全体教职工现场交流。
2014 年 7 月 5 日	范徽院长、杨晨副系主任出席了在南昌师范大学举办的“全国公共管理教指委会议”。
201 年 7 月 9 日	我院召开假期工作研讨会,部署假期及新学期相关工作,学院领导、系部主任和青年教师参加了会议。
2014 年 7 月 13 日	上海外国语大学 MBA 项目五周年庆之校友返校日活动在上外虹口校区逸夫会堂顺利举行,该活动以“携手 · 成长”为主题,吸引了各级校友和企业的广泛参与,上海外国语大学冯庆华副校长、周承副校长及学校相关部处领导出席了此次活动。
2014 年 7 月 27 日	我院院长、上海市 MBA 教指委副主任、全国管理案例研究专业委员会委员范徽教授应邀担任“第二届全国案例大赛”评委工作。
2014 年 8 月 26 日	我院参加哥伦比亚大学暑假游学 8 月份项目的同学结业,标志着 2014 年哥伦毕业大学两期暑期活动的顺利结束。
2014 年 8 月 28 日	我院院长、教育部工商管理教指委委员范徽教授应邀参加中国高等教育学会组织的“全国十二五规划教材”评审工作。
2014 年 8 月 2 日—31 日	历时一个月的上外 MBA2014 级新生预前课程顺利完成。
2014 年 8 月	上外 MBA 2014 年度的海外商业学习之旅(BST)瑞典站之行如期展开,20 余名上外 MBA 学生顺利完成了为期 8 天、主题为探索战略创新管理的瑞典海外学习之旅。
2014 年 9 月	由我院院长范徽教授、工商管理系主任苏宗伟副教授及校教务处副处长孙建副教授组成的上海外国语大学代表团参加了在日本东京明治大学举办的《2014IFSAM 世界管理学者协会联盟理事会》和《第 12 届世界管理大会》。并向组委会提交了申办 2018IFSAM 大会的报告,得到与会理事的肯定与欢迎。

续表

2014 年	我院苏宗伟老师、李妍老师撰写的案例"'垃圾都去哪儿了?'——上海餐余垃圾技术处理有限公司的创业之困"和杜娟老师撰写的案例"中国'智'造,百年大全——大全集团的技术创新之路"获评第五届全国"百篇优秀管理案例"。
2014 年	李妍老师申报的课题《基于网络信息主动发现的"文化距离"对跨国公司进入模式影响路径的研究》获准立项。这是继 2013 年我院高丽老师《文化价值观驱动下的中国消费者新信息技术产品采纳研究》获准立项后,我校所获得的第二项国家自然科学基金,亦是我院 2013 年度范徵教授领衔的校级重大科研项目《基于多语种文化数据仓库的无国界管理战略路径研究》成功培育的子课题。
2014 年	我院朱吉庆老师负责的《跨国企业管理》(Multinational Management)和高丽负责的《品牌管理》(Brand Management)两门课程顺利入选 2014 年上海高校示范性全英语教学课程建设项目的 52 门课程名单。杜娟老师负责的《组织行为学》(Organizational Behavior)顺利通过验收,获得"上海高校示范性全英语课程"称号。
2014 年 9 月 13 日	上海外国语大学 2014 级 MBA 新生开学典礼在虹口校区逸夫会堂顺利举行。上海外国语大学党委书记姜锋,东方管理学派创始人苏东水,上海纺织集团党委书记童继生,上海外国语大学党委副书记李月松,副校长冯庆华、张峰、杨力、周承,总会计师林学雷、学校相关部处及院系的领导及各合作企业嘉宾等领导和嘉宾出席了此次典礼。
2014 年 9 月 15 日	姜锋书记在党办、校办以及我院院长范徵、副书记徐永等教务处领导的陪同下来到管理学院,检查指导开学工作。
2014 年 9 月 23 日	上海外国语大学党委书记姜锋在虹口校区会议中心会见了上海纺织集团党委书记童继生一行,双方就校企合作和国际化人才培养展开了深入交流,并初步达成了合作共识。
2014 年 9 月 27 日	2014 年"创青春"全国大学生创业大赛 MBA 专项赛终审决赛在湖北襄阳举行,由上海外国语大学 MBA 学生袁晓、张洪亮、徐宝芳、朱鸿喜同学组成的代表队最终凭借"Cedar's 黎巴嫩餐厅"项目荣获本次大赛银奖。这是本年度上外 MBA 学生继"用友新道杯"亚太区 ERP 沙盘模拟大赛二等奖、挑战杯(上海赛区)银奖、铜奖、全国案例精英赛(华东赛区)最佳新锐奖之后取得的又一商业实践类大赛佳绩。
2014 年 9 月	秋季学期开始,9 名来自西班牙 ESIC 商学院的留学生进入国际工商管理学院进行为期一年的学习,修习 11 门管理学全英课。西班牙留学生进入国际工商管理学院进行长期学习是管理学院响应学校国际化发展战略的重要举措,为学校的国际化人才培养出力。

续表

2014 年 10 月 8 日	韩国又松大学 SolBridge 国际商学院院长 JinSung Kim 一行来到我校，与国际工商管理学院商洽合作事宜。学院院长范徵、副院长王风华、潘聪等人参加了会谈，双方就学生交换、时尚管理领域的联合研究以及教师互访交流等方面商谈了未来合作的可能性并达成了一定的共识。
2014 年 10 月 10 日	世界自然保护联盟主席、中国教育国际交流协会会长、生态文明（贵阳）国际论坛秘书长、原教育部副部长章新胜先生一行在校党委书记姜锋陪同下到访学院。
2014 年 10 月 14 日	国际工商管理学院 2014 级学生开学典礼在松江校区图文西厅拉开帷幕。学院院长范徵教授、副书记徐永副教授、副院长王风华副教授、导师代表冯晓黎老师，以及辅导员曹姝婧老师、黄玮老师、纪翔老师出席了此次开学典礼。此次典礼以“融合”为主题，充分展示管院国际化特色。参加典礼的不但有 147 名 2014 级本科新生，还有来自国内不同高校的 18 名研究生新生，以及来自西班牙、瑞典和墨西哥等国的 9 名留学生。不同层次、不同背景、不同国籍的新同学济济一堂，共同欢庆他们在上外管院新生活的开始。
2014 年 11 月 1 日	我院举办题为“中国的品牌建设（以上海家化为主）和年轻人的职场涵养问题”讲座。讲座由上海家化原董事总经理、佰草集原董事长王茁先生主讲，管理学院院长范徵教授主持，通过远程传输技术实现了虹口和松江两地互联，使得身在松江的同学们也可以即时聆听到来自王茁先生的精彩分享。
2014 年 11 月 3 日	联合国主管经济和社会事务的副秘书长吴红波大使在校党委书记姜锋陪同下到访学院。
2014 年 11 月 3 日	上外区域与国别研究系列学术活动之一：“比较管理与跨文化管理研究工作坊”在虹口校区国际会议中心富士厅成功举行。本次讲座由我院院长范徵教授主持，世界知名华人管理学者、澳大利亚墨尔本大学 James Riady 讲席教授吕文珍教授应邀参加，并作了精彩的学术报告和经验分享。此外，学院近 30 名专业教师和研究生同学也参加了本次工作坊活动。
2014 年 11 月 6 日	校党委书记姜锋在上外虹口校区会议中心会见了来访的法国里昂商学院校长 Bernard Belletante、副校长 DrTugrulAtamer 一行，我院院长范徵、副院长王风华、教师高丽参加了会见。双方围绕学生交流、教师交流、科研合作等交流与合作事项交换了意见。

续表

2014 年 11 月 20 日	我院和 MBA 教育中心主办了一场题为"Innovation and Revolution：The New Economic Structure in Big DataEra"的演讲。主讲人为牛津大学网络学院互联网治理与监管专业教授、大数据权威咨询顾问、畅销书《大数据时代》的作者 Viktor Mayer-Schonberger 教授。
2014 年 11 月 22 日	我院成功举办以"大数据时代的都市形象和公共关系"为主题的上海公共关系国际高峰论坛，该论坛由上海外国语大学、上海市公共关系协会和文汇报社共同主办。来自美国、英国、俄罗斯以及北京、上海、香港等地的著名学者、企业家、社会各界代表 300 余人到会，就大数据时代下的都市发展、公共关系行业变革进行了深入探讨。市人大常委会副主任洪浩、副市长周波、俄罗斯公共关系协会会长斯坦尼斯拉夫·纳乌莫夫等出席论坛，市政协副主席周汉民教授主持了论坛。
2014 年	我院杜娟老师获得国家自然基金项目，项目课题为《跨文化高管团队的文化智力、学习模式及国际领导潜力的关系研究》。这已是国际工商管理学院老师第三次获得国家自然基金项目。
2014 年	我院郭锐、姜昱昊同学顺利完成为期十四天的"2014 中美杰出青年培训项目"的美国行程。
2014 年 11 月 25 日	《第九届管理周开幕式暨第五届 MBA 校友分享会》在松江校区教育会堂第二报告厅拉开了帷幕。党总支副书记副教授徐永老师，分团委书记 13 级辅导员曹姝婧老师，14 级辅导员纪翔老师，8 位西班牙留学生和 6 位 MBA 学生作为嘉宾参加了开幕式。
2014 年 12 月	上外校友、克莱斯勒(中国)汽车销售有限公司总裁郑杰做客上外 MBA，给同学们带来了一场题为"因上努力，果上随缘"的精彩演讲。本次讲座通过现场网络视频连线，与松江校区实现了两地互联。
2014 年 12 月 2 日	国际工商管理学院第九届管理周活动——Café Time 在管理学院学生悠哉咖吧成功举办。活动邀请到管理学院院长范徵教授，与各专业同学在品尝咖啡的同时围绕学术生活、学院建设进行交流。学院副书记徐永副教授、副院长王风华副教授、院长助理王望妮副教授、分团委书记曹姝婧老师及各年级辅导员老师们也出席了本次活动。
2014 年 12 月 4 日	上海外国语大学党委书记姜锋、校长曹德明等应邀赴上海时尚中心，签署上外与纺织控股的校企战略合作协议。管理学院院长范徵应邀签署上外国际工商管理学院、MBA 教育中心与上海时尚教育中心的实习基地协议。

续表

2014 年 12 月 5 日	教育部公共管理类其他专业教学指导分委员会(筹)成立会议在我校举行。教育部高等学校公共管理类专业教学指导委员会主任、东北大学原副校长娄成武教授到会指导,我校副校长冯庆华教授代表学校到会致辞。会议审议通过了《教育部公共管理类其他专业教学指导分委员会工作条例》(建议稿)和教育部公共管理类其他专业教学指导分委员会委员建议名单。我校原党委书记、全国公共关系学专业院长(系主任)联席会议委员会主任吴友富教授为主任委员;国际工商管理学院院长、教育部工商管理类专业教指委委员范徵教授为秘书长;国际工商管理学院公共关系学系副主任杨晨副教授为委员。
2014 年	《上海外国语大学 2014 届毕业生就业工作总结暨汇报会》在虹口校区 MBA 案例分析室举行,校领导姜锋、曹德明、李月松、张峰、周承出席会议,我院范徵院长作了题为"以学生为中心,做好管理类学生就业工作"的汇报。
2014 年	我院韩耀军教授荣获 2014 年"上海市育才奖"。
2014 年	我院多名教师获得校教育奖励基金奖项和科研奖项:王慧璞老师获兰生股份教育管理奖三等奖;曹姝婧老师获邵一兵教育管理奖二等奖;张鹏的论文"论地方部门作为对外关系有限参与行为体"获校卡西欧论文奖;方薇老师的论文"中西翻译伦理研究:方兴未艾还是根基未稳?——兼论国内的'翻译伦理'概念界定"获上海外国语大学第 13 届优秀科研成果学术奖论文奖三等奖。

第六篇

附　录

Appendixes

附录（一）：专业介绍

附录（二）：名录

附录(一):专业介绍

工商管理(本科)

国际商务方向

International Business Administration

本院的工商管理(英语)专业开设于 1985 年,专业方向为国际商务。工商管理一级学科硕士点、企业管理二级学科硕士点和 MBA 设在本专业。2011 年工商管理学科被列为校级重点学科,2012 年入围上海市一流学科(B 类)建设规划。

培养目标:本专业旨在培养精通英语、掌握国际工商管理的基本理论与方法、具有扎实的英语语言基础和运用能力、能适应跨国公司等各类国际企业经营管理需要的复合型高级专门人才。毕业后重点在跨国公司等各类涉外企业从事国际商务管理方面的工作,同时也为学生今后攻读相关专业的硕士研究生打好基础。

课程设置:专业主干课程:管理学、微观宏观经济学、市场营销学、人力资源管理、组织行为学、运营管理、公司理财、会计学、统计学、企业战略管理、国际企业管理、创业管理、项目管理等。此外,学生还可选修公共关系学、信息管理与信息系统等专业的选修课。部分专业课程采用国际通用英语原版教材,并使用英语或双语授课。

英语语言课程:精读、泛读、听说、写作、翻译、英美文学、英语国家文化、高级口译等。经过四年的学习,学生能熟练掌握英语听、说、读、写、译的语言技能,并可选修一门第二外语。学生在二年级与四年级时分别参加英语专业四、八级国家考试,通过者分获英语语言专业四、八级证书。

创新实践:本专业学生专业素质高、学风严谨,思想十分活跃、组织活动能力强,积极参与校内外、国内外的各类专业学术活动及比赛,并屡获佳绩:在SIFE西班牙全球学生实践成果大赛、瑞士圣加仑国际青年论坛、全国"挑战者"杯创业大赛、JA全国大学生商业道德案例分析大赛、AIA金融案例分析大赛、上海市百润商业计划大赛等国际国内重要活动中,都有本专业学生的出色表现。我院学生踊跃报名参加创新实践项目,申报数量和获奖成果多年来一直在全校名列前茅。

就业情况:2014年就业率到达100%,名列学校榜首。本专业毕业生就业方向包括外国驻华机构,联合利华、宝洁、波士顿咨询、国际四大会计师事务所等跨国企业,花旗银行、中国银行、工商银行、交通银行等中外资银行和其他企事业单位,一些优秀毕业生已成长为500强企业的金领。学院成立了上海外国语大学校友会管理分会,与多家知名企业签署专业实习基地,成为许多国际知名公司、跨国银行的人才储备首选单位。历年来学院毕业生总体就业率位列上海市前列。2014年该专业学生毕业后五年薪资排行榜名列上海第一。

会计学(本科)
Accounting

会计学(英语)专业前身为国际会计专业,1989 年与上海财经学院合办,1994 年以后改为独立办学。1999 年根据教育部本科专业目录,更名为会计学专业。

培养目标:本专业旨在培养掌握会计方法与理论,掌握中外会计、审计实务,有扎实的英语听、说、读、写、译等语言技能,能用英语作为工作环境交流工具的复合型国际化高级专门人才,同时也为学生攻读相关专业的硕士研究生学位打好扎实的基础。学院为本专业学生提供双学位、双专业课程学习:本专业学生通过毕业论文答辩后,获得管理学学士学位;在校期间,学有余力者可辅修英语专业,完成规定学分后可获得文学学士(辅修)学位。

承担本专业课程的教师中多人有在欧美国家留学或从事研究、参加学术研讨会的经历。本专业自创立以来,便采用英文原版教材,并辅以介绍中国会计准则、制度及实务的教材、资料,运用双语教学。目前会计类课程中使用双语教学的课程占总数的 75% 左右,多位教师在双语教学方面有丰富的经验。

本专业学生自入学起便在教师的指导下注重培养严谨的学风,勤于思考,善于提问,并且利用各种实践机会,将课堂所学到的知识应用到实践中去,在圣加仑国际青年管理论坛(ISC)、全球学生实践成果大赛(SIFE)、哈佛商业双极年会、AIA 金融案例分析大赛、普华永道会计学优异奖、澳洲会计师公会上海卓越表现奖、“睿达杯”财会精英挑战赛、冠生园校园营销大赛等专业学术竞赛和评选中表现出色。本专业的毕业生无论是走上工作岗位还是继续深造,适应能力都非常强,许多毕业生以自己扎实的功底在国际知名跨国公司工作,很快成为业务骨干,进而走上管理岗位。近年来,本专业毕业生始终在全校各专业中保持较高的就业率与较好的就业质量,每年都有约 50% 的毕业生为国际知名的普华永道、毕马威、安永、德勤四大会计师事务所吸纳,还有许多进入汇丰银行、渣打银行、中国交通银行、中国工商银行等中外资银行和联合利华、西门子等跨国企业工作,去国外深造的学生获奖学金的比例也很高。2006 年起澳洲会计师公会在本专业设立了上海卓越表现奖。

专业主干课程:微观经济学、宏观经济学、管理学、会计学原理、中级财务会计、高级财务会计、成本会计、管理会计、财务管理、审计学、国际会计学、财务报表分析、市场营销学、经济法、税法、计算机应用等。此外,学生可选修国际经济与贸易、金融学等模块的选修课。

英语语言课程:精读、泛读、听说、写作、翻译等,所使用的大多数教材和英语本科专业相同。经过四年的学习,学生能熟练掌握听、说、读、写、译等语言技能。学生在二年级与四年级时分别参加英语专业四、八级国家考试,通过者分获英语语言专业四、八级证书。

毕业生就业方向:各类国内外会计师事务所、政府机构、管理咨询公司、中外资银行、投资银行、跨国公司、大型国有企业和其他三资企业等。

信息管理与信息系统(本科)

国际企业/组织信息管理方向

Information Management in International Business and Organization

信息管理与信息系统(英语)专业于2001年开设,专业方向为国际企业/组织信息管理。本专业设有技术经济及管理二级学科硕士点。

培养目标:培养符合全球信息发展需求、适应国际发展的信息管理人才。熟悉计算机科学技术、了解现代管理理论、熟练使用英语、掌握信息管理知识,适应互联网、移动互联网、云计算、大数据等行业的全球企业、以及在政府部门、事业单位从事与信息相关的管理工作的复合型人才。同时为学生出国攻读博士、硕士研究生相关课程打好基础。

课程设置:本专业的课程设置把包括专业核心课程(如经济学、管理学、跨国公司管理、跨文化管理、计算机、网络、程序设计、数据库、信息系统、信息资源管理等)和英语语言课程(如精读、泛读、听说、写作、翻译、高级口译等)。专业课程采用理论与实践相结合的教学方式,部分专业课程按照国际培养模式、选择英语原版教材英语或双语教学,部分课程由外教担任授课;实践部分,邀请国际著名IT高管讲授,采用课堂与企业实地结合方式。

本专业学生毕业后被授予“管理学”学士学位;学生在校期间可选择攻读英语专业双学位课程,考核合格后,可再获得语言文学学士学位。本专业要求学生在二年级与四年级时分别参加英语专业四、八级国家考试,通过者分获英语语言专业四、八级证书。

国际化人才培养计划:学院与国外众多著名商学院建立了各种形式的学术交流、教学合作、学生互换、教师互访项目。每年派送学生前往英国牛津大学、美国哥伦比亚大学、加拿大维多利亚大学等国际知名学府游学。本专业与美国肯特州立大学合办本硕连读项目(学生可选),学生毕业后获得上海外国语大学本科学士学位和美国肯特州立大学硕士学位。

就业情况:由于信息技术的发展,互联网、移动互联网、云计算、大数据行业高速增长,懂技术、会管理、英语佳的全球化信息管理人才在全球范围内都极其缺乏。因此本专业毕业生连续多年获得用人单位的高度青睐,通常是公司好、起薪高,就业形势极佳。学生就业单位包括谷歌、IBM、微软、SAP、甲骨文、爱默生、百度、腾讯、阿里巴巴、小米、华为、中国移动、中国电信等全球知名IT企业;普华永道、德勤、安永、毕马威等国际知名会计师事务所;花旗银行、德意志银行、澳新银行等外资银行以及各中资银行。由于本校一贯重视学生技术与语言,毕业时大多获得英语专业八级,因此申请世界名校优势极其明显,包括哈佛、麻省理工、斯坦福大学、哥伦比亚大学、宾夕法尼亚大学等。综合就业率在学校各专业中名列前茅。

公共关系学(本科)

国际公关方向

International Public Relations

公共关系学(英语)专业于2006年开设,方向定位国际公关。学生修满规定学分,通过毕业论文答辩,获管理学学士学位。本专业设有公共关系学硕士点和国际公共管理与公共关系博士方向,是目前全国唯一建有公共关系学本科、硕士、博士人才培养层次的高校,也是教育部公共管理类新设专业教学指导分委员会和全国公共关系学专业院长(系主任)联席会议委员会主任单位。创办有《公共关系学报》杂志,全体专职教师拥有博士学位。专业整体实力居于国内相同专业前列,被中国科教评价网评为"2014—2015年中国公共关系学专业大学竞争力排行榜"5星级专业。

培养目标:培养掌握公共关系的基本理论和专业技能,具有良好人文素养,通英语、懂管理、善策划、会传播,能适应国际专业公关公司、涉外企事业单位、政府机构和非政府组织的公共关系管理需要的高级复合型人才,同时也为攻读国内外相关专业的硕士研究生学位打好基础。

主干课程:公共关系学概论(英)、公关语言与写作、公关语言与写作(英)、公关调研与评估、公关战略与策划、公关案例研究、CI设计、危机管理、媒介与媒介关系、传播学概论(英)、西方经济学、管理学原理、国际公共关系、公关礼仪(英);英语语言课程包括精读、泛读、听说、写作、翻译、文学及高级口译。

专业特色:本专业采取"专业+英语"的复合型人才培养模式,致力培养具有国际视野、能畅达进行跨文化沟通的国际公关人才。毕业生大都通过英语专业八级考试。国际游学率接近50%。第一志愿填报本专业入学的新生还可获得上海市公关协会提供的奖学金。

就业情况:本专业毕业生在跨国公司和涉外机构就业竞争中极具优势,就业率和就业质量一直喜人。历届毕业生主要到跨国公司和大型企业公关部、国内外知名公关公司、金融机构和政府涉外部门就业;一部分出国留学。2014年本专业毕业生就业率居全校第三名。

企业管理(硕士)
Business Administration

学科点历史与发展:上海外国语大学国际工商管理学院自1985年开办管理专业教育以来,培养了大批具备国际视野及沟通能力,拥有现代管理意识与专业水准,富有创新精神与实践能力的学生。国际工商管理学院以"无国界的世界,无国界的管理"为愿景,肩负的使命是"培养复合型国际工商管理创新人才,并为企业、政府等组织的国际化经营、管理和治理提供智力支持",学院以"管理—创新—实践"为院训。

经教育部批准,我校于2011年获得工商管理一级学科硕士学位授予权,同年工商管理一级学科硕士点获批成为上海外国语大学校级重点学科。企业管理二级学科硕士点开设于1998年,目前为工商管理一级学科硕士点下设的二级学科硕士点。

专业介绍:企业管理二级学科硕士点培养拥有国际视野、全球情怀、外语特长、实践能力,并能畅达进行跨文化沟通的高端国际工商管理创新人才。

企业管理二级学科硕士点下设五个特色优势研究方向:市场营销与公共关系;人力资源与跨文化管理;国际商务与战略管理;国际金融、会计与财务管理;产业经济管理。该专业学制为两年半,学生在规定时期内完成课程学习并通过学位论文答辩后,获得管理学硕士学位。

本专业硕士研究生拥有较多的对外交流机会,每年均有学生被派往美国、日本、加拿大等国高等学校学习或交流。学院还与国外众多知名商学院建立了各种形式的学术交流、教学合作、学生互换、教师互访项目,常年有外籍教师参与教学,聘请国内外知名专家教授、企业高管作为客座教授或兼职教授,其中也有500强CEO。

师资力量:学院师资力量强,理论功底扎实。承担本专业课程教学的教师均具有副教授及以上职称,相当人数拥有在欧美国家留学或从事研究、参加国际学术研讨会的经历,承担着国际合作、国家及上海市的研究课题,撰有大量学术专著与教材,并有大量论文刊登于国内外各类核心学术期刊,多项、多人获得国际及省部级奖励。

上外拥有公共关系研究院、东方管理研究中心、跨文化管理研究中心等国内一流的研究机构和研究人员,学院每年组织各类国内外学术研讨会,为本硕士点提供了强有力的学术支持。公共关系实验室、ERP 实验室、战略模拟实验室等专业实验室已获得了教育部批准立项,正在建设中,为学科发展提供了硬件支持。

课程设置:学院采用系统理论学习、专业实践、课外阅读、课题研究相结合的培养方式,课堂教学和导师指导相结合。学位专业课采用模块化设置,包括专业必修课和专业选修课模块。其中,专业选修课包括市场营销与公共关系;人力资源与跨文化管理;国际商务与战略管理;国际金融、会计与财务管理;产业经济管理五大模块。此外,商务英语、管理学前沿讲座等课程向各方向研究生开放选修。部分专业课程采用国际通用英语原版教材,并使用英语或双语授课。

就业前景:本专业毕业的硕士研究生掌握有企业管理学科坚实的基础理论和系统的专门知识,具有较高的专业素养和较强的分析问题、解决问题的能力,具有独立从事科学研究工作或担负专门技术工作的能力;并熟练掌握一门外国语,能阅读该语种的外文资料,能运用该语种对外进行学术交流。

本专业毕业的硕士研究生以工作层面会英语、交流层面懂专业、合作层面通文化的鲜明特色赢得了用人单位的一致好评,就业率 100%。绝大部分毕业生均供职于外资企业,其中大部分为全球 500 强企业;另有一部分学生供职于政府、事业单位或国有企业,小部分选择了私企或自主创业。

学科、专业代码及名称	研究方向	拟招生人数
120202 企业管理	1. 国际商务与跨文化管理 2. 国际金融、会计与财务管理	拟招 10 人

考试科目
①101 思想政治理论 ②外语(201 英语一、202 俄、203 日、242 法、243 德、245 西、246 阿、247 意、248 葡、249 朝)任选一门 ③303 数学三(全国统考) ④839 管理学(自行命题)

考试大纲(考试内容范围说明)

“管理学”考试范围说明:

管理学的基本界定;管理的历史背景与主要理论的发展;组织文化与环境;全球环境中的管理;社会责任与管理道德;制定决策;制定计划;战略管理;计划工作的工具与技术;组织结构设计决策;常见的组织设计;管理沟通与信息技术;人力资源管理;变革与创新管理;组织中的个体行为;组织中的群体行为;工作团队;激励理论;领导理论;控制;作业及价值链管理;组织绩效管理。

复试笔试科目:

企业管理方面的小论文或案例分析。

复试口试参考书目(以专业方向面试为主):

“国际商务与跨文化管理”方向:

《跨文化管理》,范徵,上海人民出版社,2012 版;《全球企业战略》,彭伟刚,孙卫、刘新梅译注,人民邮电出版社,2007 版。

“国际金融、会计与财务管理”方向:

《国际金融管理》,陈传兴,上海外语教育出版社,2007 版。;《财务成本管理》,中国注册会计师协会,中国财政经济出版社,2014 版。

注:(1)同等学力考生需在国家一级中文核心学术期刊上发表两篇及以上与报考专业相近或相关的学术论文。(同等学力考生指高职高专毕业生或本科结业生,本科毕业生或应届本科生不属于同等学力,正常报考即可,无以上要求。)

(2)初试②外语中,201—203 为全国统考科目,242—249 为我校自命题外语。报考我校该专业考生如选择我校自命题外语,若未上我校复试线,有可能无法参加调剂(外校可能不接受 242—249 外语语种考生),请考生慎重考虑。

(3)本专业将设外语单科线。

技术经济及管理(硕士)
Technology Economics & Management

学科点历史与发展:上海外国语大学国际工商管理学院自1985年开办管理专业教育以来,培养了大批具备国际视野及沟通能力,拥有现代管理意识与专业水准,富有创新精神与实践能力的学生。国际工商管理学院以"无国界的世界,无国界的管理"为愿景,肩负的使命是"培养复合型国际工商管理创新人才,并为企业、政府等组织的国际化经营、管理和治理提供智力支持",学院以"管理—创新—实践"为院训。

经教育部批准,我校于2011年获得工商管理一级学科硕士学位授予权,同年工商管理一级学科硕士点获批成为上海外国语大学校级重点学科。技术经济及管理二级学科硕士点开设于2011年,为工商管理一级学科硕士点下设的二级学科硕士点。

专业介绍:技术经济及管理二级学科硕士点培养"面向现代化、面向世界、面向未来"、具有良好的科学道德和敬业精神、德智体全面发展、具有创新意识、掌握技术(特别是信息技术)经济研究方法和项目管理技能的高层次专门人才。

技术经济及管理二级学科硕士点下设信息技术管理、知识管理、创新与创业管理等三个研究方向。该专业学制为两年半,学生在规定时期内完成课程学习并通过学位论文答辩后,获得管理学硕士学位。

学院与国外众多知名商学院建立了各种形式的学术交流、教学合作、学生互换、教师互访项目,常年有外籍教师参与教学,聘请国内外知名专家教授、企业高管作为客座教授或兼职教授,其中也有500强CEO。

师资力量:承担本专业课程的教师多数具有博士学位和副教授以上职称,并拥有在欧美国家学习进修或从事研究、参加学术研讨会的经历。教师学术成果丰硕,承担着国家、上海市的科研项目,撰有多种学术专著与教材,还有大量论文刊登于各级专业学术期刊。

上外拥有电子政务国际化研究中心、东方管理研究中心、跨文化管理研究中心等国内一流的研究机构和研究人员,学院每年组织各类国内外学术研讨会,为本硕士点提供了强有力的学术支持。ERP 实验室、战略模拟实验室等专业实验室已获得了教育部批准立项,正在建设中,为学科发展提供了硬件支持。

课程设置:学院采用系统理论学习、专业实践、课外阅读、课题研究相结合的培养方式,课堂教学和导师指导相结合。学位专业课采用模块化设置,包括专业必修课和专业选修课模块。其中,专业选修课包括信息技术管理、知识管理、创新与创业管理三大模块。此外,商务英语、管理学前沿讲座等课程向各方向研究生开放选修。部分专业课程采用国际通用英语原版教材,并使用英语或双语授课。

就业前景:本专业毕业的硕士研究生掌握有技术经济及管理学科坚实的基础理论和系统的专门知识,能熟练运用计算机和相关软件,解决技术经济及管理领域的问题,具备管理创新能力,并熟练掌握一门外国语,能阅读该语种的外文资料,能运用该语种对外进行学术交流。

本专业毕业生就业口径宽,具有较高的专业素养、较强的跨文化沟通能力和广阔的国际化视野,在就业市场上具有明显的竞争优势,适合去向主要有外资机构(如:外资银行,证券公司,投资咨询公司,会计事务所等)、国家各类行政管理部门、高等院校、各类科研机构、各种企事业单位等。

学科、专业代码及名称	研究方向	拟招生人数
120204 技术经济及管理	1. 信息技术管理 2. 知识管理	拟招 5 人

考试科目
①101 思想政治理论 ②外语(201 英语一、202 俄、203 日、242 法、243 德、245 西、246 阿、247 意、248 葡、249 朝)任选一门 ③303 数学三(全国统考) ④839 管理学(自行命题)

考试大纲(考试内容范围说明)

“管理学”考试范围说明:

管理学的基本界定;管理的历史背景与主要理论的发展;组织文化与环境;全球环境中的管理;社会责任与管理道德;制定决策;制定计划;战略管理;计划工作的工具与技术;组织结构设计决策;常见的组织设计;管理沟通与信息技术;人力资源管理;变革与创新管理;组织中的个体行为;组织中的群体行为;工作团队;激励理论;领导理论;控制;作业及价值链管理;组织绩效管理。

复试笔试科目:

技术经济及管理方面的小论文或案例分析。

复试口试参考书目(以专业方向面试为主):

“信息技术管理”方向:

《管理信息系统——用信息技术解决商务问题》(第 3 版),(美)Gerald V. Post David L. Anderson,于明编译,清华大学出版社,2009 年 10 月。

“知识管理”方向:

《信息与知识管理》,王众托、吴江宁、郭崇慧,电子工业出版社,2010 年 6 月。

注:(1)同等学力考生需在国家一级中文核心学术期刊上发表两篇及以上与报考专业相近或相关的学术论文。(同等学力考生指高职高专毕业生或本科结业生,本科毕业生或应届本科生不属于同等学力,正常报考即可,无以上要求。)

(2)初试②外语中,201—203 为全国统考科目,242—249 为我校自命题外语。报考我校该专业考生如选择我校自命题外语,若未上我校复试线,有可能无法参加调剂(外校可能不接受 242—249 外语语种考生),请考生慎重考虑。

(3)本专业将设外语单科线。

公共关系学(硕士)
Public Relations

学科点历史与发展:经教育部批准,我校于2011年获得工商管理一级学科硕士学位授予权,2012年工商管理一级学科硕士点获批成为上海外国语大学校级重点学科,并入围上海市一流学科(B类)建设规划。公共关系学二级学科硕士点开设于2014年,目前为工商管理一级学科硕士点下设的二级学科硕士点。本校于2006年开设“公共关系学”本科和“公共外交与公共关系”博士研究方向,形成了目前全国唯一一个从本科、硕士到博士的完整的公关专业人才培养体系。

专业介绍:本硕士点下设“整合营销与战略沟通”和“国际公共关系”两个研究方向。致力于培养具有扎实公共关系专业理论知识与较高实践管理能力的,具有国际视野、人文情怀、外语特长,并能畅达进行跨文化沟通的高级公共关系专业人才。

上外拥有公共关系研究院、东方管理研究中心、跨文化管理研究中心等国内一流的研究机构和研究人员,本学科点是全国公共关系学专业院长(系主任)联席会议委员会创建单位和主任单位,组织制订了《全国普通高等学校公共关系学本科专业介绍》和《公共关系学本科专业建设指南》。从2008年起每两年组织1次公共关系国际学术论坛;每5年编撰出版1部《中国公共关系发展报告》;从2014年起每年公开发行两期《公共关系评论》学术辑刊。研究生有机会在《公共关系评论》辑刊发表论文,申请获得上海市公共关系协会设立的公关专业学生奖学金。

本专业硕士研究生拥有较多的对外交流机会,将有学生被派往美国、英国、日本、加拿大等国高等学校学习或交流。学院还与国外众多知名商学院建立了各种形式的学术交流、教学合作、学生互换、教师互访项目,常年有外籍教师参与教学,聘请国内外知名专家教授、企业高管作为客座教授或兼职教授,其中也有500强CEO。

师资力量:本学科师资力量雄厚,拥有一支在国内外享有声誉的学者和导师队伍。著名公关专家吴友富教授为中国公关协会副会长、中国国际公关协会学术工作委员会副主任、全国公关专业院长(系主任)联席会议主席、上海公关协会副会长兼学术委员会主任,研究方向为整合营销与战略沟通。纪华强教授,学科带头人,中国国际公共关系协会学术工作委员会委员、国家职业资格工作委员会公共关系专业委员会委员,研究方向为公关理论与公关史、危机公关管理。于朝晖教授,博士,中国国际公共关系协会学术工作委员会委员,美国哥伦比亚大学富布莱特访问学者,研究方向为国际公共关系。

课程设置:学院采用系统理论学习、专业实践、课外阅读、课题研究相结合的培养方式,课堂教学和导师指导相结合。学位专业课采用模块化设置,包括专业必修课和专业选修课模块。专业必修课开设:公共关系理论研究、公共关系发展史、国际公共关系、整合营销与战略沟通、危机管理研究、研究方法、管理学理论发展、高级经济学和营销管理。选修课开设:媒介与媒介关系研究、国家形象与公共外交、企业伦理、管理学前沿讲座等。半数课程使用英语或双语授课。

就业前景:上海外国语大学公共关系学研究生具有语言优势,以及系统学术训练和多种创新创业活动锻炼,在就业及职场工作中具有明显的优势和不俗的表现。

学科、专业代码及名称	研究方向	拟招生人数
1202Z1 公共关系学	1. 整合营销与战略沟通 2. 国际公共关系	拟招 5 人

考试科目
①101 思想政治理论 ②外语(201 英语一、202 俄、203 日、242 法、243 德、245 西、246 阿、247 意、248 葡、249 朝)任选一门 ③303 数学三(全国统考) ④839 管理学(自行命题)

考试大纲(考试内容范围说明)

"管理学"考试范围说明:

管理学的基本界定;管理的历史背景与主要理论的发展;组织文化与环境;全球环境中的管理;社会责任与管理道德;制定决策;制定计划;战略管理;计划工作的工具与技术;组织结构设计决策;常见的组织设计;管理沟通与信息技术;人力资源管理;变革与创新管理;组织中的个体行为;组织中的群体行为;工作团队;激励理论;领导理论;控制;作业及价值链管理;组织绩效管理。

复试笔试科目:

公共关系学方面的小论文或案例分析。

复试口试参考书目(以专业方向面试为主):

"整合营销与战略沟通"方向:

《整合营销》,吴友富,上海外语教育出版社,2006 版。

《中国公共关系发展报告(2006—2010)》,吴友富,上海外语教育出版社,2012 版。

"国际公共关系"方向:

《公共关系的基本理论与实务》,纪华强,高等教育出版社,2010 版。

《战略传播管理——冷战后美国国际形象研究》,于朝晖,时事出版社,2008 版。

注:(1)同等学力考生需在国家一级中文核心学术期刊上发表两篇及以上与报考专业相近或相关的学术论文。(同等学力考生指高职高专毕业生或本科结业生,本科毕业生或应届本科生不属于同等学力,正常报考即可,无以上要求。)

(2)初试②外语中,201—203 为全国统考科目,242—249 为我校自命题外语。报考我校该专业考生如选择我校自命题外语,若未上我校复试线,有可能无法参加调剂(外校可能不接受 242—249 外语语种考生),请考生慎重考虑。

(3)本专业将设外语单科线。

工商管理硕士
MBA

从20多年前中国引进MBA教育之日起,“国际化”这个标签一直伴随着其发展,每一个拥有MBA项目的商学院都在致力于各自品牌国际化的打造,但真正做到国际化其实并不容易。上外MBA项目依托上海外国语大学近30年的管理学科人才培养经验以及65年的语言与跨文化教学优势,努力培养跨文化的无国界管理人才,将国际化融入整个MBA的培养过程中。

基于优势,培养跨文化沟通人才:一个项目的发展要基于母体学校的优势,上外是一所在语言与跨文化教学方面具有雄厚实力与积淀的文科综合类高校。因此基于上外近30年的管理学科人才培养经验及60多年的语言与跨文化教学优势,上外MBA提出了自己独特的办学理念:“培养源自于东方的新一代复合型无国界管理MBA人才”。培养出的学生不仅要具备全球思维,能解决跨文化问题,更能理解国际商务的细微差别,整合商业理论,用专业素质和实际经验解决棘手的问题。简单来说,上外MBA的“无国界”理念包括了三个方面,无语言障碍,无文化障碍,无专业障碍。

项目不仅有全英文授课的课程,还开设了第二外语选修课,学生有机会学到法语、德语、意大利语等小语种。在专业特色方面,项目除了综合工商管理之外,还设立了跨国经营与跨文化管理、全球时尚与奢侈品管理、国际整合营销与公共关系及国际金融与财务特色专业方向。

走出国门,体验海外学习和交流:上外MBA的海外交流项目有三种,方便学生选择。第一类是为期一周的海外商业学习之旅(BST),方便在职班学生。学生可以前往不同国家,参访当地的公司及到合作院校学习相关主题课程。

第二类是交换学习,目前上外MBA项目的合作院校有近20所,来自全球不同的国家和地区。学生可以根据专业或喜欢的国家来选择心仪院校,到对方学校学习3到6个月,体验海外合作院校的不同授课方式及文化。

第三类是双学位项目,上外 MBA 目前已与瑞典乌普萨拉大学、新西兰怀卡托大学以及法国 IESEG 管理学院合作,为上外 MBA 学生提供双学位项目。上外 MBA 在校学生及校友不但有机会学习到这些世界知名大学的课程,还可同时获得上外 MBA 学位及这些合作院校的硕士学位。

顺应潮流,提升学生软技能:在日益复杂的国际环境下,不仅需要现代人能够与世界各地的人合作,还要熟悉基本商务知识,同时具备高度的政治和经济敏感度,并且勇敢地迎接急速变化的社会浪潮,学会解决问题。

上外 MBA 的特有的跨文化与软技能模块能使学生学到跨文化交流及沟通方面的课程。除了教授实用的软技能知识,该课程要求学生去实践,决策和创新,从而助其建立全球思维,跨文化视角及软技能执行能力。学校会邀请博学的教授,经验丰富的公司高级管理人员以及成功的校友,传授最具竞争力的知识和行业经验。在论坛讲座、课外活动、俱乐部及国际交流活动中,学生可与来自不同国家、文化、背景的嘉宾和同学一起分享经验,体验不同的思想。

在学生培养上,上外 MBA 成功将企业管理知识与实战商务技能传授给学生;在学生活动上,上外 MBA 项目提供了难以计数的精彩活动、名家讲座、国际体验,开拓了学生的视野,丰富了学生生活;在学生的职业发展上,项目提供了职业技能测评咨询,开展了 Mentor-Mentee 等职业辅导项目和各种招聘服务,为学生的职业转型和发展、创业提供了机会与平台;在校企合作上,项目与几百家企业进行沟通和合作,为锻炼学生的能力和促进学生的发展提供帮助……

学科、专业 代码及名称	研究方向	拟招生 人数
125100 工商管理 (各方向,80% 为教指委规定的 MBA 共同核心课程,20% 为方向选修课程)	1. 国际整合营销与公共关系	拟招 220 人
	2. 跨国经营与跨文化管理	
	3. 全球时尚与奢侈品管理	
	4. 国际金融与财务管理	
	5. 综合工商管理	

考试科目	考试大纲(考试内容范围说明)
初试: ①199 管理类联考综合能力 ②204 英语二、202 俄、203 日、242 法、243 德、245 西、246 阿、247 意、248 葡、249 朝任选一门 **复试:** ①管理能力评估 ②个人面试 英语听力测试 背景评估	**初试:** 2014 年 MBA 联考之 《综合能力考试辅导教材》 《英语考试辅导教材》 《考试大纲》 机械工业出版社出版,由全国工商管理硕士入学考试研究中心编写。

国际公共管理与公共关系/跨文化管理
(国际关系博士研究方向)
International Public Administration & Public Relations / Cross-Cultural Management(Doctoral Degree)

“国际关系二级学科博士点”所属我校“政治学一级学科博士点”。上外政治学科的研究机构正式发轫于1980年,以俄语语言文化研究的优势建立了苏联问题研究室,并先后发展成为苏联研究所、国际问题研究所、国际关系与外交事务研究院等专门研究机构,着重国际政治、比较政治领域的研究。同时以中东研究所等教育部人文社科基地为龙头,欧盟研究中心、俄罗斯研究中心、英国研究中心等教育部区域与国别研究基地为支点,G20研究中心、加拿大研究中心、海外利益研究中心、中国与国际组织研究中心、伦理与国际事务研究中心等校设研究机构为支撑,形成了以国别区域研究为特色的政治学科智库群与研究机构体系。

上外国际关系学学科2007年起为上海市重点建设学科(B701),同时,国际关系学科还得到教育部211第三期项目建设的支持,项目名称为“‘走出去’战略与中国国家软实力建设”。

国际关系学科点除编辑出版《国际观察》(CSSCI)杂志以外,连续出版的学术刊物还有《中国与国际组织学术年刊》《中国海外利益研究年度报告》《伦理与国际事务评论》。另外,学科点还编有“中国与国际组织研究丛书”“战略与国际关系研究丛书”(均由上海人民出版社出版)。

国际公共管理与公共关系/跨文化管理研究方向博士生导师为范徵教授。范徵博士现任上海外国语大学国际工商管理学院院长、MBA中心主任,上海市工商管理(MBA)教指委副主任,教育部工商管理类专业教学指导委员会委员,教育部公共管理类新设专业教指委分委员会秘书长。兼任《上海管理科学》编委、上海管理科学学会理事、上海行政管理学会常务理事、上海公共关系协会学术委员会委员兼秘书长、上海市场学会副会长、中国公共关系协会理事、中国企业管理研究会常务理事、中国管理现代化研究会理事兼管理案例研究专业委员会委员、中国管理研究国际学会(IACMR)会员、美国管理学会会员等。

毕业于上海交大安泰管理学院。1995—1996 年比利时鲁汶大学(K. U. Leuven)高级访问学者。主要研究方向为国际企业战略管理、跨文化管理、组织形象与领导力发展等。代表作有《核心竞争力:基于知识资本的核心能力》《第三代 CI:企业形象的战略管理》《跨文化管理:全球化与地方化的平衡》《管理学:人力资本与组织资本的互动》等。多项成果获厅局、省部级以上奖励。相关研究还得到"国家自然科学基金""国家社会科学基金""教育部规划项目""上海哲学社会科学基金""欧盟高教合作研究基金(欧盟赞助)"等的研究资助。

主讲《整合管理思维》《战略管理》《国际企业与跨文化管理》等课程。曾任上外集团董事等多家企业顾问。教学中非常注重学生的创新精神与实践能力方面的培养。指导上外代表队在全市、全国乃至全球大学生各项赛事中频频亮相,并屡获大奖。"学生创新精神与实践能力指导"获上海市教学成果奖。先后主持或参与了上汽集团、都市数码等企业的战略与形象的策划,曾获上海市企业形象设计成果一等奖。《携程旅行网》等案例被收入国内外大学商学院案例库。

1993 年上海高校优秀青年教师;2000 年上外学生心目中最喜爱的好老师(10 佳);2002 年上海市曙光学者;2006 年上海品牌促进中心专家组成员;2007 中国公关教育突出贡献奖;2007 英国创业教育协会(NCGE)中国赛区最佳案例奖;2010 世界知识管理大会(香港)、世界管理论坛(巴黎)最佳论文获得者;2011 年"全国百篇优秀案例""全国宝钢教育基金优秀教师奖"。

专业代码、名称及研究方向	指导教师	考试科目	备注
030207 国际关系	范 徽	注意: 未做限定的请在以下外语语种中任选其一: 英语、俄语、法语、德语、日语、西语、阿语、意大利语、葡萄牙语、朝鲜语	
06 国际公共管理与公共关系/跨文化管理		①跨文化沟通 ②战后国际关系 ③外语 ④口试	范徽教授欢迎国际公共管理、国际公共关系和跨文化沟通等交叉领域的考生报考。

附录(二):名录

学院参加国内外创新实践活动学生一览

(2010年至今)

2010年度

姓名	年级	专业	项目名称	等级、地点、单位
李朝晖	2007级	公关	第七届“挑战杯”一汽大众中国大学生创业策划大赛	全国铜奖
尤　超	2007级	公关	第三届中国大学生公共关系策划大赛	晋级全国总决赛
史　青	2008级	公关	第三届中国大学生公共关系策划大赛	全国二等奖
杨　霞	2008级	公关	第三届中国大学生公共关系策划大赛	全国二等奖
陈　昊	2008级	公关	第三届中国大学生公共关系策划大赛	全国二等奖
王晓雨	2008级	公关	第三届中国大学生公共关系策划大赛	全国二等奖
张柔阳	2008级	公关	第三届中国大学生公共关系策划大赛	全国二等奖
史砚晨	2008级	公关	第三届中国大学生公共关系策划大赛	全国二等奖
印　玮	2008级	公关	第三届中国大学生公共关系策划大赛	全国二等奖
王　婷	2008级	公关	第三届中国大学生公共关系策划大赛	全国二等奖

续表

姓名	年级	专业	项目名称	等级、地点、单位
张　雪	2007 级	公关	第三届中国大学生公共关系策划大赛	全国二等奖
袁梦雨	2007 级	公关	第三届中国大学生公共关系策划大赛	全国二等奖
胡　汉	2007 级	公关	第三届中国大学生公共关系策划大赛	全国二等奖
李静超	2007 级	公关	第三届中国大学生公共关系策划大赛	全国三等奖
吴　虞	2007 级	公关	第三届中国大学生公共关系策划大赛	全国三等奖
白秀蕾	2007 级	公关	第三届中国大学生公共关系策划大赛	全国三等奖
李秋月	2007 级	工管	第三届中国大学生公共关系策划大赛	全国三等奖
陈　萌	2006 级	公关	第三届中国大学生公共关系策划大赛	全国优秀奖
单佳艺	2009 级	信管	第三届中国大学生公共关系策划大赛	全国优秀奖
胡一玮	2009 级	工管	第三届中国大学生公共关系策划大赛	全国优秀奖
曾　帆	2009 级	工管	第三届中国大学生公共关系策划大赛	全国优秀奖
张国华	2008 级	信管	第三届谷歌“益暖中华”公益创意大赛	全国优胜团队
谭良齐	2007 级	信管	谷歌杯第三届中国大学生公益创意大赛	全国优胜团队
张圣颖	2007 级	信管	谷歌杯第三届中国大学生公益创意大赛	全国优胜团队
陈泓羽	2007 级	信管	谷歌杯第三届中国大学生公益创意大赛	全国优胜团队
沈圆圆	2007 级	工管	赛扶中国创新公益大赛	全国三等奖
包　琪	2007 级	工管	赛扶中国创新公益大赛	全国三等奖
孙思轶	2007 级	工管	赛扶中国创新公益大赛	全国三等奖

续表

姓名	年级	专业	项目名称	等级、地点、单位
邵丰年	2007 级	信管	赛扶中国创新公益大赛	全国三等奖
贺汝茜	2008 级	工管	赛扶中国创新公益大赛	全国三等奖
陈　昊	2008 级	信管	赛扶中国创新公益大赛	全国三等奖
石维青	2008 级	工管	2010 联合利华大学生成功技能比赛	“优胜奖”全国九强
贺汝茜	2008 级	工管	2010 联合利华大学生成功技能比赛	“优胜奖”全国九强
王静怡	2008 级	信管	动感地带营销策划大赛	晋级复赛（五强）
尤　超	2007 级	公关	首届上海市公关协会伟达奖学金	伟达奖学金
汪志超	2007 级	工管	上海市高校红十字会成果展示板报比赛	一等奖
张国华	2008 级	信管	“中智杯”上海市大学生学术知识邀请赛	冠军
吕睿鹏	2007 级	工管	哈佛亚洲商业年会菲律宾达沃政府实习	美国、菲律宾
宋思宁	2007 级	公关	PLATT 公司暑期实习项目	美国
王　强	2007 级	信管	AIESEC 国际实习生	保加利亚
张　博	2007 级	信管	AIESEC 海外实习——印度尼西亚	印度尼西亚
沈圆圆	2007 级	工管	2010 Shanghai Award top 100 worldwide	国际
吴　虞	2007 级	公关	南洋理工暑期交流	新加坡
幺雨婷	2009 级	工管	南洋理工暑期交流	新加坡
周雯竹	2009 级	工管	南洋理工暑期交流	新加坡
黄　懿	2008 级	公关	南洋理工暑期交流	新加坡
李诗文	2009 级	信管	南洋理工暑期交流	新加坡
李　瑶	2009 级	工管	南洋理工暑期交流	新加坡

续表

姓名	年级	专业	项目名称	等级、地点、单位
马文竭	2008 级	公关	牛津大学暑期交流	英国
任　怡	2009 级	工管	牛津大学暑期交流	英国
王俊茜	2008 级	信管	牛津大学暑期交流	英国
童　媛	2007 级	工管	牛津大学暑期交流	英国
江　蕾	2008 级	工管	牛津大学暑期交流	英国
蒋　怡	2008 级	工管	牛津大学暑期交流	英国
仲逸凡	2008 级	工管	牛津大学暑期交流	英国
李玮艳	2008 级	信管	牛津大学暑期交流	英国
倪心一	2008 级	工管	牛津大学暑期交流	英国
王　筱	2008 级	公关	牛津大学暑期交流	英国
张雯瑄	2008 级	公关	牛津大学暑期交流	英国

2011 年度

姓名	年级	专业	项目名称	等级、地点、单位
余致韻	2008 级	公关	2011 联合利华商业挑战赛	二等奖
严　涵	2009 级	信管	联邦快递 SIFE 中国农民工子女成功技能项目	一等奖
伍　洲	2009 级	信管	2011 斯雅香港交流项目商业计划书大赛	二等奖
陆　乐	2009 级	公关	联想"彪悍的小丫"创意营销大赛	人气第二名，获优胜奖
赵　佳	2009 级	公关	联想"彪悍的小丫"创意营销大赛	人气第二名，获优胜奖
覃琲玥	2009 级	公关	联想"彪悍的小丫"创意营销大赛	人气第二名，获优胜奖
钱　昕	2009 级	工管	汇丰青年企业家创业大赛	中华赛区 30 强
郭　宇	2009 级	公关	达能实习计划大赛	个人卓越奖

续表

姓名	年级	专业	项目名称	等级、地点、单位
周嘉元	2009 级	公关	第四届中国大学生文科计算机设计大赛	入围全国总决赛
徐晓岚	2009 级	公关	第四届全国文科计算机大赛	入围全国总决赛
郭　宇	2009 级	公关	多美滋职业起航实习生项目——社会责任案例大赛	国家级鼓励奖
曾　帆	2009 级	工管	多美滋职业起航实习生项目——社会责任案例大赛	国家级鼓励奖
周嘉元	2009 级	公关	联想"彪悍的小丫"创意营销大赛	人气第二名，获优胜奖
吴　琼	2010 级	公关	飞黄腾达 AIESEC * PWC 青年精英商业挑战赛	第二名
林怡爽	2010 级	公关	HSBC 创业大赛全国	第四名
			汇丰青年企业家奖决赛	第四名
张逸枝	2010 级	信管	香港 BIP 项目商业策划大赛	第四名
杨秋琳	2010 级	公关	中青发展中国大学生就业教育规划大赛国家级决赛	最具潜力奖
潘　捷	2010 级	公关	2011 汉高创意大赛	鼓励奖
孙靖安	2010 级	公关	多美滋职业起航实习生项目——社会责任案例大赛	入围国家级决赛
吕瑞怡	2010 级	工管	多美滋职业起航实习生项目——社会责任案例大赛	入围国家级决赛
徐　纯	2010 级	公关	多美滋职业起航实习生项目——社会责任案例大赛	国家级鼓励奖
李涵琛	2010 级	公关	多美滋职业起航实习生项目——社会责任案例大赛	国家级鼓励奖
邵译萱	2010 级	公关	多美滋职业起航实习生项目——社会责任案例大赛	国家级鼓励奖
潘　捷	2010 级	公关	多美滋职业起航实习生项目——社会责任案例大赛	国家级鼓励奖
李罗晓晗	2010 级	公关	南京财经大学模拟联合国大会	参与

续表

姓名	年级	专业	项目名称	等级、地点、单位
徐依然	2011 级	公关	多美滋职业起航实习生项目——社会责任案例大赛	入围国家级决赛
杨惠莹	2011 级	公关	多美滋职业起航实习生项目——社会责任案例大赛	入围国家级决赛
张乐怡	2008 级	公关	ispark 联合利华挑战赛	前十强
洪露茜	2009 级	工管	第十二届“挑战杯”全国大学生课外学术科技作品竞赛	二等奖
虞　雪	2009 级	工管		二等奖
王璠婷	2009 级	工管		二等奖
杨雯婷	2009 级	工管		二等奖
幺雨婷	2009 级	工管		二等奖
张逸枫	2009 级	工管		二等奖
赵　雨	2009 级	工管		二等奖
雷乐悦	2009 级	信管		二等奖
刘　馨	2009 级	信管		二等奖
姜怡雯	2009 级	信管		二等奖
楼杭丹	2009 级	公关		二等奖
万嘉璇	2009 级	公关		二等奖
王雅婷	2009 级	公关		二等奖
傅婷婷	2009 级	信管		二等奖
单佳艺	2009 级	信管		二等奖
禹亚萌	2009 级	公关		入围市决赛
郭　宇	2009 级	公关		入围市决赛
陈　曦	2009 级	公关		入围市决赛
禹亚萌	2009 级	公关	上海知行杯	三等奖

续表

姓名	年级	专业	项目名称	等级、地点、单位
郭　宇	2009 级	公关	上海知行杯	三等奖
陈　曦	2009 级	公关	上海知行杯	三等奖
傅婷婷	2009 级	信管	ispark 联合利华挑战赛	前十强
潘　捷	2010 级	公关	2011CCTV 希望之星英语风采大赛	三等奖
程　铭	2010 级	公关	朗阁雅思英语达人秀	最佳舞台奖
谢立力	2010 级	公关	全国联想创意营销大赛上海赛区	优胜奖
程　铭	2010 级	公关	“快乐学习”杯上海高等院校联合模拟招聘大赛	鼓励奖
任雅芳	2010 级	信管	“快乐学习”杯	入围复赛
王颖佳	2011 级	信管	上海高等院校联合模拟招聘大赛	入围复赛
张祎梦	2008 级	公关	上海外国语大学校长杯网球赛	冠军
唐一辰	2008 级	公关	上海外国语大学“回家的路上”摄影比赛	三等奖
唐一辰	2008 级	公关	上海外国语大学“校长读书奖”	入围
李利芳	2008 级	公关	上海外国语大学模拟招聘大赛	入围复赛
李骜杰	2008 级	信管	上海外国语大学模拟招聘大赛	入围复赛
任钊逸	2008 级	信管	上海外国语大学模拟招聘大赛	入围复赛
张国华	2008 级	信管	上海外国语大学模拟招聘大赛	入围复赛
李　欣	2008 级	信管	上海外国语大学模拟招聘大赛	入围复赛
叶　婷	2008 级	工管	上海外国语大学模拟招聘大赛	入围复赛

续表

姓名	年级	专业	项目名称	等级、地点、单位
樊　融	2008 级	公关	上海外国语大学模拟招聘大赛	入围复赛
罗雪晴	2008 级	公关	上海外国语大学模拟招聘大赛	入围复赛
卢明雪	2008 级	工管	上海外国语大学模拟招聘大赛	入围复赛
谢　冰	2009 级	工管	DOKTOR 外汇投资比赛	第一名
孙丹妮	2009 级	工管	上海外国语大学营销大赛	第二名
龚　迅	2009 级	工管	“愤怒的柠檬”营销大赛	第二名
徐晓岚	2009 级	公关	联想“彪悍的小丫”创意营销大赛上外赛区	校园十强人气第二名优胜奖
吴颖至	2009 级	工管	联想“彪悍的小丫”创意营销大赛上外赛区	上外赛区优胜奖
赵　佳	2009 级	公关	谈判高手谈判大赛	三等奖
孙丹妮	2009 级	工管	上海外国语大学模拟招聘大赛	决赛九强
陈　静	2009 级	公关	上海外国语大学“校长读书奖”	优秀论文奖
郭　宇	2009 级	公关	校红诗朗诵大赛	优秀奖
王佳月	2009 级	公关	“中华颂颂歌给祖国”诗歌朗诵大赛	鼓励奖
单佳艺	2009 级	信管	KPMG24H 财务案例分析挑战赛	三等奖
钱　昕	2009 级	工管	KPMG24H 财务案例分析挑战赛	参与
赵　雨	2009 级	工管	KPMG24H 财务案例分析挑战赛	参与
王可敬	2009 级	信管	KPMG24H 财务案例分析挑战赛	参与
李　琦	2009 级	公关	第十二届“挑战杯”全国大学生课外学术科技作品竞赛	校级入围

续表

姓名	年级	专业	项目名称	等级、地点、单位
高慧琳	2009 级	公关	第十二届“挑战杯”全国大学生课外学术科技作品竞赛	校级入围
莫曦雯	2009 级	公关	第十二届“挑战杯”全国大学生课外学术科技作品竞赛	校级入围
刘昕雨	2009 级	工管	第十二届“挑战杯”全国大学生课外学术科技作品竞赛	校级入围
陈　静	2009 级	公关	第十二届“挑战杯”全国大学生课外学术科技作品竞赛	参与奖
赵　佳	2009 级	公关	全国计算机文科类网络设计大赛	入围复赛
孙丹妮	2009 级	工管	上海外国语大学模拟招聘大赛	上外九强
邓　涛	2008 级	公关	上海外国语大学模拟招聘大赛	入围复赛
王志明	2008 级	工管	上海外国语大学模拟招聘大赛	入围复赛
乌拉尔	2009 级	工管	第三届“华桥基金会”暑期实践策划大赛	三等奖
倪晓雯	2009 级	工管	第三届“华桥基金会”暑期实践策划大赛	三等奖
潘梦芸	2009 级	工管	第三届“华桥基金会”暑期实践策划大赛	三等奖
幺雨婷	2009 级	工管	第三届“华桥基金会”暑期实践策划大赛	三等奖
高　正	2009 级	信管	第三届“华桥基金会”暑期实践策划大赛	三等奖
周弘毅	2009 级	公关	第三届“华桥基金会”暑期实践策划大赛	三等奖
陈　静	2009 级	公关	第三届“华桥基金会”暑期实践策划大赛	三等奖
金元哲	2009 级	公关	第三届“华桥基金会”暑期实践策划大赛	三等奖
陈　曦	2009 级	公关	松江大学城“海通杯”金融模拟投资大赛	入围

续表

姓名	年级	专业	项目名称	等级、地点、单位
沈家树	2010 级	工管	红十字急救比赛	第四名
谢立力	2010 级	公关	上海外国语大学庆“建党 90 周年”演讲比赛	优胜奖
潘　捷	2010 级	公关	2011ICS 英文配音大赛	三等奖
李将辉	2010 级	公关	挑战杯全国大学生学术论文	入围决赛
王颖佳	2010 级	公关	松江大学城“海通杯”金融模拟投资大赛	入围复赛
李将辉	2010 级	工管	第三届“华桥基金会”暑期实践策划大赛	三等奖
胡　迅	2010 级	公关	第三届“华桥基金会”暑期实践策划大赛	三等奖
邓　沁	2010 级	公关	第三届“华桥基金会”暑期实践策划大赛	三等奖
张军华	2010 级	公关	第三届“华桥基金会”暑期实践策划大赛	三等奖
陈芸芸	2010 级	公关	第三届“华桥基金会”暑期实践策划大赛	第六名
周佳文	2010 级	公关	第三届“华桥基金会”暑期实践策划大赛	三等奖
樊晓岑	2010 级	公关	松江大学城“海通杯”金融模拟投资大赛	第二十七名
周潇潇	2010 级	公关	松江大学城“海通杯”金融模拟投资大赛	第二十七名
游羽瑄	2008 级	工管	[全球领导力]海外交流项目新加坡南洋理工	新加坡
周梦泽	2008 级	信管	[全球领导力]海外交流项目新加坡南洋理工	新加坡
周佳文	2010 级	公关	[全球领导力]海外交流项目新加坡南洋理工	新加坡
樊　融	2010 级	公关	[全球领导力]海外交流项目新加坡南洋理工	新加坡
任钊逸	2008 级	信管	[全球领导力]海外交流项目新加坡南洋理工	新加坡

续表

姓名	年级	专业	项目名称	等级、地点、单位
周潇潇	2010 级	信管	新加坡国立大学暑期交流项目	新加坡
谢立力	2010 级	公关	新加坡国立大学暑期交流项目	新加坡
陈芸芸	2010 级	公关	加拿大维多利亚大学暑期交流项目	加拿大
胡　冰	2010 级	工管	加拿大维多利亚大学暑期交流项目	加拿大
祝怡文	2010 级	工管	加拿大维多利亚大学暑期交流项目	加拿大
祁媛媛	2010 级	工管	加拿大维多利亚大学暑期交流项目	加拿大
李青桦	2010 级	工管	加拿大维多利亚大学暑期交流项目	加拿大
纪　翔	2010 级	研究生	加拿大维多利亚大学暑期交流项目	加拿大
俞越珏	2010 级	研究生	日本桃山大学	日本
邓　雪	2010 级	公关	英国牛津暑期交流项目	英国
邵译萱	2010 级	公关	英国牛津暑期交流项目	英国
吕瑞怡	2010 级	公关	英国牛津暑期交流项目	英国
邬　坤	2009 级	公关	英国牛津暑期交流项目	英国
庞　然	2010 级	公关	英国卡迪夫大学暑期游学	英国
蔡佳澄	2008 级	工管	上海外国语大学—美国肯特 3+2 项目	美国
董茜雯	2008 级	信管	上海外国语大学—美国肯特 3+2 项目	美国
桂端端	2009 级	工管	AIESEC 海外实习	乌克兰
徐梦蕊	2008 级	工管	AIESEC 海外实习	菲律宾
蔡奕琼	2010 级	工管	AIESEC 海外实习	印度
黄海滢	2008 级	公关	AIESEC 海外实习	印度

续表

姓名	年级	专业	项目名称	等级、地点、单位
徐依然	2010级	公关	AIESEC海外实习	印度
王诗文	2009级	公关	AIESEC海外实习	印度
贾玲雅	2010级	公关	香港大学交流+ING实习	中国香港
邵译萱	2010级	公关	香港大学交流+ING实习	中国香港
庞　然	2010级	公关	中国香港大学交流+ING实习	中国香港
刘妙欣	2010级	公关	香港大学交流+ING实习	中国香港
刘丹妮	2009级	公关	香港大学交流+ING实习	中国香港
张逸枝	2009级	信管	香港大学交流+ING实习	中国香港
刘小妞	2009级	信管	香港大学交流+ING实习	中国香港
周　环	2010级	公关	香港大学交流+苏黎世实习	中国香港
应梦茜	2010级	信管	香港中文大学亚太商业精英暑期交流项目	中国香港
应苏杭	2008级	工管	香港中文大学亚太商业精英暑期交流项目	中国香港
张　超	2008级	公关	香港中文大学亚太商业精英暑期交流项目	中国香港
秦　雪	2010级	公关	香港中文大学亚太商业精英暑期交流项目	中国香港
丁　璇	2010级	工管	BIP斯雅公司香港商业体验项目	中国香港
李罗晓晗	2010级	公关	BIP斯雅公司香港商业体验项目	中国香港
祝怡文	2010级	工管	BIP斯雅公司香港商业体验项目	中国香港
顾劼宁	2010级	工管	BIP斯雅公司香港商业体验项目	中国香港
蔡奕琼	2010级	工管	BIP斯雅公司香港商业体验项目	中国香港
田佳丽	2009级	信管	BIP斯雅公司香港商业体验项目	中国香港

续表

姓名	年级	专业	项目名称	等级、地点、单位
伍　洲	2009 级	信管	BIP 斯雅公司香港商业体验项目	中国香港
张琪尔	2008 级	公关	2011 UCLA Summer Session	美国
蒋冰清	2010 级	工管	United Planet 波士顿总部访问	美国
王佳月	2009 级	公关	哈佛亚洲与国际关系年会	韩国
谢立力	2010 级	公关	新西兰海外发展类实习	新西兰
张亦晨			healthy life 乌克兰交流项目	乌克兰

2012 年度

姓名	年级	专业	项目名称	等级、地点、单位
周子渊	2009 级	公关	2012 CIMA 国际商业精英挑战赛华东赛区	第二名
孙丹妮	2009 级	工管	EF 2012 国际实习生大赛中国赛区	第四名
禹亚萌	2009 级	信管	创新创业项目	立项
周子渊	2009 级	信管	创新创业项目	立项
赵　佳	2009 级	信管	创新创业项目	立项
董兆菁	2009 级	信管	创新创业项目	立项
潘　捷	2010 级	公关	创新创业项目	立项
李涵琛	2010 级	公关	创新创业项目	立项
何文佳	2010 级	公关	创新创业项目	立项
邵译萱	2010 级	公关	创新创业项目	立项
周　环	2010 级	公关	创新创业项目	立项
龙玉云	2010 级	信管	创新创业项目	立项
徐天宇	2010 级	信管	创新创业项目	立项

续表

姓名	年级	专业	项目名称	等级、地点、单位
樊晓岑	2010 级	信管	创新创业项目	立项
郁　洋	2010 级	信管	创新创业项目	立项
张文扬	2010 级	信管	创新创业项目	立项
李　丹	2010 级	信管	创新创业项目	立项
周潇潇	2010 级	信管	创新创业项目	立项
徐　纯	2010 级	信管	创新创业项目	立项
朱雨薇	2010 级	信管	创新创业项目	立项
钱　琦	2010 级	信管	创新创业项目	立项
许艳秋	2010 级	信管	创新创业项目	立项
韦　静	2010 级	信管	创新创业项目	立项
杨　钰	2011 级	信管	创新创业项目	立项
柳小川	2011 级	工管	创新创业项目	立项
陆　晓	2011 级	工管	创新创业项目	立项
沈吕婷	2011 级	工管	创新创业项目	立项
王晓栋	2011 级	公关	创新创业项目	立项
李梅莹	2011 级	公关	创新创业项目	立项
仪　雯	2011 级	公关	创新创业项目	立项
车禹桥	2011 级	信管	创新创业项目	立项
俞　婕	2011 级	信管	创新创业项目	立项
刘晟宁	2011 级	信管	创新创业项目	立项
孙　婷	2011 级	信管	创新创业项目	立项
张峻瑞	2011 级	信管	创新创业项目	立项
李天林	2011 级	信管	创新创业项目	立项
孙雅慧	2011 级	信管	创新创业项目	立项

续表

姓名	年级	专业	项目名称	等级、地点、单位
朱晨晖	2011 级	信管	创新创业项目	立项
谭　靓	2011 级	信管	创新创业项目	立项
张紫嫣	2011 级	信管	创新创业项目	立项
谢莹莹	2011 级	信管	创新创业项目	立项
倪斯杰	2011 级	信管	创新创业项目	立项
陈凯颖	2011 级	信管	创新创业项目	立项
任　昕	2011 级	信管	创新创业项目	立项
倪晓雯	2009 级	工管	第八届全国大学生沙盘模拟大赛	优胜奖
姜怡雯	2009 级	信管	第八届全国大学生沙盘模拟大赛	优胜奖
雷乐悦	2009 级	信管	第八届全国大学生沙盘模拟大赛	优胜奖
刘小妞	2009 级	信管	第八届全国大学生沙盘模拟大赛	优胜奖
李昕睿	2011 级	信管	第四届 Peak time 全球商业模拟大赛中国赛区	入围决赛
郭　宇	2009 级	公关	第四届公关策划大赛	入围奖
张晓黎	2009 级	公关	第四届公关策划大赛	入围奖
胡　婕	2009 级	公关	第四届公关策划大赛	入围奖
方　娜	2009 级	公关	第四届公关策划大赛	入围奖
楼杭丹	2009 级	公关	第四届公关策划大赛	一等奖
陈芸芸	2010 级	公关	第四届公关策划大赛	入围奖
朱勐杰	2011 级	公关	第四届公关策划大赛	二等奖
陈旻明	2011 级	公关	第四届公关策划大赛	二等奖
唐文怡	2011 级	公关	第四届公关策划大赛	二等奖
林昕烨	2011 级	公关	第四届公关策划大赛	二等奖

续表

姓名	年级	专业	项目名称	等级、地点、单位
李梅莹	2011 级	公关	第四届公关策划大赛	二等奖
张　楠	2011 级	公关	第四届公关策划大赛	入围奖
莫佳斯	2011 级	公关	第四届公关策划大赛	入围奖
董建瑞	2011 级	公关	第四届公关策划大赛	入围奖
杨立婷	2011 级	公关	第四届公关策划大赛	入围奖
史巧凤	2011 级	公关	第四届公关策划大赛	入围奖
仪　雯	2011 级	公关	第四届公关策划大赛	入围奖
钱红宇	2011 级	工管	谷歌杯益暖中华创意大赛	入围复赛
倪尔东	2011 级	工管	谷歌杯益暖中华创意大赛	入围复赛
沈雅逸	2011 级	公关	谷歌杯益暖中华创意大赛	入围复赛
王晓栋	2011 级	公关	谷歌杯益暖中华创意大赛	入围复赛
仪　雯	2011 级	公关	谷歌杯益暖中华创意大赛	入围复赛
李天林	2011 级	信管	谷歌杯益暖中华创意大赛	入围复赛
张峻瑞	2011 级	信管	谷歌杯益暖中华创意大赛	入围复赛
钱红宇	2011 级	工管	哈佛社会企业创业比赛	一等奖
赵　佳	2009 级	公关	韩国现代汽车大学生营销创意大赛	入围复赛
黎　欢	2011 级	公关	中国音乐金钟奖巡回演唱会	优秀奖
徐薛亮	2011 级	工管	汉高创业大赛	入围复赛
陈　静	2009 级	公关	欧莱雅校园义卖策划大赛	全国十强
张帅凤	2011 级	工管	JA – MESE 商业挑战赛 上海赛区	入围复赛
姜怡雯	2009 级	信管	第七届“上汽教育杯”	优胜奖
雷乐悦	2009 级	信管	第七届“上汽教育杯”	优胜奖
刘　馨	2009 级	信管	第七届“上汽教育杯”	优胜奖

续表

姓名	年级	专业	项目名称	等级、地点、单位
吴　琼	2010 级	公关	联合利华闪亮未来商业精英挑战赛	入围复赛
姚思航	2011 级	工管	联想“彪悍的小丫”创意营销大赛，松江赛区	入围复赛
倪尔东	2011 级	工管	联想“彪悍的小丫”创意营销大赛，松江赛区	入围复赛
肖云天	2011 级	工管	联想“彪悍的小丫”创意营销大赛，松江赛区	入围复赛
钟元真	2011 级	公关	联想“彪悍的小丫”创意营销大赛，松江赛区	第三名
刘思阳	2011 级	公关	联想“彪悍的小丫”创意营销大赛，松江赛区	第三名
仪　雯	2011 级	公关	联想“彪悍的小丫”创意营销大赛，松江赛区	第三名
陈　靓	2011 级	信管	联想“彪悍的小丫”创意营销大赛，松江赛区	入围复赛
胡　迅	2010 级	信管	赛扶中国华东区域赛	Elite Student
时　越	2011 级	工管	上海行知杯	优秀奖
刘鑫璐	2011 级	工管	上海行知杯	优秀奖
黄廷轩	2011 级	工管	上海行知杯	优秀奖
吴佳慧	2011 级	工管	上海行知杯	优秀奖
姚思航	2011 级	工管	上海行知杯	优秀奖
钟元真	2011 级	公关	上海行知杯	入围复赛
林昕烨	2011 级	公关	上海行知杯	入围复赛
钟元真	2011 级	公关	上海商学院首届微电影大赛	二等奖
叶　蕙	2011 级	公关	上海商学院首届微电影大赛	二等奖
朱以琼	2011 级	公关	上海商学院首届微电影大赛	二等奖
李　丹	2011 级	公关	上海商学院首届微电影大赛	二等奖

续表

姓名	年级	专业	项目名称	等级、地点、单位
姜昱昊	2011 级	公关	新东方口语大赛华东赛区	优胜奖
时　越	2011 级	工管	上海行知杯	先进个人奖
赴英国文化交流实践团			英国牛津暑期交流项目	优秀项目奖
王泽涓	2011 级	公关	第四届松江大学城羽毛球比赛	第一名
姜昱昊	2011 级	公关	上海外国语大学“外教社”杯英语演讲比赛	最具潜力奖
倪尔东	2011 级	工管	上海外国语大学“外教社”杯英语演讲比赛	鼓励奖
郭　锐	2011 级	工管	“二十一世纪杯”英语演讲比赛上外赛区	三等奖
张伊穗	2010 级	公关	第八届“挑战杯”创业大赛	入围十强
陈旻明	2011 级	公关	第八届“挑战杯”创业大赛	入围十强
陈　静	2009 级	公关	第八届“挑战杯”创业大赛	金奖
陈　曦	2009 级	公关	第八届“挑战杯”创业大赛	金奖
万嘉璇	2009 级	公关	第八届“挑战杯”创业大赛	金奖
幺雨婷	2009 级	工管	第八届“挑战杯”创业大赛	银奖
张逸枫	2009 级	工管	第八届“挑战杯”创业大赛	银奖
张文婷	2009 级	工管	第八届“挑战杯”创业大赛	银奖
杨秋琳	2010 级	公关	第八届“挑战杯”创业大赛	铜奖
胡　迅	2010 级	信管	第八届“挑战杯”创业大赛	银奖
樊晓岑	2010 级	信管	第八届“挑战杯”创业大赛	银奖
徐天宇	2010 级	信管	第八届“挑战杯”创业大赛	银奖
龙玉云	2010 级	信管	第八届“挑战杯”创业大赛	银奖
乌拉尔	2009 级	工管	华侨基金暑期实践策划大赛	三等奖
孙雅慧	2011 级	信管	华侨基金暑期实践策划大赛	三等奖

续表

姓名	年级	专业	项目名称	等级、地点、单位
马筠凡	2011 级	信管	华侨基金暑期实践策划大赛	优胜奖
林宇新	2009 级	公关	上外 MBA 中心 “中式快餐商业项目”大赛	人气奖
李　琦	2009 级	公关	上外 MBA 中心 “中式快餐商业项目”大赛	入围十强
刘思阳	2011 级	公关	松江大学城模拟联合国	Honorable Mention
姜昱昊	2011 级	公关	松江大学城模拟联合国	Honorable Mention
刘思阳	2011 级	公关	松江大学城诗歌朗诵比赛	第一名
李佳潞	2011 级	公关	松江大学园区创业大赛	第四名
杨　钰	2011 级	信管	松江大学园区创业大赛	第五名
孙雅慧	2011 级	信管	松江大学园区创业大赛	第五名
朱晨晖	2011 级	信管	松江大学园区创业大赛	第五名
谭　靓	2011 级	信管	松江大学园区创业大赛	第五名
张紫嫣	2011 级	信管	松江大学园区创业大赛	第五名
耿　爽	硕士生	企管	第 42 届圣加仑论坛	瑞士
徐依然	2010 级	公关	美国哥伦比亚大学交流项目	美国
庞　然	2010 级	公关	美国哥伦比亚大学交流项目	美国
邵译萱	2010 级	公关	美国哥伦比亚大学交流项目	美国
周佳文	2010 级	公关	美国哥伦比亚大学交流项目	美国
林艺菲	2010 级	工管	美国哥伦比亚大学交流项目	美国
王佳月	2009 级	公关	第 56 届哈佛全美模拟联合国大会	美国
莫曦雯	2009 级	公关	挪威国际学生节	挪威
张　纳	2009 级	公关	哈佛亚洲与国际关系年会	中国台湾
徐育浩	2011 级	工管	哈佛亚洲与国际关系年会	中国台湾

续表

姓名	年级	专业	项目名称	等级、地点、单位
姚思航	2011 级	工管	哈佛亚洲与国际关系年会	中国台湾
钱红宇	2011 级	工管	美国加州大学伯克利分校交流项目	美国
时　越	2011 级	工管	美国加州大学伯克利分校交流项目	美国
黄廷轩	2011 级	工管	美国加州大学伯克利分校交流项目	美国
钱红宇	2011 级	工管	斯雅美国 GEP2012 交流项目	美国
张帅凤	2011 级	工管	美国佐治亚大学交流项目	美国
时　越	2011 级	工管	美国佐治亚大学交流项目	美国
陆雅雯	2011 级	公关	美国佐治亚大学交流项目	美国
姜昱昊	2011 级	公关	新加坡国立大学交流项目	新加坡
李天林	2011 级	信管	新加坡国立大学交流项目	新加坡
黄祎婕	2011 级	公关	英国伦敦帝国理工大学交流项目	英国
叶之韵	2011 级	公关	英国伦敦帝国理工大学交流项目	英国
邬　坤	2009 级	公关	英国牛津暑期交流项目	英国
陆　晓	2011 级	工管	英国牛津暑期交流项目	英国
沈旭立	2011 级	工管	英国牛津暑期交流项目	英国
沈吕婷	2011 级	工管	英国牛津暑期交流项目	英国
吴佳慧	2011 级	工管	英国牛津暑期交流项目	英国
黄　菁	2011 级	工管	英国牛津暑期交流项目	英国
刘鑫璐	2011 级	工管	英国牛津暑期交流项目	英国
肖云天	2011 级	工管	英国牛津暑期交流项目	英国
唐文怡	2011 级	公关	英国牛津暑期交流项目	英国
林昕烨	2011 级	公关	英国牛津暑期交流项目	英国

续表

姓名	年级	专业	项目名称	等级、地点、单位
俞冬琪	2011 级	信管	英国牛津暑期交流项目	英国
谭　靓	2011 级	信管	英国牛津暑期交流项目	英国
张紫嫣	2011 级	信管	英国牛津暑期交流项目	英国
陈昕蓓	2011 级	信管	英国牛津暑期交流项目	英国
谈晨迪	2011 级	信管	英国牛津暑期交流项目	英国
张文扬	2010 级	信管	英国牛津暑期交流项目	英国
颜　妍	2010 级	公关	英国牛津暑期交流项目	英国
李涵琛	2010 级	公关	加拿大维多利亚大学交流项目	加拿大
祝怡文	2010 级	工管	加拿大维多利亚大学交流项目	加拿大
李青桦	2010 级	工管	加拿大维多利亚大学交流项目	加拿大
王常瑞	2011 级	公关	香港中文大学交流项目	中国香港
李昕睿	2011 级	信管	香港中文大学交流项目	中国香港
曾　浩	2010 级	公关	EF 海外游学	加拿大
陈昕蓓	2011 级	信管	EF 海外游学	加拿大
张可君	2011 级	公关	EF 海外游学	加拿大
姚思航	2011 级	工管	国际志愿者	印度
张昱璟	2011 级	信管	国际志愿者	印度
李　琦	2009 级	公关	国际志愿者	土耳其
任雅芳	2010 级	信管	国际志愿者	南非开普敦
胡　迅	2010 级	信管	国际志愿者	南非开普敦
张亦晨	2010 级	工管	国际志愿者	乌克兰
蒋宛彤	2010 级	信管	国际志愿者	毛里求斯

续表

姓名	年级	专业	项目名称	等级、地点、单位
樊晓岑	2010 级	信管	国际志愿者	尼泊尔
谢立力	2010 级	公关	国际志愿者	新西兰
吴　琼	2010 级	公关	国际志愿者	越南
张伊穗	2010 级	公关	国际志愿者	尼泊尔
倪斯杰	2011 级	信管	国际志愿者	土耳其
陆晓寒	2011 级	信管	国际志愿者	斯里兰卡

2013 年度

姓名	年级	专业	荣誉名称	获奖等级 授予单位
周子渊	2009 级	公关	2012 CIMA 国际商业精英挑战赛华东赛区	第二名,CIMA 皇家特许管理会计师公会
孙丹妮	2009 级	工管	EF 2012 国际实习生大赛中国赛区	第四名,EF 英孚教育
洪一旗	2010 级	工管	Emily 创业项目国家立项	第三名,教育部
成　茜	2010 级	工管	Emily 创业项目国家立项	第三名,教育部
冯敏青	2010 级	工管	Emily 创业项目国家立项	第三名,教育部
郑　堃	2010 级	工管	Emily 创业项目国家立项	第三名,教育部
车禹桥	2010 级	信管	ACG 动漫实体店经营项目	亚军,教育部
吴　琼	2010 级	公关	汉服文化的商业化推广	优秀项目,教育部
张伊穗	2010 级	公关	汉服文化的商业化推广	优秀项目,教育部
禹亚萌	2009 级	信管	创新创业项目	结项,教育部
周子渊	2009 级	信管	创新创业项目	结项,教育部
赵　佳	2009 级	信管	创新创业项目	结项,教育部
董兆菁	2009 级	信管	创新创业项目	结项,教育部

续表

姓名	年级	专业	荣誉名称	获奖等级 授予单位
潘捷	2010 级	公关	创新创业项目	结项,教育部
李涵琛	2010 级	公关	创新创业项目	三等奖,教育部
何文佳	2010 级	公关	创新创业项目	三等奖,教育部
邵译萱	2010 级	公关	创新创业项目	三等奖,教育部
周　环	2010 级	公关	创新创业项目	三等奖,教育部
张逸枝	2010 级	信管	创新创业项目	结项,教育部
龙玉云	2010 级	信管	创新创业项目	结项,教育部
徐天宇	2010 级	信管	创新创业项目	结项,教育部
樊晓岑	2010 级	信管	创新创业项目	结项,教育部
郁　洋	2010 级	信管	创新创业项目	结项,教育部
张文扬	2010 级	信管	创新创业项目	结项,教育部
李　丹	2010 级	信管	创新创业项目	结项,教育部
周潇潇	2010 级	信管	创新创业项目	结项,教育部
徐　纯	2010 级	信管	创新创业项目	结项,教育部
朱雨薇	2010 级	信管	创新创业项目	结项,教育部
钱　琦	2010 级	信管	创新创业项目	结项,教育部
许艳秋	2010 级	信管	创新创业项目	结项,教育部
韦　静	2010 级	信管	创新创业项目	结项,教育部
杨　钰	2011 级	信管	创新创业项目	结项,教育部
柳小川	2011 级	工管	创新创业项目	结项,教育部
陆　晓	2011 级	工管	创新创业项目	结项,教育部
沈吕婷	2011 级	工管	创新创业项目	结项,教育部
王晓栋	2011 级	公关	创新创业项目	结项,教育部

续表

姓名	年级	专业	荣誉名称	获奖等级 授予单位
李梅莹	2011 级	公关	创新创业项目	结项,教育部
仪　雯	2011 级	公关	创新创业项目	结项,教育部
车禹桥	2011 级	信管	创新创业项目	亚军,教育部
俞　婕	2011 级	信管	创新创业项目	亚军,教育部
刘晟宁	2011 级	信管	创新创业项目	亚军,教育部
孙　婷	2011 级	信管	创新创业项目	亚军,教育部
张峻瑞	2011 级	信管	创新创业项目	结项,教育部
李天林	2011 级	信管	创新创业项目	结项,教育部
孙雅慧	2011 级	信管	创新创业项目	结项,教育部
朱晨晖	2011 级	信管	创新创业项目	结项,教育部
谭　靓	2011 级	信管	创新创业项目	结项,教育部
张紫嫣	2011 级	信管	创新创业项目	结项,教育部
谢莹莹	2011 级	信管	创新创业项目	结项,教育部
倪斯杰	2011 级	信管	创新创业项目	结项,教育部
陈凯颖	2011 级	信管	创新创业项目	结项,教育部
李祯珊	2010 级	公关	创新创业项目	结项,教育部
陆　涵	2011 级	信管	创新创业项目	结项,教育部
林昕烨	2011 级	公关	创新创业项目	结项,教育部
姚思航	2011 级	工管	创新创业项目	结项,教育部
马旭宇	2011 级	公关	创新创业项目	结项,教育部
李佳慧	2011 级	信管	创新创业项目	结项,教育部
刘　凡	2012 级	信管	创新创业项目	结项,教育部
洪一旗	2009 级	工管	创新创业项目	结项,教育部

续表

姓名	年级	专业	荣誉名称	获奖等级 授予单位
张惠纨	2011 级	工管	创新创业项目	结项,教育部
蒋宛彤	2010 级	信管	创新创业项目	结项,教育部
唐　莎	2011 级	公关	创新创业项目	结项,教育部
易　奕	2011 级	工管	创新创业项目	结项,教育部
张可君	2011 级	公关	创新创业项目	结项,教育部
李梦琪	2011 级	公关	创新创业项目	结项,教育部
秦　雪	2010 级	公关	联合利华商业精英挑战赛	亚军,联合利华
杨秋林	2010 级	公关	联合利华商业精英挑战赛	亚军,联合利华
葛子楠	2010 级	信管	联合利华商业精英挑战赛	亚军,联合利华
李祯珊	2010 级	公关	联合利华商业精英挑战赛	前三十名,联合利华
李涵琛	2010 级	公关	联合利华商业精英挑战赛团队	前三十名,联合利华
李涵琛	2010 级	公关	宝洁挑战赛	三等奖,宝洁
陆晓寒	2011 级	信管	玛氏创意策划大赛	全国 100 强,玛氏
刘　洁	2011 级	信管	CIMA 管理会计挑战赛 华东赛区	前二十名,CIMA
陆晓寒	2011 级	信管	CIMA 管理会计挑战赛 华东赛区	前二十名,CIMA
倪晓雯	2009 级	工管	第八届全国大学生沙盘模拟大赛	优胜奖, 高等学校国家级实验教学示范中心联合会
姜怡雯	2009 级	信管		
雷乐悦	2009 级	信管		
刘小妞	2009 级	信管		
李昕睿	2011 级	信管	第四届 Peak time 全球商业模拟大赛中国赛区	入围决赛, 斯德哥尔摩经济学院

续表

姓名	年级	专业	荣誉名称	获奖等级 授予单位	
郭　宇	2009 级	公关	第四届公关策划大赛	入围奖	中国国际公关协会
张晓黎	2009 级	公关	第四届公关策划大赛	入围奖	
胡　婕	2009 级	公关	第四届公关策划大赛	入围奖	
方　娜	2009 级	公关	第四届公关策划大赛	入围奖	
楼杭丹	2009 级	公关	第四届公关策划大赛	一等奖	
陈芸芸	2010 级	公关	第四届公关策划大赛	入围奖	
朱勐杰	2011 级	公关	第四届公关策划大赛	二等奖	
陈旻明	2011 级	公关	第四届公关策划大赛	二等奖	
唐文怡	2011 级	公关	第四届公关策划大赛	二等奖	
林昕烨	2011 级	公关	第四届公关策划大赛	二等奖	
李梅莹	2011 级	公关	第四届公关策划大赛	二等奖	
张　楠	2011 级	公关	第四届公关策划大赛	入围奖	
莫佳斯	2011 级	公关	第四届公关策划大赛	入围奖	
董建瑞	2011 级	公关	第四届公关策划大赛	入围奖	
杨立婷	2011 级	公关	第四届公关策划大赛	入围奖	
史巧凤	2011 级	公关	第四届公关策划大赛	入围奖	
仪　雯	2011 级	公关	第四届公关策划大赛	入围奖	
钱红宇	2011 级	工管	谷歌杯益暖中华创意大赛	入围复赛,谷歌	
倪尔东	2011 级	工管	谷歌杯益暖中华创意大赛		
沈雅逸	2011 级	公关	谷歌杯益暖中华创意大赛		
王晓栋	2011 级	公关	谷歌杯益暖中华创意大赛		
仪　雯	2011 级	公关	谷歌杯益暖中华创意大赛		
李天林	2011 级	信管	谷歌杯益暖中华创意大赛		
张峻瑞	2011 级	信管	谷歌杯益暖中华创意大赛		

续表

姓名	年级	专业	荣誉名称	获奖等级 授予单位
钱红宇	2011 级	工管	哈佛社会企业创业比赛	一等奖,哈佛大学
赵　佳	2009 级	公关	韩国现代汽车大学生营销创意大赛	入围复赛,现代汽车
黎　欢	2011 级	公关	中国音乐金钟奖巡回演唱会	优秀奖,中国音乐金钟奖主办方
徐薛亮	2011 级	工管	汉高创业大赛	入围复赛,汉高
陈　静	2009 级	公关	欧莱雅校园义卖策划大赛	全国十强,欧莱雅
杨昭玉	2011 级	工管	第十三届挑战杯上海市大学生课外学术科技作品竞赛	一等奖, 上海市团市委
张冬璐	2011 级	工管		
伍培婉	2011 级	信管		
李佳慧	2011 级	信管		
谭鹂雯	2010 级	信管		二等奖, 上海市团市委
张伊穗	2010 级	信管		
吴　琼	2010 级	信管		
张逸枝	2010 级	信管		
黎　欢	2011 级	公关		
王泽涓	2011 级	公关		
沈雅逸	2011 级	公关		
张可君	2011 级	公关		
刘思阳	2011 级	公关		
邱素素	2011 级	工管		三等奖, 上海市团市委
高菱荫	2011 级	工管		

续表

姓名	年级	专业	荣誉名称	获奖等级 授予单位
应梦茜	2010 级	信管	首届上海市大学生“创业之星”团队大赛	铜奖, 上海市学生事务中心
张逸枝	2010 级	信管		
邓　沁	2010 级	信管		
任艳芳	2010 级	信管		
许　鑫	2012 级	工管	上海市民运动会围棋成人组	第四名,市体育局
时　越	2011 级	工管	上海市大学生暑期社会实践	先进个人,团市委
李军涛	2011 级	工管	上海市学生阳光体育联赛冬季长跑	一等奖,市体育局
陈凯颖	2011 级	信管	上海市学生阳光体育联赛短绳比赛	团体第三, 上海市体育局
李昕睿	2011 级	工管		
何思荣	2011 级	公关		
刘思阳	2011 级	公关		
王泽娟	2011 级	公关	上海市大学生运动会羽毛球女子组	第四名,市体育局
何敏怡	2011 级	公关		团体第八, 上海市体育局
朱以琼	2011 级	公关		
王泽娟	2011 级	公关		
黄　玥	2012 级	公关		
李　迪	2011 级	信管	上海市大学生运动会棒球比赛	冠军,上海市体育局
俞晓俊	2012 级	公关		
黎　欢	2011 级	工管	上海市大学生篮球精英赛	第三名,市体育局
张曦予	2012 级	工管	上海市大学生啦啦操阳光大联赛	一等奖, 上海市体育局
赵　宇	2012 级	公关		

续表

姓名	年级	专业	荣誉名称	获奖等级 授予单位
马　耘	2011 级	工管	上海市大学生暑期绿化市容社会实践报告评比	二等奖，上海市教育局
李军涛	2011 级	工管		
黄意聪	2011 级	工管		
丁　琦	2011 级	工管		
温效喆	2011 级	工管		
陆　晓	2011 级	工管	“税签杯”财会精英挑战赛	第三名，上海对外经贸大学
张昱璟	2011 级	信管		
陆　涵	2011 级	信管		
李天林	2011 级	信管		
陆晓寒	2011 级	信管	奔驰－戴姆勒 BI 大赛	二等奖，戴姆勒大中华区投资有限公司
李思润	2011 级	信管		最佳贡献，戴姆勒大中华区投资有限公司
肖雨诗	2011 级	信管		
周弘毅	2009 级	公关	高校优秀毕业生	优秀学生，上海市教育委员会
龚　沁	2009 级	工管		
虞　雪	2009 级	工管		
郭　宇	2009 级	公关		
高慧琳	2009 级	公关		
王佳月	2009 级	公关		
许之颖	2011 级	信管	上海国际艺术节大学生钢琴比赛	二等奖，上海市教育委员会
刘　馨	2009 级	信管	第七届“上汽教育杯”	优胜奖，全国科技活动周组委会
吴　琼	2010 级	公关	联合利华闪亮未来商业精英挑战赛	入围复赛，联合利华

续表

姓名	年级	专业	荣誉名称	获奖等级 授予单位
姚思航	2011 级	工管	联想“彪悍的小丫”创意营销大赛松江赛区	入围复赛,联想
倪尔东	2011 级	工管		
肖云天	2011 级	工管		
钟元真	2011 级	公关		第三名,联想
刘思阳	2011 级	公关		
仪　雯	2011 级	公关		
陈　靓	2011 级	信管		入围复赛,联想
胡　迅	2010 级	信管	赛扶中国华东区域赛	Elite Student, 赛扶中国
高　度	2012 级	工管	Enactus 中国比赛	华东赛区二等奖, 赛扶中国
解美真	2012 级	公关	第三届长江三角洲公益论坛公益展评赛(浙大论坛)	最佳展示奖, 浙江大学
洪璟宁	2012 级	工管	上海市跆拳道比赛	铜奖,上海市体育局
时　越	2011 级	工管	上海知行杯	优秀奖, 上海市团市委
刘鑫璐	2011 级	工管		
黄廷轩	2011 级	工管		
吴佳慧	2011 级	工管		
姚思航	2011 级	工管		
钟元真	2011 级	公关	上海知行杯	入围复赛, 上海市团市委
林昕烨	2011 级	公关		
时　越	2011 级	工管		先进个人奖, 上海市团市委

续表

姓名	年级	专业	荣誉名称	获奖等级 授予单位
钟元真	2011 级	公关	上海商学院首届微电影大赛	二等奖， 上海商学院
叶　蕙	2011 级	公关		
朱以琼	2011 级	公关		
李　丹	2011 级	公关		
姜昱昊	2011 级	公关	新东方口语大赛华东赛区	优胜奖，新东方
赴英国文化交流实践团			英国牛津暑期交流项目	优秀项目奖， 上海市团市委

2014 年度

姓名	年级	专业	荣誉名称	获奖等级 授予单位
邱素素	2011 级	工理	2014 联合利华商业精英挑战赛	全国第一名， 联合利华
王　然	2012 级	信管	“应氏杯”全国大学生围棋赛	团体冠军， 应昌期围棋教育基金会
赵一帆	2012 级	工管	全国大学生外交外事礼仪大赛	第二名， 外交学院
陈　璐	2012 级	信管	全国大学生健美操锦标赛	二等奖， 中国大学生健美操艺术体操协会
陈昌勇	2012 级	信管	华侨杯支教策划大赛	二等奖， 华侨大学
俞顺海	2012 级	信管		
钟哲鸿	2012 级	信管		
张昱璟	2011 级	信管	GMC 国际企业管理大赛	全国三等奖， GMC 国际企业管理大赛组委会
沈旭立	2011 级	工管		
邢雪洲	2012 级	公关	“青年中国行”2013 年暑期大学生社会调研实践活动	全国百强团队，“青年中国行”赛事组委会

续表

姓名	年级	专业	荣誉名称	获奖等级 授予单位
孔令名	2012 级	信管	“青年中国行”2013 年暑期大学生社会调研实践活动	全国百强团队, “青年中国行”赛事组委会
王兴盛	2012 级	公关		
张冬璐	2011 级	工管	国家级创新训练项目,	国家优秀项目, 教育部
杨昭玉	2011 级	工管		
洪一旗	2010 级	工管	国家级创新训练项目	结项, 教育部
贾玲雅	2010 级	公关		
李梦琪	2010 级	公关		
李佳慧	2011 级	公关		
林昕烨	2011 级	公关		
鲁梦宇	2011 级	工管		
马旭宇	2011 级	公关		
唐　莎	2011 级	公关		
易　奕	2011 级	公关		
张蕙纨	2011 级	工管		
刘　凡	2012 级	信管		
柳小川	2012 级	工管		
陈　璐	2012 级	信管		
张可君	2011 级	公关		
朱晨晖	2011 级	信管		
郭　锐	2011 级	工管	21 世纪杯全国英语演讲比赛上海校园选拔赛	一等奖
黄舒怡	2012 级	工管	挑战杯全国大学生创业计划大赛	上海市银奖, 上海市团市委
陈顶立	2013 级	公关		
陈梦瑶	2011 级	工管		

续表

姓名	年级	专业	荣誉名称	获奖等级 授予单位
顾伊琳	2013 级	公关		
雷泓滟	2013 级	公关		
马怡雯	2011 级	工管	挑战杯全国大学生创业计划大赛	上海市银奖， 上海市团市委
时　越	2011 级	工管		
孙雅慧	2011 级	信管		
谈庭青`	2012 级	工管		
王子祁	2013 级	公关		
吴雅婷	2013 级	公关		
徐　嘉	2012 级	信管		
叶子剑	2013 级	公关		
俞顺海	2012 级	信管		
喻若琳	2012 级	公关		
张　琪	2013 级	公关		
张紫嫣	2011 级	信管		
朱怡雯	2013 级	公关		
刘家珲	2012 级	信管	第十届上海大学生 ERP 沙盘模拟经营大赛	二等奖， 国家级实验教学示范中心联合会
朱晨辉	2011 级	信管		
陈昌勇	2012 级	信管		
黄晓楠	2012 级	信管		

续表

姓名	年级	专业	荣誉名称	获奖等级 授予单位
黄一鹤	2012 级	公关	上海市第五届知行杯大学生社会实践大赛	二等奖, 团市委学校部
黄意聪	2011 级	工管		
毛正琦	2012 级	工管		
马　耘	2011 级	工管		
温效喆	2011 级	工管		
丁琦	2011 级	工管		
高菱荫	2011 级	工管		三等奖, 团市委学校部
张蕙纨	2011 级	工管		
邱素素	2011 级	工管		
许议天	2012 级	工管		上海市优秀项目 团市委学校部
赵亚兰	2013 级	公关	创业姑苏青年精英创业大赛	三等奖, 苏州市团委
丁雅妮	2013 级	公关		
钟　山	2013 级	公关		
谭　靓	2011 级	信管	上汽教育杯课外科技作品比赛	上海市三等奖, 上师大团委
孙雅慧	2011 级	信管		上海市优秀奖, 上师大团委
何小柳	2011 级	信管		
朱晨辉	2011 级	信管		
黄一鹤	2012 级	公关	上海市绿色生活宣传和创意大赛	二等奖, 上海市绿化和市容管理局团委
蔡文亮	2012 级	公关	松江购物节大学生营销策划大赛	第 4 名, 松江区商旅委联合团区委

续表

姓名	年级	专业	荣誉名称	获奖等级 授予单位
陈阳均	2012 级	工管	松江购物节大学生营销策划大赛	10 强， 松江区商旅委联合团区委
刘宸溪	2012 级	工管		
乔怡嘉	2012 级	工管		
王　迪	2011 级	工管		三等奖， 松江区商旅委联合团区委
宋昕格	2011 级	工管		优秀入围奖， 松江区商旅委联合团区委
侯思雨	2012 级	信管		
郎锦涛	2012 级	公关		
张帅凤	2011 级	工管		
杨雪琴	2012 级	信管		
马怡雯	2011 级	工管		
云　鹤	2012 级	信管		
伍培婉	2011 级	信管	BUP 法国巴黎银行商业挑战赛	top25%， 法国巴黎银行
孔　斌	2011 级	信管		
罗春璇	2011 级	信管	上海市“国家资金助我飞翔”征文比赛	三等奖， 上海市学生事务中心
时　越	2011 级	工管	“浦发杯”大学生移动金融创意大赛	优胜奖， 比赛组委会
伍培婉	2011 级	信管	EAGLE 雏鹰杯案例分析大赛	第三名， CGA 上海分会
傅　珺	2012 级	工管	上海市暑期社会实践项目	二等奖， 上海市团委
王　然	2012 级	信管	2014 上海市大学生围棋联赛	团体冠军， 上海棋院
焦松岩	2013 级	公关		

续表

姓名	年级	专业	荣誉名称	获奖等级 授予单位
许安迪	2012 级	工管	2014 上海市围棋锦标赛	团体第三名, 上海应昌期围棋教育基金会
许安迪	2012 级	工管	上海市运动五子棋大学生比赛	团体亚军, 上海市教师围棋协会
陈　晨	2012 级	工管	健美操阳光大联赛	二等奖, 上海市体育局
张曦予	2012 级	工管		
徐薛亮	2011 级	工管	十八大党章知识竞赛上海赛区	三等奖, 团市委组织部

上外管理学科毕业校友名录

（2010—2014）

2010届（本科生2006级，硕士生2007级）毕业生

工商管理专业

陈欣露　胡　颖　武　琦　苏　文　陈　霖　张雅雯　王　健
程　昕　袁叶滔　王津婧　沈如冰　徐丽超　秦　逸　华子怡
陈晓菲　李元婷　张铮鸣　张路加　毛　玥　张晶晶　汪　岚
张莹清　叶贾旎　张　静　盛　倩　徐天奇　曲雪娇　唐　苓
黄鹤顺　陈圆圆　陈吉倩　许　蕾　韦天池　唐静维　张怡菁
陶　莹　胡梦宇　楼思懿　韩婧怡　镇　玮　李璐澜　俞小莹
张　琎　陈梦玫　陈　偲　刘苏琴　敖艺玲　张思佳　张瑞瑞
王蕴斐　魏志霞　罗　璐　张　宁　陈虹妤

信息管理与信息系统专业

金明霞　郁　晾　曾　朋　纪　翔　包一雯　王佳铭　计如云
邵文婷　曹雅琼　顾　悦　贺　龚　米　骏　高一鸣　贺迪飞
陈光亮　蔡佩莉　张佳平　王　莉　张骁纯　冯彦文　郑旭婷
李　蓓　闻佩景　曾佳琳　黄继伟　王　珊　薛　琦　马　婧
朱玲玉　杨　涛　吴　越　尤　琪　李　月　王姝思　王　建
颜　硕　高志芳　陆　璐　姜　楠　李　磊　顾楚影　江　瑜
陈　力　陈雪莲　李毓恩　赵晓崇　任金漫　刘玉凤　付　辉
张　昭　郑冠楠　刘　璇　王　琼

公共关系学专业

高起昇　董纯诚　白菲斐　朱丽娜　刘艳婷　张燕燕　张璐莎
张雍旻　归一茜　陈　昱　顾晨瑜　端木霞子　汤颖婧
王　蓓　高　珊　沈　悦　刘　征　韩令捷　吴　燕　沈黇旻
陈晓青　朱　滢　沈　莉　徐加蕴　杨璐云　黄晓丽　虞昭仪
吴诚潇　沈　毅　史晓雯　王晨漪　赵丽萍　陈　萌　周晓雯
季炳宇　江雪吟　吴晟姗　陈晓佳　阮一维　俞越珏　周　怡
朱怡天　范高宁　李亦希　林　洋　黄　芳　朱　玲　李连泰
陈校缇　李　琪　赵星宇

会计学专业

李　甘　贺　虹　俞曲圆　杜俪斐　曹木子　冯佳悦　严倚然
赵　曼　樊莹莹　吴　茜　王佳莹　陈尧卉　李　琳　陈申沁
杨力行　张俐婷　施　悦　卢天强　陈敏杰　王千贤　王羽佳
童丽青　舒　洁　徐静文　梁吉超　庄非非　於弘嘉　陈思依
徐　婕　梁宇青　高　琰　施文浩　周妍怡　袁　元　刘震峰
顾　曼　华　佳　陈方心怡　蔡　艳　罗紫禹　李　歆
马　靓　肖姝婉　乔　莜　谌　洁　金　妗　吕琦萌　贾　婧
王映璇　张　玥　贺欣然　马　玥　骆曦儿

企业管理硕士研究生

陈　娜　孔　楠　郑怡哲　寿芸吉　王鸣尧　王思雯　吴加冠
王　丹　李　凯　王　丹　王文聿　洪　琳　彭　赋　陈灼芬
沈盈盈　陈文洁　倪立诚　刘兆丰　徐儒耘

2011届(本科生2007级,硕士生2008级)毕业生

工商管理专业

张　皓　王　皓　仓　阳　沈圆圆　夏　添　汪志超　邬静远

陆蓉瑢　陆　莺　何梦谙　孙思轶　宁晓萌　林青云　盛嘉年
张侠英　潘草芥　王　晶　任婧文　刘晓璐　朱婷婷　顾　艳
章　程　邵佳雁　童　媛　杨　泓　王青立　李秋月　漆译煌
陈晔琳　孙康融　伊　丽　庄文倩　施俊佳　刘永俐　芮　晶
沈　晨　王露瑶　王珍珍　冯　湘　张　虹　金　贝　唐　书
李长谦　徐思萌　陈帅立　李佳宝　王　宇　万　梦　吕睿鹏
郜　君　包　琪　姚育兰　张舒文　杨人骅

信息管理与信息系统专业

田梦厦　郭　睿　张赋典　顾颖俊　张圣颖　左禾欢　朱　婕
丁承超　邵唯波　陈　晟　朱佳怡　王斐越　俞有舟　李洁蔼
莫　雯　陈　昊　谢梦迪　朴英仁　孙轶凡　金　擎　蒋　伟
邵丰年　钱子榕　田思思　杨　辉　张星霞　陈　瑶　沈　洁
陈婕倩　关堂鹏　余　潜　曾　雄　罗　丽　陈泓羽　钟文露
邹　鑫　赵　晨　谭良齐　查玉婷　闫一凡　孙嘉彬　于　洋
朴昭燕　王　强　张　博　严　敏　白　璐　张昌红　陈　晨

公共关系学专业

韩　莹　邹　劼　陈诗瑶　沈龑雯　龚莺萍　周维佳　陆新颖
张嘉伊　王　侃　黄靓怡　张　茜　吴　虞　肖欣如　杨　敏
徐安妮　张璟璇　杨司莹　崔雅洁　张　靓　赵　吉　孙　雯
朱瑶君　施　雯　陈诗佳　叶天辰　沈懿容　唐婷婷　孙　怡
徐　帆　张　帆　韩　笑　李梦天　潘晗辰　蔡丹宁　吕　卉
周晓静　裘心韵　余舒意　胡　汉　余志川　高　狄　高　凌
李朝晖　焦　阳　袁梦雨　白秀蕾　李上涛　宋思宁　张　雪
李静超　李文扬　尤　超　张春红

会计学专业

王逸菁　徐定昊　张　珏　曾晓劼　张晗晋　乔涵若　李　黎
虞姚菲　吴　悦　唐文韬　徐雯雯　严晓依　施　伟　马　骢
桂长爽　吴倩宇　方德加　杨　华　汪　晶　顾济蕾　陈正辉

段海燕	杨　扬	董　耘	刘　西	龚以骎	任若漪	赵　捷
倪　杰	廖　晨	沈智文	李　佳	陈佳程	黄鋆浩	陈雪君
陆　伟	成　畅	吴　洁	李晓庆	王　翔	郑嘉伟	李　航
张雅玲	杨　洁	高　原	耿　聪	潘　鹏	何海钦	

企业管理硕士研究生

谭丽云	黄　晶	李晓莹	鲍其雯	盛　昀	杨　卉	赵贞贞
华　绳	王美婷	陆佳敏	谢　辉	徐庆芬		

2012届(本科生2008级,硕士生2009级)毕业生

工商管理专业

祝文娇	蒋　怡	吴识超	尤　佳	姜韵华	梅懿骏	郭维薇
贺汝茜	高智意	曹　薇	王　玟	顾江帆	蔡绮慧	劳于师
石维青	邢冰晶	江　蕾	徐梦蕊	吴　蕤	崔　奇	黄安琪
陈　杨	汤媛媛	杨子骏	吴昕若	高　华	刘苡珊	卢明雪
岳慧敏	刘　敏	王　慧	王　强	纪元媛	蔡佳澄	仲逸凡
王克非	倪心一	缪　敏	荣　熹	陆华丽	沈　洋	王芸瑾
沈青青	应苏杭	缪紫苑	叶　婷	王晓雨	王志明	樊立彬
徐明倩	曹世龙	游羽瑄	邓霭欣	罗敏华		

信息管理与信息系统专业

冯　飞	夏晓苑	吴徐之	严　啸	王俊茜	平　静	谢雨心
孙骁春	朱梦娇	熊　伟	董茜雯	许　娇	李玮艳	周　雪
张以凡	程云汉	朱骏博	李骜杰	顾菁菁	郑杰芳	任晓丹
任钊逸	李梦娅	郑爱玲	王静怡	佟美佳	洪　洋	邹晓晨
孙建峰	李　欣	张灵娇	金宁婕	陈　昊	姜欣慰	周梦泽
尚林争	徐　卫	张妍钰	周承萱	张国华	张艺冉	李　成
曹家贫	付嵘蓉	戴天洋	周　川	王晓凤	王斐越	

公共关系学专业

张雯瑄	张柔阳	王　婷	顾文君	徐一格	印　暐	黄　懿
王雁霖	程　莉	张祎梦	童巳怿	阮　旸	余致韻	张琪尔
史砚晨	张怿檬	张乐怡	杨　霞	裘铮逸	何　燕	郑斯捷
朱晓燕	王贞洁	唐一辰	张　超	李楚楠	曹方铭	秦　丹
冒智纯	孙华雯	史　青	贾凌晓	黄海滢	蔡　甜	罗雪晴
吴　茜	苏　颖	张　舵	秦方云	李利芳	常静楠	邓　涛
邵　笛	郭　妍	樊　融	汤雅君	马文竭	王　筱	王　峥
柳　鹏						

会计学专业

王　毓	吴文豪	马依行	童佳静	唐倩泓	王骏杰	许文君
杨　扬	夏贤明	顾欣婕	陆维佶	王燕妮	徐家伟	周　青
赵凌子	詹　悦	朱梦婷	赵晓宜	黄佳珺	杨丹慧	陈　怡
张　莹	张　菁	张　恺	孙　佳	胡啸霆	顾璀琳	马佳娜
叶旭晖	刘冠翔	锐　婷	王宇飞	叶丹妮	张梅军	张　媛
曲　操	顾志浩	孙小羽	徐雯雯	赵景绚	陈佳辉	沈　钰
赵成杰	鲍丽君	张亚群	黄益昌	周菲菲	韩玉栋	李　珍
王　谊	赵　磊	李　丹	郑以欣	赵　锦		

企业管理硕士研究生

何小俊	陈　腾	仲　岩	徐雯婷	赵婉婷	朱丙宝	敖冬蕾
侯翔宇	严超伟	何秀全	张　莹	楼江江	赵平平	曹伶燕
倪　风	肖　娜	董桂强	何瑞兰	高　峰	李　嘉	朱　娟
陈晓颖	宋　奕	薛中琪	朱银林	叶亭玉	顾佳蕙	孙伟华
邓志赟	蒋　婷					

MBA

陈亦秋	冯　炎	林　璇	吕　琛	谭本娟	吴丹丹	吴　涛
张　艺	白　玉	王梁爽	时婷婷			

2013 届(本科生 2009 级,硕士生 2010 级)毕业生

工商管理专业

王亦苏 刘昕雨 杨玥 陆柔怡 王琳 赵乐 龚沁
徐佳雯 张文婷 周雯竹 刘雨萌 郝珊 张娴 姜姗
胡一玮 孙丹妮 贡安宁 任怡 王诗文 龚迅 桂端端
胡冠冠 聂园 米力克扎提·玉苏甫 甘乙贝 杨元元
徐子看 王璠婷 吴颖至 阮思婧 倪晓雯 杨雯婷 潘梦芸
何竞权 么雨婷 张逸枫 李瑶 谢冰 闫环 陈裕玲
虞雪 钱昕 曾帆 洪露茜 赵雨 岳静娴 董斌
乌拉尔·布拉提潘颂恩

信息管理与信息系统专业

唐诗思 韦依庭 林怡来 陆乐 周嘉元 虞叶民 杨紫莘
郑旭峰 邱黎蓉 董思佳 邬坤 林沛沛 周子渊 窦雪婷
郭宇 赵佳 徐晓岚 阎沁 徐晓波 李孟平 周弘毅
邢云云 陈静 禹亚萌 陈曦 覃琲玥 计晶晶 万嘉璇
童宇劼 李顺骏 程诚 陈沁 杨可妍 高慧琳 王佳月
张乐 赵也玄 张纳 金元哲 杨文博 林宇新 顾莲
楼杭丹 沈彬 王雅静 辛渊 王馨 王潇怡 马玲玲
李琦 莫曦雯

公共关系学专业

陈羚君 施骏欢 周晓华 唐叶萍 王可敬 董兆菁 侯文娟
杨怡 郑海韵 唐雯如 杨璇 舒曼 高萌 潘廷
朱珠 顾辛瑶 戎丽凌 边清 舒展 柏易 朱夏琪
辛懿 翟晶利 张雨薇 杨茜 傅婷婷 李颖琛 刘倩
沈燕雯 单佳艺 严涵 姜怡雯 李诗文 陈绍 王雪
高正 秦诗 王若怡 刘彤 蒋莹 田佳丽 伍洲
雷乐悦 刘馨 唐琼 郭大禹 刘小妞 路珊珊

会计学专业

何维依	许文臻	刘 琪	庄伊雯	吴 臻	吕 超	张以宁
王 燊	黄思齐	蔡雯姬	陈炜祥	邵析衡	林佳雯	胡立滢
姚欣宁	钱皓宸	施丕奇	张言钧	陈冰如	孙睿珺	陆慕伟
郭施良	姚丝雨	冯子璇	才 博	朱 悦	顾亚飞	倪秋子
张于洁	顾芃蔚	曹蕾茹	张 影	李杜希	何 进	王冰清
余璐婕	黄真琪	鲍一凡	胡海城	任彦彬	王清文	李 卉
张美婷	林 嘉	吕 捷	阳璐蔓	霍小雨	方若濛	杨曼宁
黄元歌						

企业管理硕士研究生

汤慧卿	纪 翔	褚炜奇	张 弟	李 月	韩婧怡	王信亮
智天雨	陈雅望	贺靖媛	俞越珏	卢 好	花 卫	陈 璐
沈 贤	郑希希	王慧璞	查莹华	汤涵婷	戴腾飞	华 怡
潘 虹	夏 艳	许 莹	刘晓青	沈昱懿	王迎春	

MBA

杨文骏	赵桢瑜	曹 艳	陈 博	陈春蕾	陈 杰	陈 炜
戴 晖	戴雁行	董子亮	费维一	龚 艇	顾 伟	洪媛媛
黄立翔	金建国	孔慧峰	匡俞全	李鹏淞	李韦憬	刘 琛
刘珮君	刘 斯	钱顾军	乔婷婷	秦 琴	孙 智	王建勤
王 宁	王薇佳	王 蔚	王 渊	王作霖	吴光辉	吴江涛
吴 芸	吴 震	吴 铮	夏彩霞	徐旭磊	徐嫣珺	徐永妍
许彦琛	杨志洪	叶佳妮	张 欢	张克飞	张 莉	张 旋
张 一	张 贇	赵胜楠	周 惠	周 汭	周旭辉	朱 明
宗 曦	王立梵	黄思宇	潘晓春	高姗姗	张 瑾	徐 冰
向 馨	张志瑜	樊 平	李彬泉	吴长玉	孙 耀	李 荣
唐 荷	陆 旸	徐 杰	沈 毅	史美乐	周蕾蕾	朱治平
李 霖	赵 静	关 玮	郑丽娜	沈愉诚	陈凯峰	陈 颖
韩 骥	刘卫平	刘晓轩	冯佳怡	王嫣雯	李燕平	黄 玲
朱 颖	金 辉	陈康懿	戴丽敏	何培奕	华 烨	吴佳静

蒋 楠	李 斌	何丽萍	胡长征	宦佳媛	李 扬	陶 杰		
王宇华	于 宁	张 申	郑 鸣	周 丹	吴梦青	罗 红		

Md. Saiful Islam

2014届(本科生2010级,硕士生2011级)毕业生

工商管理专业

洪一旗	黄韶韵	叶之韵	陆夏舜	蔡奕琼	成 茜	刘 逸
祝怡文	曹思源	沈家树	陈慧婷	陈逸伦	吕瑞怡	林艺菲
李 婕	章泽宇	姚曦华	张亦晨	杨雨薇	王计桥	谈 倩
范雯雯	冯 月	包钟杰	陈听然	黄 河	俞萍萍	胡 冰
郑 堃	蒋冰清	冯敏青	温俊明	丁 璇	吴一开	何 霜
杨 滢	吉旻霞	彭小芮	祁媛媛	张 戈	包进言	闫 霞
李将辉	李青桦	古丽米热·麦麦提			李玮恩	

信息管理与信息系统专业

汪 颖	许 燕	顾劼宁	谈晨迪	周诗樱	周潇潇	刘心悦
郁 洋	陈佳音	任雅芳	任艳芳	李 丹	杨璧侨	齐剑桥
车禹桥	朱雨薇	张逸枝	许艳秋	邱 雯	韦 静	应梦茜
徐天宇	邓 沁	樊晓岑	邬树楠	官晓峰	姜 颖	谌丽文
张事诚	张文扬	屈泽磊	郭 洁	王艺晓	张军华	谭鹂雯
蒋宛彤	钟可欣	龙玉云	李奕桃	王颖佳	刘 丽	胡 迅
葛子楠	赵林雁	于 卓	雷 虹	吴圆臻	段 仪	

公共关系学专业

李祯珊	陆佳欢	何文佳	徐依然	朱佳壬	徐 纯	朱玉婷
周佳文	刘丹妮	蔡高京	赵颖异	谢立力	万彦彦	杨惠莹
李 擎	庞怡然	贾玲雅	孙靖安	曹雪莱	吴 琼	李涵琛
张伊穗	邵译萱	卢冉婷	周 环	潘 捷	颜 妍	秦 雪
马清华	白 雯	刁福礼	林怡爽	李罗晓晗		刘妙欣
庞广宝	陈芸芸	庞 然	杨秋琳	程 铭	杨叶笛	杨诗露

李绍娟　邓　雪　张蓉芳　曾　浩　张钰唯　李思思　张　鑫
徐　芳　李梦琪　肖梁辰

会计学专业

徐若雁　沈沁文　胡凯琳　周心颖　张雅竹　徐悦佳　陆浩哲
唐　逸　余　锦　靳　星　袁婷婷　陈晓祯　左劼兴　储嫣然
傅陈晨　朱　慧　倪　俊　张艾琳　潘雯珺　牛　玥　何筱荷
王美懿　刘婧纯　陈　奥　霍晓昕　马姗姗　李函芷　齐小莹
姚燕琪　徐笑月　周欣怡　王　昱　徐　可　薛楠韵　高　衍
朱竑立　李　莎　张晶裔　平　蕾　王涵怡　吴佳凯　方皓赟
林宇喆　张晓旭　董捷嘉　楚昱茜　李雅玟　党涵泊　董海月
郭围围　张　巧　李　斯　栾小玥　张书凤　张月明

企业管理硕士研究生

张晓黎　王　皓　张　雪　张晨光　李　萍　胡　婕　徐　迅
徐　颖　方　娜　耿　爽　陆丹妮　邢林博　朱晓燕　刘　璇
姚燕萍　张蓓丽　傅琼琼　蒋　晨　纪　虹　沈一静　刘倩倩
应　颖　黄　频

MBA

2015 届(硕士生 2012 级)毕业生

企业管理硕士

顾颖俊　韩东生　任钊逸　沈　青　张震霖　徐　卫　秦　丹
邵　笛　连留爽　左　慧　陈士锐　曾　妮　张　露　郑亚娟
刘濡萌　闫长吉　陈忆雯　田宇斐　柯思远　吴　吟　姜　伊

技术经济及管理硕士

李亚军　陈　龙　张晓鹤　高　乾　陈建宁